近代中国中央银行史

石 涛 著

图书在版编目(CIP)数据

近代中国中央银行史/石涛著.—北京:商务印书馆,2021
ISBN 978-7-100-19334-4

Ⅰ.①近… Ⅱ.①石… Ⅲ.①中央银行-银行史-中国-近代 Ⅳ.①F832.95

中国版本图书馆 CIP 数据核字(2021)第 005447 号

权利保留,侵权必究。

近代中国中央银行史
石 涛 著

商 务 印 书 馆 出 版
(北京王府井大街36号 邮政编码100710)
商 务 印 书 馆 发 行
上海新艺印刷有限公司印刷
ISBN 978-7-100-19334-4

2021年3月第1版 开本710×1000 1/16
2021年3月第1次印刷 印张 28
定价:98.00元

陕西师范大学优秀著作出版基金资助出版

序　　言

石涛撰写的《近代中国中央银行史》即将问世了，这是继十年前完成博士学位论文《南京国民政府中央银行研究(1928—1937)》之后，作者对近代中国中央银行发展变迁的历史持续进行全时程、全视域地梳理和深入研究的优秀成果，值得向读者推荐。

金融是维系近代工商经济和社会生活正常运作的血脉，这种作用主要是由银行业来承担的。被视作"银行之银行"的中央银行，居于近代各国银行体系的核心与顶端。长时期以来，说起近代中国的"中央银行"，通常是指国民政府时期居于"中(央)、中(国)、交(通)、农(民)"四行之首的中央银行。这可以视作"狭义"的中央银行，也是迄今为止绝大多数名称中带有"中央银行"字样的著作的直接研究对象。近代中国最早出现的有别于票号、钱庄的新式金融机构，是鸦片战争之后陆续进入中国的外商银行，其次是1897年之后产生的华资新式银行业；最早使用"中央银行"名称的，是1924年出现的广州中央银行，然后才有1928年在上海成立的具有全国意义的中央银行。

石涛的这部新书并没有否认以上被视作近代中国金融史和银行史中的不争史实。在他看来，研究近代中国的中央银行不仅需要注意"名"，也应关切"实"；中央银行不仅在于其名，更在于其职能的制度安排和运作实况,应考察中央银行在一个国家的货币金融事务中发挥的关键性的领导作用,与国家财政和国民经济之间的关系,以及在一国经济调控和财政管理中的地位。由此出发,作者对于相关史事进行了全时程的检视,指出:"近代中国中央银行的发展经历了晚清、北洋和国民党政府三个时期,大约共有45年历史";"近代中国的中央银行建设肇始于1905年清政府设立的户部银行,1908年该行改名为大清银行。1912年中华民国建立后,设立中国银行并定位为民国的中央银行。不久之后,交通银行也获取了很多中央银行特权。中、交两行都曾在一定程度上发挥着中央银行的职能。南京国民政府上台后,于1928年11月在上海重建中央银行,并一直持续到1949年。"在通贯性金融史著作和教材中,晚清的户部—大清银行、北洋时期的中国银行和交通银行,以及国民政府时期的中央银行,虽然都有一定的篇幅,但是被按时期划分的框架体系所隔断,互相之间的内在联系及共同特点则被淡化了。

是书则把中央银行在近代中国的产生和发展,看作是自20世纪初发端并经历了不同时期、不同阶段的整体历史过程:户部—大清银行开创了近代中国中央银行建设的先河,在清末货币金融与财政事务中扮演了重要角色,发挥了一些中央银行的职能,但在规章制度、业务规范、内部管理等方面还很不成熟,在发行货币、经理国库方面发挥的中央银行职能也极不健全,未能真正起到中央银行的作用;北洋时期中、交两行在代理国库、发行货币等方面,一定程度上发挥了中央银行的职能,但两行的中央银行职能与特权都很不健全,作为"财政代理人"的职能逐渐淡化,作为一般商业银行"最后贷款人"的职能则完全缺失,后期业务重心转向经营普通银行业务;抗战前,具有全国意义的中央银行产生并得到迅速发展,逐渐成为金融领域举足轻重的力量;抗战时期,在四联总处大力扶持下,中央银行各项职能有了更为快速的发展,尤其是统一了法币发行权,控制力量大为增强,地位不断提高;抗战胜利后,一方面中央银行各项职能得以强化和全面发挥,但另一方面受内战等因素影响,中央银行业务活动遭受严重挫折,并最终与国民党政权一起走向覆亡。在这部新作中,近代中国中央银行发展历程中客观存在的阶段性和连续性都得以较清楚地展现。

此书采用了分时期、分阶段的框架体系,但以较大的篇幅分析和归纳出近代中国中央银行的若干共同特点:就产生方式而言,无论户部银行、中国银行,还是国民政府中央银行,都不是由商业银行逐步演进而成的,而是由中央政府通过立法、行政等手段直接创建的,这也是后发外生型现代化国家建立中央银行的常见方式;创立的首要目的,都是为了解决政府的财政困难,一开始就与政府财政结下了不解之缘,而不是为了社会经济发展和服务、管理金融业的需要;中央银行的制度建设路径,主要是对先进国家的中央银行制度有所借鉴、移植,尤其是对英国、日本两国的模仿最多;业务职能都是既经营中央银行的特权业务,同时又以盈利为目的,兼营普通商业银行业务。书中特别强调,就职能演进来看,近代中国中央银行作为"政府的银行"的职能即为政府提供服务方面,可谓非常充分;但作为"发行的银行",则受累于财政发行的压力,尤其是国民政府实施统一发行之后,财政性发行失控,中央银行的货币政策严重失效;作为"银行的银行",近代中国中央银行在为金融业服务方面的职能发展最为缓慢,未能承担应有义务,金融制度未真正有效地发挥作用,反而背离初衷,出现了严重的制度异化现象。可见,作者在研究过程中既参考了近代以来世界范围内所形成的中央银行理论和规范职能,更注意结合近代中国的政治、经济和社会实际,把握不同的国情和时代的差异。

此外,作者还注重从制度层面来深化对于近代中国中央银行的研究。一是关于中央银行自身属性和地位的基本法规,如晚清政府颁行的

《大清银行则例》《现行详细章程》，民国初年颁布的《中国银行则例》《交通银行则例》，国民政府先后公布的《中央银行条例》《中央银行法》和《中中交农四行业务划分及考核办法》，等等。在作者看来，不同时期的法规文本关于中央银行产权体制、资本额、机构组织、营业范围、特权等方面的变化，是近代中国中央银行发展演变阶段性的重要体现，书中在这些方面有不少比较性的分析研究。其次，这部新作有着更开阔的制度研究视野，即把中央银行的地位及其职能的演变，置于相应的制度环境中，尤其是财经制度，如货币发行制度、财税征收制度、国库制度、外汇管理制度、内外债制度、存款准备金制度、重贴现制度、票据清算制度，等等。应当指出，中央银行与一般商业银行和非银行金融机构，所面临的制度环境基本是一致的，但所处地位、利害关系、职责担当等则不同。作者通过对制度层面的分析，展现出中央银行在各主要财经领域的法定地位，揭示了中央银行实际职能运作和演变的本质性意义，从而在广度和深度上对金融史、银行史研究有所推进。

作者在对近代中国中央银行的发展历史进程进行较为完整、系统的研究方面取得了可喜的成绩，但也存在着一些不足，有一些问题可以进一步深入探究。近代中国不仅在政治和经济发展，而且在金融领域，都有不同区域之间的差别和不平衡，但此书中没有梳理中央银行网点布局和重要职能运作的区域性特点；又如，与其他金融机构之间的关系，是中央银行自身制度规定和实际运作中十分重要的部分，而此书中关于国民政府时期中央银行在"中（央）、中（国）、交（通）、农（民）"四行体系中的地位与作用，中央银行与中国、交通、农民三行的关系和比较等方面，显得较为薄弱，遑论与钱庄业和外商银行之间的关系；书中对中央银行与财政当局的关系着墨较多，梳理也较为清楚，但甚少提及中央银行对国有企事业以及财政部之外的其他政府机关的放款和公款往来等业务活动；

在日常开支和盈亏、高层人事变动、与重大金融风潮的关系等方面,也可以适当加强。再者,国内外档案机构所藏资料,以及国外学者的相关研究成果,还有进一步挖掘利用和借鉴吸收的必要。总之,希望此书出版后,作者能够在金融史研究领域,尤其是中央银行史研究方面继续努力,不断拿出新的更好的研究成果。

吴景平

2020 年 7 月

目 录

绪论 ······ 001
  一、选题意义 ······ 001
  二、学术史回顾 ······ 003
  三、研究对象与内容结构 ······ 021

第一章 晚清时期中央银行的产生与初步发展 ······ 023
第一节 世界中央银行制度的产生与变迁 ······ 023
  一、世界中央银行的发展历程 ······ 023
  二、中央银行的产生途径与类型 ······ 026
  三、中央银行的职能与原则 ······ 028
第二节 在华外商银行及其业务活动 ······ 030
  一、垄断国际汇兑与控制外汇市场 ······ 030
  二、发行货币与操控货币市场 ······ 031
  三、经理外债与保管税款 ······ 035
  四、控制中国金融市场 ······ 037
第三节 晚清时期的中央银行：户部银行与大清银行 ······ 039
  一、清末时期建立中央银行的背景 ······ 039
  二、户部—大清银行的建立 ······ 047

三、户部—大清银行的组织机构 ·············· 050
四、户部—大清银行的业务活动 ·············· 052
本章小结 ································· 073

第二章 北洋时期中央银行的发展与转变 ············ 075
第一节 中国银行的建立与职能发挥 ············ 075
一、中国银行的创建经过与性质定位 ············ 075
二、中国银行的职能发挥 ··················· 078
第二节 交通银行的性质变化与职能发挥 ········· 089
一、交通银行的成立与性质定位 ··············· 089
二、交通银行性质和地位的变化 ··············· 090
三、交通银行的职能发挥 ···················· 091
第三节 二元制中央银行体制的弊端 ············ 095
一、影响币制统一 ························ 096
二、影响国库统一 ························ 099
三、引起中、交两行合并之争 ················· 102
第四节 停兑风潮与中、交两行的独立化趋向 ······ 104
一、财政借款与停兑风潮 ···················· 104
二、中国银行的转变与独立 ·················· 111
三、交通银行的转变与独立 ·················· 119
本章小结 ································· 122

第三章 抗战前国民政府中央银行的创建与初步发展 ···· 124
第一节 国民政府中央银行的创建经过与发展概况 ··· 124
一、国民党政权对中央银行的认识与早期实践 ······ 124
二、南京国民政府重建中央银行的必要性 ········· 130

目 录

三、南京国民政府中央银行的筹建经过 …………………… 132

四、战前国民政府中央银行的发展概况 …………………… 139

第二节 国民政府中央银行的组织结构变迁 …………………… 150

一、国民政府中央银行的资本结构 …………………… 150

二、国民政府中央银行的权力结构 …………………… 152

三、国民政府中央银行的职能机构 …………………… 156

四、国民政府中央银行的分支结构 …………………… 159

第三节 中央银行服务政府职能的发展 …………………… 160

一、中央银行与代理国库 …………………… 160

二、中央银行与政府公债 …………………… 173

三、中央银行与财政垫款 …………………… 180

四、中央银行与外汇管理 …………………… 183

第四节 中央银行的货币发行与币制改革 …………………… 190

一、发行国币与废两改元 …………………… 191

二、发行银元兑换券 …………………… 192

三、发行关金兑换券 …………………… 197

四、法币改革与货币发行权的集中 …………………… 198

第五节 中央银行服务金融业职能的缺失 …………………… 202

一、中央银行与集中保管存款准备金 …………………… 202

二、中央银行的再贴现业务 …………………… 204

三、中央银行与票据清算 …………………… 208

本章小结 …………………… 211

第四章 抗战时期国民政府中央银行的快速发展与职能完善 …………… 215

第一节 战时中央银行的发展概况与机构变迁 …………………… 215

一、四联总处的设立与改组 …………………… 215

二、四行专业化的实施 …………………………………………… 217
　　三、中央银行的机构变迁 ………………………………………… 219
第二节　中央银行服务财政职能的加强 ………………………………… 224
　　一、中央银行代理国库职能的完善 ……………………………… 224
　　二、战时中央银行的财政垫款 …………………………………… 234
　　三、战时中央银行与外汇管理 …………………………………… 239
　　四、统一经理公债与公债弊案 …………………………………… 250
　　五、中央银行与战时黄金政策 …………………………………… 251
第三节　中央银行的货币发行与发行权统一 …………………………… 256
　　一、抗战爆发后中央银行的法币发行 …………………………… 256
　　二、中央银行统一发行的实施经过 ……………………………… 260
　　三、通货膨胀的发生与加剧 ……………………………………… 265
第四节　中央银行服务金融业职能的发展 ……………………………… 270
　　一、中央银行与存款准备金制度的建立 ………………………… 270
　　二、中央银行与重贴现制度的发展 ……………………………… 276
　　三、中央银行与票据交换制度的初步统一 ……………………… 289
第五节　中央银行与战时金融监管 ……………………………………… 300
　　一、督导县乡银行业务 …………………………………………… 301
　　二、检查金融机构 ………………………………………………… 302
本章小结 …………………………………………………………………… 304

第五章　战后国民政府中央银行的职能强化与没落消亡 ………………… 308
第一节　战后中央银行的发展概况与机构变迁 ………………………… 308
　　一、中央银行总裁变化 …………………………………………… 308
　　二、总行职能机构变化 …………………………………………… 314
　　三、分支机构设置变化 …………………………………………… 315

四、中央银行地位的加强与四联总处撤销 …………………… 317
第二节　中央银行的货币发行与币制崩溃 ………………………… 319
　　一、接收敌伪金融机构与收兑伪钞 …………………………… 319
　　二、战后法币发行与通货膨胀的恶化 ………………………… 321
　　三、东北流通券的发行与恶性膨胀 …………………………… 323
　　四、金圆券改革与币制崩溃 …………………………………… 327
第三节　中央银行服务财政职能的强化与制度失败 ……………… 334
　　一、中央银行代理国库制度的加强与覆灭 …………………… 334
　　二、中央银行与战后外汇管理 ………………………………… 345
第四节　中央银行服务金融业职能的强化与制度失败 …………… 361
　　一、中央银行存款准备金制度的改进与失败 ………………… 361
　　二、中央银行重贴现制度的改进与失败 ……………………… 371
　　三、中央银行票据交换制度的发展与衰亡 …………………… 386
第五节　战后中央银行监管职能的加强 …………………………… 393
　　一、战后初期中央银行的监管业务 …………………………… 393
　　二、中央银行监管职能的强化 ………………………………… 397
本章小结 ……………………………………………………………… 399

结语 ………………………………………………………………… 401

参考文献 …………………………………………………………… 417

绪　　论

一、选题意义

中央银行是现代世界各国金融体系的核心,是负责货币发行、制定及执行金融政策、对金融业进行监督管理,并承担宏观经济调节控制职责的特殊性金融机构。美国著名经济学家萨缪尔森在其所著《经济学》一书中引用了思想家维尔·罗杰斯的一句名言,"自从开天辟地以来,曾经有三件伟大的发明:火、轮子以及中央银行"[1],以此来突显中央银行的重要作用。马克思也曾指出:"中央银行是信用制度的枢纽。"[2]

在近代中国,随着欧美先进国家中央银行理论的不断传入,以及财政金融发展的需要,中央银行制度开始产生并不断发展。1905年,清政府设立了户部银行,后改名为大清银行,揭开了近代中国中央银行发展的序幕。北洋政府时期,中国银行和交通银行同时并列为国家银行,发挥中央银行的职能。南京国民政府成立后,于1928年在上海重新建立中央银行。如果从1905年成立的户部银行算起,到1949年国民党政府的中央银行覆亡,近代中国中央银行经历了近半个世纪的变迁历程。对近代中国中央银行发展史进行深入系统地研究,具有较高的学术价值和一定的现实意义:

首先,近代中国中央银行的发展经历了三个不同的历史阶段,曾有多个机

---

[1]　[美]萨缪尔森:《经济学》上册,高鸿业译,商务印书馆,1979年,第445页。
[2]　[德]马克思、恩格斯:《马克思恩格斯全集》第25卷,人民出版社,1974年,第648页。

构或命名为中央银行,或定位为中央银行,不同程度地发挥过中央银行的一些职能。本书通过对晚清时期的户部—大清银行,北洋时期的中国、交通银行,以及国民政府时期中央银行的研究,能够对近代中国中央银行发展演变历程有一个完整了解,对中央银行制度产生、发展到正式形成和最终覆灭的变迁经过有一个较为系统全面的认识。

其次,无论是户部—大清银行,还是中国、交通银行,以及国民政府中央银行,都是当时中国最重要的金融机构,是金融界的执牛耳者,与当时的货币、金融、财政,乃至整个社会经济,有着非常密切的关系。它们的发展历程和业务活动构成了近代中国金融史的重要部分,很大程度上反映了中国金融现代化的进程和水平。因此,对近代中国中央银行发展史的研究,是认识近代中国金融业现代化历程的独特视角,有助于深化对近代中国金融史的学术研究。

第三,中央银行是一国金融机构的核心,中央银行制度也是一国金融制度的核心,是现代金融体系中最重要的制度,与其他很多金融制度有着极为密切的关系。中央银行制度的建立健全,很大程度上构成了整个金融制度建设的主体。因此可以说,近代中国中央银行制度的变迁历程,是近代中国金融制度变迁史的最佳浓缩。通过对近代中国中央银行的职能演变及其制度变迁进行研究,有助于对近代中国货币发行制度、国库制度、外汇管理制度、内外债制度、存款准备金制度、重贴现制度、票据清算制度等重要金融制度变迁经过的认识。

此外,近代中国的中央银行建设,既根据中国财政、金融,以及政治、军事的实际情况与需要,不断进行调整和变化,同时又不断学习西方先进国家的中央银行制度,体现了中国中央银行制度从传统到现代,从本土到与国际接轨的发展趋势。它的演变和各项活动,也反映了社会化大生产和商品经济下的中央银行的一般情况。回顾近代中国中央银行的发展史,研究并总结其中的经验教训,对于当今我国中央银行和金融制度建设不无裨益。正如著名金融史专家洪葭管先生所言:"为了搞好我国社会主义中央银行,有必要了解一些西方的中央银行,也有必要了解旧中国的中央银行。为什么?因为尽管它们所代表的生产关系不同,但中央银行是在社会化大生产和商品经济发达情况下产生的,在业务上、管理上有可以借鉴之处。"①近代中国中央银行发展过程中遭遇的一些失败和惨痛教训,更可以让我们引以为戒。

二、学术史回顾

(一)国内相关研究概述

1. 1949 年前的研究状况

在 1949 年之前的一些有关中央银行论著及货币金融论著中,对当时中国的中央银行往往有所论述分析,其中较为重要的有:

梁钜文《中央银行制度概论》②是近代国人自著的第一本全面介绍中央银行制度的专著,书中除了介绍中央银行的一般理论和外国中央银行概况外,还简要介绍了自户部银行以来中国中央银行的概况。在第七章"我国中央银行之论究"部分,作者结合中央银行理论,对国民政府中央银行进行了分析,指出了该行成立之初面临的困难,并提出了相应建议。

陈天表《中央银行之理论与实务》③篇首即明确指出,"本书所论,大致以中国中央银行为对象,以期其成为健全之中央银行"。在上篇理论部分,除了介绍中央银行的一般理论和重要原则外,还专门设立章节,分析了"如何始可发挥中国中央银行之效能",简要介绍了中国中央银行的历史沿革和国民政府中央银行的组织机构与职务。

崔晓岑《中央银行论》④被视为代表了中国 20 世纪 30 年代中央银行理论发展的最高水平,该书除了对世界先进国家中央银行发展概况和中央银行基本理论做了介绍之外,还在最后一章对"吾国中央银行制度之根本问题,作切实之探讨",并以各种职责为准绳,分析了 1933 年"吾国中央银行已达到之程度,与未

---

① 洪葭管:《金融史的魅力》,上海人民出版社,2012 年,第 191 页。
② 梁钜文:《中央银行制度概论》,大东书局,1930 年。
③ 陈天表:《中央银行之理论与实务》,中华书局,1934 年。
④ 崔晓岑:《中央银行论》,商务印书馆,1935 年。

解决之问题"。

国民政府中央银行副总裁陈行所著的《中央银行概论》①,主要内容是介绍中央银行的一般理论和经营原则,其中也对国民政府中央银行的内容有所涉及。该书虽然主要是一本理论著作,但由于作者的特殊身份,使得该书对中央银行的一些认识和看法,与一般的中央银行论著有所不同,一定程度上反映了国民政府中央银行高层对世界中央银行理论和原则的认识水平,以及他们建设和发展中央银行的指导思想。

除了以上著作之外,在民国时期的一些财政、金融及经济史论著中,都对中央银行或多或少有所涉及。例如,周葆銮《中华银行史》②第一编"中央银行"部分,分别介绍了大清银行和中国银行的规章制度、组织机构与业务活动。马寅初《中华银行论》③第十一章"中央银行"部分中,分析了国民政府中央银行成立之初面临的诸多困难。张辑颜《中国金融论》④简要介绍了自户部银行成立,至1928年底,中国中央银行的沿革,并分析了新成立的国民政府中央银行与此前的户部、大清、中国、交通等银行的区别。吴承禧《中国的银行》⑤对国民政府中央银行有所批评,认为造成中国银行制度不健全的首要原因,就是缺乏健全的中央银行,并分析了造成这一结果的原因,以及由于缺乏强有力的中央银行而给中国金融市场造成的不良后果。另外,1949年之前,在众多的财经类刊物上还有大量时人发表的关于中央银行的论文。这些既是当时人们的研究成果,也是今天研究中央银行的重要史料。

2. 1949年后的研究状况

1949年之后,尤其是20世纪八九十年代之后,随着金融史研究的快速发

---

① 陈行:《中央银行概论》,银行通讯出版社,1948年。
② 周葆銮:《中华银行史》,商务印书馆,1923年。
③ 马寅初:《中华银行论》,商务印书馆,1929年。
④ 张辑颜:《中国金融论》,商务印书馆,1930年。
⑤ 吴承禧:《中国的银行》,商务印书馆,1934年。

绪　论

展,涌现出一批通史性的金融史著作,主要有:张郁兰《中国银行业发展史》[①],谭玉佐《中国重要银行发展史》[②],《上海金融史话》编写组编《上海金融史话》[③],萧清《中国近代货币金融史简编》[④],姚会元《中国货币银行(1840—1952)》[⑤],黄鉴晖《中国银行业史》[⑥],洪葭管《中国金融史》[⑦],李飞、赵海宽主编《中国金融通史》[⑧],姚遂《中国金融史》[⑨],吴景平主编《上海金融业与国民政府关系研究(1927—1937)》[⑩]等。在这些著作中,对近代中国不同时期的中央银行均有所论及,但内容大都较为简略。

近年来还出现了不少以各个时期不同中央银行机构为研究对象的专题性论著,主要有以下方面:

(1) 关于户部—大清银行的研究成果

1905年成立的户部银行(1908年改名为大清银行),是清政府设立的中央银行。孔祥贤《大清银行行史》[⑪]一书,对户部—大清银行从成立到灭亡的整个历史过程进行了研究,包括创办经过、股东股本、组织结构、人事制度、业务活动、清理经过等方面,内容翔实,具有重要的学术价值和史料价值。张国辉《中国金融通史》第二卷《清鸦片战争时期至清末时期(1840—1911)》[⑫],对户部—大清银行的产生及其业务活动做了介绍。包蕾《清末中央银行之肇始(1905—1912)——从则例角度的考察》[⑬],从则例的角度对户部—大清银行进行了考察,

---

① 张郁兰:《中国银行业发展史》,上海人民出版社,1957年。
② 谭玉佐:《中国重要银行发展史》。
③ 《上海金融史话》编写组编:《上海金融史话》,上海人民出版社,1978年。
④ 萧清:《中国近代货币金融史简编》,山西人民出版社,1987年。
⑤ 姚会元:《中国货币银行(1840—1952)》,武汉测绘科技大学出版社,1993年。
⑥ 黄鉴晖:《中国银行业史》,山西经济出版社,1994年。
⑦ 洪葭管主编:《中国金融史》,西南财经大学出版社,1996年。
⑧ 李飞、赵海宽主编:《中国金融通史》,共6卷,中国金融出版社,2002—2008年。
⑨ 姚遂:《中国金融史》,高等教育出版社,2007年。
⑩ 吴景平主编:《上海金融业与国民政府关系研究(1927—1937)》,上海财经大学出版社,2002年。
⑪ 孔祥贤:《大清银行行史》,南京大学出版社,1991年。
⑫ 张国辉:《中国金融通史》第二卷,中国金融出版社,2003年。
⑬ 包蕾:《清末中央银行之肇始(1905—1912)——从则例角度的考察》,南京大学硕士论文,2011年。

并将清末中央银行与钱庄、票号的制度进行了比较。席长庚《中国历史上最早的中央银行——大清银行》①,对大清银行的创建经过与业务活动做了简介。吴筹中、吴中英《大清银行及其发行的钞票》②,介绍了大清银行发行钞票的种类及其数量。孙浩《美钞公司档案中李鸿章像大清银行兑换券承印始末》③,利用美国钞票公司档案,对该公司承印李鸿章像大清银行兑换券的经过做了介绍。此外,在一些关于近代中国中央银行发展史的论著中,对户部—大清银行往往会有简要介绍。

(2) 关于中国银行和交通银行的研究成果

在北洋时期,中国银行和交通银行都曾被定位为国家银行,共同发挥着一些中央银行的职能。由于中、交两行存在时间长,影响广泛,因而相关研究成果颇多。

卜明主编《中国银行行史(1912—1949)》④,是一部对 1912 至 1949 年中国银行发展史进行全面论述的通史性著作,内容丰富,史料翔实。中国银行上海国际金融研究所行史编写组编《中国银行上海分行史(1912—1949 年)》⑤,以及董昕《中国银行上海分行研究(1912—1937)》⑥,两书对中国银行上海分行的发展史进行了全面介绍,包括其组织机构、主要人事、基本职能、主要业务活动、重大事件等。董昕《中国银行的市场化发展研究(1912—1937)》⑦一书,以银行市场化问题为研究对象,探讨了中国银行在 1912 至 1937 年间的市场化发展特点与阶段性特征。姚崧龄《中国银行二十四年发展史》⑧一书,对中国银行 1912 至

---

① 席长庚:《中国历史上最早的中央银行——大清银行》,《经济师》1998 年第 2 期。
② 吴筹中、吴中英:《大清银行及其发行的钞票》,《中国钱币》1990 年第 4 期。
③ 孙浩:《美钞公司档案中李鸿章像大清银行兑换券承印始末》,《中国钱币》2013 年第 6 期。
④ 卜明主编:《中国银行行史(1912—1949)》,中国金融出版社,1995 年。
⑤ 中国银行上海国际金融研究所行史编写组编:《中国银行上海分行史(1912—1949 年)》,经济科学出版社,1991 年。
⑥ 董昕:《中国银行上海分行研究(1912—1937)》,上海人民出版社,2009 年。
⑦ 董昕:《中国银行的市场化发展研究(1912—1937)》,中国社会科学出版社,2014 年。
⑧ 姚崧龄:《中国银行二十四年发展史》。

1935 年间的发展概况做了介绍。邓先宏《中国银行与北洋政府的关系》[①]，论述了中国银行与北洋政府从互相依赖，到反对控制干预，再到分道扬镳的关系演变经过，以此为线索，考察了北洋时期中国银行的发展历程；《试论中国银行与北洋政府的矛盾》[②]通过停兑风潮、整理京钞、则例之争等重大事件，考察了中国银行与北洋政府之间的矛盾，认为二者之间的矛盾集中反映在控制与反控制的问题上，其实质则是关系到中国银行两种前途和两种命运的斗争。张庆军《略论中国银行的早期发展与北洋政府的关系》[③]勾勒了中国银行与北洋政府的关系，认为在中国银行早期发展过程中，其与政府的关系经历了依赖、抗争、摆脱三个阶段，逐步由官有股份公司转变为私营机构。

中国人民银行上海市分行金融研究室编印的《交通银行简史》(1978 年)，是第一部较为系统地介绍交通银行 1907 至 1949 年历史概况的著作，但篇幅较小，内容简略。《交通银行史》编委会编著的《交通银行史》[④]是一套对交通银行发展史进行全面介绍的通史性著作，篇幅巨大，内容丰富，以大量的第一手资料叙述了交通银行从 1908 至 1958 年半个世纪的历史，其中第一卷对交通银行在晚清和北洋时期的发展历程与业务活动等进行了论述，包括交通银行作为国家银行所发挥的职能。潘晓霞《1908—1937 年的交通银行》[⑤]对 1908 至 1937 年间的交通银行进行了专题研究，重点对交行这样一个具有国家银行功能的银行，在三次政权更迭中的命运、地位、作用予以揭示。张启祥《交通银行研究(1907—1928)》[⑥]，以交行与政府的关系演变及业务经营发展为主线，主要对交行在晚清和北京政府两个政权下的经营与发展进行了研究。杜恂诚《中国金融

---

① 邓先宏:《中国银行与北洋政府的关系》，《中国社会科学院经济研究所集刊》第 11 辑，中国社会科学出版社，1988 年。
② 邓先宏:《试论中国银行与北洋政府的矛盾》，《历史研究》1986 年第 4 期。
③ 张庆军:《略论中国银行的早期发展与北洋政府的关系》，《中国社会经济史研究》1992 年第 2 期。
④ 《交通银行史》编委会编著:《交通银行史》，共 4 卷，商务印书馆，2015 年。
⑤ 潘晓霞:《1908—1937 年的交通银行》，中国社会科学出版社，2015 年。
⑥ 张启祥:《交通银行研究(1907—1928)》，复旦大学博士论文，2006 年。

通史》第三卷《北洋政府时期》①对北洋时期中国银行和交通银行的发展演变进行了论述,重点考察了中、交两行由国家银行向商业银行的转变,认为这两家银行在北洋政府时期实际上成为仍有某些国家银行职能的商业银行。翁先定《交通银行官场活动研究(1907—1927)》②以政府和银行关系为主线,研究了交通系、交通部和交通银行三位一体关系的形成与演变,并分析了官场活动对交通银行业务的影响。潘晓霞《北伐大变局中的梁士诒与交通银行》③考察了1926年北伐大变局背景下梁士诒、交通银行与政治间的交缠纠葛。

此外,易棉阳《北洋时期中央银行的特点》④一文指出,历届北洋政府都视中国银行、交通银行为其中央银行;北洋时期的中央银行与近代西方中央银行相比较,具有明显的时代特征。徐琳《北洋政府时期"中央银行"的商业化经营》⑤从民间资本与政府利益互动的角度,对中、交两行走向商业化经营道路的过程进行了分析。

(3) 关于国民政府中央银行的研究成果

国民政府中央银行是国民党政府创办的国家银行,它不仅存在时间较长,而且影响巨大,是"四行二局"国家垄断金融体系之首,与国民党统治时期的财政、金融、币制等问题息息相关。因此,在近代经济史、财政金融史的研究中,中央银行都具有不可忽视的地位,相关研究成果也非常丰富。

20世纪80年代之前的著作中,关于国民政府中央银行的内容大都较为简略,以论证四大家族金融垄断为目的,缺乏对中央银行自身发展运作、业务职能演变和制度变迁的深入分析。对于中央银行的历史作用,多持否定态度。例如,张郁兰认为,国民政府设立中央银行的目的可以归结为一个,就是利用中央

---

① 杜恂诚:《中国金融通史》第三卷,中国金融出版社,2002年。
② 翁先定:《交通银行官场活动研究(1907—1927)》,《中国社会科学院经济研究所集刊》第11辑,中国社会科学出版社,1988年。
③ 潘晓霞:《北伐大变局中的梁士诒与交通银行》,《史学月刊》2014年第12期。
④ 易棉阳:《北洋时期中央银行的特点》,《许昌学院学报》2003年第1期。
⑤ 徐琳:《北洋政府时期"中央银行"的商业化经营》,《上海经济研究》2006年第3期。

银行控制金融,为四大家族搜刮财富。①《上海金融史话》一书也认为,中央银行"是蒋介石政府在取得帝国主义的正式承认后,为了进行更大规模的掠夺和榨取,为了集中更多的财富和货币资本而设立的一家所谓国家银行"②。

80年代之后,随着中国金融史研究的深入发展,关于国民政府中央银行的专题研究开始出现,并逐渐增多。新的研究成果更为重视对中央银行的组织机构、业务职能等方面的深入研究,对中央银行的评判也更为客观全面。其中,主要有以下一些具有代表性的研究学者及其论著:

洪葭管比较早地对国民政府中央银行进行了颇多的专题研究,为推动对中央银行的深入研究奠定了基础。《在金融史园地里漫步》③一书中专门设列了一篇"旧中国的中央银行",从旧中国中央银行成立的法律依据、组织形式、分支机构、业务,与财政部的关系,与中国、交通、农民三行的关系,以及通过四联总处(全称为中央银行、中国银行、交通银行、中国农民银行四银行联合办事总处)提高其地位等多个方面,对国民政府中央银行21年历史做了较为全面的论述分析。在《金融话旧》④一书中,洪葭管指出,要了解"四行二局",首先要了解中央银行。他把中央银行作为"四行二局"之首,叙述了其在抗日战争前的发展情况,包括中央银行的成立、业务、通过垄断措施加强地位,以及改组为中央储备银行的拟议等内容。在编著的《中国金融通史》第四卷《国民政府时期》⑤等著作中,洪葭管对国民党政权所创办的广州中央银行、汉口中央银行,尤其是在上海创办的中央银行都有所论述,介绍了不同阶段中央银行的业务、组织等概况。

中国人民银行总行金融研究所金融历史研究室所编的《近代中国金融业管理》⑥一书中,第十一章"中央银行"把国民政府中央银行从1928年成立到1949

---

① 张郁兰:《中国银行业发展史》,第105页。
② 《上海金融史话》编写组:《上海金融史话》,第130页。
③ 洪葭管:《在金融史园地里漫步》,中国金融出版社,1990年。
④ 洪葭管:《金融话旧》,中国金融出版社,1991年。
⑤ 洪葭管编著:《中国金融通史》第四卷,中国金融出版社,2008年。
⑥ 中国人民银行总行金融研究所金融历史研究室编:《近代中国金融业管理》,人民出版社,1990年。

年消亡的整个过程,主要是1937年之后的发展情况,做了比较全面的介绍,包括中央银行的组织管理、业务管理、战后反通货膨胀的货币措施等。该书对中央银行的论述更为具体、全面,对其评价也更加具有说服力,摆脱了四大家族金融垄断工具这样的简单化定论。

宋士云《中国银行业——历史、现状与发展对策》[1]一书中也专门设列一章,论述近代中国的中央银行,重点是国民政府中央银行。作者从国民政府中央银行的设立和官僚资本银行体系的形成、中央银行的组织形式、职能与业务、抗日战争时期单一中央银行体制的形成等方面,对抗战前和抗战时期中央银行的发展演变做了较为详细的描述。作者认为,中央银行在性质上有两重性,一方面它是四大家族设立和直接把持的私产,是搜刮全国人民、垄断全国金融,进而垄断国民经济各部门的工具;另一方面它本身又是现代化的金融机构,它的存在及某些举措又对当时社会经济的发展起到过某种程度的积极作用。因此,评价中央银行这样一个具有两重性的金融机构必须从两个方面进行考察,完全否定的态度不符合历史原貌。

刘慧宇《中国中央银行研究(1928—1949)》[2],是一部以国民政府中央银行为专门研究对象进行个案研究的专著。该书将国民政府中央银行放在中国金融现代化的视角下,主要从中央银行的三大职能,即发行的银行、政府的银行、银行的银行,以及中央银行的监督管理职能、宏观调控职能等方面进行分析考察,并总结了中央银行职能演进中的得失与启迪。无论是研究方法,还是内容结论,该书都极大地加强和丰富了对国民政府中央银行的研究。

石涛《南京国民政府中央银行研究(1928—1937)》[3]一书,对南京国民政府中央银行从1928年成立到1937年抗战爆发前的发展历程进行了深入研究,分析了国民政府中央银行设立的历史背景,介绍了该行的筹建经过及其成立后组

---

[1] 宋士云编著:《中国银行业——历史、现状与发展对策》,天津人民出版社,1997年。
[2] 刘慧宇:《中国中央银行研究(1928—1949)》,中国经济出版社,1999年。
[3] 石涛:《南京国民政府中央银行研究(1928—1937)》,上海远东出版社,2012年。

织机构的变迁状况,重点论述了这一时期中央银行职能的发展演变,并分析了中央银行对这一时期货币金融发展和财政制度变迁所产生的影响。张宪文主编《中华民国专题史》第六卷《南京国民政府十年经济建设》①对抗战前国民政府中央银行主要的职能建设和业务活动做了论述。

现有相关研究成果中,除了以上所介绍的代表性著作之外,还有很多相关论著从不同方面对近代中国中央银行进行了研究。这些论著所研究的问题,主要可分为以下方面:

第一,关于近代中国中央银行职能与体制的研究。

中央银行的职能与体制,是现有关于近代中国中央银行的研究成果中受关注最多的一个方面。刘慧宇《论抗战时期中央银行的职能建设》《国民政府中央银行宏观调控论》对抗战时期中央银行的职能建设经过进行了重点考察,并分析了中央银行职能建设给国家财政、经济带来的重大影响,宏观调控职能缺失的原因等;《中国近代中央银行体制演变刍议》②对中国近代中央银行体制演变经过进行了考察,认为中国近代中央银行体制的演变具有中国的特殊性,而健全这一体制是中国近代经济走向全面发展的主要前提。吴秀霞《抗战时期国民政府中央银行体制的确立》③也对抗战时期国民政府中央银行体制的确立经过做了简介。卓遵宏对抗战前国民政府中央银行的筹建经过、业务活动及职能发展,以及中央银行与近代上海金融中心地位的形成等问题进行了深入研究。④

杜恂诚主编《上海金融的制度、功能与变迁(1897—1997)》⑤第九章"中央银行"部分中,从中央银行制度、中央银行的一般职能、不能正常履行的中央银

---

① 张宪文主编:《中华民国专题史》第六卷,南京大学出版社,2015年。
② 刘慧宇:《论抗战时期中央银行的职能建设》,《中国社会经济史研究》1999年第2期;《国民政府中央银行宏观调控论》,《江西社会科学》2002年第3期;《中国近代中央银行体制演变刍议》,《民国档案》1997年第1期。
③ 吴秀霞:《抗战时期国民政府中央银行体制的确立》,《山东师大学报(社会科学版)》2000年第4期。
④ 卓遵宏:《中央银行与近代上海金融中心地位(1927—1937)》,复旦大学中国金融史研究中心编:《上海金融中心地位的变迁》,复旦大学出版社,2005年。
⑤ 杜恂诚主编:《上海金融的制度、功能与变迁(1897—1997)》,上海人民出版社,2002年。

政策目标、依附财政和滥发纸币等四个方面,对国民政府中央银行的发展,尤其是1939年后的制度发展做了分析研究,并提出两大观点:一、20世纪30年代以前,近代中国根本未形成中央银行产生的前提条件;二、1939年四联总处改组前中国没有中央银行,四联总处的1939年改组代表中央银行已经成立。作者认为,在我国近代历史上中央银行制度先后经历了分立特许制、复合集中制和单一集中制三种银行制度。杜恂诚在《天生的畸形儿——记南京国民政府时期的中央银行》①一文中,对国民政府中央银行的主要业务和职能做了简介,认为中央银行的职能很不完善,是一个"天生的畸形儿"。

潘健《论立法变革对近代中国中央银行的影响》②从近代中国中央银行立法变革的视角,勾勒出了中国中央银行发展的轨迹:由复合式向单一式的演变、三大基本职能的逐步完善、缺乏独立性以及法规实施的滞后性。李永伟《南京国民政府之银行法制及其宪法导向》③与魏浩然《中国中央银行的现代化(1928—1945)——以银行立法为视角》④,均从银行立法的视角对国民政府中央银行进行了研究。

在一些关于四联总处的研究成果中,对于中央银行也有所涉及,并认为四联总处在促进中央银行职能发展方面发挥了重要作用。如姜宏业《四联总处与金融管理》⑤认为,国民党政府设立四联总处的过程,也是扶植中央银行的过程。扶植的措施,即是逐步扩大中央银行的权力,提高中央银行的地位,使其真正起到总枢金融机构的作用,并认为四联总处较明显地完成了这一任务。黄立人《四联总处的产生、发展和衰亡》⑥认为,在四联总处的卵翼下,中央银行的职能不断扩大和强化,逐渐成为名实相符的"银行之银行",使官僚资本对金融的垄

---

① 杜恂诚:《天生的畸形儿——记南京国民政府时期的中央银行》,《银行家》2003年第5期。
② 潘健:《论立法变革对近代中国中央银行的影响》,《中国经济史研究》2008年第2期。
③ 李永伟:《南京国民政府之银行法制及其宪法导向》,中国政法大学出版社,2017年。
④ 魏浩然:《中国中央银行的现代化(1928—1945)——以银行立法为视角》,广西师范大学硕士论文,2005年。
⑤ 姜宏业:《四联总处与金融管理》,《中国经济史研究》1989年第2期。
⑥ 黄立人:《四联总处的产生、发展和衰亡》,《中国经济史研究》1991年第2期。

断和控制在形式上达到了高级程度;四联总处建立起中央银行管理和控制全国金融的体制,这从中国金融制度和银行制度史的角度来看,无疑是一种进化。朱荫贵《试论四联总处与中央银行》①考察了四联总处发展过程及其与中央银行的关系,认为通过四联总处,中央银行的地位得到进一步提升,完成了向"银行之银行"的职能转变,并逐步取代了四联总处的职能。尤云弟《四联总处金融管理研究(1937—1948)》②对四联总处进行了专题研究,涉及了四联总处与中央银行的关系,认为四联总处提升了中央银行的地位和职权。刘慧宇《论四联总处战时金融运作与代中央银行制形成》③分析了四联总处的建立与职能,认为四联总处和国家行局共同构成了"代中央银行制"。

第二,关于中央银行思想与人物的研究。

李昌宝《近代中央银行思想变迁研究》④是一部专门研究近代中国中央银行思想变迁的专著,从中央银行思想的发轫、发展、成熟,以及进一步发展四个阶段,对近代许多重要人物的中央银行思想做了考察。程霖《中国近代银行制度建设思想研究(1859—1949)》⑤分别介绍了北洋政府和南京国民政府时期中央银行制度建设的思想内容与演变过程。

在近代中国中央银行的创建、发展过程中,有一些发挥了重要作用的历史人物,如孙中山、宋子文、孔祥熙、张嘉璈等。对于这些人物也有一些研究论著和回忆性的文章。吴景平教授的三本著作《宋子文评传》《宋子文经济思想研究》《宋子文政治生涯编年》⑥对宋子文进行了全面深入系统的研究,其中包括对宋子文担任中央银行总裁期间的活动的论述分析。刘慧宇《宋子文与中央银行

---

① 朱荫贵:《试论四联总处与中央银行》,《近代中国:金融与证券研究》,上海人民出版社,2012年。
② 尤云弟:《四联总处金融管理研究(1937—1948)》,浙江大学出版社,2020年。
③ 刘慧宇:《论四联总处战时金融运作与代中央银行制形成》,《中国经济史研究》2020年第2期。
④ 李昌宝:《近代中央银行思想变迁研究》,中国商业出版社,2012年。
⑤ 程霖:《中国近代银行制度建设思想研究(1859—1949)》,上海财经大学出版社,1999年。
⑥ 吴景平:《宋子文评传》《宋子文经济思想研究》《宋子文政治生涯编年》,福建人民出版社,1998年。

的筹设》①分析了宋子文在国民党政权筹设广州中央银行和上海中央银行过程中发挥的作用。李吉奎《宋子文与中央银行的设立》②对宋子文与广州中央银行创建经过进行了研究。

蔡志新在《孔祥熙经济思想研究》③一书中,对孔祥熙关于中央银行制度建设的言论、思想以及活动做了介绍和分析。刘慧宇《孔祥熙与中央银行的发展》④考察了孔祥熙主持中央银行时期的发展情况。此外,文思《我所知道的孔祥熙》⑤、寿充一《孔祥熙其人其事》⑥等著作中,收录了许多与孔祥熙有着直接或间接关系的人物所写的亲历、亲见或亲闻的文章。

李廷江《孙中山委托日本人建立中央银行一事的考察》⑦回顾了孙中山委托日人阪谷芳郎代为筹建国立中央银行的经过。吴景平《孙中山关于兴办新式银行的思想述论》⑧对孙中山兴办新式银行的思想主张及实践活动进行了全面论述。石涛《孙中山与近代中国中央银行建设》⑨考察了孙中山与近代中国中央银行建设之间的关系。王丽《杨格与国民政府战时财政》⑩对曾担任国民政府财政部和中央银行顾问的美籍人士杨格进行了专题研究。

第三,关于中央银行与货币发行制度的研究。

货币发行制度一直是近代中国金融史、货币史的研究重点,因而研究成果也非常丰富,在很多货币金融史论著中都会有所涉及,尤其是围绕法币改革和金圆券改革的研究成果最为突出。

张秀莉《币信悖论——南京国民政府纸币发行准备政策研究》及《国际视野

---

① 刘慧宇:《宋子文与中央银行的筹设》,《党史研究与教学》1994 年第 4 期。
② 李吉奎:《宋子文与中央银行的设立》,《广东社会科学》2015 年第 5 期。
③ 蔡志新:《孔祥熙经济思想研究》,书海出版社,2007 年。
④ 刘慧宇:《孔祥熙与中央银行的发展》,《党史研究与教学》2000 年第 5 期。
⑤ 文思主编:《我所知道的孔祥熙》,中国文史出版社,2003 年。
⑥ 寿充一编:《孔祥熙其人其事》,中国文史出版社,1987 年。
⑦ 李廷江:《孙中山委托日本人建立中央银行一事的考察》,《近代史研究》1985 年第 5 期。
⑧ 吴景平:《孙中山关于兴办新式银行的思想述论》,《近代中国》2013 年第 23 辑。
⑨ 石涛:《孙中山与近代中国中央银行建设》,《中国矿业大学学报(社会科学版)》2012 年第 2 期。
⑩ 王丽:《杨格与国民政府战时财政》,东方出版社,2017 年。

下的南京国民政府纸币政策研究》①两书,对南京国民政府的纸币政策进行了全面系统的专题研究,其中对中央银行的货币发行有所介绍。季长佑《金圆券币史》②对金圆券的发行经过做了深入考察,对中央银行在金圆券改革中的作用做了论述。卓遵宏《法币政策与中央银行的发展》③考察了法币政策实施过程中中央银行发挥的作用,以及法币政策的实施对中央银行的影响,认为中央银行不论是推行法币政策,或自身之发展,均取得相当成绩。

陈昶安《东北流通券:战后区域性的货币措施(1945—1948)》④一书,以抗战胜利后中央银行在东北地区发行的"东北流通券"为研究对象,分析了东北流通券发行的理由及其作用。刘慧宇《中央银行与国民政府货币现代化改革》⑤一文,对中央银行与国民政府货币现代化改革进行了论述,认为国民政府时期货币金融恰恰因为中央银行统一发行的实现而走向崩溃。王信、郭冬生《20世纪上半叶中国中央银行制度的起源和发展——基于货币发行的视角》⑥一文,从货币发行的视角出发,探讨20世纪上半叶中国中央银行制度的起源和发展,并总结了近代中国中央银行制度发展的四个特征。

此外,戴建兵[7]、李爱[8]、吴景平[9]、姚会元[10]、黄如桐[11]、潘晓霞[12]等学者的论著中,对于中央银行与货币发行制度均有所涉及。

---

[1] 张秀莉:《币信悖论——南京国民政府纸币发行准备政策研究》,上海远东出版社,2012年;《国际视野下的南京国民政府纸币政策研究》,上海社会科学院出版社,2018年。

[2] 季长佑:《金圆券币史》,江苏古籍出版社,2001年。

[3] 卓遵宏:《法币政策与中央银行的发展》,《国父建党革命一百周年学术讨论集》。

[4] 陈昶安:《东北流通券:战后区域性的货币措施(1945—1948)》,(台北)"国史馆",2014年。

[5] 刘慧宇:《中央银行与国民政府货币现代化改革》,《民国档案》2002年第2期。

[6] 王信、郭冬生:《20世纪上半叶中国中央银行制度的起源和发展——基于货币发行的视角》,《新金融评论》2019年第2期。

[7] 戴建兵:《白银与近代中国经济(1890—1935)》,复旦大学出版社,2005年。

[8] 李爱:《白银危机与币制改革》,社会科学文献出版社,2014年。

[9] 吴景平:《蒋介石与1935年法币政策的决策与实施》,《江海学刊》2011年第2期;《金圆券政策的再研究——以登记移存外汇资产和收兑金银外币为中心的考察》,《民国档案》2004年第1期。

[10] 姚会元:《论法币改革》,《学术月刊》1997年第5期。

[11] 黄如桐:《一九三五年国民党政府法币政策概述及其评价》,《近代史研究》1985年第6期。

[12] 潘晓霞:《温和通胀的期待:1935年法币政策的出台》,《近代史研究》2017年第6期。

第四,中央银行与外汇管理制度的研究。

近年来,学术界对于国民政府时期的外汇问题做了不少研究,尤其是抗战时期的外汇问题备受关注,在外汇政策、外汇市场、外汇管理机构与制度等方面,均有一些研究成果。

宋佩玉《抗战前期上海外汇市场研究(1937-7—1941-12)》和《近代上海外汇市场研究(1843—1949)》①两书,对抗战前期上海外汇市场和整个近代上海外汇市场做了深入系统的研究,是目前学术界关于外汇问题研究的代表性成果。洪葭管、张继凤《近代上海金融市场》②一书第六章"外汇市场",分别对抗战前、战时和战后的上海外汇市场与外汇管理做了介绍。黄如桐《抗战时期国民党政府外汇政策概述及评价》③对抗战时期国民政府外汇政策进行了论述,并对其利弊得失进行了评价。吴景平《上海金融业与太平洋战争爆发前上海的外汇市场》《美国和抗战时期中国的平准基金》《蒋介石与战时平准基金》④三篇文章对抗战前期上海金融业与外汇市场的关系进行了梳理,并对美国与平准基金、蒋介石与平准基金等问题进行了深入探讨。尤云弟《抗战时期国民政府的侨汇管控及其成效》⑤对抗战时期国民政府管控侨汇的机构、政策、流向变迁历程及其成效进行了分析评价。在这些关于外汇的研究成果中,对于中央银行的外汇管理活动或多或少,均有所涉及。

第五,中央银行与票据清算制度的研究。

票据清算制度是金融机构之间进行资金清算的一项重要金融制度,与中央银行有着密切关系。近年来,已有一些学者开始关注对近代中国票据清算制度的研究。

---

① 宋佩玉:《抗战前期上海外汇市场研究(1937-7—1941-12)》《近代上海外汇市场研究(1843—1949)》,上海人民出版社,2007、2014年。

② 洪葭管、张继凤:《近代上海金融市场》,上海人民出版社,1989年。

③ 黄如桐:《抗战时期国民党政府外汇政策概述及评价》,《近代史研究》1987年第4期。

④ 吴景平:《上海金融业与太平洋战争爆发前上海的外汇市场》,《史学月刊》2003年第1期;《美国和抗战时期中国的平准基金》,《近代史研究》1997年第5期;《蒋介石与战时平准基金》,《民国档案》2013年第1期。

⑤ 尤云弟:《抗战时期国民政府的侨汇管控及其成效》,《华侨华人历史研究》2016年第3期。

绪 论

万立明《上海票据交换所研究(1933—1951)》①一书,对近代中国最早成立的票据交换所——上海票据交换所1933至1951年间的历史,进行了深入系统的专题研究。《南京国民政府时期中央银行票据清算职能的演变——兼论其与上海票据交换所的关系》②一文,考察了中央银行与上海票据交换所的关系演变经过,认为存在着中央银行从游离、应邀加入到战时退出几个阶段,并介绍了抗战时期中央银行开始主办并逐步推广票据交换业务的概况,以及战后中央银行主持全国票据清算职能的最终确立。

第六,中央银行与重贴现制度的研究。

重贴现既是中央银行的一项重要业务和货币政策工具,也是中央银行与普通银行联系的一个纽带,是金融制度的一个非常重要的构成部分。因此,近年来,中央银行的重贴现业务与制度也开始受到关注。

万立明《近代中国票据市场的制度变迁研究》③一书,考察了抗战时期中央银行重贴现制度的确立与完善的过程,认为中央银行的重贴现职能并未发挥应有功效。《南京国民政府时期中央银行重贴现制度的演进》④一文对南京国民政府时期中央银行重贴现制度的发展过程做了梳理介绍,认为中央银行重贴现制度的建立不仅严重滞后且缺乏实效,反映了中央银行太过于偏重"政府的银行"的职能。洪葭管、张继凤《近代上海金融市场》一书第三章"货币市场之二——贴现市场",对贴现市场发展经过进行了回顾,并对中央银行重贴现制度在名义上的形成做了较多阐述分析。杜恂诚主编《上海金融的制度、功能与变迁(1897—1997)》中,对中央银行重贴现业务及其所存在的问题做了介绍分析。

第七,中央银行与国库制度的研究。

国库制度既是一项重要的金融制度,也是一项重要的财政制度,与中央银

---

① 万立明:《上海票据交换所研究(1933—1951)》,上海人民出版社,2009年。
② 万立明:《南京国民政府时期中央银行票据清算职能的演变——兼论其与上海票据交换所的关系》,《近代史研究》2009年第5期。
③ 万立明:《近代中国票据市场的制度变迁研究》,上海远东出版社,2014年。
④ 万立明:《南京国民政府时期中央银行重贴现制度的演进》,《上海经济研究》2017年第6期。

行有密切关系。目前学术界关于这一问题的研究成果尚不多见。

万立明《南京国民政府时期国库制度的演进》①,对南京国民政府时期国库制度的嬗变过程做了考察,认为国库制度经历了一个由不统一到统一、由委托代理国库制到银行存款制的复杂过程,这种演进历程符合财政体制的发展规律,但受政治经济等因素影响,国库制度也存在很多不足,并对此进行了简要分析。李永伟《南京国民政府中央银行之国库经理制度发展论——以政府主导下的制度生成过程为视角》②,以政府主导下的制度生成过程为视角,对南京国民政府中央银行的国库制度发展过程做了分析。焦建华《中国财政通史·中华民国财政史》③对国民政府公库制度在抗战前、抗战时和抗战后的基本情况做了介绍。

第八,中央银行与金融监管制度的研究。

对金融机构进行监督和管理,是现代中央银行的一项重要职能。近年来,学术界关于近代中国金融监管制度的研究成果不少,对中央银行的监管职能也不乏研究。

刘平《近代中国银行监管制度研究(1897—1949)》④是一部以近代中国银行监管制度为专门研究对象的著作,其中对于中央银行在银行监管中的作用有所介绍。刘慧宇《论抗战时期国民政府中央银行金融监管职能》⑤一文,论述了抗战时期国民政府中央银行金融监管职能的建设及其存在的局限性,认为中央银行已具备了一定的监管能力,但并不充分。王红曼《抗战时期国民政府的银行监理体制探析》⑥一文,对抗战时期国民政府的银行监理体制做了研究,认为抗战时期国民政府实行的是由财政部、四联总处、中央银行等多家机构先后共同

---

① 万立明:《南京国民政府时期国库制度的演进》,《江苏社会科学》2006年第3期。
② 李永伟:《南京国民政府中央银行之国库经理制度发展论——以政府主导下的制度生成过程为视角》,《武汉科技大学学报(社会科学版)》2008年第6期。
③ 焦建华:《中国财政通史·中华民国财政史》,湖南人民出版社,2015年。
④ 刘平:《近代中国银行监管制度研究(1897—1949)》,复旦大学出版社,2008年。
⑤ 刘慧宇:《论抗战时期国民政府中央银行金融监管职能》,《南开经济研究》2001年第3期。
⑥ 王红曼:《抗战时期国民政府的银行监理体制探析》,《抗日战争研究》2010年第2期。

参与的多元化银行监理体制,中央银行在其中发挥了一定作用,并在抗战后期发挥主要金融监管功能,但仍只是一个协从角色,而且监管效果并不好。刘志英《全面抗战时期国民政府对省地方银行的监管》①一文,对抗战时期国民政府对省地方银行的监管进行了深入研究,其中对于中央银行在省地方银行监管中的作用有所涉及。易棉阳《论抗战时期的金融监管》和《近代中国两种金融监管制度的比较:基于交易费用视角的研究》②两文关于金融监管制度的研究中,对中央银行在监管体系中的作用也有所介绍。

此外,刘杰《抗战前中央银行与政府公债经营及其影响(1927—1937)》③一文,考察了抗战前国民政府中央银行与政府公债的关系,认为由于不具有"超然独立"地位,国民政府中央银行经理公债并没有完全实现调控债市乃至发挥其公开市场业务之主要职能。董长芝《论中央银行在抗日战争中的作用》④一文,分析了国民政府中央银行在抗战中的贡献,也指出了其存在的弊端和造成的危害,但认为决不能因此而否定中央银行对抗战的贡献,更不能因此而否定在抗战中健全起来的中央银行和这一现代国家的金融制度。贺水金《南京政府中央银行反通货膨胀政策及其绩效评析》⑤一文,回顾了抗战胜利后国民政府中央银行的反通胀措施,并分析了其绩效。

(二)国外相关研究状况

在国外关于近代中国货币金融史或财政史的相关研究成果中,也有一些涉及国民政府中央银行的内容。

日本学者德永清行《支那中央银行论》⑥是一部研究近代中国中央银行的专著,书中分大清银行、中国银行、国民政府中央银行、汪伪中央储备银行四个时

---

① 刘志英:《全面抗战时期国民政府对省地方银行的监管》,《历史研究》2015年第4期。
② 易棉阳:《论抗战时期的金融监管》,《中国经济史研究》2009年第4期;《近代中国两种金融监管制度的比较:基于交易费用视角的研究》,《财经研究》2014年第1期。
③ 刘杰:《抗战前中央银行与政府公债经营及其影响(1927—1937)》,《民国研究》2017年春季号。
④ 董长芝:《论中央银行在抗日战争中的作用》,张宪文等编:《民国档案与民国史学术讨论会论文集》,档案出版社,1988年。
⑤ 贺水金:《南京政府中央银行反通货膨胀政策及其绩效评析》,《中国经济史研究》2008年第3期。
⑥ [日]德永清行:《支那中央银行论》,有斐阁,昭和十七年(1942)。

期,对1942年之前中国中央银行的演变过程进行了分析研究。

曾长期担任国民政府财政部和中央银行顾问的美籍财政专家阿瑟·恩·杨格(Arthur N. Young)所著《一九二七至一九三七年中国财政经济情况》,以及 China and the Helping Hand, 1937-1945, China's Wartime Finance and Inflation, 1937-1945[1],在这三本书中,杨格利用其所接触到的大量一手资料和保存的档案资料,以及个人经历,对抗战前和抗战时期国民政府的财政、金融、货币等问题进行了详细论述,其中包括对中央银行业务的介绍,以及国民政府筹划成立中央准备银行的相关内容,战时中央银行的业务活动等。杨格本人参与了这一时期国民政府财政金融、货币改革及与中央银行有关的很多制度建设和改革方案的决策经过,甚至很多方案就是由他本人制定,并被政府所采行。由于他的特殊地位和身份,使其论著具有很高的史料和学术价值,在中央银行研究方面有其不可替代的地位。

曾任中央银行总裁的张嘉璈,于1958年由美国麻省理工学院国际问题研究中心出版了《中国通货膨胀史(1937—1949年)》[2]一书,作者以其亲身经历和大量外界难以获得的一手资料撰成该书,因而具有重要的学术和史料价值。该书以通货膨胀为研究对象,其中包含了很多与中央银行相关的内容。

此外,美国学者小科布尔《上海资本家与国民政府(1927—1937)》[3]一书中,在论述宋子文、孔祥熙与上海银行家关系等内容时,也对中央银行有所评析。日本学者宫下忠雄在其《中国银行制度史》一书中,介绍政府金融机构发展史时,简述了中央银行的概况。

通过以上分析可见,国内外学者已对近代中国中央银行进行了卓有成效的研究,研究领域不断拓展,研究成果推陈出新。前人的这些成果,为本书的研究

---

[1] [美]阿瑟·恩·杨格:《一九二七至一九三七年中国财政经济情况》,陈泽宪、陈霞飞译,中国社会科学出版社,1981年;China and the Helping Hand, 1937-1945, Harvard University Press, 1963; China's Wartime Finance and Inflation, 1937-1945, Harvard University Press, 1965.

[2] 张公权:《中国通货膨胀史(1937—1949年)》,杨志信译,文史资料出版社,1986年。

[3] [美]小科布尔:《上海资本家与国民政府(1927—1937)》,杨希孟、武莲珍译,中国社会科学出版社,1988年。

绪 论

从理论上、方法上、思路上都提供了很好的借鉴与参考。

三、研究对象与内容结构

本书以近代中国中央银行为主要研究对象,具体包括晚清时期的户部—大清银行,北洋时期的中国银行、交通银行,以及国民政府时期的中央银行。首先,重点考察这四家银行主要发展经过和业务活动,分析其所发挥的中央银行职能。其次,由于中央银行不仅是一个金融机构,更是一种金融制度,因此本书在搞清历史沿革的基础上,以近代中国中央银行制度为研究核心,重点探究相关金融制度的变迁,力求在前人研究的基础上,对近代中国中央银行发展史和金融制度变迁史进行完整系统的研究。

本书内容结构以时间为线索,根据近代中国中央银行的发展历程,分为晚清时期、北洋时期、国民政府时期三个历史阶段进行论述。由于国民政府中央银行是近代中国存在时间最长、影响最大的中央银行,是近代中国中央银行制度变迁过程中最重要的阶段,因而也是本书研究的重点所在,本书将其发展历程分为抗战之前、抗战时期和抗战之后三个阶段分别进行介绍。因此,全书正文共有五章,第一章分析了近代中国中央银行产生的时代背景,论述了晚清时期户部—大清银行的创建经过及其主要业务活动和职能发挥状况。第二章对北洋时期发挥中央银行职能的中国、交通两行分别进行考察。由于前人相关研究成果中,对于中、交两行的业务活动已有充分论述,本书不再过多赘述,而主要是对中、交两行作为中央银行所发挥的职能进行研究,对中、交两行所构成的二元制中央银行制度的弊端进行分析,并对中、交两行的独立化趋向进行介绍。第三章考察了抗战前国民政府中央银行的创建经过、组织结构,及其业务活动与职能发展。抗战前近九年时间,既是中央银行的产生与快速上升阶段,也是中央银行在相对和平环境中的一个发展阶段,在国民政府的大力支持下,中央银行发展迅速,逐渐成为金融领域一支举足轻重的力量。由于笔者在《南京国民政府中央银行研究(1928—1937)》一书中对这一阶段中央银行的发展史已进行了专门研究,因此这一章主要是在已有研究的基础上进行了压缩和补充。第四章考察了抗战时期国民政府中央银行业务活动和职能发展。抗战八年间,是中央银行各项职能快速发展的阶段,国民政府利用四联总处大力扶持中央银行,使其基本上具备了中央银行的各项应有职能,控制力量大为增强,地位不断提高,成为金融界的领袖。第五章考察了抗战胜利后国民政府中央银行的职能强化与没落消亡的过程。抗战胜利后四年间,是中央银行各项职能成熟和全面发挥的阶段,也是中央银行受内战等因素影响,业务活动遭受严重挫折,并与国民党政权一起走向覆亡的阶段。结语部分就近代中国中央银行发展及金融制度建设的利弊得失,进行了一些总结、分析和思考。

最后,需要特别加以解释的是,本书中大量出现的"中央银行"这一概念,在不同语境中具有不同的含义和指代。大体上可以分为三种情况,第一种是一般意义上的中央银行,是一个专业名词,普遍指代各国居于主导地位的金融中枢机构,其机构名称未必叫"中央银行",但却具有"中央银行"的性质和职能,履行"中央银行"的职责,如英格兰银行、美国联邦储备系统、日本银行、中国人民银行等。第二种是指在近代中国具有"中央银行"的性质与地位,发挥"中央银行"的职能与作用,或具有"中央银行"名义的金融机构,是一个集合名词,具体包括晚清时期的户部—大清银行,北洋时期的中国银行、交通银行,以及国民党政府在广州、武汉和上海建立的中央银行,书中统称其为"近代中国中央银行"。第三种是特指南京国民政府于1928年11月在上海建立的中央银行,是一个专有名词,书中一般称其为"国民政府中央银行"或"上海中央银行"。

第一章　晚清时期中央银行的产生与初步发展

鸦片战争前,中国只有钱庄、票号等传统金融机构,而并无银行这种新式金融机构。鸦片战争后,随着外商银行大量进入中国,国人对银行的认识日益深刻,对先进国家中央银行的了解也不断加深。清朝末年,清政府为了应对严重的财政危机,为了改革混乱的货币制度,也为了抵制外商银行的肆意扩张,于1905年创办了近代中国第一个中央银行——户部银行,并于1908年改名为大清银行。户部—大清银行在清政府的财政金融事务中发挥了重要作用,是近代中国中央银行发展史的开端。

第一节　世界中央银行制度的产生与变迁

世界范围内的中央银行制度,兴起于17世纪下半叶到20世纪初,形成于20世纪前半期。中央银行制度的产生、发展经历了长期的历史过程,并随着社会经济的演变,不断进行调整和完善。在这一过程中,世界各国形成了既有共同原则,又有各国特色的中央银行制度。

一、世界中央银行的发展历程

17世纪下半叶到20世纪初,是中央银行制度的初创时期。这一时期形成的中央银行,多数是由商业银行演变而来。中央银行广泛发展并形成制度是在20世纪前半期,从第一次世界大战结束到第二次世界大战结束,是中央银行在各国普遍推行的时期。二战之后,则是中央银行制度得以强化和进一步完善的时期。

(一)一战前中央银行制度的产生与初步发展

中央银行的产生和中央银行制度的形成,经历了一个漫长的历史过程,并非一蹴而就。这一过程最完整的体现,便是被视为世界中央银行始祖的英格兰银行。成立于1694年的英格兰银行,最初的主要任务是为政府垫款,但成立后职能不断转变。经过数百年的发展,逐渐垄断了全国货币发行权,并于1928年成为英国唯一的发行银行。与此同时,英格兰银行凭其日益提高的地位,承担商业银行间债权债务关系的划拨冲销和票据交换的最后清偿等业务,在经济繁荣时接受商业银行的票据再贴现,而在经济危机时则充当商业银行的"最后贷款人",由此取得了商业银行的信任,确立了"银行的银行"的地位。在长期的摸索经营中,英格兰银行还于19世纪后半期形成了有伸缩性的再贴现政策和公开市场活动等调节措施。

英格兰银行作为世界上第一个中央银行,具有其无法替代的地位和影响力,"非特成为英国银行界之中心,且能稳定货币,调节金融,发展经济,此种功绩,实足以鼓励其他各国中央银行之成立"[1],成为近代中央银行理论和业务的样板及"他国中央银行发展之示范"[2],为近代各国中央银行的制度"健全"概念提供了标准。继英格兰银行之后,法兰西银行、德国国家银行、日本银行等,逐步成为各该国的中央银行。美国于1913年通过了《联邦储备法案》,建立了独具特色的联邦储备制度。从1694年英格兰银行成立算起,到1913年美国联邦储备制度建立为止,世界中央银行制度经历了200多年的漫长历程。在这期间,据不完全统计,世界上约有29家中央银行设立,计欧洲19家,美洲5家,亚洲4家,非洲1家。这29家银行,成立于17、18世纪的共3家,成立于19世纪

---

[1] 陈行:《中央银行概论》,第6页。
[2] 同上书,第1页。

的21家,成立于20世纪初的5家。从时间上可以看出,19世纪是世界范围内中央银行设立的一个主要阶段。①

(二)一战后中央银行制度的扩展与改革

20世纪初期开始,世界金融形势的转变,"激起中央银行急迫的需要和严重的讨论,中央银行就变成全世界注意的大问题了"②。而第一次世界大战的发生,更引起了中央银行的剧烈变革和迅速推广。

一战期间,参战各国为应付战时财政需要,停止了金本位制。各国中央银行纷纷停止或限制兑现,并向政府大量借垫以供战费支出,引起通货膨胀,物价上升,并因战费不断支出,钞票发行不断增加,形成通货与物价的相互影响。战后,各国普遍发生了严重的通货膨胀。有鉴于此,各国认为挽救战争创伤,必须稳定币值。而稳定币值,重建币制,则不得不强化、改组或新设中央银行。因此,"自欧洲大战后,各国鉴于战时之经验,对于中央银行之组织与机能,无不积极改造,使之成为产业复兴之中枢。大势所趋,风靡一世"③。

一战后,"每次国际金融会议开会,对于中央银行,均有明白之宣示"。1920年,在比利时首都布鲁塞尔举行的国际金融会议,建议尚未设立中央银行的国家,应从速成立中央银行,并提出中央银行"应脱离政治压迫而自由,更应恪遵金融谨慎之原则"。这是战后中央银行制度建立的最重要的理论基础。1922年,在瑞士的日内瓦会议上,对于中央银行政策,除强调应脱离政治控制而独立外,再次建议各国,包括新成立的国家,设立中央银行。布鲁塞尔会议及日内瓦会议,"集各国专家于一堂,群注意于中央银行之政策,条条提出,语语推敲,实为此前所未有"。④两次国际会议推动了中央银行制度的推广,设立中央银行已成为世界潮流,未设立中央银行的诸国,皆仿效先进国家中央银行演化成规,相

---

① 盛慕杰主编:《中央银行学》,中国金融出版社,1989年,第5—6页。
② 沈琳译:《中央准备银行的要义》,《银行周报》第20卷第1期,1936年1月14日。
③ 静如:《战后各国中央银行新形势》,《银行周报》第12卷第37号,1928年9月25日。
④ 崔晓岑:《中央银行论》,第1、41页。

继组建中央银行;已设立中央银行的国家,也力谋改善。

20世纪20年代,中央银行的重要性已被各国所普遍认识。中央银行的建立,不仅被视为是安定经济的应有活动,而且也是一国经济独立的象征,尤其是建立健全银行制度的重要力量。从1921年起至1942年止,世界各国改组或新设立的中央银行有43家,计欧洲16家,美洲15家,亚洲8家,非洲与大洋洲各两家。这43家银行,改组或成立于20世纪20年代的为27家,30年代的为9家,40年代的为7家。①可以说,20世纪20年代是中央银行制度积极发展的又一个阶段,这一时期"世界各国中央银行的设立,可说是划了一个极盛的时代"②。

总之,一战后,世界中央银行进入了一个快速发展的黄金阶段。各国争先恐后地采取中央银行制度,设立中央银行。同时,中央银行的学理及实务开始得到认真研究,近现代中央银行的基本原理、理论和业务规范等,均形成于这一时期。因此,这一时期"银行界之最大进步,厥惟所谓中央银行制度者是"③。20世纪30年代之后,随着管理通货和统制经济日趋盛行,中央银行的地位更为重要。"各国实行管理通货,统制外汇,统制贸易,关于此方面事务之处理,如买卖外汇,稳定汇价,结购与结售外汇等,亦多委托中央银行主持,由是中央银行之职责,较前更为增重"④。中央银行成为国家金融政策的制定者和执行者,并开始出现由国家控制中央银行的国有化趋势。

二、中央银行的产生途径与类型

从世界中央银行发展史来看,中央银行的产生主要有两条途径:一是由资本实力雄厚、社会信誉卓著、与政府有特殊关系的大商业银行逐步地缓慢发展演变而成,在演变过程中,政府根据客观需要,不断赋予这家大商业银行

---

① 盛慕杰主编:《中央银行学》,第17页。
② 甘祠森:《世界通货问题的现在与将来》,《银行周报》第19卷第50期,1935年12月24日。
③ 贝趋:《中央银行之重要原则(一)》,《中央银行旬报》第3卷第5号,1931年2月中旬。
④ 陈行:《中央银行概论》,第153页。

某些特权,从而使这家大银行逐步具备了中央银行的某些性质并最终发展成为中央银行。这一类型可称之为自然演进型的中央银行,英格兰银行是其典型代表。它们的发展特点表明,这些中央银行制度是在诱致性制度变迁中逐步形成的,因而这一过程持续的时间也都比较长。二是由政府出面直接创建一家银行作为该国中央银行,这一类型可称之为政府植入式或人工创设型的中央银行,美国联邦储备体系是其典型代表。20世纪初以来,尤其是一战以后,新设立的中央银行很多不是由商业银行自然演进而成的,而是出于通货膨胀压力或其他客观需要,由各国政府直接创设的。美国的联邦储备制度就是美国政府为了应对金融恐慌,通过立法而建立的第一个中央银行。一战时,美联储在代理国库,维持财政,支持美国进行战争方面发挥了重要作用,因而被各国所推崇。一战后,很多新兴国家吸收老牌中央银行制度的经验,结合本国特点,运用政府力量设计创立中央银行。这些中央银行制度是在强制性制度变迁中迅速形成的,政府力量发挥了主导作用,并仿效了先进国家中央银行的成规,因而少走了很多弯路,在很短时间内便取得了中央银行应有的职能和特权。

各国中央银行制度,按照不同标准可以分为多种不同类型,但其中具有代表性和影响力的主要有两种类型,一是单一式中央银行制度,二是复合式中央银行制度。

单一式中央银行制度又称为一元化中央银行制度,是指在一个国家单独设立一家中央银行,并设立若干家分支机构来行使职能。决策权集中于总行,分支行只是负责执行总行制定的政策。这种中央银行制度不仅具有职能完善、组织机构健全等特征,而且还有利于把全国的金融调控和监管大权集中于中央,便于业务政策的贯彻实施,且具备呈报手续简便、决策迅速等优点,因而为大多数国家所采用,如英国、法国、日本等国家较为典型。

复合式中央银行制度也称为二元式中央银行制度,是指一国在中央设立一个一级中央银行机构,并在地方设立若干个二级中央银行机构。中央一级机构享有制定货币政策和指导地方一级机构工作的最高权力。地方一级机构受中央机构的监管,执行中央决策机构制定的金融方针和政策,但同时,地方一级机构在本地区内行使中央银行的职能,享有较大的自主权,并不受地方政府的领导和管辖,也不属于中央机构的派出机构,与总行并非垂直领导关系。这种中央银行制度由于地方性中央银行的独立性较大,可以根据本地区的特殊情况制定和执行金融政策,并行使监管权。因此,地方性中央银行在管理本地区金融机构和金融市场上具有更高的效率与更强的针对性。一般来说,联邦制国家较多采用这种中央银行制度,以美国最为典型。[1]

从世界范围内中央银行的发展历程及各国模式选择可以看出,各国中央银行的产生发展是各不相同的,它由各国的社会制度、政治制度、经济管理体制、商品经济发展水平、金融业发展程度等具体国情所决定。一般来说,凡实行联邦制的国家,由于其地方自治权较大,地区性利益较强,通常实行复合式的中央银行制度。而在一些中央集权的国家里,由于国家权力集中于中央政府机构,各地方政府机构自治权较小,所以出于统一协调的目的,往往会采用单一式中央银行制度。此外,一个国家的历史传统、风俗习惯及文化背景等诸多因素也会影响中央银行制度的选择。[2]因此,研究中央银行制度也必须结合该国的经济发展水平,分析国情,看是否适应该国经济发展的需要,不能仅仅从中央银行制度本身出发,认为某种制度绝对的好,某种制度绝对的劣。

三、中央银行的职能与原则

中央银行出现之初,多处于自然演进状态,因而并未有固定的模式或原则。经过200多年的漫长历史,中央银行制度不断改进完善。到20世纪前期时,早期中央银行制度与职能演进开始趋于一定形式,中央银行理论以及带有普遍性的职能和经营原则初步形成,并为一般经济金融学家所认同。就职能而言,各

---

[1] 万解秋、贝政新、陈作章编著:《中央银行概论》,复旦大学出版社,2009年,第48—50页。
[2] 同上书,第54页。

国中央银行主要发挥以下四个主要的职能：

第一，中央银行是发行的银行。所谓发行的银行，是指中央银行垄断全国货币发行权，成为一国唯一的货币发行机关。垄断货币发行权，是中央银行不同于商业银行和其他金融机构的独特之处，也是中央银行发挥其他职能的基础。

第二，中央银行是政府的银行。所谓政府的银行，是指中央银行是管理、调控金融活动的国家机关，是一国货币金融政策的制定者和执行者，是国家信用的提供者，代理国家财政收支并为国家提供各种金融服务。中央银行作为政府的银行，其职能又具体通过代理国库、向政府提供资金融通、管理金融活动，以及代表政府参与国际金融活动等得以体现。

第三，中央银行是银行的银行。所谓银行的银行，是指中央银行的地位凌驾于一般的商业银行和金融机构之上，它一般不与工商企业和个人发生往来，只与商业银行和其他金融机构发生业务关系，在业务上和政策上起着制约与领导的作用，同时也为商业银行和金融机构提供各种服务。其职能具体表现在三个方面：保管普通银行的存款准备金，充当"最后贷款人"对商业银行提供信贷，作为全国票据清算中心组织全国票据清算。

第四，中央银行是宏观经济的调控者。中央银行作为一国金融体系的核心，还发挥着调节和控制宏观经济的职能，是国家干预经济、调节经济的重要部门。中央银行调节和控制宏观经济的职能具体表现在制定与执行货币政策，以及实施金融活动的监督和管理两大方面。

就中央银行的经营原则而言，中央银行发展到 20 世纪初期，已形成了一些得到公认的经营原则。英格兰银行监理官哈佛在维多利亚经济学社演说中，将中央银行的原则总结了 13 条，包括：(1)中央银行应有发行纸币专权。(2)中央银行之业务及方针应完全独立，不受政府之干预及政治之影响。(3)中央银行应有特权办理其本国政府所有关于银行业务之全部。(4)中央银行为全国各商业银行之银行，故各银行账款往来应以中央银行为总汇。

(5)关于普通银行业务,中央银行不应与商业银行竞争。(6)中央银行对于社会应有服务精神,在相当条件之下使社会获得适当之银行功用。(7)中央银行不应以给息而吸收存款。(8)中央银行应公布贴现率以备各项票据之贴现,并应按期将银行内容印制表单公布于世。(9)中央银行之资产应属于最流动性质。(10)中央银行所承受及签发之票据,应以即期为限。(11)中央银行不应以本身牟利为宗旨,办理普通汇兑业务。(12)中央银行不得直接经营商业或投资于商业实业及其他事业。(13)中央银行不得在国外设立分支行,但可设立办事处。①这些原则基本包括并代表了当时先进国家中央银行经营过程中所遵循的基本规则。

在当时,上述职能是衡量一个中央银行是否为真正中央银行的主要标准,只有具备了这些基本职能,才可谓是真正的中央银行。而这些经营原则则是指导中央银行健康经营、健全发展的基本准则。只有遵守这些原则和规范,才能更好地发挥中央银行的职能。

第二节　在华外商银行及其业务活动

鸦片战争后,伴随着西方列强对中国的侵略,外商银行开始进入中国。最先进入中国的外国银行是英国的丽如银行,它于1845年在香港和广州设立分支机构。其后,在华外商银行日益增多,英、法、美、德、日、俄、意等国均在华设立银行。进入中国的外商银行,凭借其雄厚资财,不仅为其本国的商品输出和资本输出服务,而且在不平等条约的庇护下,经营多种特权业务,逐渐控制了中国的金融市场,成为"隐性中央银行"。

一、垄断国际汇兑与控制外汇市场

经营国际汇兑是外国在华银行早期最主要的业务。外商银行经营外汇业

---

① 陈行:《中央银行之原则》,《中央银行季报》第1卷第1期,1929年4月。

务之最初目的,是为中外贸易和资金汇兑服务。因各国商人常与各该国银行往来,而且中国的进出口贸易几乎全部为洋商所掌控,各种国际贸易相关机构如保险公司、轮船公司、电报公司等均被外商掌握,所以国际汇兑也被外商银行所掌握。外商银行利用其实力雄厚、分行众多、消息灵活以及操纵中国对外贸易等优势,迅速扩张外汇业务。

近代中国对外汇兑业务长期由外商银行控制,尤其是汇丰银行近乎垄断了该项业务。如 19 世纪 80 年代后,中国对外贸易的外汇收支约有 80%通过上海,而汇丰银行的外汇买卖总值经常占上海外汇市场成交量的百分之六七十。由于汇丰银行有较多的外汇资金,可以按牌价无限制买卖外汇,因此它的牌价就成为实际有效的汇率。汇丰银行"向执上海汇市牛耳,全市场外汇行市,悉视汇丰挂牌为转移"[1]。长期以来,中国外汇汇率一直是由汇丰银行上海分行每日挂牌决定。汇丰银行通过控制上海外汇市场,从而能极大地左右其他外贸口岸外汇价格的变动。近代中国形成了各地外汇汇率看上海,而上海则以汇丰银行牌价为准绳的惯例。外商银行利用垄断外汇市场之优势,往往任意高下,从中取利。

二、发行货币与操控货币市场

鸦片战争后,随着西方列强的入侵和外国银行的进入,外国货币也开始在中国大量出现。外国货币主要包括两大类,一是外国铸造的银元,二是在华外商银行发行的纸币。

早在鸦片战争之前,外国银元就已在中国沿海地区出现。鸦片战争后,外国银元开始广泛流通,种类主要有西班牙银元、墨西哥银元、英国银元、日本银元等。据宣统二年(1910)清政府度支部之统计,当时国内流通之外国银元,约有 11 亿元之多。[2]

---

[1] 杨荫溥:《中国金融研究》,商务印书馆,1936 年,第 256 页。
[2] 杨端六:《清代货币金融史稿》,生活·读书·新知三联书店,1962 年,第 280—281 页。

近代中国，因银两、银元的广泛使用，白银已成为货币体系的核心，白银数量的增减即是货币数量的增减。由于中国自产白银数量有限，白银的流动和价格无法掌握，而外商银行则通过资金优势和信息优势，掌握世界范围内白银的流动，长期控制作为币材的白银进出口，从而间接控制了中国银两、银元的数量，成为中国白银货币的最终发行者。有学者指出，至少从清末时期开始，外国银行通过掌握白银而直接影响白银核心型的中国货币体系，故而其隐性中央银行的身份十分明显。[①]

发行纸币是外国在华银行重要营业项目之一，也是外国金融势力扩张的一个重要工具。1845年，丽如银行开始在香港发行钞票，"开中国领土上外国纸币流通的先河"[②]。从19世纪60年代开始，尤其是汇丰银行成立后，在其带动下外商银行纷纷大力发行钞票。80年代后期，所有通商口岸几乎没有一处不流通汇丰钞票，甚至在一些地区，外商银行钞票已取代了本地长期流通的钱票。[③]由于外商银行实力雄厚，信用卓著，其发行纸币颇获中外人士信任。进入19世纪90年代后，随着中国市场进一步对外开放，外商银行纸币快速增加，成为中国沿海乃至内地主要的流通与支付手段。除了外商银行，清末北洋时期还有许多中外合办银行也取得了纸币发行权。尤其是北洋时期，"只要中国政府接受一个外国银行的登记注册，该行即可以在中国发行钞票"[④]。中外合办银行的纸币发行权大多是得到中国政府特许的，但实质上各银行的管理大权完全操在外国人手中，"虽云合办，实亦外国银行之变相"[⑤]。

晚清民国时期，外国在华设立的银行约在70家以上，其中发行纸币的外籍银行至少有12家，中外合办银行至少有11家，如下表所示：

---

① 戴建兵：《白银与近代中国经济（1890—1935）》，第169—170页。
② 汪敬虞：《外国资本在近代中国的金融活动》，人民出版社，1999年，第14页。
③ 张国辉：《中国金融通史》第二卷，第239页。
④ 中国人民银行总行参事室编：《中华民国货币史资料》第一辑，上海人民出版社，1986年，第906页。
⑤ 金国宝：《中国币制问题》，商务印书馆，1928年，第154页。

第一章 晚清时期中央银行的产生与初步发展

表 1-1 历年在华发行纸币的外籍银行统计表

银行名称	时间	性质	银行名称	时间	性质
麦加利银行	1857	英资	华比银行	1902	比资
汇丰银行	1867	英资	荷兰银行	1903	荷资
德华银行	1889	德资	朝鲜银行	1909	日资
横滨正金银行	1893	日资	台湾银行	1911	日资
东方汇理银行	1899	法资	有利银行	1916	英资
花旗银行	1902	美资	友华银行	1919	美资

资料来源:献可:《近百年来帝国主义在华银行发行纸币概况》,上海人民出版社,1958年,第20—21页。

表 1-2 历年在华发行纸币的中外合办银行统计表

银行名称	合办国家	始发时间	末发时间
华俄道胜银行	中、俄、法	1896	1926
北洋保商银行	中、日、德	1910	1936
中法实业银行	中、法	1914	1920
中华汇业银行	中、日	1918	1928
中华懋业银行	中、美	1919	1929
上海美丰银行	中、美	1918	1934
四川美丰银行	中、美	1922	1936
福建美丰银行	中、美	1922	1925
华威银行	中、挪、丹	1922	1926
震义银行	中、意	1921	不详
中法振业银行	中、法	1923	1924

资料来源:戴建兵、陈晓荣:《中国纸币史话》,百花文艺出版社,2006年,第118页。

外商银行纸币在华流通数量,从清末至1918年间,保守估计约折合中国银元3.1亿元。[1]这些纸币多在租界内发行,然后流向通商口岸和广大内地,并形成了与其本国在华政治、军事势力范围基本吻合的外国银行纸币流通的"势力范围"。在一些地方,外商银行纸币喧宾夺主,操纵了当地金融大权。如东三省在日俄战争前,俄国卢布票"势力极大";日俄战争后卢布票渐失势力,正金银行及朝鲜银行"推行日本金纸币极力"。俄国十月革命后,"东三省尽为日本纸币之势力范围","朝鲜银行及横滨正金银行所发行之纸币,几已为东北标准之货币单位"。[2]尤其是横滨正金银行,不仅在中国东北地区发行银行券,而且被日本政府授予其"法定货币"的效力和统一东北货币的责任[3],使"正金银行成为这个地区的当然的中央发券银行"[4]。

发行货币是国家金融主权的象征,"近世凡具独立资格之国家,其于硬币铸造与发行之权,必专属于政府,而于纸币发行之权,则专属于中央银行,断然不容旁落。诚以金融为国家之命脉,而货币又为金融之命脉,命脉所关,讵有任人操纵之理"[5]。然而,进入中国的外资银行"事实上几皆享有发钞之权"[6]。外商银行在华发行纸币,完全以其本国所定相关条例或特许令为发行标准,依赖治外法权的庇护,不经中国政府批准,不受中国政府限制或监督,"实为国际罕有之特色"[7]。外商银行在华发行纸币,是列强对中国进行金融和经济侵略的工具,不仅侵犯了中国的货币发行权,而且扰乱中国金融市场,加剧了中国货币的混乱。

---

[1] 献可:《近百年来帝国主义在华银行发行纸币概况》,上海人民出版社,1958年,第35页。
[2] 蒋廷黻:《纸币概论》,中华书局,1936年,第212、247页。
[3] 郭予庆:《近代日本银行在华金融活动——横滨正金银行(1894—1919)》,人民出版社,2007年,第118页。
[4] [日]满史会编:《满洲开发四十年史》下册,辽宁沦陷十四年史辽宁编写组译,新华出版社,1988年,第347页。
[5] 念陶:《禁用外币之必要》,《银行周报》第11卷第12号,1927年4月5日。
[6] 崔晓岑:《中央银行论》,第245页。
[7] 静如:《在华外国银行资力之比较》,《银行周报》第11卷第46号,1927年11月29日。

三、经理外债与保管税款

（一）经理外债，向中国政府贷款

甲午战争前，在华外商银行已开始向中国地方政府提供小规模贷款，用于军需、洋务等活动。甲午战败后，为偿付巨额对日赔款，清政府被迫大举借债。1895年向俄、法两国借款4亿法郎，1896年和1898年向英、德两国借款两次各1,600万英镑，借款折合银两共计达3.1亿两之巨。[1]三次外债均由俄、法、英、德四国银行承借和经理，代表各该国之银行，即英国汇丰银行、德国德华银行、法国东方汇理银行，以及为经理俄、法借款而成立的华俄道胜银行。1901年《辛丑条约》签订后，清政府向各国支付的庚子赔款，也是由各国指定在华银行负责经收。在向中国政府提供借款的外商银行中，汇丰银行发挥着主要作用。汇丰银行"把款项一笔一笔地贷给处于日益困难与危急之中的满清政府，从而使自己为满清政府所不可一时或缺"[2]。

北洋政府时期，外商银行组成银团，继续积极向北洋政府提供大规模贷款。这些外债之募集和还本付息，均由外商银行及其所组成之银行团经理。"因外债之借贷，而外国银行遂为各本国之代表，为各本国之总司库，一切还本付息，必由外国银行处置之"[3]。外商银行通过大规模经理中国政府的外债而发挥着政府银行才应有的职能，进一步扩大了其隐性中央银行地位。

（二）保管税款，操纵政府财政

晚清时期，关税开始成为政府外债的担保。外债以关税作抵押者，由全国各关分摊，由度支部饬令按期解交上海江海关道，由其负责保管，并负责偿还到期外债本息。当时每年应付外债及赔款本息，约4,200余万两，平均每月有350万两[4]，这笔巨额款项平时由上海江海关道分存于上海各官银号和钱庄，在未偿

---

[1] 徐义生：《中国近代外债史统计资料》，中华书局，1962年，第28—30页。
[2] ［英］毛里斯、柯立斯：《汇丰——香港上海银行（汇丰银行百年史）》，李周英等译，中华书局，1979年，第32页。
[3] 杨荫溥：《上海金融组织概要》，商务印书馆，1930年，第181页。
[4] 贾士毅：《民国续财政史》(2)，商务印书馆，1933年，第172页。

债之前，可以此款自由存放市面，调剂金融。

清末我国的海关行政权和关税征收权逐步丧失，但海关收入税款的保管权仍由清政府委派的海关监督或海关道掌握，税款由清政府指定的银号收纳。辛亥革命期间，中国外债偿付出现拖欠现象，海关总税务司安格联在外国公使的支持下，以保护各国债权者利益为由，乘机控制了海关税款的保管权。[①]1912年1月，清政府与外交团订立临时办法八条，确立了总税务司对海关税的征收、保管以及分配的权限。该办法第二条指定以"最有关系之银行即汇丰、德华、道胜三银行为上海海关税款保管人"[②]。此后，各关所收税款先扣除本关经费约需之数，以余款汇解上海汇丰银行，入总税务司海关税款账。再由汇丰银行于每月9日、16日、23日及月底，将存款均分3份，拨存本行及德华、道胜两行，以备应付关税作抵之外债。至此，中国关税存储和保管权落入总税务司与外商银行之手，外商银行因此成为"关税款项之特别金库也"[③]。中国关税保管权落入外商银行之手后，每年数千万两的税款支配动用权也随之转移。"不仅损及中国主权，破坏我财政上之组织，其甚者，国内金融顿少此巨额现金以资流通，经济上因之更加枯窘。外国银行拥此巨资，操纵我国市场，反宾为主，其害尤烈。"[④]关税税款丧失了调剂金融、支持财政的作用，反而成为汇丰等外商银行控制中国财政和金融市场的利器。

盐税情形与关税相似。以盐税作为外债抵押始于1898年续英、德借款，此后又有多次借款以盐税作抵。但晚清时期，盐税行政权及税款存储权仍由中国政府掌握。1913年北洋政府向五国银行团举借善后大借款，按照借款合同规定，盐税成为借款担保。同时，为保证债款本息能够按期偿付，合同还规定中国政府另设盐务稽核所，聘用洋员管理盐政，所有盐税收入应存入银行团各银行

---

① 陈诗启：《中国近代海关史（民国部分）》，人民出版社，1999年，第17页。
② 贾士毅：《民国续财政史》(2)，第173页。
③ 士浩：《关税存储机关之改换》，《银行周报》第7卷第29号，1923年7月31日。
④ 陈向元：《中国关税史》，河南人民出版社，2018年，第165页。

或其以后认可之存款处所,归入中国政府盐务收入账内,如果没有盐务稽核总所的华洋总、会办会同签字的凭据,不能提用。①为了具体贯彻这一规定,1913年11月五国银行团还拟具了《存储及汇寄盐款暂行章程》,规定中国银行各地分支机构为盐税之收款银行,中国银行应将盐税净收入逐日解交银行团各家银行。②此后,各地盐税征收大致先由征税之地解交中国或交通两银行的分支机构,然后每10日就近转解外商银行,再由其汇解五国银行团在上海的5个代表银行:汇丰、道胜、正金、东方汇理和德华银行保管。③至此,盐税税款保管权遂被外商银行所掌控。

关税、盐税两大税收,除偿付外债外,所余之款皆存放于外商银行,供其利用,"于是吾国之财政金融,遂隐隐操之于外国银行之手"④。通过经理外债募集及其还本付息,外商银行成为中国政府的财政代理人;通过提供借款,并控制最重要的关税、盐税保管权,外商银行几乎控制了中国财政,成为中国政府的财政监理人。尤其是汇丰银行,无论是向中国政府提供借款,还是保管关盐税款,均占据最大份额,发挥主导作用。"汇丰银行作为那些拨付赔款的公共税收的保管银行这一声誉,在某种意义上看,已使它成为中国的政府银行了。"⑤当时即有人认为,汇丰银行"实居于中国国家之金库"⑥。

四、控制中国金融市场

凭借雄厚实力和各项特权业务,外商银行还取得了以上海为主的中国金融市场的控制权。从19世纪60年代后期开始,随着中国进出口贸易迅速增长,中国商人急需扩大周转资金,而钱庄的流动资金一向短缺。为了寻求资金援

---

① 财政科学研究所、中国第二历史档案馆编:《民国外债档案史料》(4),档案出版社,1992年,第419页。

② 南开大学经济研究所经济史研究室编:《中国近代盐务史资料选辑》第1卷,南开大学出版社,1985年,第173页。

③ 沧水:《盐税存储外国银行之简史》,《银行周报》第7卷第25号,1923年7月3日。

④ 戴铭礼:《中央银行代理国库之理论与实效》,《银行杂志》第1卷第4号,1923年12月6日。

⑤ [英]毛里斯、柯立斯:《汇丰——香港上海银行(汇丰银行百年史)》,第39—40页。

⑥ 沧水:《闻汇丰银行新屋落成演说词有感》,《银行周报》第7卷第25号,1923年7月3日。

助,上海钱庄开始向汇丰等外商银行以"拆票"的形式借款,双方建立了资金的拆放关系,从而形成钱庄流动资金大部分来自汇丰和其他外商银行的局面。一旦外商银行抽紧银根,钱庄资金就会周转失灵,甚至有停闭的危险。汇丰银行完成了通过"拆票"控制钱庄使之变为其附庸的过程。华资银行兴起之初,也时常向外商银行拆款。"拆息逐渐成为上海金融行市的中心,其他各种利息,咸依此为转移。而这个构成上海金融行市中心的拆息行市,从一开始就掌握在外国银行的手里。"①外商银行放款与市场利率的密切关系,及其引起的市场银根的紧缩或松弛,说明在中国各地通商口岸的金融市场,外商银行已发挥着类似于"最后贷款人"的作用。因而当时即有银行界人士指出:"外行势力,俨然为沪埠华商银行、钱庄之中央银行,任其操纵。"②汇丰银行作为在华外商银行的领袖,"执中国金融界底牛耳,华商银行多存款于该行,仿佛成为中国底中央银行"③。也有学者认为,在华外商银行发挥着"稳定中国币制对外机能的作用","利用银两银元间的比价变动向钱庄进行银资金的贷款和收回,通过对这种对内、对外两种金融关系的相互运用,发挥着一种中国中央银行的机能作用"。④

总之,由于近代中国银行业发展滞后,外商银行凭借其雄厚实力和政治上的特殊地位,在中国开展了许多只有国家中央银行才能从事的特权业务,因而"帝国主义在华的金融机关,实际上握有'中央银行'的权力"⑤;以汇丰银行为首的外商银行长期"隐居于中国中央银行之地位"⑥,操控中国财政金融。外商银行在近代中国的出现,既为中国金融业的发展提供了一个可供学习借鉴的先进榜样,是中国金融业现代化的一个重要推动力量,同时也是中国银行业发展的

---

① 汪敬虞:《外国资本在近代中国的金融活动》,第134页。
② 蒿庐:《我之取缔外钞观》,《银行周报》第11卷第14号,1927年4月19日。
③ 钱亦石编著:《近代中国经济史》,生活书店,1939年,第287页。
④ [日]滨下武志:《近代中国的国际契机——朝贡贸易体系与近代亚洲经济圈》,朱荫贵、欧阳菲译,中国社会科学出版社,1999年,第84—86页。
⑤ 许达生:《中国金融恐慌之开展》,《东方杂志》第32卷第5号,1935年3月1日。
⑥ 梁钜文:《中央银行制度概论》,第179页。

巨大障碍,是中央银行制度建设中需要清除的"绊脚石"。

第三节　晚清时期的中央银行:户部银行与大清银行

清朝末年,先进国家的中央银行理论逐渐传入中国,国人对中央银行的认识不断加深。与此同时,清政府面临着日趋严重的财政危机和日渐混乱的货币制度,为了改善财政、统一币制,急需有力的金融机构予以支持。于是,清政府设立了户部银行,中央银行制度在中国开始出现。

一、清末时期建立中央银行的背景

对于中国而言,国家银行或者中央银行都是前所未有的新事物。清政府为何要致力于建立中央银行?这与时人对中央银行的认知,以及清政府面临的财政压力和币制困境有着直接关系。

(一)清末时期国人对于中央银行的认知

鸦片战争后,西方货币银行学说开始在中国传播,起源于西方的中央银行思想和理论也传入中国,使国人对于国家银行和中央银行有了初步了解,并不断提议设立,成为推动中国中央银行制度建设的一个因素。

受在华外商银行的影响,从19世纪七八十年代开始,不断有国人倡议自设银行。在这些鼓吹自设银行的议论中,已有人开始建议清政府设立"官银行"或"国家银行"。洋务思想家王韬是较早谈到由国家创办银行的人,他主张"设官银肆",即由国家开办经营银行。其后,钟天纬在《中国创设铁路利弊论》中提出:"若能国家自开银行,自借国债,则天下之官利渐轻。"[1]

19世纪80年代之后,报刊上时有建立国家银行的呼吁。如《申报》1881年2月10日载《借洋债不如开银行说》一文中提出,"诚能设一官银行,由户部印发

---

[1] 杜恂诚、严国海、孙林:《中国近代国有经济思想、制度与演变》,上海人民出版社,2007年,第116页。

钞票，而以官商之私财为附本以资挹注，于国于民交相通用"，这样就可以避免国家在开矿筑路中举借外债而带来的损失。[①]1882年3月21日《申报》刊文介绍英、法、德等国的国家银行，指出"各国皆有此等国家银行，故官商民三者合而为一，便于周转，生意得以日盛"，并认为英国之所以富强，得益于国家银行（即英格兰银行）的设立，因此建议中国筹设国家银行，"若中国开设此等国家银行，则数年之内亦必与英国之银行无异"。[②]

甲午战争后，随着清政府财政危机的加剧，设立"官银行"或"国家银行"的呼声日高，不断有官员提议由政府设立银行，以发行钞票，开辟财源。如1895年，顺天府尹胡燏棻在奏折中建议"于京城设立官家银行归户部督理，省会分行归藩司经理，通商码头则归关道总核"，其职能包括发行钞票，经收赋税，发放俸饷，发放贷款等。[③]同年，御史张仲炘在奏折中也提议设立"官银行"，其业务包括收存京直各省公款，铸造银钱，发行钞票，吸收存款，向铁路、军务或大工程提供贷款等。[④]

1896年，著名社会活动家容闳向清政府提议设立国家银行，并参考美国银行章程，草拟《请创办银行章程》，建议由户部筹拨资金1,000万元设立银行，印发券票，统一铸币，代理部款等。[⑤]随后他还起草了一个《续拟银行条陈》，对兴办银行的一些重要事项做了补充。[⑥]容闳的计划得到张荫桓、翁同龢等户部官员支持，通过他们将章程提交给了清政府，并开始着手筹划。容闳还受户部委任，准备赴美国向美国财政部商酌此事，并调查设立国家银行最良之方法。但该计划因盛宣怀从中作梗而很快夭折。[⑦]

---

① 《借洋债不如开银行说》，《申报》1881年2月10日，第1版。
② 《西友来稿照登》，《申报》1882年3月21日，第1版。
③ 中国人民银行总行参事室金融史料组编：《中国近代货币史资料》第一辑下册，中华书局，1964年，第637页。
④ 同上书，第641页。
⑤ 《容观察闳请创办银行章程》，《时务报》第9册，光绪二十二年十月初一日。
⑥ 《容观察闳续拟银行条陈》，《时务报》第10册，光绪二十二年九月廿一日。
⑦ 容闳：《耶鲁中国人：容闳自传》，江苏凤凰文艺出版社，2018年，第192页。

第一章　晚清时期中央银行的产生与初步发展

1899年,大臣庆宽提议设立国家银行,但军机大臣奕劻等人认为,"各国所设国家银行,系因西国户部向无银库,即以此银行为存储收发之所,凡遇需用巨款,则联络各银行暨他国银行筹借国债,或先行垫拨,实操官商款项总汇之权。中国慎重库储,设官专司收放,若仿设国家银行,于部库现行章程多所窒碍,且银行由洋员经理,不免事权旁属,若户部派员管理,则商情隔膜,仍苦呼应不灵。倘或另设公司承办,必致请拨官款,图揽各省解款,徒供私家垄断,无益度支。所拟开设国家银行,应毋庸议"①。可见,户部对于国家银行尚缺乏充分认识,也不认为有设立国家银行的必要性。

这一时期,不断地有一些外国势力利用国人创办银行的热情,怂恿清政府设立国家银行,希图乘机染指。1885年,英商怡和洋行商董克锡格、密克向醇亲王奕𫍯和李鸿章提议设立清政府的国家银行,并拟定了《国家银行章程》。②当年,清政府内部围绕要不要设立国家银行展开了一次激烈争论,终因户部反对而作罢。《章程》对户部的好处不多,反而夺了户部的部分经济大权。在户部官员看来,设立国家银行自应由户部牵头,即使由中国商人来办,户部也不会同意,更何况还有外商插手。当时户部还没有办国家银行的思想准备和组织准备,自己不办,只好找理由不许别人办。户部的反对,使清政府国家银行的设立推迟了20年。③

这一时期出现的建立"官银行"或"国家银行"的建议,与当时西方国家已经开始初步形成的中央银行制度尚有很大差距。在这些建议中,设立银行的主要目的是为政府财政提供服务,而业务内容也是以商业银行业务为主,兼具一部分中央银行职能。这些建议未被清政府采纳,说明清政府对于设立国家银行的重要性尚无充分认识,而且存在诸多顾虑,其间也夹杂着不同部门和势力之间

---

① 中国人民银行总行参事室金融史料组编:《中国近代货币史资料》第一辑下册,第1035页。
② 《谨拟有限国家银行章程恭呈宪鉴》,《申报》1886年1月27日,第2版。
③ 叶世昌:《光绪十一年八九月间关于设立国家银行的争论》,吴景平、戴建兵主编:《近代以来中国金融变迁的回顾与反思》,上海远东出版社,2012年,第10页。

的利益纠葛。此外,这一时期不断有外人提议帮助中国设立国家银行,反映了外国势力对中国金融大权的觊觎。同时,这也刺激了一部分国人为维护金融主权而创建国家银行的积极性。

清朝末年,随着外国金融学说的不断传入,国人对于中央银行的认识有了进一步的发展和提高,开始明确提议设立国家中央银行。1901年,留日学生监督钱恂出版《财政四纲》一书,它是当时国人按照西方货币银行学说全面系统论述货币银行的最早著述。该书在银行分类中,将中央银行置于第一位,初步介绍了国外中央银行制度,论述了中央银行的性质,指出中央银行作为银行之银行,不与其他银行竞争,并享有发行纸币特权,承担代理国库、稳定金融市场、调整利率等职能。[1]《财政四纲》第一次将"中央银行"这一术语引进中国。自此以后有关中央银行的理论学说陆续引入中国,中国的中央银行思想就此发端。[2]

1909年,留日回国学者谢霖、李澄以日本学者的多种银行学著作作为参考书,结合中国的银行资料,写成《银行制度论》一书,并于1911年出版。该书更详细地介绍了中央银行制度,明确界定了中央银行的概念和特征,认为"中央银行 Central Bank 者,乃一国金融上最高之机关,而又为各银行之中心者也"。中央银行"有独占国内发行纸币之权";"有运用国帑、枢纽财政,并为国库代理者之权","且在金融界中,又占莫大之势力,平时固可助各银行以资力,而当缓亟之秋,又得拯各银行于危迫,藉弭经济之变动,而实尽其为中央机关之职任,此即中央银行之特征也"。[3]与《财政四纲》相比,《银行制度论》对中央银行的介绍更加准确、全面,同时作者在一些问题上提出了明确观点,如不赞成国有制中央银行,认为其制弊大于利;中央银行应保持独立性,不能与政府财政混同,也不应经营普通银行业务等。这两部著作的出版发行,对早期中国中央银行思想的

---

[1] 姚遂:《中国金融思想史》,中国金融出版社,1994年,第347页。
[2] 李昌宝:《近代中央银行思想变迁研究》,第3页。
[3] 谢霖、李澄编纂:《银行制度论》,中国图书公司,1911年,第38、39页。

第一章　晚清时期中央银行的产生与初步发展

确立起了舆论上的动员和理论上的奠基作用。①

这一时期官立民办的报刊中,对于日本及西方各国中央银行的关注日渐增多,介绍了不少各国中央银行的制度和理论。如清政府宪政编查馆主办的《政治官报》刊载的《日本中央银行制度提要》一文中指出:"银行者,全国财政之枢纽,而中央银行者,又全国银行之枢纽也。各国中央银行,大抵为国家所设立,故亦称为国家银行。间有商民集股开办者,政府亦必设条例以监督之,所谓国家银行条例是也。其特别之权利,为发行纸币,其重要之职务,为出纳国帑,经理国债,制金货之平准,都泉布之汇输。平时则以低利供给各银行之流通,有事则出资以维持市面。盖握一国财政盈虚消长之机关,使国家与社会交受其益,而不专以营利为主义者也。"②《北洋官报》刊载的《论各国组织中央银行之概要》一文中指出:"泰西各国,咸有中央银行(即国家银行),掌收支事务,任国债担保,计通货之伸缩,握金利平衡,实全国经济界盈虚消长之机关也。其性质与普通银行迥异,操一国财界之枢机,为全国银行之代表,抱国家理财之观念,为商界金融(犹言银市)之中心,专与各银行为贷借、通有无,以维持而辅助之。"③

毕业于日本东京大学的张春涛在1910年发表的《财政与中央银行》一文中,分析了中央银行在整理财政、改革币制、代理国库等方面的重要作用,指出政府财政与中央银行关系极为密切,"言理财者不能忘中央银行,犹之善操舟者不能废橹篙","有中央银行者,其国之财政理,无中央银行者,其国之财政乱"。中央银行甚至和国家之强盛有直接关系,"有中央银行者(指完备者言)其国昌,无中央银行者其国危"。作者还以当时的美国为例,论证了设立中央银行的必要性。作者认为美国的银行政策"含自由主义之臭味,无最高集中之中央银行",导致该国货币金融体系弊端重重,引发了1908年的金融大恐慌,之后美国开始酝酿建立中央银行,"组织中央银行之议渐出诸自由主义者之口,可知大势

---

① 李昌宝:《近代中央银行思想变迁研究》,第60页。
② 《日本中央银行制度提要》,《政治官报》第12号,光绪三十三年十月初一。
③ 《论各国组织中央银行之概要》,《北洋官报》第1285册,光绪三十三年正月十六日。

所趋,世会使然,富如北美亦不得不与时为变通矣"。①可见,一些国人对于先进国家中央银行制度的理解已经较前显著进步,对中央银行的重要性和必要性有了越来越多的认识。

这一时期,户部官员对于中央银行的认识也有所进步,开始认识到西方各国的银行体系中既有中央银行,也有商业银行,二者分工不同,职能有别,缺一不可。如户部在奏折中所言:"东西各国有中央银行,复有普通劝业储蓄各项银行罗列全国,考其制度约有两端,一为国家银行,由国家饬令设立,与以特权,凡通用国币,发行纸币,管理官款出入,担任紧要公债,皆有应尽之义务,一为民立银行,为商民之所请立,必由政府批准然后开设,大旨皆与商民交易。"②一些思想开明的官员和封疆大吏开始酝酿设立国家银行。

(二)清政府的财政困难与币制混乱

鸦片战争前的嘉庆、道光年间,清政府的统治已由盛转衰,中央财政收支也已出现日趋短绌紧张的景象。鸦片战争后,内忧外患接踵而至,财政危机日益加剧。甲午战败后的巨额赔款和《辛丑条约》签订后的庚子赔款,更使清廷财政雪上加霜,急剧恶化。

甲午战争后,清政府年财政赤字达 1,300 万两,这是前所未有的。庚子赔款成立后,财政赤字更是逐年扩大,直至清廷灭亡。光绪二十九年(1903),清政府财政收入 10,492 万两,支出 13,492 万两,赤字达 3,000 万两。与国家财政收不抵支相伴随的是国库的空虚。雄厚的国库储备曾经是清政府引以为自豪和赖以应急的资本与坚强后盾。但是到晚清时期,这一资本已消耗一空,国库经常陷入一贫如洗的境地。从 1894 至 1899 年,统治 4 亿多人口的清朝中央政府每年年底只有几十万两银子作为储备,说明清朝的统治已经到了岌岌可危的地步了。③

---

① 张春涛:《财政与中央银行》,《财政观》第 1 年第 1 期,宣统二年二月十五日。
② 《户部财政处会奏议驳商业模范银行立案折代论》,《申报》1906 年 7 月 1 日,第 2 版。
③ 周育民:《晚清财政与社会变迁》,上海人民出版社,2000 年,第 317 页。

第一章 晚清时期中央银行的产生与初步发展

鸦片战争后,中国的货币也日渐混乱。流通中的货币,除了传统的银两、制钱外,还有流入中国的外国银元和外商银行发行的纸币,以及本国各类金融机构铸发的银元、铜元和纸币等。各种货币五花八门,不仅形态各异,而且兑换手续、比价关系纷繁复杂,混乱不堪。而且,19世纪后期,金本位制度在国际上逐渐流行,为世界各主要国家所采行。随着金本位制的确立、白银的非货币化以及世界产银量的提高,国际银价自19世纪70年代开始进入长期跌落阶段,这使得包括中国在内的实行银本位制的国家在国际经济交往中处于不利地位。银价跌落不但导致中国在国际贸易和经济交往中的购买力下降,而且加重了清政府的财政负担。由于清政府对外借债和赔款都以外币为单位,随着银价跌落,清政府每年还本付息都要承受一笔额外的"镑亏",即汇率比价的亏损。[1]混乱落后的币制,不仅给商业贸易和经济发展造成严重障碍,而且也给清政府从中央到地方的财政产生了严重影响。

为改革货币制度,清朝末年政府内部展开了大讨论,在很多方案中,从财政角度出发,把设立国家银行视为解决财政危机和改革货币制度的关键。如户部尚书鹿传霖等人在倡办银行的公文中曾多次指出:"银行为财政之枢纽,而纸币又为银行之枢纽。各国银行之设,平时发行纸币,收集金银现款,遇有缓急,则本其纸币之信用,为国家发行公债票,而复以所集现款首先认购,以为商民之倡。"[2]支持财政和改革币制,是清政府设立国家银行的两个主要动机。尤其是通过国家银行发行纸币,以缓解财政困难,被户部格外看重。虽然,从理论上讲,把国家银行的功能仅定位在发行钞票,开辟财源,以克服财政危机上,这种认识显然是片面的和错误的。但是,考虑到清政府日益严重的财政危机,产生这种认识就具有了历史的必然性。国家银行具有发行货币融通资金的功能,把它的创办与解决财政危机结合起来似乎势所必然。当时几乎所有主张创办银

---

[1] 崔志海:《精琪访华与清末币制改革》,《历史研究》2017年第6期。
[2] 中国人民银行总行参事室金融史料组编:《中国近代货币史资料》第一辑下册,第1036页。

行的人都把解决财政问题作为要求兴办银行的理由也就不足为怪了。①

此外,鸦片战争后,外商银行在华大肆扩张,盈利丰厚,给中国的经济和金融权益造成严重威胁。而中国传统的钱庄、票号等金融机构,已难以满足商务发展的需要,更无力与外商银行相抗衡。"票号钱庄赀本既不若银行之丰,章程又不及银行之善,内地商务不甚繁盛,尚可藉此以便转输,自华洋互市以来,商务之大,于沪上首屈一指,其余若天津、若汉口等各埠,亦皆气局恢宏,声势炫赫,每有巨款出入,动辄数十万数百万,票号钱庄力有不胜,于是英法俄德日本各富商遂乘时而兴,就互市之区遍设银行,以牟大利,夫洋人多一分之益,即华人少一分之权。"中国的新式银行发展严重滞后,招商集资困难重重。因此,由政府出资创办银行被各界寄予厚望。如由政府设立银行,"外以杜洋商之挟持,内以通华商之气脉",则"中国财政商政必交受其益"。②因此,抵制外商银行,维护国家金融权益,也是时人呼吁设立国家银行的一个原因。

1897年,国人自办的第一家银行——中国通商银行在上海正式成立。通商银行虽为私立银行,但因中资银行仅此一家,且有官方背景,因而一度代行了中央银行之部分特权,负责铸币及发行货币,汇解官款,获利丰厚。盛宣怀在给朝廷的报告中不无得意地说:"询诸汇丰开办之初,尚无此景象。"③通商银行的开办与发展,也给清政府创建国家银行提供了经验,增强了信心。

总之,20世纪以前,对于是否设立国家银行,户部官员多以各种困难为借口而持犹疑甚至反对态度。进入20世纪初,随着中央银行思想的传播,尤其是清政府财政困难加剧,币制混乱,亟须整理,因而清廷官员对于设立国家银行有了紧迫感,意见渐趋统一,一些原来反对设立国家银行的官员,此时也转而积极要求创办国家银行。在这些建议推动下,清政府的中央银行建设终于付诸实践。

---

① 杜恂诚、严国海、孙林:《中国近代国有经济思想、制度与演变》,第115页。
② 《书部设银行后》,《申报》1903年2月21日,第1版。
③ 陈旭麓、顾廷龙、汪熙主编:《盛宣怀档案资料选辑之五——中国通商银行》,上海人民出版社,2000年,第119页。

二、户部—大清银行的建立

1903年,筹建国家银行正式提上议程。当年,清政府派贝子载振、时任户部尚书那桐,以及户部主事张允言等人到日本参加大阪第五届劝业博览会,并考察日本财政金融币制情况,研究筹设银行事宜。那桐等人参观了日本银行、三井银行、大阪造币局等,并与大藏省官员商讨了财政事宜。①

光绪三十年(1904)正月,户部和财政处会同向清廷提出《试办户部银行推行银币》的奏折,指出,"中国向无银行,各省富商所设票号、钱庄大致虽与银行相类,特公家未设有银行相与维系,则国用盈虚之大局,不足资以辅助。……现当整齐币制之际,亟赖设有银行,为推行枢纽",提议由户部设法筹集股本,"采取各国银行章程,斟酌损益,迅即试办银行,以为财币流转总汇之所"。②

户部建议得到清廷批准后,即参考各国银行章程,并结合中国情形,草拟了《试办银行章程》32条,于光绪三十年三月间奏请清廷批准。章程主要内容有:(1)银行实行股份有限公司制度,资本库平银400万两,分为4万股,户部认购一半,其余2万股,无论官民人等均准购买。(2)银行业务包括:收存出放款项,买卖荒金荒银,汇兑划拨公私款项,折收未满限期票及代人收存紧要物件;其余未及详列之款以及各项禁令,均照各国银行章程办理。(3)银行归国家保护,凡遇市面银根紧急,青黄不接之时,银行可向户部请给库款接济。(4)以后银元局铸造银铜各币,均应交该行承领,与商号直接往来,以便流通市面。该行拟印纸币,分库平银100两、50两、10两、5两、1两5种,通行银元票与此相同。凡该行纸币,公私出入款项,均准一律通用;应缴一切库款官款,均准以此纸币照缴,或全用,或搭用,与现银无异。户部出入款项,均可由该行办理,凡有可以票币收发者,均须用该行纸币,其他商号之票不得掺用。(5)该行有整齐制币价值之权,凡遇市商把持垄断将各项制币价值任意抬抑之时,该行得以禀请从严惩办,

---

① 北京市档案馆编:《那桐日记》上册,新华出版社,2006年,第461、464页。
② 中国人民银行总行参事室金融史料组编:《中国近代货币史资料》第一辑下册,第1037页。

秉公定价,务使币价一律,为维圜法。①

从这些内容可以看出,该银行具有调节金融市场、发行银铜货币、发行纸币、统一币值、代理国库等特权。中央银行应有的基本职能,此项章程中已大致具备。维持财政与整顿币制,是该行的主要职责。如户部尚书铁良在奏折中所言:"国家银行之设,所以维持财政,整齐圜法,有流通银铜币之责,有发行纸币之权。"②

光绪三十一年(1905)八月,户部又拟定银行试办现行章程6条,并指出"天津造币厂业经试铸,必须有官行收发,方可免市侩把持,则户部银行之设,势难延缓",在商股一时难以召集的情况下,拟由户部先拨银50万两,先行开办,以后再随时筹济。③经清廷批准后,光绪三十一年八月二十九日(1905年9月27日)户部银行正式成立,总行设在北京西交民巷。④户部银行是近代中国自办的第二家现代银行,也是中国第一家国家银行,它的创办标志着清末以来国人创办国家银行的理想终于实现。户部银行被定位为中央银行,户部尚书载泽在奏折中曾明确指出:"户部银行,即为中央银行。"⑤因此,户部银行的成立被视为中国中央银行之开端和起源,"隐然树我国中央银行之先声"⑥。

1906年,户部改为度支部。光绪三十四年正月,度支部奏请将户部银行改名为大清银行,并制定了《大清银行则例》。当年七月一日(7月28日)之后,户部银行总分各行一律正式改名为大清银行。宣统元年(1909)七月,大清银行监督张允言根据《则例》拟定的《现行详细章程》经度支部核准施行,《试办银行章程》正式废止。

《大清银行则例》共24条,是中国第一部正式的中央银行法。《现行详细章

---

① 中国人民银行总行参事室金融史料组编:《中国近代货币史资料》第一辑下册,第1038—1041页。
② 同上书,第1043页。
③ 同上。
④ 《纪户部银行开设情形》,《申报》1905年10月8日,第3版。
⑤ 中国人民银行总行参事室金融史料组编:《中国近代货币史资料》第一辑下册,第1044页。
⑥ 杨荫溥:《中国之银行业(上)》,《中央银行月报》第5卷第1号,1936年1月。

程》共 40 条,是《则例》内容的复述、补充和具体化。这两个文件是大清银行主要的法律依据和规章制度,其内容包括:(1)大清银行为股份有限公司,资本由400 万两增至 1,000 万两,分为 10 万股,由国家认购 5 万股,其余限本国人购买。(2)大清银行的营业事项包括:短期拆息,各种期票之贴现或卖出,买卖生金生银,汇兑划拨公私款项及货物押汇,代为收取公司银行商家所发票据,收存各种款项及保管紧要贵重物件,放出款项,发行各种票据。(3)大清银行有代国家发行纸币之权。(4)大清银行得由度支部核准,经理国库事务及公家一切款项,并代公家经理公债及各种证券。(5)大清银行有代国家发行新币之责,应随时体察市面情形,向度支部请领新币,由部核准,知照造币厂分别发放,以资流通。(6)大清银行凡遇各地方市面银根紧急之际,得呈准度支部借给款项,维持市面。(7)度支部特奏派监理官二人,监理大清银行一切事务。(8)大清银行有整齐制币价值之权,凡遇市面把持垄断,有将各项制币任意抬抑者,本行得以禀请从严惩办,秉公定价,务使币价一律,以维圜法。①

大清银行的《则例》和《章程》进一步明确了该行的国家银行性质,"关于发行纸币,经理国库,流通新币等项,规定尤详,与各国国家银行之制相同"②。《则例》关于大清银行职能的规定,"均属中央银行之规定,故大清银行实含中央银行之色彩"③。由户部银行到大清银行,不仅是名称的改变,也反映了清政府开始有意识地将该银行由户部的银行,提升为大清的国家银行,以使其承担中央银行的职责。

1908 年,即户部银行改为大清银行的同年,盛宣怀曾赴日本考察,重点对明治以来日本的币制改革和中央银行制度建设等做了详细了解,并参观了日本银行。④他借鉴日本币制改革的经验,总结中国的教训,在 1909 年 4 月的《请推广

---

① 大清银行总清理处编:《大清银行始末记》,1915 年,第 9—21 页。
② 周葆銮:《中华银行史》第一编,第 16 页。
③ 张辑颜:《中国金融论》,第 249 页。
④ 盛宣怀:《愚斋东游日记》,岳麓书社,2016 年,第 92 页。

中央银行先齐币制折》中指出,"齐其末必先揣其本,中央银行实发行国币根本之地也。不有中央银行,何以备悉商情,操纵国币。从前我国所造龙元未足抵制墨银,继造铜元转以加增民困,皆官自为之,与商民隔膜,则不归银行管理之病也"。盛宣怀认为,国币只能由中央银行发行,"使民信用,必当有中央操纵之权,方能收四海翕从之效"。在附同奏折上陈的《划一币制拟请统归大清银行及造币局印刷局联贯办理》条陈中,盛宣怀参照日本中央银行制度,提出了很多建设中国中央银行制度的建议,包括大清银行宜仿照各国中央银行,参酌办理;应官商合办,相互维系;应在各省各埠设立分行,以广流通;纸币宜速归国家办理,以杜利权外溢。仿照各国先例,将发行纸币特权付诸大清银行。①盛宣怀对于当时日本和西方国家中央银行制度的了解程度显然远高于其他官员,更重要的是,他结合日本银行制度而提出的建议对于大清银行发展有着重要影响。度支部即曾明确表示:"大清银行系采日本中央银行制度。"②

三、户部—大清银行的组织机构

（一）总行组织结构

户部银行创办之际,召集商股颇为困难。清政府曾试图让财力雄厚的山西商人入股,但商人们"恐官督商办于推广商务有碍,故不入股"③。因商股无人购买,只得由户部拨官款50万两,作为京、津、沪三行的开办资本。直到1906年秋冬间,商股始招齐100万两,官股又补领50万两,共计官商股本200万两。④改为大清银行后,经过多次补充官股和招集商股,实收股本增至1,000万两,官商各半。

户部—大清银行总行的组织由三个部分组成,一是领导层,二是管理部门,三是营业部门。领导层方面,因该行系官商合股,故其领导层也由官商两部分

---

① 盛宣怀:《愚斋存稿》卷十四,《近代中国史料丛刊续辑》第13辑,文海出版社,1975年,第371—375页。
② 《牟议员质问中央银行办法》,《申报》1910年12月16日,第1张第5版。
③ 《度支部觊觎晋商巨资》,《申报》1910年8月3日,第1张第5版。
④ 大清银行总清理处编:《大清银行始末记》,第55页。

第一章　晚清时期中央银行的产生与初步发展

构成。户部银行一开始设有总办、副总办,光绪三十二年冬增设帮办。光绪三十三年四月,裁撤总帮办,设正监督和副监督,并改副总办为会办,均由度支部奏派任命。张允言是负责创办户部银行的主要官员,也是该行的首任总办和正监督,任职一直到宣统三年三月,由叶景葵接任正监督。管理层中还有由股东会议选举的理事、监事,理事4人统理总分各行一切事务,监事3人监察大清银行一切事务。理、监事代表商股似乎有一定权力,但有名无实。①"名为官商合办,实则官为主而商为附庸,官有权而商无权,一任官之所为而已。"②因此,户部——大清银行实际上无异于清政府的官僚机构。

张允言掌权时期,把总行分为管理与营业两个部分。管理部分的机构叫总办事务处,"专为总分各行办理票据、账簿,以及稽核汇总账目报告等事"。总行的营业部分是设经理、协理各1人,管理北京本地区的营业。经协理归总帮办(正副监督)节制。③张允言设计的总办事务处只是做些具体工作,管理大权集中在少数理事、监事手中,理、监事虽说由商股股东选举产生,实际上是由张允言所操纵。④因此,张允言任职期间,"任用私人,挪移公款,舞弊百出,亏空千万"⑤。

叶景葵主持大清银行之后,认为"总办事务处仅办文案一部分之事,总行经理协理仅办北京营业一部分之事,调度不灵,事权不一,流弊甚大,宜仿中央银行组织先将总行改定以符合名实而立根本",故对总行组织机构进行了改组,裁撤总办事务处,参酌英、日两国中央银行制度,以监督为执行机关,下分九科,各执其事,各分行名义上直辖于监督,事实上分属于九科。⑥叶景葵的九科之制,打破了张允言集团的大权独揽,各科之间互相牵制,不容易勾结,并可加强对各分

---

① 孔祥贤:《大清银行行史》,第106页。
② 《户部银行章程驳议》,《北京杂志》1904年第1期。
③ 大清银行总清理处编:《大清银行始末记》,第86—87页。
④ 孔祥贤:《大清银行行史》,第118页。
⑤ 《大清银行倒帐》,《南风报》第4期,宣统三年四月十五日。
⑥ 大清银行总清理处编:《大清银行始末记》,第88—89页。

行的领导与监督。

（二）分支机构设置

户部—大清银行的机构分为三级，即总行、分行、分号。总行也办理业务，因此有直属分号。在不够设分号而又有一定业务之处，有的设汇兑所，也有一些事毕即撤的临时业务小组。户部银行成立后，在"省会之地、商务之区"相继设立分行分号。改组为大清银行后，积极在各地设立分支机构，"以便将来经理公家一切款项，为国库独立之基础"①。至1911年时，大清银行共有总分行21处，分号35处，分布在包括香港在内的20多个省市，基本涵盖了当时所有重要商埠和各省省会，从而为其竞争和开展业务创造了条件。

户部银行成立之时，规模狭小，因而只能说是中央银行之雏形。大清银行成立后，随着分支机构的增设，"俨然视为一大规模之中央银行也"②。

四、户部—大清银行的业务活动

户部—大清银行的业务，按其性质不同可分为两大类，一类是因处于中央银行地位而从事的特种业务或特权业务，一类是其所经营的普通银行业务。

（一）特种业务

1. 发行货币与统一币制

清政府建立户部银行的主要目的之一就是发行货币、整理币制。因此，在《试办银行章程》和《大清银行则例》中都明确规定该行有发行纸币与国币的特权，而且是代国家发行，以示其发行地位与普通商业行庄有别。

（1）户部—大清银行纸币发行概况

光绪三十一年（1905），户部请北洋官报局印制户部银行纸币，这是"中央政府发行银行兑换券之始"③。户部—大清银行的纸币包括银两票、银元票和钱票

---

① 《度部奏覆整理财务方法》，《申报》1910年12月13日，第1张第4版。
② 蒿庐：《中央银行开幕矣》，《银行周报》第12卷第44号，1928年11月13日。
③ 徐沧水：《民国钞券史》，银行周报社，1924年，第2页。

第一章　晚清时期中央银行的产生与初步发展

三大类。标准的银两票为库平银,共有 1 两、5 两、10 两、50 两、100 两 5 种。由于各地通行的银两平色不同,各地分行所发行的银两票也不得不以当地的平色为标准,因地制宜,而且只能在当地流通。银元票也分为 1 元、5 元、10 元、50 元、100 元 5 种。由于各地通用银元不同,因而也只能发行在当地通用的银元票,兑换当地通用的大银元。还有一些特殊地区,如营口、奉天、长春、太原等处习用小银元,以角计算,各该地的银元票即注明若干角或小毫数字。除了不同名称的纸币外,该行还制作一种空白票,名叫特字票,凡遇不能行用印成钞票的地区,即以特字票填写发行。发行钱票的分行号较少,北京阜通、东南两号成立后发行钱票,济南分行也曾发行钱票,以济钱荒,其他各行未有发行钱票。由于各地分行发行的纸币不得不随各分行所在地的习惯而变通,以致户部—大清银行发行的纸币种类多达上百种。这些纸币一般只能在当地流通,由发行行负责兑换现银。持甲行纸币到乙行兑换现银者,乙行必按市价收取汇水,否则不予兑换。①户部—大清银行的纸币,先后委托商务印书馆和美国钞票公司印制,度支部印刷局成立后开始自己设计制造。

　　户部—大清银行成立后,为提高和加强其纸币的地位,张允言曾多次呈请清政府予以提倡和支持。作为该银行的上级主管,户部、度支部积极支持推动银行纸币的发行流通。如光绪三十二年八月,张允言呈请度支部,希望国库出入款项搭用户部银行纸币。张允言的呈文说:"中央银行为户部出入之枢纽,而发行纸币为银行应有之特权,所以东西各国户部之与银行有息息相关互相维系之理。现在我行初开,正在试办发行通用银两票银元票之时,商民渐知,信用银行程度略有萌芽,当此之时,全赖大部维持保护,银行方有发达之日。嗣后凡遇银行解部款项及部库发放款项之时,应请饬知大库准其搭放本行纸币,以符奏章,则部款更可流通,银行信用愈为昭著,于国家财政不无裨益。"光绪三十四年四月,张允言又请度支部下令各省推行大清银行纸

---

① 大清银行总清理处编:《大清银行始末记》,第 155 页。

币,凡设有大清银行分行的省,"凡有以本行银两银元等票交纳税厘钱粮各项官款者,验明无伪,均可照章一体收用,该处如有应汇部款,亦可持往该处分行照章收受解部,以符原奏,而利推行"①。张允言的请求都得到了度支部批准。1909年,度支部通令各省,要求对于大清银行"纸币一律通用,准其完纳关税钱粮,如有藉词贴水及克扣留难情事,一经查出,或被告发,定即从严参处,决不宽贷"②。

此外,1908年,度支部会同商部、顺天府,要求"京师及各省商会转商各钱商,代为行使大清银行纸币,以期普通行销"③。度支部要求各省商会"传谕各商,所有大清银行发行之钞票一律通用,不得稍有留难阻滞,以免利权外溢"④。

在清政府的支持下,户部—大清银行纸币发行数额快速增加,如下表所示,从光绪三十一年底到宣统三年闰六月底,6年半的时间里,发行额增加了32倍多。最初以发行银两票为主,后为适应币制改革需求,逐渐以发行银元票为主,银元票的数量大大超过银两票。此外,该行发行纸币,规定须有五成准备现金库存,从下表可见,现银存库数超过了发行所规定的要求,说明该行发行纸币的准备金颇为充足。为了加强对准备金的管理以巩固纸币信用,宣统元年九月,大清银行总办事务处通告各分行:"库存务须按照纸币流行市面数目,以五成现银存库以资兑现,此外商号银票、钞票、据条及炉房浮存银两,均不得作为准备。"宣统三年闰六月,该行国币科还厘定了准备金数目表格式,通告各行依样填写,以规范准备金的管理,并要求现金准备要与营业各款分开,不得笼统地以库存现金作为发行准备上报,不得以本行及他行钞票作为保证准备。⑤

---

① 大清银行总清理处编:《大清银行始末记》,第160—161、161—162页。
② 《大清银行开源节流之办法》,《申报》1909年3月26日,第2张第2版。
③ 《官纸币拟交钱商行使》,《申报》1908年5月8日,第1张第5版。
④ 《通饬行使大清银行钞票》,《北洋官报》第1723期,1908年5月20日。
⑤ 大清银行总清理处编:《大清银行始末记》,第171—172页。

第一章　晚清时期中央银行的产生与初步发展

表1-3　户部—大清银行历年纸币发行数目统计表

发行额（单位为两，小数点以下为钱、分、厘）

年份 \ 种类	银两票	银元票	合计	现银存库额	现银占发行额（%）
光绪三十一年底	537,294.580	—	537,294.580	586,223.060	109
光绪三十二年底	1,542,438.220	23,960.810	1,566,399.030	853,817.785	54
光绪三十三年底	2,883,160.393	113,850.606	2,997,010.999	1,691,476.824	56
光绪三十四年底	1,632,580.318	2,444,622.753	4,077,203.071	3,404,373.472	83
宣统元年底	3,041,009.453	4,840,871.157	7,881,880.610	7,946,305.950	100
宣统二年底	3,421,916.861	8,770,511.055	12,192,427.916	12,409,129.356	101
宣统三年闰六月底	5,438,910.759	12,459,907.898	17,898,818.657	16,170,532.755	90

说明：(1)银票发行额未统计在内，估计不会超过20万两；(2)银元票及平色不同的银两票一律折合成年平银。

资料来源：大清银行总清理处编：《大清银行始末记》，第170页附"纸币发行数目比较表"、第173页附"现银存库数目表"；孔祥贤《大清银行行史》，第182页。

户部—大清银行的纸币发行,进一步打破了外商银行纸币的垄断地位,可以"与各通商口岸之外国银行竞争"①。度支部要求大清银行"多印纹银、银元两种钞票通行内地,以期抵制外国钞票之势力"②。大清银行在东北各地开设分行号,即有抵制日、俄纸币,维护币制主权的用意。③鉴于西藏"圜法纷杂,且外国纸币羌帖输入甚巨",大清银行还曾计划在西藏设立分行"以示抵制"。④

（2）户部—大清银行与币制改革

发行货币是现代中央银行的主要业务,也是中央银行的主要职能。从世界各国中央银行发展史和纸币发行史可以看出,在中央银行制度产生之前,世界各国大都实行多数发行制度,众多金融机构同时发行纸币。中央银行制度出现后,各国货币发行制度开始由多数发行,逐渐过渡到中央银行独享发行的单一发行制度。独享货币发行权,成为中央银行区别于商业银行的最初标志。就世界货币发展史而言,统一发行取代多数发行是大势所趋。因为多数发行制度会产生很多弊端,如纸币种类庞杂,难以监督控制,容易酿成通货膨胀,引发金融风潮和经济危机等。中央银行统一发行则可以避免这些弊端,不但货币统一,监管方便,而且中央银行可以通过控制货币数量,推行金融政策,调节国民经济。因此,由中央银行统一发行货币"为近来各国所奉为圭臬"⑤。近代以来新成立的中央银行,"无不采用集中制,每于中央银行法中,明文规定授予中央银行以独占发行特权,其发行之钞券,具有无限法偿能力"⑥。独享发行权不仅是中央银行发挥管理货币职能的前提,还是中央银行发挥其职能作用的基础。对于中央银行而言,"所谓特权之运用,最重要者厥惟独享发行权,因发行集中,则

---

① 《中国银行业发达汇纪》,《申报》1908年4月23日,第1张第6版。
② 《度支部拟推行钞票》,《申报》1908年5月22日,第1张第5版。
③ 《东省金融界之曙光》,《申报》1909年8月13日,第2张第3版。
④ 《京师近事》,《申报》1909年3月13日,第5版。
⑤ 董仲光:《中央银行政策概说(上)》,《银行周报》第6卷第40号,1922年10月17日。
⑥ 陈行:《中央银行概论》,第19—20页。

第一章 晚清时期中央银行的产生与初步发展

中央银行对于调剂金融,稳定信用始可运用自如也"①。

清末时期,因众多金融机构滥发纸币,严重扰乱金融市场。清政府开始认识到统一发行的重要性,认识到"东西各国发行纸币,大都统其权于中央政府,委其事于国家银行"②。因此,清政府推行了以统一发行为核心的币制改革,试图由户部—大清银行垄断纸币发行权。如宣统元年四月,度支部咨行各省,表示此前允许官设商立各行号暂时发行通用银钱票"本系一时权宜之计",要求"凡各省官商行号未发行之银钱票不得再行增发,已发行之银钱票尤应逐渐收回,以示限制而昭统一"。③顺天府也通令北京各炉房钱铺,将从前所出各钞票逐步收回,"将来统由大清银行一家发行钞票纸币,以归画一"④。清政府一方面限制其他商业行庄和地方金融机构擅发纸币,一方面积极推动户部—大清银行纸币在各地的发行流通,以取代其他官商机构发行的纸币。

宣统二年五月(1910年6月),度支部奏定《兑换纸币则例》。在奏折中,度支部首先强调了由中央银行统一纸币发行的重要性:"发行纸币固属国家特权,而政府要不可自为经理,近世东西各国大都委之中央银行独司其事。诚以纸币关系重要,倘发行之机关不一,势必漫无限制,充斥市廛,物价因之奇昂,商务遂以不振,贻害于国计民生何堪设想。现拟将此项纸币一切兑换发行之事,统归大清银行管理。无论何项官商行号,概不准擅自发行,必使纸票于纷纭杂出之时,而立收集权中央之效。"度支部将此视为制定该则例的第一要义。《则例》规定:兑换纸币统由大清银行发行,名为大清银行兑换券,可在大清银行照数兑换国币;大清银行应照发行纸币数目,常时存储五成现款以备兑换,其余亦须有确实之有价证券为准备;凡官款出入及一切商民交易,纸币应与国币一律行使,不得有贴水折减情事;大清银行纸币不论何处分行,均应一律兑换,不得强分区

---

① 叶攸康:《币制改革后之中央银行》,《银行周报》第20卷第22期,1936年6月9日。
② 中国人民银行总行参事室金融史料组编:《中国近代货币史资料》第一辑下册,第1075页。
③ 同上书,第1074页。
④ 《京师近事》,《申报》1909年7月22日,第1张第5版。

域,影响流通;大清银行应在总分行内另设分科,专办纸币准备金与币制事宜;凡遇市面紧迫,大清银行得添发纸币,但必须呈明度支部核准,并照额外发行数目按年纳税6%,或由度支部临时酌定税率;大清银行监理官得监查银行发行纸币事项,应随时检查各项出入账簿表册及准备现金等项,开单呈报度支部查核。①

《则例》对大清银行纸币的种类、发行准备、发行数额、发行管理及发行税等做了具体规定,是一部更加完善的纸币发行法规。从《兑换纸币则例》及度支部奏折中可以看出,清政府希望通过推行大清银行兑换券,以取代其他各类官商行号纸币,最终实现由大清银行统一纸币发行的改革目标非常明确。1911年新的大清银行纸币开始印制,但很快清政府被推翻,该套纸币并未正式发行流通。②

除了纸币之外,清朝末年的币制改革中还有一项重要内容,就是统一银元的铸造发行。为了整顿各省滥铸滥发银元,统一银元的铸造发行权,清政府多次颁令裁并地方造币厂局,并于1905年在天津建立了全国统一的铸造银钱总厂,作为户部的造币总厂。除了造币总厂,国家银行在统一银元的过程中也承担着重要职责,"国币发行,银行实握其枢也"。清政府试图通过造币总厂和大清银行,将国币的铸币和发行权统一收归于中央政府。

1909年,度支部奏设币制调查局,并派大清银行监督为币制顾问。1910年,清政府公布《币制则例》,规定各省大小银元、铜元一律停铸,新的国币银元专归造币总厂铸造,大清银行作为国币兑换机关负责新旧币交换适宜。③1911年5月,新国币"大清银币"开始铸造,并定于10月发行。然而,不久辛亥革命爆发,这些币制改革措施大都未能实施。

2. 经理国库及其他官款

国库是国家金库或国家公库④的简称,它是负责办理国家预算资金的收纳、

---

① 中国人民银行总行参事室金融史料组编:《中国近代货币史资料》第一辑下册,第1051—1053页。
② 吴筹中、吴中英:《大清银行及其发行的钞票》,《中国钱币》1990年第4期。
③ 中国人民银行总行参事室金融史料组编:《中国近代货币史资料》第一辑下册,第786页。
④ 公库是一切政府出纳机关的总称,公库按其行政级别,可分为国库、省库、市库、县库等。

划分、报解和支拨的机关。国库与财政、金融均有密切关系,是沟通财政与金融的枢纽。因此,国库制度既是一项重要的金融制度,也是一项重要的财政制度。

近代以来,随着中央银行制度的发展,各国多实行统一国库制,由财政机关掌握国库主管权,由中央银行代理国库,执行事务处理权。中央银行代理国库业务的内容,主要包括:(1)经办政府的财政收支,按国家预算要求协助财政、税收部门收缴库款;根据财政支付命令向经费单位划拨资金,充当国家金库的出纳。(2)代理国债的发行与兑付。(3)随时向政府及财政部门反映办理预算收支过程中的预算执行情况,负有对国家预算收支和国库资金转移的监督责任。简而言之,中央银行经理国库业务就是接受政府委托,代表国家管理财政的收入和支付。由中央银行经理国库,可使收缴库款方便,库款调拨灵活,资金安全,数字准确,有利于中央银行更好地发挥其宏观调控和监督作用,沟通财政与金融之间的联系,为政府财政与金融市场、财政政策与货币政策提供连接的桥梁和纽带。中央银行代理国库有很多优点,"故今世各国之中央银行,其新成立者,多被指定经理国库,其由商业银行演化而来者,亦由于事实上之便利,亦逐渐经理政府一切款项之收付、移转与保管"[①]。经理国库成为中央银行的一项主要职能和特权业务。

清朝时期采用独立公库制,政府自设库藏,不用其他机关经理,且缺乏统一体系,公库处于分散状态。公库由三大系统构成,一为内务府系统,二为户部系统,三为地方系统。内务府诸库经管皇室财物;户部诸库为全国财赋总汇,经管朝廷收支;地方诸库则经管地方政府及机构财物收支。清朝末年,户部银行成立时,其章程规定"户部出入款项,均可由本行办理",这是近代中国由中央银行代理国库的开端。户部银行改为大清银行之后,其《则例》中也规定:"大清银行得由度支部酌准定令,许其经理国库事务及公家一切款项,并代公家经理公债及各种证券。"这一规定进一步明确了大清银行的经理国库特权及其内容。虽

[①] 陈行:《中央银行概论》,第38页。

然户部—大清银行存在时间较短,但该行成立后,在经理国库方面仍有不少活动。

(1) 经理库款

自户部银行成立后,户部库款即交由该行经理,包括库款存汇、经费拨发、借款收付等。

库款存放银行分为两种,一是定期存款,利息自4厘至6厘不等;一是浮存款项,即户部库款与银行往来的盈余作为浮存,不计利息。同时,各分行汇解部款,不取汇水,但自收款之日起须迟3个月始行解部,也不计息,即无息存放银行3个月。光绪三十二年八月,度支部订立了银库与银行往来章程,对户部银行参与库银管理的份额做了规定。户部—大清银行创办之后,度支部库款之存放总分各行,最多时达千万两。① 清政府中央的部款出入实际上已全部交由大清银行经理了,度支部虽有银库,其实并不对外,而只与大清银行往来。② 度支部还要求各省应将国家行政经费交由大清银行经理。

宣统元年,度支部规定,各省部派的清理财政监理官所需经费,不再由度支部直接支付,改由大清银行各省分行按月拨发,上报总行,由度支部审核后拨还总行。宣统三年,度支部还将此前由度支部拨解的驻外使节出使经费的一部分,改由大清银行上海分行拨发。由户部—大清银行汇解拨付官款,可为政府节约不少汇费。如1906年户部"提沪道库存款项四百万两,由京津沪三行承解,未收丝毫汇费。他如汉济各分行经解官款,亦皆直接省费,以视从前惟恃商号汇兑之动多迟滞者,实未可同日而语"③。

此外,宣统三年三月,度支部与美、德、英、法四国银行订立合同借款1,000万镑,以为整顿币制及东三省实业之用,而以大清银行为收付借款之机关。五月,四国银行交40万镑给上海分行转汇东三省。这是大清银行经理借款之始,

---

① 大清银行总清理处编:《大清银行始末记》,第178页。
② 孔祥贤:《大清银行行史》,第188页。
③ 大清银行总清理处编:《大清银行始末记》,第56—57页。

如果不是清政府很快灭亡,对外借款必将全部交由大清银行经理。①

(2) 经理赔还洋款

清朝末年,清政府要向列强各国支付巨额赔款和借款,主要包括甲午战争失败后的俄、法借款和两次英、德借款,庚子赔款以及铁路借款等。这些赔款和借款的还本付息事宜大都在上海进行,最初由上海道就近负责办理。户部银行成立后不久,户部即奏请委派户部银行上海分行总办会同上海道办理,此后户部—大清银行即开始参与洋款赔还。②宣统三年七月,叶景葵还呈请度支部,要求将各国赔款均一律划归上海分行经理。③

由于19世纪末20世纪初期时,西方主要国家已相继采用金本位,因此清政府偿付外债时需要将银两折算为金本位货币。当时习惯上对外付款主要以英镑汇价为结算标准,因此英镑汇率的高低对于赔款数额会有一定影响。大清银行经理洋款,除了经理收付外,"择价买镑"也是一项重要业务。"上海分行会同沪道经理赔款一事,购买镑款,竭力考求,每岁节省之数颇巨。"④而大清银行经理洋款则可以获得不少好处:一是有"镑佣"(即佣金)可分;二是洋款未结镑解付以前至少有相当部分要存在沪行,数额达一二百万两,利息很低,常年仅四五厘;三是加强了大清银行的地位,密切了与外商银行的关系。⑤

(3) 代收关税

清末时期,各地常关及海关的税款多交由当地官银钱号、票号或外商银行代收代管,是关税收付的出纳机关。如山西票号在鼎盛时期,经办了不少地方的海关官银号。这不仅为票号汇兑官款创造了条件,而且所经收税款在未交付政府前的存银,增强了票号的资金运用能力,成为票号获利的重要来源。因此,

---

① 大清银行总清理处编:《大清银行始末记》,第199—203页。
② 《电报》,《时报》1906年1月2日,第2版。
③ 大清银行总清理处编:《大清银行始末记》,第180页。
④ 同上书,第56页。
⑤ 孔祥贤:《大清银行行史》,第191页。

对于这种"先收后解"的业务,户部当然不肯继续让商人去做,所以下令让户部银行去接管。①此外,这些银钱行号一旦破产,就会造成税款损失,引发各种纠纷。如1910年著名的源丰润票号破产,各项欠款约有2,000万两,其中粤海关存款即有600万两之巨,江汉关存款400万两,江海关存款350万两。②

户部—大清银行各地分行号成立后,开始经理当地海关税款。1909年之后,大清银行先后接管了胶州关、大连关、杭海关、瓯海关、甬海关、江汉关、江海关、金陵关、山海关等海关税款的部分或全部经理权,代理税款的经收和存储。宣统三年七月,叶景葵呈请度支部,要求扩大大清银行经理关税的范围,呈文指出,"关税为岁入大宗,利于划一,不利于参差",因而提出将津海、粤海、闽海、镇江、芜湖、长沙、重庆、九江、安东等处海常各关的税款均交由大清银行经理。③八月,度支部批复同意,但未及实行。此外,大清银行还替清政府代收爱国公债,代收国民捐、常赈捐等捐款。

清朝末年,清政府曾试图建立统一完善的国库制度。1910年,资政院提出《统一国库办法》,并会同度支部奏定《统一国库章程》。资政院在奏折中指出,"世界各国所设财政机关,皆分收支出纳为两部,二者分立,权限截然,不容混合,而后弊窦自清。吾国财政纷糅,途径杂出,推厥由来,则以收支出纳混合不分之故,欲救斯弊,非特定统一国库办法,别立出纳机关不可。所谓统一国库者,以全国之岁出岁入总汇于统系相承之各种国库是也。今东西各国率用此种制度,而以国家银行为管理之机关"。奏折提议,鉴于大清银行根基尚未深厚,如采用统一国库制度,应以较为稳重的保管法为原则,当库款有余之际,可由度支部酌量情形,提取若干存银行以生息。至于官办铁路、邮电等项固应列入特别会计,但一切款项应由大清银行与代理银行订立代理国库契约,照奏定章程办理。可见,资政院对于清政府的财政制度弊端以及当时先进国家国库制度的

---

① 黄鉴晖:《山西票号史》,山西经济出版社,2002年,第436页。
② 《源丰润银号倒闭》,《国风报》第1年第25期,宣统二年九月。
③ 大清银行总清理处编:《大清银行始末记》,第191—195页。

第一章　晚清时期中央银行的产生与初步发展

基本情况,已有一定程度的认识,并能够结合实际情况提出较为可行的建议。《统一国库章程》明确规定,"国库统由度支大臣管理,其现款出纳保管事务委任大清银行掌之"①,体现出了将国库管理权与执行权相分立,并由国家中央银行代理国库的意图。1911年2月,该章程经清廷批准后开始推行。如江汉关的关税,就是度支部依据该章程饬令江汉关道自当年7月1日起交由汉口大清银行征收,不再由银号经手。②7月,度支部专门发表声明,强调"大清银行即为国家银行,所有国库收纳事宜亦暂委该行代理"③。同时,度支部在商议改订官制的时候,"拟将金银库划归大清银行改为国库,以谋国库之统一"④。但因清政府很快灭亡,统一国库的目标远未实现。

在清末财政改革中,户部—大清银行在经理国库、统一财政收支方面,发挥了一定作用。大清银行代理国库的活动,"实为我国放弃独立公库制而采取委托银行制之初度尝试"⑤,揭开了近代中国由中央银行代理国库的序幕。大清银行在享有经理国库、经付赔款、经收税款等特权业务的同时,需要承担向政府提供借款垫款以支持财政的义务。在经理赔还洋款业务中,遇到解款不敷之时,大清银行也时常需要临时筹款垫借。

3. 救济市面

在《试办银行章程》和《大清银行则例》中,均规定了在各地市面银根紧急之际,户部—大清银行可经度支部允许"借给款项,维持市面",以调剂地方金融。

清末各地金融风潮时有发生,户部—大清银行在一些地方发生金融风潮时,开始出面进行救济,发挥中央银行稳定金融、维持经济的职责。据《大清银行始末记》统计,清末时期,大清银行救济市面的活动共有13次,其中北京6次,上海2次,营口、汉口、杭州、吉林、广州各1次。如发生于光绪三十三年十月的

---

① 大清银行总清理处编:《大清银行始末记》,第174—177页。
② 《统一国库后之关税收储》,《申报》1911年7月7日,第1张后幅第3版。
③ 《国家银行代理国库之通告》,《申报》1911年7月25日,第1张第5版。
④ 《度支部议改官制志闻》,《申报》1911年8月5日,第1张第5版。
⑤ 杨承厚编:《中国公库制度》,中央银行经济研究处,1944年,第18页。

/063/

营口巨商东盛和倒闭事件,因东盛和五联号忽然同时倒闭,亏欠各银行及众商之款约计500余万两,引起严重的区域性金融经济危机,"市面岌岌可危,大有不可终日之势"①。营口与东三省、京、津、沪等地两三个月不能通汇。该案不仅牵累全市,导致营口上百家商号相继倒闭,而且波及甚广,很多与营口有商务往来的商埠受其影响。面对严峻形势,户部官员及户部银行总办张允言等人认为:"营口为东三省咽喉,商务为国家根本,部行尤有救济恐慌之责……国家银行为全国商业之母,营行者营市商业之母也,救济恐慌责无旁贷。"②后经官商协商拟定了救济方案,由度支部及户部银行合拨银200万两,并由监督张允言携带现银40万到营口救济,凡营口商人有以实在产业或货物作抵者,准其向营口分行押借。户部银行营口分行专门发布广告:"现在营口市面恐慌,银根紧急,周转不灵,本行理宜维持。凡各家有实在产业、货物抵用现银,以及汇兑各款电汇或票汇,均请向本银行面议,定当格外克己,利息汇水从廉收取,藉以维持市面。"③户部银行共计借出150万两,协助当地渡过了金融风潮。户部银行的救市活动,起到了类似于"最后贷款人"作用,对于防范系统性金融风险,稳定商业秩序,发挥了重要作用。

作为清政府创办的国家银行,户部—大清银行除了经营特权业务之外,还享受很多普通银行享受不到的特殊待遇,如电报减费、铁路减价、轮船减价、驿站供应、免除关税等。

(二)普通业务

按照《试办银行章程》和《大清银行则例》规定,户部—大清银行可以经营很多普通银行业务,主要包括以下方面:

1. 存款业务

户部银行成立后,就向社会开展吸收存款活动。为了推动存款业务,户部

---

① 《沈蔡两道徇庇奸商之参案》,《申报》1908年1月7日,第1张第4版。
② 大清营口银行编:《东盛和债案报告》,1909年,"叙言"第1—2页。
③ 《户部银行广告》,大清营口银行编:《东盛和债案报告》卷一,第7页。

第一章　晚清时期中央银行的产生与初步发展

于光绪三十一年十月提出了保护银行存款的奏章,其中指出了存款的重要性和中国吸收商民存款的困难,提出:"现在设立银行,一切参仿各国银行章程办理,凡官绅商民人等有在银行入股及存放款项,须应按照商家办法妥为收存营运,不能问其款之所从来。且款项既存行内,银行即有保护之责,虽该款有何关系缪辀之事,非持存款人之存款凭券,不论何人均不得向银行强迫查察,致该款或有损碍。"户部试图通过保护存款人利益的措施,让户部银行能够吸收民间存款,从而达到"货币因以流行畅通,财政必有起色,商业亦可渐兴"的目的。①

户部—大清银行的存款类型,主要有往来存款、暂记存款、定期存款三种。往来存款和暂记存款是活期存款,存户可以随时支取,因此银行一般不计利息,或者利息微薄。定期存款利息视存款期限长短而定,定期在数月以内的息率常在5厘(0.5%)以下,定期在一年以上的息率常在6厘(0.6%)以上。存款时银行付给"存票",作为存户的存款凭证。

户部—大清银行吸收存款的对象,既有中央和地方政府机关的公款,也有工商企业和私人的资金。户部、度支部还多次要求中央和地方政府部门,将公款存储户部—大清银行。如1910年11月,度支部通咨京内各衙门,指出各衙门公款存储票庄钱铺时常遭受损失,而大清银行"为通国财政命脉之源",要求"凡衙门官款、部费存储开支,均应以该银行为主位,既无关闭之虞,又免利权外溢,公私两便,事属万全"。②自户部银行成立后,很多以前存储在票号等私人机构的公款,改存该行。1908年5月,"为劝励人民储蓄起见",度支部还奏准在大清银行内附设官办储蓄银行,由度支部拨库平银10万两作为该行官本。7月27日,大清银行附设北京储蓄银行成立。③

从该行总分行历年存款统计数字来看,存款总额逐年增加。如下表所示,

---

① 《户部奏保护银行存款片》,《南洋官报》1906年第39期。
② 《度部对于京署存款之办法》,《申报》1910年11月10日,第1张第5版。
③ 《大清银行附设储蓄银行》,《申报》1908年5月21日,第5版。《储蓄银行开办》,《申报》1908年7月29日,第5版。

6年多的时间里,户部—大清银行的存款额快速增长,宣统三年闰六月底的存款额相当于光绪三十一年底的6.86倍。存款额相当于资本额的近6倍,成绩可谓不小。而且,在银行存款中,度支部库款最多时达千万,其他官款如果也以千万计,商存仍有4,000万两之多。存款快速增长,表明存户对该行颇有信心。①

表1-4 户部—大清银行存款统计表

单位:两

时间	存款额	比上期增长(%)
光绪三十一年底	8,610,772.940	—
光绪三十二年底	18,360,291.870	113.2
光绪三十三年底	34,361,294.371	87.2
光绪三十四年底	42,257,442.338	23.0
宣统元年底	54,173,369.276	28.2
宣统二年底	63,397,403.234	17.0
宣统三年闰六月底	59,051,444.945	−6.9

资料来源:大清银行总清理处编:《大清银行始末记》,第251页附"存款表"。

2.放款业务

户部—大清银行的放款业务有6种,分别是押款、借款、拆款、往来欠款、暂记欠款,以及现银存在各家银行、票庄、炉房。放款对象既有政府机关和官员,也有工商企业和私人。

押款与借款是放款业务中的主要部分。凡客户以货物、有价证券、房屋、地皮及其他动产、不动产抵押给银行,而银行始放给款项者谓之押款。没有抵押物件,但有殷实之户作保者,银行也可借给款项者谓之借款。地方政府时常在财政困难、需款孔急之际,向户部—大清银行借款、押款。如1907年,因修浚黄

---

① 孔祥贤:《大清银行行史》,第204页。

浦江需款，两江总督借款450万两，由该行担认。沪宁、京张、津浦等铁路修建需资，也向该行"称贷巨款，利息皆从轻减"①。1908年，两江总督因秋操需款，向该行息借银40万两；东三省总督因代还蒙王债务，向该行息借银40万两。②1909年，上海道为筹措收回自来水公司经费，向大清银行押款。③地方政府借款往往由各省大吏与银行订立合同，报明度支部立案，指定某项收入为抵押，其本息分年归还，与商民借款不同。

由下表可见，6年间户部—大清银行的放款余额增加了近5倍，其中以借款为主。借款中虽有官借，但估计不过千万两，商界仍占大部分。④

表1-5 户部—大清银行放款数额统计表

单位：两

时　　间	押　款	借　款	拆款及其他各项放款	合　计
光绪三十一年底	3,490,145.630	4,998,768.007	1,222,269.939	9,711,183.576
光绪三十二年底	5,469,174.403	12,878,593.369	2,230,061.217	20,577,828.989
光绪三十三年底	10,985,443.941	21,078,098.764	3,836,318.877	35,899,861.582
光绪三十四年底	13,093,118.182	25,250,027.384	3,137,203.678	41,480,349.244
宣统元年底	12,606,812.763	40,161,242.456	5,349,409.176	58,117,464.395
宣统二年底	13,774,519.654	45,166,908.448	7,422,526.127	66,363,954.229
宣统三年闰六月底	12,419,275.148	38,396,170.919	13,621,784.731	64,437,230.798

资料来源：大清银行总清理处编：《大清银行始末记》，第275页附"押款表""借款表""拆款及其他各项放款表"。

放款是银行运用资金的主要渠道，也是取得盈利的主要途径。但放款安全

---

① 大清银行总清理处编：《大清银行始末记》，第72页。
② 同上书，第59页。
③ 《筹措收回自来水公司经费》，《申报》1909年4月22日，第3张第3版。
④ 孔祥贤：《大清银行行史》，第212页。

与否,与银行成败关系极大。因此,户部—大清银行一再强调放款的安全性和流动性。如据该行制定的《贸易章程》第5条规定:"银行应做生意,放账一层须有货物作押,若无抵押,必须有殷实人作保,一遇错误,惟经理是问。如股票货物之类所押多少,经理可以酌量给值。至所押之货物等项如屡过期限者,应将所押之物变价收偿,所押之物不足偿价,仍追欠主补足。"为了保证放款安全,户部—大清银行对于借款的抵押品也曾定有严格规定,但各地分行"瞻徇情面滥放款项之事"时有发生。据宣统二年二月总办事务处通告反映,各分行账目押款项下,有些以易于呆滞的田房契据等不动产作为抵押,有些甚至以珠宝首饰衣服为抵押。通告指出此类放款"不合行章",要求到期一律收回。[①]在当时《申报》上有很多户部—大清银行放款难以收回的记载,往往是以土地、房产等不动产为抵押,到期未能赎回。据调查,到1911年8月时,大清银行以不动产为抵押而借出之款,总数已达4,200万两,"收回甚少,致受种种损失"。[②]

为整顿放款业务,宣统二年十月,张允言制定了银行放款章程31条,呈报度支部并获批准。章程对于放款业务做了详细具体的规定和限制,但各分行往往阳奉阴违,并不认真贯彻执行。宣统三年正月,张允言写信给各分行总办,告诫其严格实行放款章程,并要求将章程要点用大字抄录,悬牌粘贴于行中紧要处所,随时警戒,严饬经协理及员工认真实行。同月,张允言在写给各分行总办关于清理押款的信中再次强调说:"本行开办以来,每有放账往往取其产业为抵押,积欠愈多,致外间有产业公司之消。"要求"凡以产业作抵者到期速令取赎","过期者照章拍卖",特别对"营口、上海两行积押产业,尤宜早日售出,即稍吃亏亦无不可"。实际上,各分行放款难以收回者,不仅产业抵押一项。

关于放款的规章制度虽然制定了不少,但往往形同虚设。宣统三年三月,度支部派员清查大清银行账目,据查账员报告,放款章程第一条明确规定"各行

[①] 大清银行总清理处编:《大清银行始末记》,第254、255页。
[②] 《整顿大清银行之手续》,《申报》1911年8月26日,第1张第5版。

第一章　晚清时期中央银行的产生与初步发展

不准隔埠放款",而总行首先就明知故犯。宣统二年十一月、十二月,先后放给广东等处交通银行50万两,放与天津者亦有数家,且远如湖南明德学堂亦有借款,都是隔埠放款。查账员制定的《整顿办法说帖》中,反映出大清银行放款业务中存在重重弊端,滥放款项的情况相当严重。①

由于放款不慎,户部—大清银行存在的短短数年间,倒账大案接连发生。如光绪三十三年十月,营口东盛和倒闭亏欠债款500余万两,其中欠户部银行营口分行70万两,这其中又有34万两是无押件的往来欠款。光绪三十二年五月,上海分行接受宁波人汤子壮以宁波通久源纱厂股票2,000股押银22万两,后该厂更换新股票,而押户没有向上海分行禀报,上海分行也未曾发现。于是上海分行所押之股票几与废纸相同,其押款除陆续归还外,尚欠本银194,630两,押户只转期而不交息银。宣统二年七月,上海分行总办才发觉,令经手人催收,而押户已不知去向。上海分行向该纱厂索赔,最终也毫无结果。宣统二年,大清银行理事顾思远与营口分行总办罗饴合伙设立的厚德银行倒闭,该行欠大清银行款项达150万两,其中营口分行60余万两,上海分行56万两,重庆分行17万余两,南昌分行9万余两,奉天分行6万余两,汉口分行1,000余两。顾、罗二人"营私舞弊,朋比为奸",不但亲自经手将营口分行巨款借给自己开设的银行,而且顾思远还电嘱各地分行放款给厚德银行,给大清银行造成了严重损失,监督张允言也被度支部参办,降职为帮办。②

各总分行滥放款项不仅上述3个案件,很多呆账因信息记载不齐全,已难以获悉其滥放之由来。从这几笔典型的放款失误情况来看,大清银行经营管理上没有摆脱旧式银钱业的经营作风,非常缺乏建立近代银行的运营制度和方法,是显然可见的。③这些不良贷款大都未能收回,成为呆账坏账,给大清银行带来了严重损失。叶景葵担任监督后,命令各总分行统计呆账数字(截至宣统三

---

① 大清银行总清理处编:《大清银行始末记》,第139—140页。
② 同上书,第267—270页。
③ 张国辉:《中国金融通史》第二卷,第322页。

年六月十五日止)。当时大清银行共有总行和21个分行,而据各行报告,有呆账统计的就有总行和18个分行,几乎各个分行都有呆账。总分行呆账总计16,228,400两(本银,欠息不在内)。①呆账数与同年闰六月底的放款数相比较,竟占放款总额的25%。其中,押款呆账高达87%,说明押件极不可靠,如果押件市值超过放款额,客户尽可以还款取回押件变卖,就不会有呆账了。借款的呆账比率略低,是因为有对公放款,如果剔除这个因素,其比率也将超过50%。大清银行的资本额是1,000万两,而呆账却达1,623万两,如全部成为倒账,不仅资本全亏空,还要吃去存款623万两。可见,大清银行的根基极不稳固。②

表1-6 大清银行放款呆账统计表

单位:两

项 目	放 款	呆 账	呆账占(%)
押 款	12,419,275.148	10,840,689.657	87.29
借 款	38,396,170.919	3,525,393.858	9.18
其 他	13,621,784.731	1,862,316.960	13.67
总 计	64,437,230.798	16,228,400.475	25.18

资料来源:孔祥贤:《大清银行行史》,第244页。

就连度支部也认为"该行积弊颇深,补救挽回刻不容缓"③。因此,叶景葵上任后力图整顿,于宣统三年六月(1911年7月)宣布,总分行六月十六日(7月11日)以前之账为"旧账",六月十七日(7月12日)以后之账为"新账"。④在总行设立清理旧案处进行清理,接着致函各行总办,重申要遵守放款章程。但随着清

---

① 大清银行总清理处编:《大清银行始末记》,第271—275页。
② 同上书,第244页。
③ 同上书,第139—140页。
④ 《京师近事》,《申报》1911年7月21日,第1张第6版。

政府很快覆亡,这些措施也未见实效。

3. 汇兑业务

汇兑划拨公私款项,是户部—大清银行的一项基本业务。在户部银行建立前,国内公私款项的异地汇兑主要依赖山西票号进行。户部—大清银行成立后,清政府授予该行统办官款存汇之权,户部和度支部一再颁令要求各政府机关将公款交由该行汇解。如光绪三十二年十月,户部在致各省将军、督抚、库伦办事大臣的咨文中提出:"各该处既设立(户部银行)分行,嗣后应行汇解存储款项,均可随时与该行商办。"不久之后,度支部决定"嗣后凡各省如有应行解部之款,一律由户部银行兑交京师"。①"户部银行所到之处,官款即令其汇兑。"②户部银行运用它的优势和特权,把在官款存汇领域长时期占优势的票号排挤出去。如设在扬州的两淮盐运司分摊的借款、赔款,甘肃、奉天协饷,向系交票号汇兑。1911年6月,大清银行扬州分号设立后,官款存汇统交该行。此外,上解户部款项完全装鞘运现的山西、陕西、山东、河南等行省,也都改交户部银行汇兑了。③

除了存放款和汇兑业务外,大清银行还帮一些商业公司代收股款,如代收津浦铁路公司及蒙古实业公司股款等。宣统二年冬厘定代收各项公司行厂股份规约,颁行各行照办。代收股款虽是作为存款的一个来源,实际上已是银行办理信托业务的滥觞。④

凭借雄厚的资本和政府授予的各项特权,并兼营各项普通银行业务,户部—大清银行成立后,盈利颇丰。据张允言在1907年召开的第一次股东大会上报告:"去年一年颇为发达,争买股票,价值已增,各行存款渐达二千余万元。"⑤光绪三十三年,户部银行除去各项开支,约计盈余90万两,较开办之初营业渐有成效。光绪三十四年,盈余151万余两。宣统元年,盈余164万余两。

---

① 《山西票号史料》编写组:《山西票号史料》,山西经济出版社,2002年,第385页。
② 卫聚贤:《山西票号史》,经济管理出版社,2008年,第13页。
③ 黄鉴晖:《山西票号史》,第435页。
④ 孔祥贤:《大清银行行史》,第223页。
⑤ 《户部银行总办演说辞》,《申报》1907年6月9日,第12版。

宣统二年,盈余118万余两。①

然而,当时一些先进国家的中央银行已不再经营普通银行业务,不与普通银行争利。因此,有国人以此为依据,对大清银行从事普通业务不断提出批评。如1910年11月,资政院议员在质问度支部的说帖中提出:"大清银行以国家银行之性质兼商业银行之办法,事最危险。"②12月,又有议员在质问度支部的说帖中指出:"中央银行为银行之银行,则当立于普通银行之上,为金融之总机关,今大清银行所营之业,略与普通银行无异,究合于中央银行之性质否?"③还有资政院参议在《上皇帝万言书》中指出:"大清银行具国家银行之性质,宜规其大者远者,不可与小银行争锱铢之利,凡金融之如何酌济,市面之如何维持,外币之如何抵制,规划调度是其专责。"④

1911年6月,湖广总督瑞澂在奏折中批评大清银行不应以营利为目的,提议将该行改为纯粹的官办国家银行,取消普通银行业务,"以整顿全国金融,扶助监察各种商办银行为职务,所有押款汇兑诸贸易,非国家银行所应办者,明为区别,概不准行,当使国家银行永为财政机关最高之地位"。度支部在答复中辩解道:"国家银行为财政重要之机关,全国金融之枢纽,如英之英(格)兰银行、法之法兰西银行、德之德意志银行、俄之俄罗斯银行,以及日本之日本银行等,类居全国银行最高之地位,足以辅助财政,故银行学家谓之为中央银行,顾大半准商民投资其中,非必概为国有也,其组织之法,如经理国库、发行纸币,或兼办国际汇兑,其一部分则为普通营业。"度支部认为,大清银行的国家银行地位早已明确规定,只是因为币制改革尚未实行,统一国库章程也才刚刚奏定,在特权业务不能独享的情况下,故不得不暂时经营普通业务。⑤从度支部的答复中可以看

---

① 大清银行总清理处编:《大清银行始末记》,第52、66、68、70页。
② 《资政院近事纪要》,《申报》1910年11月28日,第1张第4版。
③ 《牟议员质问中央银行办法》,《申报》1910年12月16日,第1张第5版。
④ 《龙参议建章上皇帝万言书》,《申报》1910年12月7日,第1张第3版。
⑤ 《度支部奏遵议鄂督奏请改定度支部银行为国家银行并奖助商办各银行折》,《申报》1911年7月25日,第3张第2版。

出,其对于中央银行的应有职能和业务范围已有较为清楚的认识,也认为中央银行不应该经营普通业务,大清银行的普通业务只是迫于现状的暂时性业务。因此这一时期,大清银行开始将一些普通业务剥离,如1911年8月,大清银行附设的储蓄银行,已与大清银行划清界限。①

在1907年户部银行第一次股东大会上,时任总办张允言在致辞中表示,希望能够将该行办理完善,"达到中国中央银行目的"②。叶景葵就任监督后也强调,该行为树立中央银行之基础,"以后专以维持币制、活动金融为唯一之任务",并制定了新的营业方针,其中包括:(1)凡普通银行能办之事,本银行竭力缩小其范围,中央银行应办之事,本银行次第扩张其计划。(2)凡商业外之个人及小商业,本银行绝不与之做往来账,亦绝不与之做定期及不定期借款交易。③显然,叶景葵也想把大清银行办成规范的中央银行。但不久之后,辛亥革命爆发,清政府灭亡,大清银行随之宣告清理,叶景葵的计划未能实现。

本 章 小 结

户部—大清银行的创办,开创了近代中国中央银行建设的先河,具有里程碑式的重要意义。在其存在的数年间,在清政府扶持下,发展颇为迅速,成为清末国人创办的银行中规模最大、实力最强的一家现代银行,与传统的钱庄、票号已不可同日而语。在清末的货币金融与财政事务中,户部—大清银行扮演了重要角色,发挥了一些中央银行的职能。与此同时,也要看到,户部—大清银行存在时间较短,规章制度、业务规范、内部管理等方面还很不成熟,甚至弊端丛生,尤以滥放款项最为严重。"大清银行本系国家银行之性质,亦照普通银行专事放款,冀得年终之红利,以为分肥之需,及其末流行员商民串通舞弊,所放之款

---

① 《国家银行之改革谈》,《申报》1911年8月5日,第1张第5版。
② 《户部银行总办演说辞》,《申报》1907年6月9日,第12版。
③ 大清银行总清理处编:《大清银行始末记》,第209页。

不尽可恃,以致牵动各地之金融,累及银行之信用,是可悲已。"[1]在发行货币、经理国库方面,中央银行职能也极不健全,和当时英国、日本等先进国家中央银行相比,户部—大清银行还显得非常幼稚,未能真正起到中央银行的作用,"不过粗具中央银行之形式而已"[2]。

---

[1] 贾士毅:《民国财政史》,商务印书馆,1917年,第1338—1339页。
[2] 梁钜文:《中央银行制度概论》,第47页。

第二章　北洋时期中央银行的发展与转变

1912年民国建立后,政府和社会各界对于中央银行在发展实业、稳定金融、改良币制以及整理财政中的重要作用有了更多的认识和重视,对于中央银行制度建设的呼声也越来越高。从1912至1927年的北洋政府时期,中央银行制度建设较晚清时期有了长足进步。中国银行和交通银行先后成为发挥中央银行职能的国家银行,在这一时期的财政金融领域发挥着重要作用,但也因此形成了二元制的中央银行制度,产生了很多弊端。而且,中、交两行与北洋政府关系极为密切,在给两行带来巨大利益的同时,也带来了严重危害。1916年停兑风潮之后,中、交两行逐渐疏远与政府的关系,摆脱政府控制,调整营业方针,走向了商业化的独立发展道路。随着中、交两行业务职能的转变,北洋时期未能建立健全的中央银行制度。

第一节　中国银行的建立与职能发挥

一、中国银行的创建经过与性质定位

辛亥革命爆发后,大清银行除了上海分行外,绝大部分分支机构纷纷停业。大清银行商股股东为保全股本,于1911年12月成立商股联合会,并于1912年1月初上书临时大总统孙中山,提议将大清银行改名为中国银行(以下简称中行),"重新组织,作为新政府中央银行",并拟具了清理大清银行和开办中行办

法大纲。联合会认为,将大清银行改设为中行,"一方面不费手续成一完全巩固之中央银行,一方面对于商本不使略有损失",可谓一举两得,事半功倍。①

与此同时,民国成立后,南京临时政府面临着极为严峻的财政危机,"军需、国用孔亟,非得巨款无以解决民国之困难"②。然而,海关收入被列强把持,地方赋税被各省军政府截留。临时政府财政入不敷出,不得不以发行军用钞票和募集公债为救急之办法,这就需要实力稳固之中央金融机关以作调节。因此,对临时政府而言,筹建中央银行刻不容缓。1911年底,南京临时政府成立前夕,孙中山即已委派同盟会骨干何天炯为其代表,赴日本与财经界人士阪谷芳郎等人商议设立中央银行。临时政府成立后,孙中山于1912年1月10日以临时大总统的身份,正式委托阪谷芳郎代为筹建国立中央银行。孙中山委托日本人建立中央银行的活动,持续了两个月左右,阪谷芳郎还制定出了一份内容详细的建立中央银行的方案——《中华国立中央银行设立特许札》。③

然而,委托外人建立新的中央银行毕竟是缓不济急,而大清银行商股联合会提出的建议无疑更具可行性,也能满足临时政府的迫切需要。如孙中山所言:"当戎马倥偬之际,经济大乱之时,何从新集股本组织银行,又何能于咄嗟之间遍设分行于各省,以为汇兑流转之助。"因而将大清银行改设为新政府的中央银行是"借已有之基础,应目前之急需"的好办法,这样做"既以增长民国之实力,又可因其资产为通融,实为民国国家与该银行股东两得兼利之道"。④因此,当商股联合会的报告经原任大清银行副监督、时任南京临时政府财政总长陈锦涛转呈孙中山后,很快得到了批准。陈锦涛遂于1月24日以财政部名义将孙中山的指示批复大清银行商股联合会。⑤2月5日,中行在上海汉口路大清银行

---

① 《商股联合会呈大总统文》,《申报》1912年1月28日,第7版。
② 陈旭麓、郝盛潮主编:《孙中山集外集》,上海人民出版社,1990年,第342页。
③ 黄远庸:《远生遗著》,中国科学公司,1938年,第98页。
④ 中国人民银行总行参事室编:《中华民国货币史资料》第一辑,第32页。
⑤ 《财政部总长批示》,《申报》1912年1月28日,第7版。

第二章 北洋时期中央银行的发展与转变

旧址对外营业,并举行了成立大会,中行正式成立。①孙中山于2月16日致函阪谷芳郎,取消了由其代为设立中央银行的委托。②

中国银行在酝酿之际,就被明确定位为民国的中央银行,这既是大清银行商股联合会的核心诉求,也得到了南京临时政府的认可。陈锦涛上报孙中山请定中行条例的呈文中明确指出:"中国银行具中央银行之性质,为全国金融之机关。"③上海中行开幕前,在《申报》上连日刊登《中国银行开办广告》,宣称:"本银行奉孙大总统谕组织成立,为民国中央银行。"④

南京临时政府结束、北洋政府建立之后,中行的中央银行地位得到袁世凯政府的继续承认。1912年2月12日,清帝退位,南北和议达成,袁世凯取代孙中山出任临时大总统已成定局。中行担心其中央银行地位有变,遂于2月12日由大清银行商股联合会致电袁世凯,请求追认孙中山批准的将大清银行改为中国银行的决定,同意中行继续享有中央银行的权利。袁世凯在复电中称,"旧大清银行本具中央银行性质,新政府自应继续办理……统一政府即日成立,当将前此批准之件,核计统一办法",让股东联合会与驻京理、监事会"妥善筹议,以期重振"。⑤由此可见,中行的中央银行地位得到了两位大总统和南北政府的批准认可。随着民国政府定都北京,中行在北京原大清银行总行旧址重新成立总行,于1912年8月1日开业⑥,上海中行改为分行。1913年5月,中行致函财政部,请其"通告各国银行,声明中国银行系国家中央银行,以免误会"。随即,财政部咨请外交部照会各国驻京代表转知各国银行,中行"实系国家中央银行"。⑦至此,北洋政府正式将中行确定为国家中央银行。

---

① 卜明主编:《中国银行行史(1912—1949)》,第14页。
② 陈旭麓、郝盛潮主编:《孙中山集外集》,第346页。
③ 沈式筠编:《中华民国第一期临时政府财政部事类辑要》,学海出版社,1970年,第72页。
④ 《中国银行开办广告》,《申报》1912年2月1日,第2版。
⑤ 《大清银行善后要电》,《申报》1912年2月21日,第2版。
⑥ 《中国银行之新组织》,《申报》1912年7月31日,第3版。
⑦ 中国银行总行、中国第二历史档案馆合编:《中国银行行史资料汇编》上编一,档案出版社,1991年,第114—115页。

二、中国银行的职能发挥

中行成立后就开始制定条例,并以"采用完全中央银行制度"为宗旨。财政部在《中国银行则例草案理由》中指出:"民国新创之中央银行,与前清时因陋就简,将钱庄性质之户部银行改为大清银行之办法迥不相同,故一切不能不按照完全中央银行性质办理,以奠定民国金融基础。"[①]1913年4月7日,参议院议决通过了《中国银行则例》,4月15日以大总统令的形式公布,这是中行的第一个正式条例和法律文件,其主要内容包括:(1)中行为股份有限公司,股本总额定为银元6,000万元,分60万股,政府先行认垫30万股,余数由人民认购;由政府先交所认股份1/3以上开始营业,一面招募商股。(2)中行营业种类为:国库证券、商业确实期票及汇票之贴现或买入;办理汇兑及发行期票;买卖生金生银及各国货币;经收各种存款并代人保存证券、票据及其他一切贵重物件;代索有交易之银行、公司、商号及个人收取各种票据之款项;以金银货及生金银作抵押为借款;以公债证书或政府发行证券或政府保证之各种证券作抵押为定期或活期借款;经财政总长核准,中行可以买卖公债证书。(3)中行发行兑换券;受政府之委托经理国库及募集或偿还公债事务;有代国家发行国币之责。(4)中行设总裁1人,副总裁1人,董事9人,监事5人;总裁、副总裁简任,董事、监事由股东总会选任。(5)财政总长对于中行一切业务,如认为有违背本则例及本行章程或不利于政府之事件时,皆得制止之;财政总长派监理官一人监视中行一切事务。[②]

从《则例》规定可以看出,中行享有发行货币、经理国库等中央银行特权,中央银行地位得到法律确认。同时,中行也可以经营很多普通商业银行业务。因此,中行是一个中央银行与商业银行业务职能集于一身的混合式中央银行。此后,中行的《则例》在北洋时期曾多次修正,但对于业务职能的规定一直保持不

[①] 中国银行总行、中国第二历史档案馆合编:《中国银行行史资料汇编》上编一,第70页。
[②] 同上书,第111—114页。

第二章　北洋时期中央银行的发展与转变

变。中行成立后所发挥的中央银行职能，主要体现在以下方面：

（一）代理国库

代理国库是政府委托中行的首要职责，也是特权业务。民国建立后，南京临时政府财政部于1912年初曾制定《金库则例》，由孙中山咨交参议院审议。北洋政府建立后，财政部对统一财政、建立金库颇为重视，认为"统一财政以整理出纳机关为前提，而整理出纳机关尤以组织金库为枢纽"。鉴于《金库则例》尚未经国会通过，财政部遂于当年11月26日公布实施《金库出纳暂行章程》，主要内容为：在《金库则例》未颁布前，所有现金出纳事务照本章程办理；财政部委托中行代理该部现金出纳保管事务；出纳事务如遇国债上关系，得委托其他银行代理；库款无论何项收入，均应另行存储，不得移充银行资金任意挪用。[1] 1913年5月，财政部制定《金库条例草案》，规定国库"系完全委托中国银行"，令"中国银行即行试办，分赴各省实行筹办"。[2] 1914年制定的《中国银行金库暂行章程》对中行代理国库的方式做了具体规定：中行依照金库条例代理金库事务，在总行设置总金库，分行设置分金库，分号设置支金库或金库派办处；金库出纳各项事务均依财政部所颁暂行简章办理；总金库事务以中行总管理处所设之总司库处理，总金库处理国家全部出纳事务，每日应将收付款项报告财政部；分金库事务以中行分行之国库股处理之，支金库或金库派办处事务以中行分号之国库系或并办之他系处理。[3]

中行成立之初，即在总行设国库局，总辖各分支库，并负责与财政部接洽事务。1914年9月中行实行总管理处制度之后，在总管理处设总司库处理库务。中行代理国库业务活动主要有以下方面：

1. 收兑军用票券

辛亥革命胜利前和南京临时政府建立初期，革命军和临时政府为应急曾发

---

[1]《金库出纳暂行章程》，《政府公报》第212号，1912年11月29日。
[2] 中国银行总行、中国第二历史档案馆合编：《中国银行行史资料汇编》上编一，第466页。
[3] 中国银行总行、中国第二历史档案馆合编：《中国银行行史资料汇编》上编三，第2586—2587页。

行过多种军用票券,为使这些军用票能被商民接受,急需金融机关负责兑现以维持军用券的信用。如临时政府财政部在催促中行迅速在南京设行的命令中说:"现在军饷万急,非发行军用票无以流转于目前,而信用未彰,非速设银行机关无以继善于其后。"①中行成立后即在南京、上海、镇江及长江以北等地设立军票兑换处或兑换所,进行兑换。南京临时政府共发行军用钞票500万元,至1912年10月时已基本收回。据中行向财政部汇报,截至1913年8月1日,军用票共收回4,996,839元。②这是中行成立后在经理国库方面完成的第一项任务,对维持军用票的流通,支应民军的军需,发挥了重要作用。

2. 接收各省金库

北京政府成立后,财政部为统一全国国税起见,在各省筹建国税厅,直隶财政总长,负责国家税款征收事宜。为配合国税征收,1913年1月财政总长致函中行,要求"各省亟应设立中国分银行专任经理,以为统一国库之基础",各省凡设有国税厅长之处,中行应一律开设分行,或委托代理国库。③于是,中行积极准备接收各省金库,或设分支机构,或委托官银钱号代理,并派员赴日本调查日本银行经理国库的办法。④截至1913年8月,中行已在各省设立分支金库13处。⑤1914年6月,北洋政府颁布《财政厅办事权限条例》,规定"财政厅所收赋税,应悉数交存金库"⑥。随后,财政部一面催促中行速行筹设分库,一面督饬各省遵令办理。因当时中央政府颇具权威,各省交涉接收尚称顺利。到1915年5月时,各省金库已由中行完全接收者为直隶、江苏、浙江、山西、山东、福建、安徽、吉林、黑龙江、奉天等10省,其余江西、贵州、四川、陕西诸省,或未完全接收,或正在商议。

---

① 沈式荀编:《中华民国第一期临时政府财政部事类辑要》,第117页。
② 中国银行总行、中国第二历史档案馆合编:《中国银行行史资料汇编》上编一,第461页。
③ 同上书,第470页。
④ 中国银行总行、中国第二历史档案馆合编:《中国银行行史资料汇编》上编三,第1987页。
⑤ 中国银行总行、中国第二历史档案馆合编:《中国银行行史资料汇编》上编一,第470页。
⑥ 《政府公报》第754号,1914年6月12日。

第二章 北洋时期中央银行的发展与转变

中行在接收各省金库过程中,也遭遇不少困难。各省官厅对于中行接收金库,往往以提供垫款为交换条件。但中行因资本有限,未敢贸然接受。为使各省金库早日移交接收,财政得归统一,1915年5月中行向财政部提交的《行务进行意见书》中拟定了接收金库后之垫款标准:凡各省每年预算收支能适合者,自金库移交中行接收后,如遇有青黄不接之时,库储不敷,可向中行商垫,唯须在本年度以内将本利清还,不能积欠。若预算收支不能适合以外之永久垫款,中行不负责任,须由各省财政厅设法另筹的款以济之。[①]很多省份就是在中行同意垫款之后,将金库移交中行办理。至1915年底,各省金库由中行接管者,增至直隶、绥远等15省区,经收款项计达1.3亿元,占当时全国税收50%以上。其汇解中央之款约4,000余万元。截至1915年底,中行共设立分库23个,支库55个,派办处15个,代理店7个,共计100个。[②]1915年"可称为中国银行代理各省金库之鼎盛时期"[③]。

以提供垫款换取接收金库的做法虽然有利于推动中行的国库业务,但也造成了各省拖欠中行款项的不良后果。1917年以后,"各省财政同一困难,各省金库有欠无还,甚至强借不已,借既不可,拒亦不能。而一遇变乱,中行无不受其影响"[④]。因接收各省金库,直到1929年时,中行各省分行的官厅欠款仍有六七百万元。

3. 代收税款

在经理国库业务中,最重要的是代收国税,尤其是关税和盐税。辛亥革命期间,关税保管权被海关总税务司攫取,存储于在华外商银行。盐税存储权也因1913年的善后大借款,被外商银行所掌管。《金库出纳暂行章程》中所规定的如遇国债上之关系,金库得委托其他银行代理,即是指委托外商银行而言。

---

① 中国银行总行、中国第二历史档案馆合编:《中国银行行史资料汇编》上编二,第1147—1148页。
② 贾士毅:《民国财政史》,第1291页。
③ 姚崧龄:《中国银行二十四年发展史》,第20页。
④ 《中行当局访问记》,《银行周报》第6卷第31号,1922年8月15日。

尽管如此,中行成立后仍积极争取代收关、盐税款。中行认为,按照中行则例与金库条例的规定,各省海关常关税款均属国库收入之一种,"中国银行经收关税,系属责无旁贷"①。

在1912年2月5日上海中行成立大会上,通商交涉使温宗尧在发言中讲道,"中央银行应有经收国家税课之职权",受财长陈锦涛委托,他已"通告沪关税务司,将税款改归中国银行经收,是即统一财政之起点,兼为实行中央银行办法之基础"。②江海关税款随即于2月8日由中行上海分行接收。③

1912年底至1913年初,北洋政府因海关税款全归税务司管理,深恐内地税款收解权也会落入外人之手,遂由财政部、外交部及税务处组织关税委员会研究对策。1913年3月,经中行请求,财政部致函主管海关的税务处请其通饬各海关税务司,并通咨各省地方长官转饬各常关,凡有中行分行或代理处所,即将该关所收税款就近交该分行或代理处经理。④5月,财政部通令各海关监督,关税收入委托各港口之中行分行收存,若在中行尚未设有分行之处所,则交由中行在当地特设之派出机构收存。⑤

在与北洋政府进行交涉的过程中,总税务司安格联以1912年1月清政府与外交团订立的关于关税保管的临时办法为借口,坚持各税务司应按照"普通营业性质"将税款存入中行,"与寻常存款于各商号之性质无异",并要求与中行妥商办法,议定合同。⑥总税务司拟订了关税存入中行的合同办法,规定税款存放中行并非是国库存款,而是普通商业存款,款项应用、汇解等由总税务司全权掌管,银行代收税项,由海关给予一些酬劳费。⑦因总税务司态度强硬,北洋政府

---

① 中国银行总行、中国第二历史档案馆合编:《中国银行行史资料汇编》上编一,第472页。
② 《中国银行成立大会记》,《申报》1912年2月6日,第7版。
③ 贾士毅:《民国财政史》,第1301页。
④ 中国银行总行、中国第二历史档案馆合编:《中国银行行史资料汇编》上编一,第473页。
⑤ 海关总署《旧中国海关总税务司署通令选编》编译委员会编:《旧中国海关总税务司署通令选编》第2卷,中国海关出版社,2003年,第59页。
⑥ 同上书,第81—84页。
⑦ 贾士毅:《民国续财政史》(2),第174—175页。

不得不妥协退让,"国库对于此项税款之收支,自不能不变通办理,规定例外",接受了总税务司拟订的合同办法。安格联于1914年1月20日通令各关税务司,中行收存关税合同已经该行同意,并由财政部批准,总税务司授权各关税务司与中行签订收存税款合同。①

1913年,江汉关、津海关税款由中行接收。此后,其他各关税款在中行及税务处督促下,也由中行代收。1914年3月,中行领导人宋汉章、张嘉璈与总税务司交涉,商定以后凡有中行的海关所在地,就由中行代收关税,积有成数,再通过上海中行交总税务司转存指定的外国银行。此举"虽不能分润存款利益,然借此表示代理国库权能,略取收税手续费"②。

1915年11月4日,财政部密电各省财政厅厅长、各海关监督及盐运使等,电文指出,"国库必须统一,财政方足整理。本部迭奉大总统面谕,对于统一国库,不啻三令五申,乃查现在各省国库已完全交由中国银行经理者,固亦不乏;而其中有全未移交;有仅以一部分移交者;有正在磋议者;办法纷歧,殊非所以统一财政之道",要求各省、各海关及盐运使等,"自此次通电之后,凡各省库款、关款、盐款,无论正杂各项,其已交中国银行经理者,应照旧办理,不得再有变更;其未完全移交者,应即一律全部移交;其正在磋议及全未移交者,应即日与该地中国银行定议,交由中国银行经理,毋得任意分存,致涉纷歧,用副本部统一国库之至意"。③经过财政部的推动和中行努力争取,到1915年底,共接收各地关税21处,盐税39处。④

4. 经理内债外债

北洋政府上台后,继承了清政府所举借的大量外债和庚子赔款,而且还向

---

① 海关总署《旧中国海关总税务司署通令选编》编译委员会编:《旧中国海关总税务司署通令选编》第2卷,第86页。
② 姚崧龄编著:《张公权先生年谱初稿》上册,社会科学文献出版社,2014年,第16页。
③ 中国银行总行、中国第二历史档案馆合编:《中国银行行史资料汇编》上编一,第476—477页。
④ 贾士毅:《民国财政史》,第1300—1307页。

外国大量举债,在短短的16年间,共借外债387次,金额约计12.8亿元。[1]在这一过程中,中国银行,尤其是其上海分行,承担了多笔外债的还本付息任务。在外债基金拨款不足的情况下,中行还须暂时垫借。例如,1913年4月,北洋政府财政部向英、法、德、俄、日五国银行团借得善后大借款2,500万英镑,以盐税及关税余款为担保。其应还本息,由各地关税及盐税征收机关汇交中行上海分行,按月拨付五国银行团。但拨款经常不足,由上海分行暂垫或向当地市场拆借后支付。另如,1912年8月,中国政府向英商克利斯浦公司订立借款合同1,000万英镑,后因善后大借款成立,该公司实发债券为500万英镑,由该公司承销,每年分两次付利息及手续费,由中行上海分行向汇丰、麦加利两银行买进英镑,汇交克利斯浦公司。1915年3月起每次付息前,由上海分行按市价向两行预购英镑,以减少因到期日汇价变动的损失。此外,中行还替政府垫付了不少外债。[2]

除了经理外债还本付息,中行还协助政府办理内债发行及还本付息事务,这是中行代理国库的一项重要业务。南京临时政府成立后,于1912年1月8日经临时参议院议决,临时大总统批准发行军需公债1亿元,当时由财政部发行。中行一成立,财政部立即转交中行承担销售责任。1912年2月1日,中行在《申报》上刊登的《中国银行开办广告》中称:"现在民国发行军需公债票,由本行经理发售,如欲购者,请与本行接洽可也。特此广告。"[3]当时中行尚未正式开业,即已承担起销售公债的责任。北洋政府财政拮据,入不敷出,发行公债成为挹注财政的主要方法。从1912至1926年,北洋政府正式发行债券27种,金额达6.1亿元。而中行则是这些债券的主要经募人和销售人,在北洋政府的公债发行中起了很重要的作用。中行不仅利用销售中的折扣与手续费等获取利益,而且在有利可图的时候买进公债作为投资。此外,中行还多次协助北洋政府整

---

[1] 卜明主编:《中国银行行史(1912—1949)》,第39页。
[2] 中国银行上海国际金融研究所行史编写组编:《中国银行上海分行史(1912—1949年)》,第9—10页。
[3] 《中国银行开办广告》,《申报》1912年2月1日,第2版。

第二章 北洋时期中央银行的发展与转变

理公债。①

（二）发行货币

发行货币是中行作为中央银行所具有的另一项重要特权和职能。中行的发行业务，主要表现在以下方面：

1. 发行国币

北洋时期，币制极为混乱。银两在日常生活中虽已逐渐被银元替代，但废两改元的币制改革一直未能实施。而流通中的银元种类繁杂，市价不一。1914年2月，北洋政府颁布《国币条例》及其实施细则，对国币的单位、重量、种类、成色及流通办法做出了明确规定，并宣称"国币之铸发权专属于政府"②，试图统一国币银元的铸造发行权。

按照《中国银行则例》规定，中行有代表国家发行国币之责，并以中央银行之地位协助政府整理币制。因此，中行是《国币条例》的主要执行者。各地中行会同交通银行回收旧币，运往天津、南京、杭州等地造币厂改铸银元。在中行及交通银行、造币厂的努力下，新的国币银元——"袁头币"大量铸造并广泛推行，逐渐取代了龙洋的地位而成为流通主币。上海钱业公会于1915年8月1日取消龙洋行市，1919年6月11日取消鹰洋行市，把几十年来控制全国市场的鹰洋势力彻底排除，银元行市完全统一，只剩国币行市一种。银元行市的统一，是近代中国货币发展史上的重大进步。中行在帮助政府推行新币的过程中，发挥了中央银行统一币制的职能，同时，大量银币的生产并集中由中行掌握，有利于稳定洋厘行市，有利于灵活调剂金融市场，也有利于中行纸币的发行。③

然而，袁世凯复辟帝制失败后，北洋政府统一银元的努力因政局分裂而功亏一篑，中行在1929年的营业报告书中不无遗憾地说："设令此种整理政策能

---

① 卜明主编：《中国银行行史(1912—1949)》，第38—44页。
② 中国第二历史档案馆、中国人民银行江苏省分行、江苏省金融志编委会合编：《中华民国金融法规选编》上册，档案出版社，1989年，第74—77页。
③ 卜明主编：《中国银行行史(1912—1949)》，第51页。

于十数年间继续进行,则今日中国之币制必已焕然改观,而中国银行因职责所在,所牺牲之巨资亦不至掷于虚牝,此固本行所引以为憾,仰亦中国币制史上最可痛心之事也。"①

2. 发行兑换券

1912年中行在上海成立时,即将大清银行向美国订印而尚未签字之1元、5元、10元三种钞券,加印"中国银行兑换券"和"中华民国元年"字样,加盖图章与地名后发行。以后向美国钞票公司订印有"中国银行"字样之券料,陆续正式发行。7月,中行监督吴鼎昌呈报财政部,请求帮助中行推广钞票发行,呈文指出,"钞票全恃社会信用,而尤赖公家所属各种机关先行通用,为之提倡",请求财政部转咨内务、交通等部和各省都督,以及海关总税务司等机构,"分别出示晓谕,凡京内外商民人等及邮、电、路、税、厘各项公私机关,均应一体通用,不得留难折扣,俾可流通无阻"。②

1912年12月,财政部呈请大总统,提出在《纸币则例》未定之前,即以中行所发行之兑换券通行全国,所有官款出纳,商民交易,均准一律行用;并由该银行多储准备金,以供兑换,多设兑换所,以便取携和树立信用。财政部还拟订了《中国银行兑换券暂行章程》,规定中行兑换券在各省完粮纳税、购买车船等票、发放官俸军饷,以及一切官款出纳及商民交易中一律通用,如有拒不收受及折扣、贴水等情形,从严取缔。12月25日,北洋政府发布大总统令,批准了财政部所拟《章程》,并指出:"中国银行,所以操纵全国之金融,与商业银行性质迥异。前清时代之中央银行,滥发纸币,抵押物产,信用堕地,覆辙昭然。此次中国银行组织方新,必须查照各国中央银行通例,宽筹准备现金,严杜一切流弊,首在引起人民信用,以通全国之脉络,剂市面之盈虚。目前大宗纸币尚未齐备,此项兑换券,先代将来法定纸币之用,系为整理金融,速谋统一起见,所有公私出纳,

---

① 中国银行总行、中国第二历史档案馆合编:《中国银行行史资料汇编》上编三,第1988页。
② 中国人民银行总行参事室编:《中华民国货币史资料》第一辑,第164页。

应准一律通行。"①该章程实际上赋予了中行兑换券法定货币地位。

1913年颁布的《中国银行则例》,进一步正式确定中行有发行兑换券之特权。在兑换券发行过程中,中行创设了领用兑换券的暗记券制度,建立了分区发行制度,重视发行准备并实行公开检查准备制度。北洋时期,国内政潮迭起,战事频仍,以致中行各地钞券时有挤兑风潮发生。因该行"准备充足,应付得宜,旋起旋平,而疾风劲草,每经风潮一次,钞券信用随即增高一次"②。在中行的努力下,其兑换券信誉不断提高,发行数量猛增,流通范围日广。如下表所示,中行兑换券发行额从1912年的折合银元106万元,增至1927年的1.59亿元,增加了约150倍。在北洋时期的各类纸币中,中行兑换券发行量最大,流通范围最广。

表2-1　1912—1927年中国银行兑换券发行额统计表

单位:元

年　份	发行额	年　份	发行额
1912	1,061,636.21	1920	66,884,103.65
1913	5,020,995.09	1921	62,493,340.87
1914	16,398,178.71	1922	77,766,029.82
1915	38,449,228.38	1923	80,986,712.31
1916	46,437,234.70	1924	89,978,581.99
1917	72,984,307.42	1925	127,091,461.59
1918	52,170,299.25	1926	137,421,344.78
1919	61,680,088.39	1927	159,001,102.16

资料来源:中国银行总行、中国第二历史档案馆合编:《中国银行行史资料汇编》上编二,第956页。

---

① 财政部钱币司编:《币制汇编》第二册,1919年,第146—148页。
② 中国银行总行、中国第二历史档案馆合编:《中国银行行史资料汇编》上编二,第949页。

3. 收回各省滥币

清末民初,各省滥发纸币情形严重,不仅加剧了币制混乱,而且因劣币驱逐良币,严重影响中行的兑换券发行业务。中行认为,其兑换券发行额之所以较欧美先进诸国国家银行之兑换券发行额大为逊色,"其最大原因,实在于各省滥币之充,故欲整理币制,当先从兑换券之统一入手,欲推行兑换券,当先从收回滥币入手"。鉴于收回滥币需款甚大,北洋政府和中行均无力承担,因此中行拟订了逐渐收回的办法,就各省情形,筹定专款,酌量进行,以期最终收回各省滥币。①

为了整理各省滥币,中行在政府协助下,在广东、江西两省设立分行,发行本行纸币,兑回省方所发旧币。辛亥革命后,广东一省所发纸币达毫洋3,000万元。虽由中央政府拨款交中行按照对折收回,结果仍由中行垫款138万元,方告完成。江西钱票8,000万元,亦由中央政府向中行商借200万元定价收回。后因借款不敷,乃由政府发行币制公债400万元,责令中行承销,以补不足。中行经理此项收兑业务,先后垫出360万元。此外,吉林官帖原定由中央与地方政府会同备款,委托中行以所发之兑换券掉回官帖,但官方应备之款并未如约交付,中行只得暂予代垫167万元。以上收回之贬值纸币,总共不下4,000万元,而中行所垫之款亦达银元6,653,500元。其他各省均以中央财力不及,中行并未敢贸然从事,故统一各省纸币之计划遂告停顿。②

民国初年,中行还曾在东三省推行钞券,试图取代俄国卢布(俗名羌帖)在东北的统治地位。中行在东北发行了奉天大洋券、小洋券、汇兑券、吉黑小洋券、黑河大洋券、黑龙江小洋券及哈尔滨地名券等多种兑换券,"以期整饬,所惜政治力量不足,本行此次发行,未见大效"③。

总之,中行在代理国库、发行纸币等方面做了不少工作,在这一时期的财政

---

① 中国银行总行、中国第二历史档案馆合编:《中国银行行史资料汇编》上编二,第1146页。
② 姚崧龄:《中国银行二十四年发展史》,第21页。
③ 中国银行总行、中国第二历史档案馆合编:《中国银行行史资料汇编》上编二,第947页。

金融事务中起着重要作用,一定程度上发挥了国家中央银行的职能。如长期担任中行高层领导的宋汉章认为,中行"当时虽无中央银行名义,而实负有国家银行之任务"①。

第二节 交通银行的性质变化与职能发挥

一、交通银行的成立与性质定位

光绪三十三年(1907),清政府邮传部尚书陈璧奏请创办交通银行。光绪三十四年二月初二(1908年3月4日),交通银行(以下简称交行)正式在北京成立。清政府设立交行主要有四个目的,即经办募债赎路,以赎回京汉铁路;经营铁路、电报、邮政、航运四政收支;办理国外汇兑;辅助统一币制。②"交通银行之设,外足以收各国银行之利权,内足以厚中央银行之势力",被视为中央银行之助手,轮、路、电、邮之枢纽。③

清末时期,交行的性质为商业银行。关于这一点,在光绪三十三年邮传部奏颁的《交通银行奏定章程》第一条中即有明确规定:"交通银行纯用商业银行性质,由邮传部附股设立,官股四成,商股六成,一切均照奏定商律办理。"④在邮传部拟设交行奏折中也明确指出,设立交行"以为中央银行之助","一切经营,悉照各国普通商业银行办法……与中央银行性质截然不同"。⑤可见,清政府以大清银行为国家中央银行,交行为官商合办的股份制商业银行,二者性质定位有着清楚区分。

《交通银行奏定章程》规定的交行业务,大体上可分为两类。一类是一般商

---

① 宋汉章:《我国银行制度之演进》,《银行周报》第31卷第1期,1947年1月6日。
② 交通银行总行、中国第二历史档案馆合编:《交通银行史料》第一卷上册,中国金融出版社,1995年,第4、5页。
③ 同上书,第265页。
④ 同上书,第172页。
⑤ 同上书,第7页。

业银行业务,如存放款项、买卖荒金荒银、汇兑划拨公司款项、折收未满期票及代人收存紧要物件等,其余未及详列之业务以及各项禁令,均照中外商业银行章程办理。另一类是特许银行业务,主要包括两部分:一是仿照各银号及各国银行,发行各地市面习惯通用平色各种银票以及各项票据,即发行兑换券的业务;二是为交通四政提供金融服务,"该行藉以利便交通,振兴轮、路、电、邮四政",在赎回京汉铁路时"总司一切存款、汇款,消息镑价,预买佛郎克等事",并负责赎路债票、股票的发放事宜,以及"轮、路、电、邮各局所存储、汇兑、揭借等事"。[1]因此可以说,晚清时的交行实际上兼有普通商业银行和政府特许银行的双重身份,它既经营普通商业银行的存放款等业务,又经理全部交通四政专款,享有分理国库的特权。而且,1910年交行开始发行兑换券后,利用其专营交通事业的便利和邮传部的支持,不断提高其兑换券地位。这使得交行的业务职能与一般普通银行又有很大不同,具有明显的官方色彩,从而为其性质和地位的变化提供了可能。

二、交通银行性质和地位的变化

辛亥革命后,交行官股大股东的身份被北洋政府交通部继承,其实权落入以梁士诒为首的交通系手中。梁士诒一方面通过交行向袁世凯政府大量提供垫款借款,支持袁世凯的统治;另一方面通过袁世凯不断扩大交行的特权。1914年4月7日,北洋政府以大总统令的形式颁布了《交通银行则例》,其中规定交行的业务范围除了商业银行、汇业银行及实业银行应有的营业内容外,还掌管特别会计之国库金,受政府之委托分理金库,受政府之委托专理国外款项,以及受政府之特许发行兑换券。[2]

《交通银行则例》的颁布,标志着交行的性质和地位有了巨大变化。首先,从《则例》公布的形式来看,以大总统令的形式公布已经充分表明交行不再是一

---

[1] 交通银行总行、中国第二历史档案馆合编:《交通银行史料》第一卷上册,第172—173页。
[2] 同上书,第190页。

般的商业银行,而是具有特殊地位的银行。其次,清政府颁布的《交通银行奏定章程》明确规定,该行为商业银行性质,一切均照奏定商律办理,而北洋政府颁布的《则例》则取消了这一规定,第一条仅提到"交通银行为股份有限公司",不再特意强调其商业银行性质。第三,《则例》明确规定了交行具有代理金库、掌管特别国库金、发行兑换券等特权,而这些特权并非一般商业银行所能享有,表明交行的性质已经实现了由商业银行向国家银行的转变,开始具有中央银行的性质。①

1915年10月31日,袁世凯以大总统令的形式宣布,"中国、交通两银行具有国家银行性质,信用夙著,历年经理国库,流通钞票,成效昭彰",要求中、交两行"按照此前办法切实推行,以为币制、公债进行之辅助。该两行应共负责任,协力图功"。②这一申令明确地把交行定位为与中行同样具有中央银行性质的国家银行,交行各种特权业务再次得到了全面确认和肯定。此后,交行即以国家银行自居,认为其"国家银行之性质与普通银行不同,凡维持金融,经理国库,发行钞票,代理公债,皆为其特别职务,在在与国家财政、社会金融有莫大之关系"。如在致上海总商会的公函中,交行请商会"普告商民,凡关于国家银行应有之职务,随时赐予接洽,本行无不遵奉进行"。③曾任交行总理的张謇即明确指出:"交通银行,国家中央银行也。"④

三、交通银行的职能发挥

北洋政府初期,交行的性质很快由商业银行转变成国家银行,发挥着一些中央银行的职能,主要体现在以下方面:

(一)代理国库

交行在清末成立时,即以经理交通四政款项收支为主要业务,事实上享有

---

① 《交通银行史》编委会编著:《交通银行史》第一卷,第145页。
② 中国第二历史档案馆编:《中华民国史档案资料汇编》第三辑"金融(一)",江苏古籍出版社,1991年,第68页。
③ 《关于整理财政之公函》,《申报》1915年11月18日,第10版。
④ 交通银行总行、中国第二历史档案馆合编:《交通银行史料》第一卷上册,第276页。

了部分的国库代理权。1911年,交行与大清银行订立代理国库契约,代库地位取得了法律上的承认。①北洋政府时期,交行继续代理交通四政款项,而且随着地位的上升,其代理国库的业务范围不断扩大。

民国初年,由于中行成立不久,各项业务刚刚开始起步,分支机构也尚未遍设各地,难以独立承担经理金库的全部责任,因此北洋政府实际上已将一些金库事务委托交行分任。1913年5月,交行总理梁士诒利用其署理财政部次长代理部务的时机,在袁世凯的支持下,为交行争取到了"分理金库"的特权。根据1913年5月财政部公布的《委托交通银行代理金库暂行章程》规定:财政部委托交行代理金库之范围,以国债收支一部分为主,但租税系统内之出纳亦得酌量各该地情况委托交行代理;应设金库之出纳区域内无中行而有交行者,交行可行其代理金库之职权;有中行之金库出纳区域,如款项出纳过巨,或遇特别情形时,交行得分任代理;交行依代理金库职权,得发行兑换券,其发行量按照市面情形伸缩之,但须呈明财政总长核准。②《暂行章程》对交行代理国库的范围做了具体规定,标志着财政部正式授予了交行代理国库特权。

1913年10月,熊希龄内阁为统一财政起见,曾通过国务会议议决,由财政部收回交行分理金库的职权③,但这一决议实际上并未实行。而且,1914年颁布的《交通银行则例》正式规定,交行掌管特别会计之国库金,并受政府委托分理金库。至此,交行分理国库特权正式得到了法律确认,不仅轮、路、电、邮四政特别会计国库金的收支继续由交行掌管,而且代理国库的范围有所扩大,可以分理财政部国库金,以及分理省金库。更重要的是,《交通银行则例》和《委托交通银行代理金库暂行章程》分别由北洋政府与财政部颁布,这意味着交行代理国库的权利来自中央政府的授权,交行的代库地位与中行平等,而与清朝末年交行代理国库来自大清银行的委托授权截然不同。此后,交行将代理国库视为

---

① 交通银行总行、中国第二历史档案馆合编:《交通银行史料》第一卷上册,第695页。
② 《财政部布告第三号》,《政府公报》第391号,1913年6月8日。
③ 《财政上之刷新政策》,《申报》1913年10月9日,第6版。

"本行对国家之义务",积极开展代库业务。1914年时,交行"对于特别行政区域,如热河、察哈尔等处金库,或已接收,或正在筹办"①。交行代理金库,未像中行那样定有分支库名称,特设机关办理,而是由各分行及汇兑所派员办理。截至1916年,交行共有代理金库的分行19个,汇兑所60个。②

除了掌管特别会计国库金、代收国税之外,北洋时期历任政府发行的公债库券,除少数特种债券外,均指定交行为经理机关之一。交行在募集公债方面发挥的作用,超过了中行和其他金融机构。因交行劝募内债成绩最优,袁世凯还于1915年1月17日颁发大总统申令,让财政部对交行"传令嘉奖,以资激劝"③。

代理国库是交行性质变化和地位提高的重要表现。时论认为:北洋政府"将金库事宜委托交通银行分任之,由是中交两行相提并称,隐然同有国家银行之资格"④。通过分理国库,交行在北洋政府的财政中发挥着重要作用,"事实上遂为北京政府之中央银行"⑤。

(二)发行货币

交行自1910年开始发行兑换券,种类有银两券、银元券、小银元券等。至辛亥革命爆发前,发行额共250余万元。⑥最初,交行的发行业务与普通商业银行的发行并无太大差别。《交通银行奏定章程》中明确规定,交行"不得出国币纸币",以示与大清银行有所区别。民国初年,鉴于中行还在筹备期间,尚难全面发挥中央银行功能,而交行已有发钞传统和一定影响,北洋政府便试图利用交行发行兑换券的便利条件,推进币制的统一。在北洋政府支持下,交行的发行业务进入快速发展时期。

---

① 章义和、杨德钧编:《交通银行史料续编(1907—1949)》上册,复旦大学出版社,2018年,第205页。
② 贾士毅:《民国财政史》,第1293页。
③ 《政府公报》第968号,1915年1月18日。
④ 贾士毅:《民国财政史》,第1360页。
⑤ 《交通银行》,《申报》1913年3月1日,第3版。
⑥ 交通银行总行、中国第二历史档案馆合编:《交通银行史料》第一卷下册,第805页。

1913年1月10日,北洋政府发布临时大总统令:"交通银行迭经整顿,信用昭著。在纸币则例未经规定以前,所有交通银行发行之兑换券,应按照中国银行兑换券章程一律办理,以资辅助而利推行。"①这是北洋政府公开赋予交行兑换券临时国币性质,事实上取得了与中行兑换券平等的待遇,极大地提高了交行兑换券的地位。此后,交行兑换券在各省完纳地丁钱粮,厘金关税,购买铁路、轮船、邮政等票,缴纳电报费,发放官俸、军饷一切官款出纳,以及商民交易,一律通用。②

这一时期,交通部作为交行的上级主管部门,积极推动交行兑换券的发行流通,尤其是在轮船、铁路、电报、邮政等交通系统,大力推广使用交行兑换券。梁士诒代理财政部部务期间,财政部也一再发出通函,强调交行所发兑换券与中行兑换券具有同等地位。如1913年8月11日,财政部在给直隶都督的咨文中提出:"请令行各地方长官,出示晓谕商民,凡完纳地丁、钱粮、契税、厘捐等项,交通银行发行之兑换券与中国银行兑换券一律通用。并令财政司通饬所属,对于交通银行发行之兑换券,均须一律收受,不得稍有折扣。"③

《交通银行则例》规定:交行受政府之特许发行兑换券,其办法照财政部所定之银行兑换券则例。至此,交行发行兑换券的权利得以正式确立。1914年,北洋政府公布《国币条例》后,交行开始发行国币兑换券,此前发行的银两券逐渐收回。1915年10月31日,袁世凯颁发大总统申令,确认交行为国家银行,重申交行的纸币发行权与中行相同,并具有"划一币制"的责任。于是,交行兑换券正式获得了与中行同样的法定国币地位。

在北洋政府支持下,交行兑换券的发行数量迅速增加,"其流通范围之扩张,诚有一日千里之势"④。整个北洋政府时期,交行兑换券的发行数量、流通范

---

① 《一月十日临时大总统命令》,《申报》1913年1月13日,第2版。
② 交通银行总行、中国第二历史档案馆合编:《交通银行史料》第一卷下册,第806页。
③ 中国第二历史档案馆编:《中华民国史档案资料汇编》第三辑"金融(一)",第79页。
④ 章义和、杨德钧编:《交通银行史料续编(1907—1949)》上册,第201页。

围及其信用,仅次于中行。如下表所示:

表 2-2　1912—1927 年交通银行兑换券流通额统计表

单位:元

年　份	流通额	年　份	流通额
1912	1,190,337	1920	39,170,192
1913	6,748,144	1921	30,143,233
1914	8,936,440	1922	32,523,840
1915	37,297,665	1923	38,517,613
1916	31,946,837	1924	41,613,418
1917	28,603,836	1925	48,337,132
1918	35,144,563	1926	57,126,466
1919	29,272,653	1927	65,096,888

资料来源:交通银行总行、中国第二历史档案馆合编:《交通银行史料》第一卷下册,第838页。

在北洋时期的币制改革中,尤其是在发行新国币和统一银元行市的过程中,交行也发挥了重要作用。交行认为推行新币"为本行当然之义务",会同中行及造币厂发行新国币,并稳定价格。[①]

第三节　二元制中央银行体制的弊端

清朝末年,按照法令规定,大清银行和交通银行的性质与地位有着比较清晰的区分,一为中央银行,一为商业银行。但实际上,两行都是由政府主导创办,交行也拥有代理国库、发行纸币等特权,业务活动有很多相同之处。民国初年,中行本来是政府确定的唯一中央银行,但是交行很快取得了与中行平等的

---

① 章义和、杨德钧编:《交通银行史料续编(1907—1949)》上册,第 207 页。

地位,也被视为"中央银行之一"①。梁士诒、曹汝霖主持交行期间,一直坚持将交行打造成中央银行的角色,借以达到与中行并驾齐驱的目的。②随着交行地位的上升,中、交两行被相提并论,同居中央银行的地位。在1928年以前,大家都是把中、交两行当作中国的中央银行看待的。③"我国昔无中央银行之设立,向以中交两行虽非中央银行,而处于中央银行之地位。"④"谈金融者,莫不以昔日之中交两行视为中央银行也。"⑤这实际上形成了二元制中央银行体制,也有学者称之为"双胎的中央银行"⑥。

中、交两行都是国家银行,同时发挥中央银行职能,但两行业务分工并不清晰,营业内容多有重叠,而且交行后来居上,"广发纸币,代办国库……其声势且将驾中国银行而上之"⑦。因此两行之间不可避免地出现竞争和矛盾。二元制中央银行体制,既对中、交两行的发展造成了严重困扰,也对国家财政金融产生了很大的负面影响。

一、影响币制统一

20世纪初期,先进国家的货币发行权已逐渐由中央银行单独掌握。中央银行"单一发行制度,除有特殊情形者外,几为近代各文明国家一致采用"⑧。至二三十年代,"各国虽仍有未集中之事实,然中央银行应独享发钞之权,论者主张,殆无二致。盖一方面既加中央银行以钱币稳定之责,则他方面,当然应予以发钞独享之权"⑨。

北洋时期,货币发行延续了晚清时期的混乱状况,而且愈演愈烈。除了在

---

① 交通银行总行、中国第二历史档案馆合编:《交通银行史料》第一卷上册,第276页。
② 《交通银行史》编委会编著:《交通银行史》第一卷,第280页。
③ 吴承禧:《中国的银行》,第5页。
④ 朱斯煌:《民元来我国之银行业》,《银行周报》第31卷第9、10期,1947年3月10日。
⑤ 崔晓岑:《中央银行论》,第244页。
⑥ 谭玉佐:《中国重要银行发展史》,第230页。
⑦ 贾熟村:《北洋军阀时期的交通系》,河南人民出版社,1993年,第188页。
⑧ 瞿荆洲:《中国金融市场资力之窥测》,《中央银行月报》第5卷第1号,1936年1月。
⑨ 崔晓岑:《中央银行论》,第70页。

华外商银行继续发行纸币外,各省地方银行、华商银行,以及一些特种银行,纷纷发行纸币。纸币发行权落入众多金融机构手中,"我国发行银行,遍地皆是"①,形成了自由分散的多数发行格局。这种多数发行带来了很多弊端:首先,许多银行共同发钞,鱼龙混杂,良莠不齐,政府难以监管,大量被梁启超斥为"野鸡钞票"②的纸币,经常引发纸币风潮,严重影响金融安定和社会秩序。其次,在多数发行制度下,一些发行银行唯利是图,使得市场上的货币供应和流通数额与社会经济发展需要脱节,甚至互相矛盾,影响经济发展。如马寅初所说:"我国多数发行法,其弊即在社会需要不旺时,流通之钞票反多。社会需要紧急时,流通之钞票反少。钞票之伸缩,与社会商业之需要,背道而驰。在发行集中之国家,决无如此之怪现象也。"③货币发行不能与经济发展相配合,是多数发行制的最大弊端。

滥发纸币产生的严重影响,受到了北洋政府的重视。"现货驱逐,恶币充塞,国家之财政,商工之营业,均陷于不可挽救之境。于是言财政者,莫不注意于整理纸币。"④北洋政府继承了清末的币制改革,并在改革路径上基本一致,即一面推动国家银行的纸币发行,一面限制和取缔其他机构发行纸币,最终由国家银行统一纸币发行权。如1912年12月财政部制定的《整理财政总计划书》提出,整理纸币从消除旧纸币着手,"同时发行新钞之权,当集中于国家银行,各省之官银号、官钱局概行停止",纸币发行"实行集中主义"。⑤

民国初年,成立中国银行即包含着统一纸币发行、建立国家银行单一发行制度的用意。如1913年9月担任国务总理兼财政总长的熊希龄认为,"纸币万不可不使之统一"⑥,"决定采纸币统一主义,全国纸币,均由中国银行发行,各省

---

① 汪叔梅:《我国银行业当前之危急》,《银行周报》第19卷第18期,1935年5月14日。
② 梁启超:《梁启超全集》第11卷,北京出版社,1997年,第3996页。
③ 马寅初:《公库制问题》,《银行周报》第19卷第6期,1935年2月19日。
④ 财政部钱币司编:《币制汇编》第四册,第189页。
⑤ 中国第二历史档案馆编:《中华民国史档案资料汇编》第三辑"财政(一)",第75页。
⑥ 《关于近今币制之二要题》,《申报》1913年11月2日,第6版。

官银行不得再发纸币。其从前各省银行,已发出之纸币,一律收回,易以中国银行发行之新纸币"①。北洋政府拟议的中行兑换券条例草案中也规定,兑换券由中行发行,新设银钱行号均不得发行兑换券;旧有行号经特别条例准其发行者,暂各照其原条例办理;其未经特别法律规定而前已发行者,得暂以各该行号最近6个月内平均发行数为限,不得逾额增发;如违背规定,私自增发,将取消其发行权。②

北洋政府颁行了很多推广中行纸币的法令措施,目的在使中行纸币树立信誉,逐渐普遍流通使用,让国家银行的发行成为全国发行之表率,从而使官银钱号之发行相形见绌,最终优胜劣汰。中行通过实行公开发行准备、分区发行、在各地设立货币交换所等措施,树立了良好的纸币信誉,发行量迅速增加,成为当时最重要的中资发钞银行。在这一时期对一些地方纸币的整顿过程中,已开始用中行兑换券取代地方纸币。

然而,1913年之后交行也取得了国家银行地位以及与中行同样的发行权,在北洋政府财政部和交通部的支持下,交行兑换券信用日渐巩固,地位不断提高,发行总额从1912年的119万元,增至1927年的6,509万元,增长了约55倍,发行数量和流通范围仅次于中行。随着交行发行权的确立,就国家银行层面而言,纸币发行权已经一分为二,由中、交两行共享。两行纸币激烈竞争,互相排挤,无疑破坏了中行统一发行的计划和努力,也违背了货币统一的基本原则。如1917年曾来华讲学的日本银行家堀江归一在考察了中国的银行制度后指出:中国政府"有二个发行纸币之银行,且于一都会中,互为业务之争竞,可谓怪异之政象","余每晤中国人,诘以中国交通两银行,何故而骈立耶?交通银行之纸币发行权,何故而不废止耶?中国人亦无以答,仅谓事情之出于不得已而已"。③

---

① 《财政概观:第四章 改革制币》,《时事汇报》第1号,1913年12月。
② 中国银行总行、中国第二历史档案馆合编:《中国银行行史资料汇编》上编二,第917—918页。
③ [日]堀江归一:《中国财政之观察》,《东方杂志》第15卷第5号,1918年5月15日。

中、交两行同时发行纸币,使货币发行权处于分裂状态,再加上还有很多省银行、商业银行等金融机构也在发行纸币,"因之纸币的一元化,迟迟不能实现"①。整个北洋时期,中行虽然在整理各省钞券、统一杂色银元等方面不无成效,但独占发行、统一币制的目标终成泡影,纸币发行一直处于混乱状态。

二、影响国库统一

20世纪初,国库事务委托中央银行管理已成为各国通例。按照1912年11月北洋政府财政部公布的《金库出纳暂行章程》,以及1913年5月制定的《金库条例草案》,国库由中行单独经理,中行可酌量情形委托其他银行代理分金库、支金库事务;银行应将金库款项与营业资本分别存储,但经财政总长核准,得以金库款项之一部分移作存款。②可见,中行在法律上具有单独经理国库的资格,并有委托其他银行代理之权,国库制度属于单一金库制。然而,《财政部委托交通银行代理金库暂行章程》颁布后,交行也获得了代理国库的权利。这样,中、交两行同时代理国库,国库制度便由单一金库制变为分散金库制,也称为复数金库制,即"一国之中,有二个以上之独立金库存在,分掌一国国库金之收支者也。此种独立之金库,均为个别的收支计算,而无从属关系"③。相较而言,单一金库制优于分散金库制,因此为近代各国所采用。

民国初期,交行分理国库有一定的现实必要。如据《申报》刊文分析:"金库统一自为各国之通例,且亦为中央银行之特有权,我国今日若照此办理,则当设中国总银行于北京,设分行于各省,惟以现在情形观之,全国各大埠遍设分行,一时必无此等能力,因此交通部所设之交通银行,欲与财政部相商分管金库事宜,此事若为统一金库起见,固不可行,但为大局计,亦可变通办理。"④在中行初创,尚无能力立即承担所有重任的情况下,利用现成的交行也无可厚非。但北

---

① 张公权:《中国货币与银行的朝向现代化》,秦孝仪主编:《革命文献》第74辑,第56页。
② 《政府公报》第356期,1913年5月4日。
③ 尹文敬:《财政学》下册,商务印书馆,1947年,第614页。
④ 《交通银行分管金库问题》,《申报》1913年3月8日,第3版。

洋政府在已经明确规定由中行单独经理国库的情况下，又由财政部授予交行代理金库特权，而不是由中行委托交行代库，这不仅与《金库条例草案》《中国银行则例》等法令的规定相抵触，也违背了国库统一原则。国库款项分存中、交两行，不仅造成国库收支手续的麻烦，"一切收解手续诸多滞碍难行"[1]，而且造成了中、交两行的矛盾冲突。

北洋政府让中、交两行同时代理国库，但对于两行代库范围及库款收存比例未有明确规定，遂引发了金库款项的分存争议。为了划分中、交两行的代库范围，财政部多次拟议办法。1916年4月，财政部提出五五分成的办法，在致电直、鲁、苏、察等省财政厅的电文中称，"现在金融紧迫，全赖中交两银行协力维持，自无歧视之理"，要求各地将所有收款分交两行收存，以50%交中行国库，50%交交行分号收存。[2]1917年8月，财政部又规定，其所管各项经费，自该月起1/3交由交行经理，3/2交由中行经理，各省金库亦照此实行。[3]但因财政部划拨款项往往互有多寡，导致两行之间仍是争执不断，竞争激烈。

中行强调国库必须统一，如总裁孙多森在给财政部的信函中所言：中行代理国库的相关法令"已经国务院通过，揆之各国通例，又皆如出一辙，中央银行不能有二，即经理国库之责不能有二，盖以国库若不统一，则整理财政无从下手……以一国库而有两种银行同时经理，机关复杂，权限混淆，无论依据何种学理经验，似皆无此办法"[4]。中行以唯一国家中央银行自居，对于交行侵犯其特权和利益非常不满。中行各地分行提出，如将国库税收分一半由交行收存，那么各地方官厅所欠中行的借款，也应由交行负担一半，要求交行在分享代理国库特权的同时，也应承担向地方政府垫款的义务，以示权利、义务平等。[5]

而交行则看到，通过代理国库，"每年公款长流，出纳数目甚巨，利息、汇费

---

[1] 中国银行总行、中国第二历史档案馆合编：《中国银行行史资料汇编》上编一，第478页。
[2] 同上。
[3] 交通银行总行、中国第二历史档案馆合编：《交通银行史料》第一卷上册，第703页。
[4] 《中国银行总裁孙多森复财政部论各省银行办法意见书》，《申报》1913年6月21日，第10版。
[5] 中国银行总行、中国第二历史档案馆合编：《中国银行行史资料汇编》上编一，第478—480页。

亦属不赀",同时交行"钞票亦可藉此用途推广流通",因此积极扩张代理国库特权,认为"中国银行虽得代理国库优胜之权,国家财政支绌之际,时有青黄不接之患,届时需借巨款,中国银行或有未能接济之时,我行当可趁此时机分认借款,要求抵押,国库代理部分自必转入我手"。因此要求"各分行、支行、汇兑所与各省财政厅及地方征收机关相近者常时联络,设法招徕"。①

中、交两行都希望多收国库存款,而少为国库垫款,并时常为此发生争执。如据1919年1月30日交行总处致财政部函反映,截至该日财政部欠交行440余万元,而中行垫款数目只有150万元。按此前中、交两行办理金库定章,凡财政部收款,中行得2/3,交行得1/3,遇有垫款也按照中二交一办理。现在交行垫款反而较中行多出近两倍,显然有失公平。②"财部规定两行收支各款,中行占三分之二,交行占三分之一,而交行恐中行垫款不及其数,或收款过多,往往旁听转询,惟恐财部有优待中行之处,而对于中行钞票界限甚严,偶有中票存款,立即还付中行,一若中行钞票信用不如交行者。财部开写付款支票,不分中交,而交行必付领款人以交钞,决不代用中票。"中、交两行"彼此均抱疾视之心"。③

交行代理国库,造成国库分裂,既违背政府相关法令,也与"各国先例不合"④,因此不但引起中行的不满,也引发了公众的批评。如有人指出,"国家既以金库委托中国银行代理,曾不逾月,而财政部复有委托交通银行代理章程之发表,狐埋狐搰,暮四朝三","此种章程,根本错误"。⑤不少国会议员对财政部的做法也提出质疑。1913年6月,参议员韩玉辰等人就财政部委托交行代理金库一事,向政府提出8项质问,他们认为财政部的做法,既与此前相关

---

① 中国第二历史档案馆编:《中华民国史档案资料汇编》第三辑"金融(一)",第364页。
② 章义和、杨德钧编:《交通银行史料续编(1907—1949)》上册,第516页。
③ 《票价日落之原因》,《申报》1919年4月2日,第6—7版。
④ 《交通银行果可代理国库耶》,《新闻报》1913年6月22日,第3版。
⑤ 罗常:《财政部委托交通银行代理国库章程质疑》,《中华实业界》第2卷第6期,1915年6月10日。

法令规定自相矛盾,破坏国库统一,而且代理财政总长梁士诒系交行总理,质疑委托者与被委托者之间有"暧昧情事"。他们批评政府对于国库事务"办理歧出,疑点甚多",有"摇动市面,损及国库"的可能。①此后,北洋政府国务院和国会曾多次讨论取消交行代理国库权,但"因政府欠有该行巨款,故未能取消此权利"②。

总之,民国初期中央政府权威尚存,统一国库的努力不无成效。截至1916年,各省金库由中行或交行接收者,已有19省3区,各省金库"已渐有统一之势"。③然而,中、交两行同时分理国库,严重影响国库统一。如时人所言:"金库之重要目的,在统一全国之岁出入,今乃以此权界之两行,而使之相持不下,金库其何日得统一乎?"④"国库机关不能统一,其结果遂致财政紊乱,收支冒滥,岁出岁入,无可考核。"⑤此外,1916年袁世凯复辟帝制失败之后,中央权力衰微,地方军阀割据称雄,截留国税屡见不鲜。"省政府之势力蒸蒸日上,目中无复有中央,于是凡金库之由省银行收归中行经理者,至是复归省银行经理。"⑥财政部还以代理国库为交换条件向其他银行借款,一些中外合办银行经财政部核准享有分理国库特权。"财政不惜饮鸩止渴,致成今日国库不统一之局面。"⑦北洋政府后期,初具规模的国库制度陷入了四分五裂状态。

三、引起中、交两行合并之争

在二元制中央银行体制下,中、交两行都处于国家银行地位,发挥中央银行职能,但两行业务分工不明,营业内容相似,竞争冲突不断。因此很多人认为,二元制中央银行不利于国家货币和财政政策的执行,提议取消交行的国家银行

---

① 《关于交通银行代理国库之质问》,《宪法新闻》第12册,1913年6月29日。
② 《时报》1917年2月10日,第3版。
③ 贾士毅:《民国财政史》,第1294页。
④ 罗常:《财政部委托交通银行代理国库章程质疑》,《中华实业界》第2卷第6期,1915年6月10日。
⑤ 《建议政府统一国库案》,《参议院公报》第2期第19册,1916年。
⑥ 中国第二历史档案馆编:《中华民国史档案资料汇编》第三辑"金融(一)",第225页。
⑦ 马寅初:《马寅初全集》第三卷,浙江人民出版社,1999年,第339页。

第二章 北洋时期中央银行的发展与转变

地位,将其并入中行,合二为一,建立统一的中央银行,从而引发了持续数年的中、交合并之争。

中、交两行合并之议,在清末民初即已出现。1916年中、交两行第一次停兑风潮后,国人普遍将停兑原因归咎于二元中央银行的金融体制,最后迁怒于交行,因此许多人都提出中央银行制度应该改组,于是中、交合并之议又甚嚣尘上。①中、交合并之议提出者的目的、动机并不完全相同,有些是为了党派私利,或为逃避责任,有些则是为了改进中央银行制度,统一国家的货币发行和国库制度。围绕中、交合并问题,北洋集团内部不同派系展开了长期的激烈斗争,直到1922年之后,中、交合并之争才逐渐平息。②虽然,中、交两行合并最终并未成真,但中、交两行之间的明争暗斗一直未曾停歇。

总之,由于两个"中央银行"同时并存,且业务重复,彼此间的竞争和矛盾持续不断。诚如时人所指出,"一国而有两头大之国家银行,自难免于竞争嫉忌,此实人情之常,而所无容讳言者也。关于营业方针及资金运用,既同趋于一途,势必两败俱伤,各感苦痛,事实昭彰"③;中、交两行"既同走此极窄之途径,俗谓狭路相逢,其不为冤家,安可得乎"④。张嘉璈也曾指出:"由于两个政府银行的并存,在业务方面不免有重复之处,因而资金的利用,不免有浪费的情形。"⑤在二元体制之下,中、交两行沦为派系斗争的工具和填补财政亏空的挹注。"历来政治当局,因调拨资金筹划款项之关系,类均利用中交两行以为财力之后盾。于是或亲中行以疏交行,又或扬交行以抑中行,此两行当局,有时不免急功好进,各自为谋,以致发现种种流弊误会。揆其原因,则两雄不能并立,而利用之

---

① 翁先定:《交通银行官场活动研究》,《中国社会科学院经济研究所集刊》第11辑,第415页。
② 关于中、交两行合并之争的详细经过,可参见《交通银行史》第一卷和《中国银行行史(1912—1949)》,本处不再赘述。
③ 沧水:《中行之英兰化与交行之正金化》,《银行周报》第6卷第24号,1922年6月27日。
④ 沧水:《中交问题之总解决》,《银行周报》第6卷第24号,1922年6月27日。
⑤ 张公权:《中国货币与银行的朝向现代化》,秦孝仪主编:《革命文献》第74辑,第58页。

者，又常操纵其间以便于私图，此实重要原因。"①中、交两行之间的矛盾冲突及其引发的财政、金融混乱，充分表明二元制中央银行制度不适合当时中国的实际需要。

第四节 停兑风潮与中、交两行的独立化趋向

一、财政借款与停兑风潮

（一）中、交两行与财政借款

北洋政府时期，自袁世凯政府起，财政就十分拮据。如《政府公报》中记载："民国成立以来，内外上下莫不以财政困难为忧。因财力困难而政务停滞，因政务停滞而理财计划益无从措手。政费饷需拮据于内，洋债赔款敦迫于外，民国前途至日陷于危境。"②内有难以控制的军政费用，外有必须按期偿付的赔款债款，而中央税收有限，以致北洋时期"国家财政，几乎自始至终不能自拔于恐慌处境"③。北洋政府于是不得不依靠举借外债、发行内债，以及向银行贷借短期借款的方式解决财政问题。"北洋政府的财政是破落户的财政，它除了仰海关总税务司的鼻息，分润一点关余和盐余来维持开销外，就完全靠借债过日子。"④

北洋政府向各银行贷借的短期借款，可分作三类：一类为以盐余抵借的所谓盐余借款，一类为一般的银行短期借款，另一类则为银行垫款。⑤在各种短期借款中，作为国家银行的中行和交行发挥着主要作用。如下表所示，中、交两行共同负担了北洋政府各种短期借款的57%，经常有六七千万元的巨额资金被政府占用着。

---

① 沧水：《交通银行前途之曙光》，《银行周报》第6卷第24号，1922年6月27日。
② 《政府公报》第174号，1912年10月22日。
③ 杨荫溥：《民国财政史》，中国财政经济出版社，1985年，第2页。
④ 千家驹编：《旧中国公债史资料》，中华书局，1984年，第10页。
⑤ 杨荫溥：《民国财政史》，第14、25页。

表 2-3　中、交两行承担短期借款数额统计表

单位：百万元

借款类别	借款总额	中、交两行借款	两行借额占总额的百分数（%）
盐余借款	53.5	20.9	39
银行短期借款	35.5	20.8	59
银行垫款	30.3	26.4	87
合　计	119.3	68.1	57

资料来源：杨荫溥：《民国财政史》，中国财政经济出版社，1985年，第31页。

为政府财政提供垫借款，是北洋政府在给予中、交两行各种特权的同时，要求两行必须承担的主要义务。中、交两行由于代理国库关系，财政部在每月未到解款时，时常先要两行垫款，月底结算常常入不敷出，垫款就变成短期借款，短期借款后来又变成无法偿还的长期借款。据统计，到1914年1月底，中行成立不到两年，资本不到300万元，为政府垫付行政费却达900万元，相当于资本额的3倍。到1917年9月止，垫款高达4,630万元，相当于已收股本的近4倍。到1925年底止，中行垫款积欠数为2,373万余元，占各银行垫款总积欠数的78%以上。①另如下表所示，1918年中行对政府放款几乎占放款总额的80%，一般也在50%—70%之间。

表 2-4　中国银行对政府机关及财政部放款一览表（1913—1926年）

单位：千元

年　份	放款总额	其中对政府放款	占放款（%）	备　注
1913	17,500	1,440		此三年对政府放款，不包括放款给政府各机关，仅指放款给财政部
1914	49,970	4,060		
1915	86,950	6,540		

① 卜明主编：《中国银行行史（1912—1949）》，第57页。

(续表)

年　份	放款总额	其中对政府放款	占放款(%)	备　注
1916	101,890	37,610	36.91	
1917	139,500	91,700	65.74	
1918	143,430	113,440	79.09	
1919	184,050	117,350	63.76	
1920	178,430	103,370	57.93	
1921	172,300	102,790	59.66	
1922	183,730	99,180	53.98	
1923	180,090	129,730	72.04	
1924	201,800	142,300	70.52	
1925	266,530	131,710	49.42	
1926	311,340	141,040	45.30	

说明：表中1921年以后的对政府放款额，多数属于积欠性质。

资料来源：邓先宏：《中国银行与北洋政府的关系》，《中国社会科学院经济研究所集刊》第11辑，第304页。

交行在向政府提供垫借款方面，比中行有过之而无不及。交行能够取得一系列特权和国家银行地位，与大量向政府提供垫借款有着直接关系。"交通银行以垫款之故，乃于政治上占莫大势力。"[①]据统计，至1915年交行对袁世凯政府的垫款已达3,115万元。1923至1926年政府欠款每年都达到4,000万元以上，均占各该年放款总额的50%左右。如下表所示：

---

① 远生：《新闻日记(四月二日)》，《申报》1915年4月8日，第3版。

表 2-5　1923—1926 年交行放款及政府欠款统计表

单位:千元

年　份	放　款	政府欠款	合　计	政府欠款占(%)
1923	44,350	43,020	87,370	49.24
1924	52,800	46,100	98,900	46.61*
1925	47,220	52,090	99,310	52.45
1926	54,000	56,420	110,420	51.10

说明:＊原表为 46.64,经计算应为 46.61。
资料来源:交通银行总行、中国第二历史档案馆:《交通银行史料》第一卷上册,第 349 页。

中、交两行在北洋政府的财政中发挥着关键作用,政府的政费、军费、公债还本付息等,时常依赖中、交两行垫款维持,离开了中、交两行这两大财政支柱,北洋政府就无法过日子了。[1]因政府财政日益支绌,对垫款往往不能按期如数偿还,日积月累,垫款越来越多。大量的财政垫款成为中、交两行的沉重包袱,严重影响了两行的实力和信用。如中行董事会报告中指出,"财政部垫款过多,政府度支日绌,本既无法归还,息又逐年转帐。……就实力而论,财部之转帐日多,即本行之实力日薄",以致"行势岌岌不可终日"。[2]交行也指出:"本行与中国银行同为经理政府各项公债还本付息之机关。每届各项公债还本付息之时,财部拨款,遇有不敷,本行与中行为维持国家信用起见,辄为筹垫。顾自民国 9 年以来,国家财政日益支绌,对于本行此项筹垫,每不能如数拨还。而事到其间,本行又未便屏绝不垫,设损国信。日增月累,垫额綦巨。就此项垫款性质而论,实为借以填补金库不足之一种。"[3]代理国库特权,给中、交两行带来的是无底洞般的财政垫款。

---

[1] 杜恂诚:《中国金融通史》第三卷,第 100 页。
[2] 中国银行总行、中国第二历史档案馆合编:《中国银行行史资料汇编》上编三,第 2408 页。
[3] 中国人民银行北京分行金融研究所等编:《北京金融史料》银行篇(五),1993 年,第 234—235 页。

北洋政府不仅军政费用支出浩繁,袁世凯复辟帝制期间,为收买地方势力,筹办帝制事宜,又花费了大量资金。据估计,有关帝制费用的各项开支达6,000万元之巨,而护国战争的爆发,更引起财政的紧张,且由于帝制使得各省纷纷离心离德,不仅解款仅为预算的1/5,中央专款也为各省截留,从而使财政陷入危机。①面对财政危机,袁世凯政府在借债困难、增税缓不济急的情况下,大肆要求中、交两行借垫款项,而中、交两行则通过增发兑换券来解决问题。

　　中、交两行最初的兑换券发行额并不太大。1914年底,中行发行额为1,639万元,交行不过893万元,但到1915年底时,即"洪宪帝制"正式开始前夕,中、交两行发行额分别猛增到3,844万元和3,729万元,这些钞票很多用作对袁世凯政府的垫款。其中,中行垫款已达1,204万元。交行在梁士诒控制下,在向袁世凯政府垫款方面更为卖力。"交通银行久为梁派窟穴,帝制问题兴,梁即以筹措财政自任,其实梁并无点金之术,不过恃一交通银行为外府耳。帝政中一切筹备及对付滇、黔义军等费用,泰半出自交通。"②1915年底,交行垫款达到4,750万元,垫款额竟占它全部放款的94%,占全部存款的72%。仅为大典筹备处的垫支即达2,000万元之巨。③

　　1916年5月,中、交两行发行之兑换券约有7,000余万元,现金准备约2,200余万元。其中,中行存有现银350万两,银元488万元,交行存有现银600万两,银元540元。④两行所发兑换券的平均准备金不足30%,远低于财政部所规定的50%,袁世凯政府还经常将银行库存现银发给军队充作军费,更导致两行库存现银大量下降。中、交两行北京分行发行额巨大,而现金准备却微乎其微,仅有几十万元。政府垫款过巨,发行准备不足,给中、交两行埋下了巨大的安全隐患。

---

① 许毅主编:《北洋政府外债与封建复辟》,经济科学出版社,2000年,第287页。
② 中国人民银行总行参事室编:《中华民国货币史资料》第一辑,第207页。
③ 洪葭管主编:《中国金融史》,第205页。
④ 姚崧龄:《中国银行二十四年发展史》,第30页。

（二）中、交两行与停兑风潮

这一时期，中、交两行发行的纸币，也称之为钞票，在当时银本位货币制度下，其实质为银元兑换券，即可以兑换现银元，其票面上印有"凭票即付"字样，银行见票即付，否则即为信用破产，所以银行发行兑换券时必须要有充实的现金准备。北洋政府把中、交两行当作财政工具，肆意利用，而中、交两行则为了支持财政不惜滥发纸币。大量的垫款和发钞，却无必需的准备金，必然使银行实力虚弱，潜伏信用危机。洪宪帝制失败后，财政危机终于引发了一场严重的金融风潮。

1916年5月12日，北洋政府以国务院名义颁布命令，宣布中、交两行暂停兑现付现："中国、交通两银行，自奉令之日起，所有该两行已发行之纸币及应付款项，暂时一律不准兑现、付现，一俟大局定后，即行颁布院令，定期兑付，所存之准备现款，应责成两行一律封存。至各省地方，应由各将军、都统、巡按使，凡有该两行分设机关地方官，务即酌派军警监视该两行，不准私自违令兑现、付现，并严行弹压，禁止滋扰。"①停兑令要求中、交两行存款停止付现，兑换券停止兑现，这无疑是宣告政府财政破产，国家银行信用破产，遂立刻引发了一场波及全国的停兑风潮。②

虽然在停兑风潮中，上海中行对北洋政府的停兑令进行了公开抵制，照常兑现兑付，在其影响下，南京、汉口等地的中行也进行了抵制，使损失有所降低，但整个停兑风潮导致全国金融秩序大乱，中、交两行更是深受其害，银行信誉大受影响，各项业务遭受重创，付出了惨重代价。如1916年停兑以后，截至1917年底，中行京、粤、渝、归、汴五行停兑钞票数共为4,300余万，信用坠落已达极

---

① 中国第二历史档案馆编:《中华民国史档案资料汇编》第三辑"金融（一）"，第467、468页。
② 学术界对于1916年发生的停兑风潮和1921年发生的第二次停兑风潮，以及上海中国银行抗拒停兑的详细经过，已有不少研究成果，可参见吴景平等著:《近代中国的金融风潮》，东方出版中心，2019年；卜明主编:《中国银行行史（1912—1949）》;《交通银行史》编委会编著:《交通银行史》第一卷。本处不再赘述。

点。①受停兑风潮影响,中行的兑换券发行额和存款额均大幅减少,1919年始见复原,1920年发行与存款业务才超过停兑风潮之前的水准。因停兑而引起的京钞②问题,长期困扰中、交两行。中行第一届董事会报告书中指出:"频年以来,为我行信用之累者,惟京钞停兑事,实则纯为垫款所累。"③

交行受到的打击更为严重,自停兑之后,业务几陷停顿。交行兑换券发行额和存款数额大幅下跌,实力锐减,信用低落,业务长期停滞不前。如1915年底,交行存款总额已达7,123万元,1916年停兑风潮后存款下降到3,868万元,比1915年的存款额下降了46%。1917年存款额继续略有下降,1918年存款额才开始回升。第一次世界大战期间,由于中国的民族工商业有所发展,资本积累相应增加,一般银行的存款业务都有显著甚至成倍的增长,但交行的存款额却是锐减的(比大战的第一年),这说明交行的信用低落的程度。④直到1923年之后,交行业务才逐渐恢复和步入正轨。

中、交两行为北洋政府大量提供垫借款,滥发钞票,导致银行实力削弱,信用基础动摇,是造成停兑风潮的直接原因。而中、交两行缺乏应有的独立性,不能拒绝政府无限制之借款,终被政府财政所累,则是造成停兑风潮的深层次原因。在没有独立地位的情况下,中、交两行对于政府的要求是无法拒绝的。每当政府遇到财政困难而"无法渡过难关时,惟有责成中、交两行各半垫款,虽经两行以垫付钞票愈积愈多,倘遇挤兑风潮,必将牵动全国金融为辞,迭函财政部声请免再垫付。惟财政部以垫付军警饷糈有关北京治安,仍令两行照办。两行处此种情况下,自无再行反抗之道,亦惟有各以自备北京地名券应命。北京地名券垫付愈多,现金准备成分随之愈少,加以人心浮动,纷纷兑现,致造成财政

---

① 中国银行总行、中国第二历史档案馆合编:《中国银行行史资料汇编》上编三,第2408页。
② 所谓"京钞",是指袁世凯政府下令停兑后,在北京流通,以及后来陆续增发的不能兑现的钞票,这些钞票因印有北京地名而得名。
③ 中国银行总行、中国第二历史档案馆合编:《中国银行行史资料汇编》上编三,第2413页。
④ 交通银行总行、中国第二历史档案馆合编:《交通银行史料》第一卷上册,第308页。

枯竭,金融动摇之现象"①。对于政府欠款,中、交两行曾不断催还,但政府往往"漠视不理"。②在停兑风潮发生前,交行曾以"金融万急,连上三缄",恳请财政部归还部分垫款,以解燃眉之急,然而财政部毫无回应,交行也无可奈何。③

停兑风潮既给中、交两行造成沉重打击,也给中、交两行提供了改弦更张的契机。停兑风潮使中、交两行的领导人对于银行信用的重要性有了深刻认识,对于银行与政府的关系也有了深刻反省,认识到银行与政府的结合,金融与财政的联姻,虽然有时会有利可图,但终是弊多利少,银行的正常业务受到严重干扰,甚至要冒同归于尽的危险。"中交两行,因享有代理国库发行纸币之特权关系,其所受之牵累,实不在少数。政府当局之意,若似乎既予以代理国库之特权,自应竭尽垫款借款之义务。又似乎既畀以发行纸币之特权,正不妨略尽滥发纸币之能事。"④各派系"着眼于中交两行,而均思取得以为利用,一言以道破之,无非利用其享有发行纸币及代理国库之特权而已"⑤。"国库徒为供给政费之源泉,发行纸币仅成垫借款项之工具,银行经营上,不免常受影响,以难求发展其正当之业务。"⑥因此,停兑风潮过后,中、交两行吸取教训,开始调整与政府的关系,争取银行的独立地位,并改变营业方针,走上了新的发展道路。

二、中国银行的转变与独立

(一)中国银行独立性的缺失

中行从成立开始,就受到财政部的严格监督和管理,缺乏中央银行应有的独立地位。北洋初期,中行虽然名为官商合办,但实际上银行大权掌握在官方手中。按照1913年的《中国银行则例》规定,中行实行股份制,官股商股各占一半。然而,实际上在1915年9月以前,由于大清银行商股改为在中行的存款,

---

① 交通银行总行、中国第二历史档案馆合编:《交通银行史料》第一卷下册,第896页。
② 章义和、杨德钧编:《交通银行史料续编(1907—1949)》上册,第514页。
③ 中国人民银行总行参事室编:《中华民国货币史资料》第一辑,第197页。
④ 沧水:《中行之英兰化与交行之正金化》,《银行周报》第6卷第24号,1922年6月27日。
⑤ 沧水:《中交问题之总解决》,《银行周报》第6卷第24号,1922年6月27日。
⑥ 沧水:《交通银行前途之曙光》,《银行周报》第6卷第24号,1922年6月27日。

中行并无商股，完全是国家资本，因而不论是则例的修订、总裁的简任，还是行务的处理，均在政府严格控制之下进行。《中国银行则例》共有30条，其中明确规定须呈请财政总长（财政部）核准的有11处之多。第26条更是明确规定："财政总长对于中国银行一切业务，如认为有违背本则例及本行章程，或不利于政府之事件时，皆得制止之。"不仅如此，1914年6月，财长周自齐利用中行和财政部在发行工作中早有的矛盾，以整理财政和币制为由，呈准大总统将中行改为财政部直辖。①中行因之一度成为财政部的附属机构，财政与金融合而为一，银行连形式上的独立也没有了。部辖事件可谓近代中国中央银行制度发展过程中的重大挫折，它严重违背了财政、银行分工管理的基本原则。时任上海中行副经理的张嘉璈认为，这一改变"殊失中国银行理想中欲具之超然独立的中央银行地位，心中颇感不怿"②。1915年4月，周学熙接掌财长后，才取消了财政部对中行的直辖。

  财政部直辖中行虽然只存在了10个月，但金融与财政紧密结合的格局则存在更久。1917年之前，中行无异于财政的附庸，也是中行官气最浓的时期。③由于政府的严格控制，使金融与财政完全捆绑在一起，中行失去了应有的独立地位，行务不可避免地受到政府干扰和政潮影响。中行"始终在政治旋涡中讨生活。中行当局日惟以敷衍政府，维持地位为事"④。

  北洋政府主要通过对中行正、副总裁的任免，控制中行人事和业务。1913年的《中国银行则例》规定，总裁、副总裁由政府任命。这样的制度安排，首先导致中行总裁、副总裁必须听命于政府，否则自身难保。总裁实际上成了财政部派往中行的代理人，这些人往往为了自己的职位，对政府俯首听命，不惜牺牲银行利益，不敢抵制政府的垫借款要求，使中行成为"政府筹款之机关"⑤。参议院

---

① 中国银行总行、中国第二历史档案馆合编：《中国银行行史资料汇编》上编一，第542页。
② 姚崧龄编著：《张公权先生年谱初稿》上册，第16页。
③ 邓先宏：《中国银行与北洋政府的关系》，《中国社会科学院经济研究所集刊》第11辑，第351页。
④ 姚崧龄：《中国银行二十四年发展史》，第65页。
⑤ 浩然：《中国银行》，《新闻报》1919年5月1日，第3版。

议员陈振先曾对此做过精辟分析:"中行总裁可由政府自由黜陟,则当总裁的不能不唯政府之命是从,而于银行之信用,金融之前途,与股东之血本,皆可以不顾,政府用款糜滥,入不敷出,向银行商垫政费,总裁不敢却也。政府穷兵黩武,操戈同室,向银行商垫军饷,总裁不能拒也,其结果则弄成五年五月十二日两行停兑,与是后信用失坠,钞价跌落,商业停滞,公私交窘之景象,此无他,银行总裁与政府沆瀣一气,其势必至于此也。"①而且,中行成立初期没有股东会和董事会,总裁大权在握,总裁一职遂成为各派军阀政客争夺的对象,争相任命自己的亲信担任。"中国银行握全国之金融,素称优缺,故总裁一席,无论何党何派莫不垂涎竞争者。然甲登台,乙派必反对,盖此派战胜,彼派失败者,而失败者对于战胜者,莫不思图报复,或从而毁谤之,或从而攻击之,必使其推倒下台而后已。"②

其次,这样的制度安排使得银行正、副总裁须不断随财政总长的更替而更替,严重影响了银行的稳定性。北洋时期政局不稳,政府内阁变动频繁,财政总长不断换人,中行总裁、副总裁也就随之不断更替。换总理、换财长、换总裁,这是一首不断重复的"三部曲"。北洋政府的财政总长前后共换过33人次,任期一年以上的仅3人,最短的只有十来天。③中行总裁也不断随财长更换而频频更换。《则例》规定总裁、副总裁5年为一任,而从1912至1916年底的短短5年中,担任总裁、副总裁的就有12人,任期时间最短4个月,最长也只一年左右。每更换一次总裁,银行重要职员和各行经理必产生一次恐慌。如张嘉璈所言:"银行总裁固视政治潮流为转移,而大小行员又随总裁之去就为进退,如是总裁之更换愈多,而行员之变动愈甚,人人怀五日京兆之心,敷衍塞责,行务不能进步,此其一大原因。"④

---

① 《陈振先反对复中行旧则例》,《申报》1919年5月1日,第7版;《陈振先反对复中行旧则例(续)》,《申报》1919年5月2日,第6版。
② 《中行查办案之黑幕》,《银行周报》第4卷第3号,1920年1月20日。
③ 杜恂诚:《中国金融通史》第三卷,第101页。
④ 张公权:《一年半以来之中国银行》,《银行周报》第3卷第14号,1919年4月29日。

频繁的高层人事更迭成为严重影响中行发展的重要原因,而中行缺少基本的独立地位,成为财政部的附庸,则是问题的关键症结所在。对于这一问题,中行董监事会给国务总理的呈文中曾有分析:"中行自开业以来,即以部行一体之故,成为财政部之外府,力供政费,维日不遑,何论营业,更何论酌剂全国之金融。……库中则现金如洗,以银行为政府滥发纸币之机关,其可骇有如是者。致此之由,固有种种,然一言以蔽之,曰部行一体故也。盖总司全行事务之总裁由于部派,则其下行员皆不啻间接部派,制度上既不许银行独立,而须一听财部之指挥,则为总裁者,虽任劳怨,亦何从使之独立以拒拂政府之乱命?况政局变动,财长屡易,自总裁以下之职员亦遂随而屡易,人无固志,行务更莫由整理,其结果,外之直扰乱国家之金融,内之亦自杀本行之生命,此皆制度不适所致出。"①

洪宪帝制时期,中行之所以在准备空虚的情况下滥发纸币,根本原因是"银行不能保持其独立,被政府强迫垫款"。由于当时官股占大多数,中行"不啻为政府隶属机关,演成滥发纸币停止兑现之恶剧","总裁永远仰政府鼻息,财权永远听政府支配,愈垫愈巨,有加无已"。②因此,1916年停兑风潮之后,中行得到"三大觉悟":第一,发行银行不可不求业务上之独立。第二,各地分行应维持其相当之独立。第三,营业方针不可不侧重于商业方面。③于是,中行开始调整与北洋政府的关系,转变业务方针,走上了脱离政府控制的独立化、商业化道路。

(二)中国银行则例的修改

中行改变与北洋政府的关系,赢得自身的独立地位,是从1917年修改中行则例开始的。当年7月,段祺瑞组建新内阁,梁启超担任财政总长,王克敏被简任为中行总裁,张嘉璈因在领导上海中行抵制北洋政府停兑令中的卓越表现,被简任为副总裁。张嘉璈"素有促进中行成为一健全独立的中央银行之意愿",

---

① 中国银行总行、中国第二历史档案馆合编:《中国银行行史资料汇编》上编一,第355页。
② 林斗南:《中国银行添招新股之研究》,《银行周报》第3卷第20、21号,1919年6月17日。
③ 中国银行总行、中国第二历史档案馆合编:《中国银行行史资料汇编》上编三,第1989页。

因此接任副总裁后,即声明不问政治,只管行务。首先着手研究如何保持银行独立,不随政潮为转移,期能奠定行基,而完成中央银行任务。①张嘉璈就职后,即向梁启超提出整理中行办法三条:(1)修改中行则例;(2)限制中行对政府垫款;(3)整理中行所发京钞。"如三者能一一做到,则行基自固"。张嘉璈还建议财政部聘请其在日本庆应大学的业师、著名银行学家堀江归一来华演讲,并备顾问。

1917年10至12月,应梁启超、张嘉璈等人邀请,堀江归一来华。针对这一时期中行面临的困境,堀江归一提出了不少建议。他认为:"中央银行与国家之关系,应如何而始得宜,实为经济政策上之一大问题……从来中国银行与政府之关系过于密切,几同部属,以致有今日之结果。故对症下药第一步,在使两者之关系稍稍分离,而后可言改革耳。"中行的规章制度和营业科目虽然仿照日本成文,但"今日中国之政治,动摇无定,各部总长更动频繁,每易一总长,其部下必位置自己亲信之人,以致中国银行职员,亦随财政总长为转移,故为中国银行正副总裁者,非迎合总长之意,则不能安于其位。夫中央银行正副总裁,居一国金融之枢纽,责任何等重大,乃事事仰承政府鼻息,其危险曷可胜言"。因此,要想使银行停止对政府垫款、停止滥发钞票,"不可不变更组织,使保持银行之独立,不随政治为转移",尤其是应将正、副总裁由政府简任改为由股东会选举,"此根本改革之始基也"。②

堀江归一的看法与张嘉璈完全相同,二人就中行则例修改问题进行商议后决定,"新订则例必须合乎中国现状,而有'英格兰'及'日本'中央银行则例之精神",应包含下列四项要点:(1)官商股份不予严格划分,凡政府之股份得随时售与人民;(2)缩小股额,官商股份招足1,000万元即成立股东总会;(3)董事、监事无官商之分,悉由股东总会选任;(4)由董事中选出常务董事5人,政府就常

---

① 姚崧龄:《中国银行二十四年发展史》,第49页。
② 张公权:《一年半以来之中国银行》,《银行周报》第3卷第14号,1919年4月29日。

务董事中选任总裁、副总裁,任期四年。这四项要点的宗旨,在使股东总会早日成立,而官商股权各得其半。张嘉璈认为,这样的制度设计,"政府既无大权旁落之虞,而商股股东仍有牵制政府之权,且使银行首长不致因政潮而随时更易,可以久于其任,负责尽职"①。

在梁启超等人的支持下,北洋政府于1917年11月22日以大总统令的形式公布了《修正中国银行则例》,规定董事、监事由股东总会选任,总裁、副总裁由董事中简任。②这一规定取消了对商股股东选任董事、监事的限制,董事无官商之分,都由股东大会选举,而政府只能从董事中选任银行总裁、副总裁。正、副总裁的任命权实际上由政府转到了股东手里,特别是一部分大股东手里,这就从制度上保障了银行领导层不再随政局的变化而更换,金融机构不再随政潮而转移。这次则例修改的核心目标,就是争取中行的独立地位。堀江归一和张嘉璈商订的四项要点,在新则例中都得到了体现。中行成功地修改则例,在中行发展史上具有十分重要的意义,为摆脱北洋政府的控制奠定了法律基础。

1918年2月,中行在北京召开了第一次股东总会,由于官股代表很少,首届董事会、监事会人选实际上都由商股代表选举产生。财政部在当选董事中简任冯耿光、张嘉璈为正、副总裁。此后,股东总会成为中行的最高机关,中行的实际控制权牢牢掌握在以江浙资产阶级为主的商股股东手中。董事、监事当选人员变化不大,正、副总裁不再由政府随意任命,摆脱了政治影响和政府控制,从而可以安于其位,尽其职责。张嘉璈此后一直担任中行副总裁长达十余年,不再随政局演变而更替,可谓是这次则例修改取得成功的象征。则例的修改、股东总会的召开和董事会的产生,在中行发展史上具有重大意义。中行1929年的营业报告书中对此前18年的发展历程进行了回顾,认为1917年修改则例"可谓中国银行之一大变迁时期","此十余年来,政变频仍。而中行得维持独立

---

① 姚崧龄编著:《张公权先生年谱初稿》上册,第30、31页。
② 中国银行总行、中国第二历史档案馆合编:《中国银行行史资料汇编》上编一,第121页。

之精神,不受政潮之波荡者,实受民国六年则例之赐而有以奠定其基础也"。①

(三)中国银行股权结构的变化

因北洋政府财政拮据,导致中行成立之初的资本金额非常有限。1912年8月1日中行总行成立前,政府拨来第一批官股33.98万两,约合银元50万元。自8月1日到1913年3月3日止,又陆续拨到银洋293.0587万元,后在股利项下拨来6.9万余元凑成300万元,但离《则例》规定的最低开业资本1,000万元相差尚巨。经中行总裁一再请求,政府才于1914年7月31日拨给6厘公债票1,000万元,作价700万元,补足了1,000万元。可见,中行成立之初资本严重不足,北洋政府在缺乏资金的情况下不得不以债票充作资本。②

为增加资本实力,中行从1915年9月开始招募商股,但1916年之前商股占比仅约18%。为了扩大商股股权,尽快使股本商股化,新则例取消了对官商股份比例的限制,允许政府股份可以随时售与人民,这为扩大商股股权,使中行股本得以尽快商股化打开了绿灯。为了尽早成立股东总会,新则例还将成立股东会的最低额,从原来官商股3,000万元减为1,000万元。在这1,000万元中,政府可以参酌财政情况,量力入股。这些规定表面上是照顾财政困难,实则为商股扩张势力创造条件。在修改则例问题解决后,中行就进一步利用欧战即将结束,民族金融资本迅猛发展的大好机会,加紧了招收商股的工作。③1917年之后,商股大幅增加,占到了将近60%。与此同时,财政困难的北洋政府虽将中行的官股定额降为500万元,并于1917年12月勉强凑足,但此后不但不能维持官股比例,而且还将原有官股不断抵押变卖给一些银行、公司。1923年之后,中行中的官股仅剩5万元,而且"据云搁置年久,已无从查得,将来声明作废,另补新票,以便拍卖"④。在中行股本总额中,官股所占仅0.25%,商股高达99.75%。

---

① 中国银行总行、中国第二历史档案馆合编:《中国银行行史资料汇编》上编三,第1989、1990页。
② 中国银行总行、中国第二历史档案馆合编:《中国银行行史资料汇编》上编一,第74页。
③ 卜明主编:《中国银行行史(1912—1949)》,第114、145页。
④ 《中国银行官股完全过户》,《银行月刊》第3卷第6号,1923年6月。

如下表所示。官股急剧减少,商股迅猛增加,中行的股权结构发生了根本变化,由纯粹的官股走向几乎完全的商股,这为中行摆脱政府控制奠定了经济基础。

表2-6 中国银行股份变动统计表

单位:银元

年 度	实收资本	官股额	占比(%)	商股额	占比(%)
1912	500,000	500,000	100		
1913	2,930,587	2,930,587	100		
1914	10,000,000	10,000,000	100		
1915	13,593,500	11,281,000	82.99	2,312,500	17.01
1916	13,790,800	11,281,000	81.80	2,509,800	18.20
1917—1921	12,279,800	5,000,000	40.71	7,279,800	59.29
1922	19,760,100	2,200,000	11.13	17,560,100	88.87
1923—1926	19,760,200	50,000	0.25	19,710,200	99.75

说明:原表1923—1926年"占比"计算错误,本处已更正。
资料来源:邓先宏:《中国银行与北洋政府的关系》,《中国社会科学院经济研究所集刊》第11辑,第355—356页。

资本商股化以及正、副总裁任命权由政府向股东的转移,是中行摆脱政府控制而迈向独立发展道路的两个主要标志。中行"从此脱离官股羁绊,行务前途,营业发展,大有裨益"[1]。新则例颁布后,张嘉璈认为"中行既获保持相当之独立性,即应有独立之业务方针","鉴于国家统一业经破坏,政治一时难望步入正轨,中行业务对象,应由政府转移于商业。不应重视金库收入。不应依赖纸币发行特权。应着重于购买或贴现商业期票,尽量为商人服务"[2]。此后,中行开始改变营业方针和业务重点,走上了商业化的道路,也进入了快速发展阶段,如银行存款从1917年的1.4亿余元,增加到1927年的3.3亿余元,增加了122%。

---

[1] 《中国银行官股完全过户》,《银行月刊》第3卷第6号,1923年6月。
[2] 姚崧龄编著:《张公权先生年谱初稿》上册,第32页。

中行之所以能够快速发展,成为北洋时期中资银行的领袖,在于"这个银行始终能维持其传统的独立精神"①。

三、交通银行的转变与独立

民国初年的交行,股本总额库平银1,000万两中,官股占40%,商股占60%。而且,交行在1912年就成立了股东联合会,银行的总理、协理由股东大会选举。与同一时期的中行相比,交行看似在资本和人事方面具有较多的独立自主权,然而实际上交行与北洋政府的关系更为密切,政府对其控制也更为严厉,尤其是以梁士诒为首的交通系长期牢牢控制交行,交行掌管的交通四政收支列为特别会计金,就连国务总理和财政部都不得过问。因此,交行被视为袁世凯的"宫中之内库",梁士诒就是掌库人。②在梁士诒的控制之下,交行积极为袁世凯复辟帝制活动筹资垫款,成为"袁氏之外府、梁氏之私产"③和复辟帝制的工具。

交行通过为政府垫款,取得了国家银行的特权,获得了巨大的利益。但在地位提高、职权扩大的同时,交行也沦为北洋政府予取予求的财政工具。"交通银行每为政潮牵累之原由,实则正患在取得特权,致为应酬对付之波及。"④交行两次停兑风潮的发生,直接原因都是因为财政的拖累,而深层次的原因与中行相同,那就是银行在政府控制之下缺少基本的独立地位。要改变这种局面,就不能不改变交行与政府之间的关系。因此,交行也走上了转变业务方针,摆脱政府控制的独立化道路。

(一)交通银行股权结构的变化

交行股本一开始就是官四商六,商股占较多比例。北洋政府后期,交行不断强化商股、淡化官股。交通部所代表的官股因抵偿欠款不断出售而减少,官

---

① 张公权:《中国货币与银行的朝向现代化》,秦孝仪主编:《革命文献》第74辑,第57页。
② 刘厚生编著:《张謇传记》,上海书店出版社,1985年,第216页。
③ 中国第二历史档案馆编:《中华民国史档案资料汇编》第三辑"金融(一)",第465页。
④ 沧水:《交通银行前途之曙光》,《银行周报》第6卷第24号,1922年6月27日。

股大部分转让给金融界,商股则持续增加。1921年,实收股本435.81万两,商股占65.58%。1922年股本改为按银元计算,实收股本771.51万元,商股占70.84%。商股所占比例已经打破了官四商六的股份结构,占有绝对优势。1925年5月,北洋政府鉴于交行形势的变化,对《交通银行则例》进行了修正,将股本改为2,000万元,股本结构改为官三商七。①截至1928年11月南京国民政府改组交行前夕,北洋政府交通部股份余额仅为78万元,商股股本则达到693万余元。股本结构的变化,反映了交行与政府关系的疏远以及趋于商业化的倾向。如下表所示:

表2-7 交通银行官商股本构成及其变化表

单位:万两/万元

年 份	额定股本	实收股本	官 股 实收股本	官 股 占比(%)	商 股 实收股本	商 股 占比(%)
1910	1,000	500	200	40.00	300	60.00
1918	1,000	450	150	33.33	300	66.67
1921	1,000	435.81	150	34.42	285.81	65.58
1922	2,000	771.51	225	29.16	546.51	70.84
1928	1,000	871.51	178	20.42	693.51	79.58

说明:1910、1918、1921年股本单位为万两,1922、1928年股本单位为万元。
资料来源:交通银行总行、中国第二历史档案馆:《交通银行史料》第一卷上册,第25—26页。

(二)交通银行营业方针的调整

连续经过两次停兑风潮打击之后,交行内部越来越多的人认识到,银行与政府关系太过密切是业务发展遭受严重挫折的根源。如时任交行总秘书谢霖在1922年召开的第一届行务会议上的演说中指出,"本行当局历来俱占政治舞台重要之位置,故行务屡受政治影响",外界议论批评交行"向有党派之臭味,又

---

① 交通银行总行、中国第二历史档案馆合编:《交通银行史料》第一卷上册,第192页。

为官商股份所合组,难脱政治范围取信社会",认为交行"此后营业亦从商业入手,不致复受何党派之利用"。①1922年2月,交行召开临时股东大会,通过了董事会提出的关于营业方针的四条意见,其中第一条即为"力谋避免政治借款,以其余力趋重于工商事业"②,这标志着交行开始对其营业方针进行调整。

1922年6月,交行召开股东总会,长期控制交行大权的交通系失势,大会推选著名实业家张謇为交行总理,交行上海分行经理钱新之为协理并掌管实际业务。此后,南方江浙股东的势力开始进入交行的领导层。这次改组在交行历史上"具有江浙资产阶级势力取代北方官僚政治势力的意义",交行成立以来一直存在商股与官股之间的利益冲突,"双方力量互有消长,这一次则是由商股取得优势的体现"。③11月,交行召开了各分行经理、副经理以上参加的行务会议。会议的根本任务就是讨论确立交行新的业务方针,解决交行与政府间的遗留问题。在这次会议上,交行上下把脱离政治、趋重商业服务,提到了议事日程之上。经过会议的多次讨论,针对脱离政府财政,制定了新的营业方针。这标志着交行在处理金融与财政的关系上的变化,标志着交行业务由金融—财政,开始向金融—商业转移。这是符合当时民族经济发展的方向和要求的。④

张謇、钱新之主持交行后,以培植元气、巩固基础为号召,首先改革发行制度,实行发行独立,发行准备情况公开。其次是改进放款办法,清理政府旧欠。同时精简机构,节省开支。钱新之制定了摆脱军阀政治、趋重工商实业的新的营业方针,对于政府垫借款进行严格控制。如1923年"政府财政困难达于极点,虽间有以维持大局之言来相责难,而本行为自卫计,只得委曲陈情,婉词以谢之"。即使偶有零星暂垫,也皆随时收回,毫无滞留。⑤

---

① 交通银行总行、中国第二历史档案馆合编:《交通银行史料》第一卷上册,第278页。
② 同上书,第41页。
③ 洪葭管:《中国金融史十六讲》,上海人民出版社,2009年,第56页。
④ 翁先定:《交通银行官场活动研究》,《中国社会科学院经济研究所集刊》第11辑,第417—419页。
⑤ 《交通银行十二年份营业报告》,《银行月刊》第4卷第5期,1924年5月。

1922年之后,交行加强了同民族工商业的联系,而逐渐疏远了与北洋政府的关系,对其采取一种更为独立的姿态。经过两年整顿,交行摆脱了内外交困的不利局面,业务渐有起色。1925年,再次担任交行总理的梁士诒也不得不继续商业化的道路,并保持与政府的距离。1927年5月,梁士诒在一次股东常会上总结说,"近两年来,本行营业方针完全趋重于工商事业,渐已脱离政治上之羁绊",并鉴于北京非工商之地,"为了注重工商事业,脱离北京政治之牵制起见",从1924年起将总管理处的一些重要部门陆续由北京迁至天津。①

本 章 小 结

北洋政府时期是近代中国中央银行制度建设的一个重要阶段,这一时期国人对世界先进国家的中央银行制度和理论有了更多了解,对中央银行的重要性也有了更多认识,在中央银行建设的实践上也取得了一定进展。中、交两行在代理国库、发行货币等方面,一定程度上发挥了中央银行"政府的银行"和"发行的银行"的职能,但两行的中央银行职能与特权都很不健全。"国家银行之特色,在有发行纸币及代理国库之特权,今国内银行有此特权者殊多,而按诸事实,无一能完全行使其职权者。"②中行对于统一发行和统一国库虽曾做过不少努力,也曾不断要求北洋政府承认中行"有代理金库发行纸币之唯一特权"③,但未能取得成功。中、交两行比较多地发挥了北洋政府"财政代理人"的职能,但到北洋政府后期这一职能也逐渐淡化。此外,中央银行还有一项重要职能,那就是作为"银行的银行",收存一般商业银行的存款准备金,通过再贴现、再贷款等货币政策工具发挥"最后贷款人"作用,而这一职能对于中、交两行都是完全缺失的。不仅如此,中、交两行从一开始就像其他商业银行一样,经营普通银行

---

① 《交通银行股东常会议事录》,《钱业月报》第7卷第5期,1927年6月。
② 中国第二历史档案馆编:《中华民国史档案资料汇编》第三辑"金融(一)",第225页。
③ 同上书,第332页。

第二章 北洋时期中央银行的发展与转变

业务,以追求利润为目标,实际上成为具有多重角色的综合性金融机构。

由于中、交两行的中央银行特权既不独享,职能也不完整,因此很多人认为中、交两行都不配称之为"中央银行"。如杨荫溥即认为,"吾国素无中央银行,从前中交两行,虽具有代理国库,及发行纸币之特权;然事实上,究不足以当中央银行之使命"①;"中交两行,虽有发行纸币之特权,而同时中外各银行之得有同样权利者,不下数十家;而管理国库,则国家大宗之收入,关、盐两税之保管权,仍一部在外国银行之手也。至于调剂市场,操纵利率等中央银行应具有之效能,原不能以望于中交两行"②。今天也有一些学者否认中、交两行的中央银行性质。关于中、交两行是否为"中央银行"的认识分歧,实际上反映了两行职能的不完整、不健全。

总之,北洋时期在中央银行建设方面,既有一些发展和进步,也有很多严重挫折与深刻教训。北洋政府曾打算在中国建立"最巩固、最完备、最信用之中央银行"③,但这一目标未能实现。从根本上说,中央银行制度是否能够建立,取决于政府的能力。因为统一币制、整理金融、发挥"银行的银行"的各种职能,都要花费很大的成本,政府能力不足,中央银行制度不会自动建立起来。④北洋政府时期的政局混乱,是影响中央银行制度建设的重要原因。尤其是袁世凯复辟帝制失败后,中央政府权威大大衰弱,甚至到最后政府本身摇摇欲坠,政府只关心如何让中、交两行提供垫借款,而根本无暇顾及中央银行制度建设。缺乏真正有力的中央银行,是北洋时期银行制度的一个重大弊端。

---

① 杨荫溥:《杨著中国金融论》,黎明书局,1932年,第35页。
② 同上书,第17页。
③ 中国第二历史档案馆编:《中华民国史档案资料汇编》第三辑"财政(一)",第81页。
④ 杜恂诚主编:《上海金融的制度、功能与变迁(1897—1997)》,第168页。

第三章 抗战前国民政府中央银行的创建与初步发展

1927年4月南京国民政府建立后,开始筹建新的中央银行。1928年11月,国民政府中央银行在上海成立。近代中国的中央银行建设又进入了一个新的阶段。从成立至1937年7月全面抗战爆发之前的这一时期,是国民政府中央银行初步发展和奠定基础的阶段。其业务部门由简到繁,分支机构从少到多,银行实力及在金融市场中的地位迅速提高,中央银行的职能在这一时期也取得了不同程度的发展。

第一节 国民政府中央银行的创建经过与发展概况

一、国民党政权对中央银行的认识与早期实践

(一)孙中山的货币金融思想

国民党人在早期革命的过程中,对于金融的重要性有着深刻认识。孙中山作为国民党的创始人和中华民国的缔造者,在长期的革命活动中,筹集军政经费是他的主要任务之一。正如有学者所言:在孙中山"壮年的绝大部分时间里,募集革命资金的工作,明显地成了他的主要职业"[1]。筹措资金所遇到的重重困

---

[1] [美]韦慕廷:《孙中山——壮志未酬的爱国者》,杨慎之译,中山大学出版社,1986年,第42页。

第三章　抗战前国民政府中央银行的创建与初步发展

难,使孙中山对于财政的重要性有着极为深刻的体会,如他所说:"就财政上言之,无论有战无战,财政问题之当解决,必不容缓也。文于谋革命时,已注重于此,定为革命首要之图。"①财政之中最重要的莫过于资金,而获取资金最便捷的途径便是成立由自己控制的银行。因此,在孙中山的思想中,银行自然占有重要地位,尤其是拥有特权的国家银行。这一点不仅在孙中山的言论和思想中体现的很明显,而且成为后来国民党创办国家银行的指导思想。

首先,孙中山在其革命和建设活动中,多次论及中国的货币制度改革,而"钱币革命"则是孙中山所提出的最重要、最引人注目的币制改革思想。1912年12月,为抗议俄国侵占蒙古,孙中山发表通电,提出"行钱币革命,以解决财政之困难"。他认为,纸币代替金属货币,"此天然之进化,势所使然,理有固然。今欲以人事速其进行,是谓之革命,此钱币革命之理也"。②即用人为方法,加速符合经济规律的纸币代替金属货币的进程,就是所谓的"钱币革命"。孙中山主张通过国家政权的强制力量,用国家发行的纸币来代替金属货币,执行流通手段的职能。其具体发行办法,是"组织一国家(如中央银行者)银行",分为印刷局、发行局、回收局、焚毁局,四局"各负专责,分别执行"。③孙中山提出"钱币革命"思想的动机,是为了发行纸币以解决财政困难,因而这一观点提出后遭到了许多反对。但"钱币革命"理论此后一直贯穿和影响着国民党政权的金融活动,对国民党政权的币制改革政策产生了深远影响,而且,"钱币革命"的实施也是与建立中央银行紧密相关的,设立中央银行是实施"钱币革命"的必要措施。

其次,孙中山关于节制私人资本,发展国家资本的思想,对国民党政权的中央银行建设产生了重要影响。1912年,孙中山曾提出:"国家一切大实业,如铁道、电气、水道等事务皆归国有,不使一私人独享其利。"④在1924年的《中国国

---

① 中国社会科学院近代史研究所中华民国史研究室等编:《孙中山全集》第2卷,中华书局,2011年,第544—545页。
② 同上书,第545页。
③ 谭平:《国库制度之研究》,民智书局,1929年,第65页。
④ 中国社会科学院近代史研究所中华民国史研究室等编:《孙中山全集》第2卷,第323页。

民党第一次全国代表大会宣言》中,孙中山进一步明确将银行列为节制资本的对象,他说:"凡本国人及外国人之企业,或有独占的性质,或规模过大为私人之力所不能办者,如银行、铁道、航路之属,由国家经营管理之,使私人资本制度不能操纵国民之生计,此则节制资本之要旨也。"①孙中山节制资本的思想被金融理论界的许多人所接受,并由此认为他是主张实行银行国有的。如银行学家刘泽霖就认为,"政府独占银行业,本为国父之遗教";"国父关于银行政策所说虽不多,惟极扼要,而且系主张银行国有,至属明显";"国父确为主张银行国有者,殆属毫无疑议"。②刘泽霖的这种认识在当时具有一定的代表性。由于认为孙中山是主张银行国有论者,而出于对孙中山的敬仰及其思想的接受,许多人便提出银行国有的思想。③

在孙中山的思想体系中,虽然并没有非常完整的银行制度思想或理论,但在其论著中对银行业有不少论述,其中建立国家银行的主张又占有特别重要的地位。而且,孙中山关于中央银行的构想和实践,具有很多不同于当时欧美国家主流中央银行理论的独特之处,这对南京国民政府时期的中央银行制度选择与设计产生了直接影响。

(二)国民党政权创建中央银行的早期实践

1. 广州中央银行

国民党人创建中央银行的实践活动起始于广州。1923年,孙中山开府广州,建立陆海军大元帅大本营,并积极筹划北伐,以图统一全国。然而,当时广州的形势并不乐观。除了频繁的战争和内部派系的割据之外,大本营各部及行政各机关徒有其名,不仅不能行使职权,还面临着严峻的财政困难,"政费几至无着,财政上等于一筹莫展"④。为摆脱财政困境,孙中山决定在广州筹建中央

---

① 中国社会科学院近代史研究所中华民国史研究室等编:《孙中山全集》第9卷,第391页。
② 刘泽霖:《银行国有论》,中国文化服务社,1947年,自序第1页,第8、9页。
③ 程霖:《中国近代银行制度建设思想研究(1859—1949)》,第151页。
④ 中国第二历史档案馆编:《中华民国史档案资料汇编》第五辑第一编"财政经济(一)",江苏古籍出版社,1994年,第516页。

第三章 抗战前国民政府中央银行的创建与初步发展

银行。

1923年4月24日,孙中山委派宋子文为中央银行筹备员,开始进行中央银行的筹建工作。1924年7月,宋子文主持拟定了中央银行条例、章程和组织规程等规章制度,并报孙中山审核后公布施行。《中央银行条例》赋予了该行发行货币、代理国库、经理公债等特权业务,在财政金融上处于中枢地位,具有国家银行的特殊职能,但同时允许经营普通银行业务,兼有商业银行的性质。[1]1924年8月15日,中央银行在广州正式开幕,宋子文任行长。

广州中央银行成立后,在政府的支持下业务日有发展,分行、兑换所及经理处等遍设省内及梧州各处。为了提高和巩固所发纸币的信用,广州中央银行一方面实行十足准备,规定"凡有持本行货币到处兑换毫银或持毫银向处兑换货币者,均可随时交易,十足兑换";另一方面,通过运用政权力量来确立该行纸币在流通、支付中的特殊地位。广州中央银行成立之初,孙中山多次颁令要求各机关使用中央银行纸币。通过这些措施,该行纸币的信誉逐渐树立,流通范围和发行量亦随着革命政权辖区的扩大而扩大。至1926年,广州中央银行纸币发行额已达2,000余万元。[2]

随着国民革命事业的迅速发展,广州中央银行不断向政府提供借款。这些借款支持了革命事业的发展,尤其是支持了北伐的进行。北伐军事时期,"一切军费之调度,广州中央银行,实予以莫大之援助"[3]。然而政府借款的不断增多,也拖累了该行的发展。北伐战争,"饷用浩繁,不言而喻,其所恃者,亦惟纸币而已。由湘而鄂而赣,师之所至,券亦随之"[4]。1926年7月,国民革命军出师北伐时,向广州中央银行筹措军费,该行深恐影响所发纸币信用,特另发盖有湘、

---

[1] 中国第二历史档案馆、中国人民银行江苏省分行、江苏省金融志编委会合编:《中华民国金融法规选编》上册,第48—49页。
[2] 中国人民银行总行参事室编:《中华民国货币史资料》第二辑,上海人民出版社,1991年,第20、22页。
[3] 《中央银行开幕记》,《银行周报》第12卷第43号,1928年11月6日。
[4] 静如:《纸币前途之危机》,《银行周报》第10卷第48号,1926年12月14日。

近代中国中央银行史

赣、桂与湘、鄂、桂"三省通用券"字样戳记之纸币,先后发给各军不下700余万元。①此后,随着军事进展的需要,当局"一味的发行纸币为挹注的手段",广州中央银行纸币发行达4,000万元。除了三省流通券,还有中央银行临时兑换券、辅币券、小洋改作大洋券等,随军发出,散布于作战区域。②

由于以广东一省收入供给七军饷糈,转战湘、鄂、豫、闽、浙、皖、赣、苏八省,"广东金库支出,超过收入甚巨,欲再增新税,实已增无可增,欲再筹借款,又已借无可借",罗掘穷尽之后,当局开始挪用广州中央银行发行基金。发行基金日益空虚,银行纸币信用受到动摇。1927年后,广州中央银行钞票滥发日甚,以致通货膨胀,币值日落,信用丧失。再加上受军事和政治动荡的影响,广州中央银行多次发生挤兑风潮,钞券信用受到重大打击。③1927年11月,广州事变期间,该行准备金遭乱兵哄抢荡然无存,广州中央银行名存实亡。

2. 汉口中央银行

1926年北伐军占领湖北后,国民政府由广州迁往武汉。为整理湖北财政,调剂金融,武汉国民政府决定在汉口设立中央银行分行。1927年1月20日,中央银行汉口分行开幕,宋子文亲兼分行行长。汉口中央银行名义上是广州中央银行的分行,但因当时尚在军事时期,各省民政、财政均未统一,因此广州、汉口两家中央银行各自独立经营,实质上不相统属。

汉口中央银行成立不久,政治局势发生重大变化。4月,蒋介石在南京另立国民政府,形成宁汉对峙,政局恶化,武汉情形非常紊乱,军事日紧,军费日增,汉口中央银行遂成为政府筹款的工具。汉口中央银行的资本只有316万余元,而开创伊始,少有存放款业务,事实上唯有增发钞票以应付政府的军事开支。④"四一二"政变后,东南各省上缴武汉政府的收入都停付了,武汉经济状况更加

---

① 姚崧龄:《中国银行二十四年发展史》,第91页。
② 余捷琼:《民国十六年武汉的集中现金风潮》,《社会科学杂志》第7卷第4期,1936年12月。
③ 蔼庐:《广州中央银行挤兑风潮观》,《银行周报》第11卷第34号,1927年9月6日。
④ 余捷琼:《民国十六年武汉的集中现金风潮》,《社会科学杂志》第7卷第4期,1936年12月。

第三章 抗战前国民政府中央银行的创建与初步发展

窘迫。为维持政治和军事,缓解财政危机,武汉政府于4月17日颁布集中现金条例,宣布汉口中央、中国、交通三行钞票停止兑现,并封存汉口各银行库存现金,绝对禁止现金出口。同时,政府还强行提出三行库存钞票投入市场,滥发不兑现纸币。汉口中央银行所发钞票,共计约800万元,而实际准备仅有10%。①集中现金后,引起武汉金融市场极大震动,现金绝迹,钞票贬值,物价飞涨。至9月23日以后,市面对于三行钞票,竟至拒用。②集中现金令颁布后,"汉口金融市场既毁,中央汉行遂与之同归于尽矣"③。9月24日,唐生智命汉口中央银行停止营业,11月11日又被唐生智部队抢劫,库存现洋、钞票等被洗劫一空。至此,汉口中央银行失去了营业能力。④11月24日,湖北省政府宣布该行停办清理,结果资不抵债,实际上已经破产。⑤

综上所述,广州中央银行和汉口中央银行是国民党政权在建立初期为维持财政,支持军事行动而设置,虽然采用了"中央银行"的名称,但无论其制度设计,还是实践活动,都不符合中央银行规范,实际上也不具备行使中央银行职能的条件和环境。两行"不过随军事而进展,仅具中央银行之名义"⑥。但就近代中国中央银行发展史而言,广州中央银行仍具有独特意义。首先,它是由孙中山一手创建的"国营之中央银行,不惟为财政上之重要机关,抑亦国营事业之最初试验"⑦,对此后南京国民政府中央银行的制度设计产生了直接影响。其次,在近代中国中央银行发展史上,广州中央银行最大的贡献在于首次正式使用了"中央银行"这一称谓。诚如时人所言:"吾国昔无中央银行之名,有之自民国十

---

① 《武汉金融志》办公室、中国人民银行武汉市分行金融研究所编:《武汉银行史料》,1987年,第126页。
② 静如:《武汉金融恐慌记》,《银行周报》第11卷第38号,1927年10月4日。
③ 《我国中央银行之沿革》,上海市档案馆藏,档案号:Q53-2-4。
④ 《汉口中央银行被劫》,《银行周报》第11卷第46号,1927年11月29日。
⑤ 《湖北省政府委派保管员接收中央银行汉口分行之报告》,《银行周报》第11卷第50号,1927年12月27日。
⑥ 崔晓岑:《中央银行论》,第244页。
⑦ 蒿庐:《广州中央银行挤兑风潮观》,《银行周报》第11卷第34号,1927年9月6日。

三年广东政府之中央银行始。"①因此,该行虽然存在时间不长,但却被不少人视为国民政府统治时期中央银行的起源。

二、南京国民政府重建中央银行的必要性

如上所述,国民党在广州、汉口所建立的中央银行,仅具有中央银行之名义,而无中央银行之实质。而且,经过多次军阀混战冲击和挤兑风潮,信用严重丧失,"已无资格被承认为南京国府之中央银行"②。因此,南京国民政府建立之初,中国并无真正的中央银行,蒋介石政权也没有能够直接掌握的金融机构。但是,新成立的南京国民政府却急需建立自己的金融机关。对于建立中央银行的必要性,负责筹备中央银行的陈行,在1928年7月给财政部长宋子文《关于创办中央银行计划》的呈文中,从三个方面分析了设立中央银行"急不容缓"的原因③:

第一,维持政府财政的需要。南京国民政府建立之初,财政极为窘困。为了建立和巩固政权,并完成军事行动,南京政府东挪西借,依靠借债度日。由于没有自己能够直接控制的银行,借债过程很不顺利,经常受到上海金融界的掣肘甚至威胁。因此,"财政问题之应及早解决,殊无疑义",而"中央银行实为理财施政之要着",国民政府将设立中央银行视为整理财政的最大法宝。不但要建立中央银行,还要避免北洋政府时代金融界控制财政,甚至控制政府的被动局面,因而必须建立由政府完全控制的中央银行。同时,中央银行也是实行孙中山"钱币革命"思想的主要工具,欲贯彻"钱币革命",以解决财政问题,必须设立中央银行。

第二,维护金融主权的需要。近代以来,在华外商银行发行货币,代理国库,控制财政,操纵金融,严重破坏了中国的金融主权。而中国金库制度不完

---

① 崔晓岑:《中央银行论》,第243页。
② 姚崧龄:《中国银行二十四年发展史》,第92页。
③ 中国第二历史档案馆编:《中华民国史档案资料汇编》第五辑第一编"财政经济(四)",第467—468页。

善,银行信用未树立,成为外人"肆行攘夺"关税保管权之借口。南京国民政府建立后,即展开了关税自主运动。"关税问题解决后之关款存放,若非有正式稳固握金融中枢之中央银行保管此项存款,一般普通银行必竞思染指,徒滋纷扰,亦且贻外人以口实,重启其贪婪侵略之野心,攫夺存放权。"因此,无论是取缔外商银行发行权,还是收回其对关税、盐税的保管权,要挽回被外商银行所攫取的金融权利,都需要强有力的中央银行。

第三,调剂战时金融的需要。1928年5月3日,为阻止国民党的北伐,日军制造了惨绝人寰的"济南惨案",这一事件给国民党造成了极大震动,并认识到日本侵华野心未已,有进一步扩大侵略的可能性。"一旦发生战事,财政金融若无中央银行先为调剂活动,而普通商业银行负此巨任,恐为事实所难能,结果将祸及眉睫,旁皇莫措。"因此,应仿照孙中山在1913年俄国侵略蒙古时提出"钱币革命"的做法,设立中央银行,以备战时调剂金融之急需。

除了以上原因外,成立中央银行也是整理币制和发展金融的需要。晚清和北洋时期,中国一直缺乏真正的、强有力的中央银行作为中枢和领导,从而导致金融市场缺乏中心,一盘散沙,金融机构各自为政,不成体系,工商经济亦深受其害。当时有很多学者和银行界人士不断指出这一缺陷。如梁钜文所言:"我国自有银行组织以来,至今垂二十余年,银行条例亦迭经修改,然而实际上银行事业,毫无系统之可言。此因中央银行制度之不确立,无以领袖金融界,遂致小规模之银行,遍处林立,不下数百十行。"[1]中央银行的重要性已得到广泛认识,尽快建立中央银行的呼声高涨。如陈行所言:"实业之振兴固在于金融之调剂,而金融之调剂必赖乎银行制度之完善,银行制度之完善,尤必赖乎中央银行之克尽厥职。"[2]银行家李铭指出:"挽近国内学者,对于金融市场之改进,多所主张,而中央银行制度之确立,尤金认为关键之所系。"[3]

---

[1] 梁钜文:《中央银行制度概论》,第174页。
[2] 陈行:《中央银行之原则》,《中央银行季报》第1卷第1期,1929年4月。
[3] 崔晓岑:《中央银行论》"序言",第1页。

南京国民政府上台后，打算建立完整的财政金融体系，中央银行则是这一体系不可缺少的核心。无论是整理财政、发行纸币，还是统一国库、调剂金融，都需要"积极建立强有力之金融机关，统掌全局，综挈纲领"。而"所谓强有力之金融机关者，厥惟秉承先总理遗志，设立中央银行，以竟先总理未竟之功"。①继承"先总理首创中央银行之遗志"，亦成为南京国民政府建立后积极创办中央银行的因素之一。

总之，从建军到北伐，再到建立南京国民政府，以蒋介石为首的国民党人深刻地认识到了金融的重要性，认识到要控制军队、维持政权必须掌握银行，尤其是能够发行钞票、代理国库的大银行，这样才能掌握金融命脉。因此，中央银行与军队一样重要，是蒋介石建立和巩固政权必须掌握的两个法宝。

三、南京国民政府中央银行的筹建经过

出于对中央银行重要性和必要性的深刻认识，南京国民政府成立后，立刻开始着手筹建新的中央银行。中央银行筹备工作起步很早，但却迟迟未能成立，而且筹备过程三易其人，"所经艰难挫折，纸不胜书"②。

（一）周佩箴、王文伯筹备时期

1927年4月，宋子文以武汉国民政府财政部长身份到上海接收江浙财政，在上海老北门民国路（慈善救济会旧址）设立财政部驻沪办事处。③宋子文认为，"上海为全国金融枢纽，中央银行为国库收支之特殊机关，且为便利纸币兑换计，应有亟行设立上海中央银行之必要"，随即在财政部驻沪办事处内设立中央银行筹备处，4月9日开始办公，"期于最短期内开幕营业"。④宋子文打算在公共租界黄浦滩道胜银行旧址设立中央银行，但各国驻沪领事得悉后，"以中国政府不得在租界内设立政治机关，虽条约上并无明文规定，但就惯例，除租界内已

---

① 中国第二历史档案馆编：《中华民国史档案资料汇编》第五辑第一编"财政经济（四）"，第467页。
② 《三全大会中之财政部工作报告（中）》，《银行周报》第13卷第13号，1929年4月9日。
③ 《国民政府财政部驻沪办事处公告》，《新闻报》1927年4月10日，第2张第1版。
④ 《中央银行筹备处成立》，《申报》1927年4月10日，第13版。

第三章 抗战前国民政府中央银行的创建与初步发展

设立之政治机关,如税关邮局外,其他均不得任便设置",并向宋子文提交了一份备忘录。对于列强的阻挠行为,宋子文表示"绝对不能承认",并予以驳斥。①但因政局分裂,宋子文辞职,上海中央银行筹备工作很快中断。

1927年5月,南京国民政府任命周佩箴为中央银行行长兼筹备处主任,继续在上海进行中央银行的筹备工作。5月,蒋介石在致李济深、张静江等人的电报中多次强调上海中央银行急需开设,在给周佩箴的电报中要求上海中央银行最迟月内开办。但是,由于国库空虚,开办资本没有着落,导致中央银行迟迟未能成立。如周佩箴所言:"资本迟到一日,即须迟一日开幕,情事实然,无可如何。"②1927年8月蒋介石下野,9月底周佩箴借病辞职。③随后,新任财长孙科改派财政部钱币司司长王文伯为行长,负责中央银行筹备工作。王文伯负责后,因经费不足,"即抱减政主义,将发行部裁撤,已印钞票封存,以环境关系,未能稍有展布,郁郁而去"④。中央银行的筹备工作陷入停顿。

周佩箴、王文伯筹备时期,虽然上海中央银行迟迟未能开业,但仍取得一些成果。首先,确定了行址。周佩箴向华俄道胜银行清理处租用该行旧址,6月7日迁入办公。此后,位于外滩15号的华俄道胜银行旧址成为上海中央银行总行行址。其次,制定了条例章程。1927年10月22日,国民政府颁布《中央银行条例》和《中央银行监理委员会组织条例》,10月29日又公布了《中央银行章程》。这为后面正式条例、章程的制定奠定了基础。

(二)宋子文、陈行筹备时期

1928年1月,宋子文重任财长后,继续致力于筹建中央银行,并任命陈行为行长负责具体筹备工作。1928年6月二期北伐完成后,国家实现了形式上的统一,国民政府加快了中央银行的筹建工作。

---

① 《宋子文在沪筹设中央银行》,《申报》1927年4月18日,第9版。
② 《中央银行筹备经过及筹设调整各地分支行处附西北军提走甘省行现金引起纸币贬值》,中国第二历史档案馆藏,档案号:一-2431。
③ 《中央银行行长周佩箴因病辞职》,《申报》1927年10月1日,第13版。
④ 《陈健庵新任上海中央银行行长》,《银行周报》第12卷第4号,1928年2月7日。

1. 全国经济会议对中央银行制度的讨论

1928年6月20日,宋子文召集组织全国经济学家、银行家和实业界知名人士,在上海召开全国经济会议。会议分为金融股、公债股、税务股、贸易股、国用股,分别讨论。其中,金融股主要负责讨论银行制度和货币制度。金融股的组成人员,除了个别财政系统官员外,其余几乎都是当时上海金融界的头面人物。在金融股的讨论中,国家银行制度问题是讨论的首要焦点,也是分歧较大和争议激烈的问题。当时的讨论和分歧主要集中在三个方面:(1)要不要设立国家银行。(2)设立什么样的国家银行,其资本应系官股抑商股,抑官商合股。(3)就原有之银行改设,抑或新设。

经过激烈讨论,经济会议通过了金融股提出的《国家银行案》,拟定了国家银行制度大纲,主要内容包括:(1)国家银行之资本应属于公众,依照股份有限公司办理。(2)纸币发行权应属于国家银行,并实行分区发行。(3)组织机构仿照英格兰银行制度,国家银行总行设在总区上海,以董事部为最高执行机关,以总裁、副总裁为正、副主席,由政府从董事中任命,董事由股东总会选举。另外,仿照欧战前德国国家银行制度,在董事部之上设一监理委员会,委员和主席由中央任命。(4)国家银行之业务应专注于代理金库、统一发行、接收各银行存款、贴现票据、发行国币、集中全国现金、调剂全国金融、平定全国利率、辅佐国际汇兑银行等方面,对于商业银行业务绝对不能经营。[1]这些内容体现了金融界对中央银行的期望和建议,而且制度设计与1917年修正的《中国银行则例》有相似之处,即力图摆脱政府对国家银行的控制。

1928年7月,财政部又在南京召开了全国财政会议。财政会议再次讨论和强调了设立国家银行的必要性与重要性。会后制定的《财政部十七年度财政施行大纲》规定:"组织国家银行,以代理国库、发行钞币、整理金融为唯一任务。"[2]

---

[1] 全国经济会议秘书处编:《全国经济会议专刊》,1928年,第96—97页。
[2] 《财政部十七年度财政施行大纲》,全国财政会议秘书处编:《全国财政会议汇编》,上海大东书局,1928年,第4页。

第三章 抗战前国民政府中央银行的创建与初步发展

两次会议的召开,推动了新的中央银行的筹备进程。

2. 改组中国银行计划的失败

当时对于如何建立国家银行,存在不同看法。有的建议另起炉灶,重新设立新的中央银行,亦有建议将现有之中、交两行,尤其是中国银行改组为中央银行。这一提议主要是鉴于:(1)中国银行本为国家银行,历史悠久,信誉卓著。而且"其名称又与英(格)兰银行、日本银行等同,一天然中央银行之称号,故应仍旧"①。(2)成立新的中央银行,短期内难以收效。由于受广州及汉口中央银行纸币风潮影响,"人民对于中央银行信用,十分薄弱",新的中央银行即使成立,非经过相当时期恢复信用,仍将无法大量推广纸币,并吸收存款。因此,"政府望能于短时期内收建立国家银行之功效,自以确定现已有历史,而博得民众信任之中国银行为中央银行,最为便捷"。②

基于以上考虑,财政当局有意借重中国银行的既成规模,改组中国银行为中央银行,使执行国家最高金融机构的职权。于是,1928年6月,宋子文向张嘉璈提议,将中国银行改组并易名为中央银行,政府股份应多于商股。但张嘉璈认为:"'中国银行'四字,已深入民众脑筋之中,骤予改称'中央银行',必致引起人民疑虑。至政府股份如规定超过商股之上,不啻打销十余年奋斗所求银行独立之目标。且银行人事势必随财政首长之进退为转移,绝难望能保持长久一贯之政策。是新的中央银行制度未获建立,而固有的'中国银行'基础,将被摧毁无余。因婉予拒绝。"③

宋子文也向交行提出了类似改组的建议,同样遭到拒绝。宋子文为谋求与上海银行家们在购买政府公债上的合作,"因此他认为与其对中国银行和交通银行加以控制以后反而与上海银行界的关系弄得疏远,还不如另外开设一个新银行更好些"④。于是,宋子文放弃了将中、交两行改组为中央银行的想法,加快

---

① 《厘定中央银行制度商榷书》,上海市档案馆藏,档案号:Q53-2-4-39。
② 姚崧龄编著:《张公权先生年谱初稿》上册,第77页。
③ 同上。
④ [美]小科布尔:《上海资本家与国民政府(1927—1937)》,杨希孟、武莲珍译,第91页。

了重新组建中央银行的步伐。

(三)国民政府中央银行的正式成立

1928年10月5日,国民政府公布了由宋子文主持制定的《中央银行条例》。同时还公布了《民国十七年金融短期公债条例》,决定发行短期公债3,000万元,并指定从中拨出2,000万元,交付中央银行作为股本。[①]由于开幕之前须筹集一笔现款作为流动资金,遂由财政部出面以该项公债向上海银行界设法抵借现款。最后实际拨给中央银行的,除现款1,040万元外,余为金融短期公债票1,110万元。也就是说,虽然从法理上看中央银行全部是国家资本,但实际上有相当部分来自上海金融业的借款。[②]

10月8日,国民政府任命中央银行理事、监事人选,并于当日下午举行理、监事联席会议第一次会议,各理、监事就职并讨论中央银行章程及兑换券章程。[③]10月20日,国民政府特任宋子文为中央银行总裁。25日,国民政府通过了《中央银行章程》。在中央银行正式开业前夕,宋子文令华俄道胜银行清理处将外滩道胜银行旧址地产作价140万两,扣除江海关以前在道胜银行所存税款,另以民国十七年金融短期公债票81.4万元发交该清理处,收买该行址,拨交给中央银行。[④]这样,经过数月筹备,中央银行正式开业条件都已具备。

1928年11月1日,国民政府中央银行举行开幕典礼及总裁、副总裁、理事、监事就职典礼,正式宣告成立。中央银行开幕式盛况空前,党、政、军各界要人,外国驻上海使节,上海中外大银行家、财经界名流等都出席了开幕式,国民政府主席蒋介石亲自为中央银行授印并致"训词"。在"训词"中蒋介石称:"十七年来,中国经济破产,民生凋敝,无非为经济没办法,政治不得进行,今中央(银行)开幕,即可进行经济建设,为经济上之解放。总理在粤组中行,资本仅五十万,

---

① 《中央银行条例与十七年金融公债条例》,《银行周报》第12卷第39号,1928年10月9日。
② 吴景平主编:《上海金融业与国民政府关系研究(1927—1937)》,第8页。
③ 《中央银行积极筹备》,《银行周报》第12卷第40号,1928年10月16日。
④ 《中央银行承买道胜银行旧址》,《申报》1928年11月13日,第15版。

第三章　抗战前国民政府中央银行的创建与初步发展

今中央资本,十念倍于昔,以良好经济之发展,进行建设事业,则三数年后,其成绩可期。中央银行为中国人民银行,即为国家银行,中央政府基础巩固,政治之建设,实有赖此,望各界予以扶持。"①蒋介石亲自到场参加中央银行开业典礼,这样做,既有为中央银行大做广告之意,又公开表明中央银行开始之初,就在国民党政府决策者心目中居于特殊地位。②

宋子文致答词时特别指出,新的中央银行与广州、汉口中央银行根本上不发生连带关系,直辖于国民政府,握全国最高金融大权,地位超然。经营上采国营制,代为国家做事,不以银行自身营利为目标,而以全民利益为目标,并宣称创设中央银行的目的有三:统一国家之币制,统一全国之金库,调剂国内之金融。同时,为说明中央银行与财政部之关系,宋子文还专门强调,自己并非以财政部长资格兼任总裁,而是以中央银行常务理事身份担任总裁。最后,他还强调要使中央银行"确为银行之银行,决不与一般银行钱庄,争目前自身之利益"。③

中央银行作为南京国民政府创办的第一家国家银行,它在金融界的出现具有极大的象征意义。中央银行既是一家最高金融机构,也是中央权力的象征,是国民党政府控制全国金融的第一步。正如有学者所言,中央银行的成立,标志着国民党政权有了垄断全国金融的立足点和大本营。④

南京国民政府中央银行从酝酿筹备到正式成立,历时近一年半。其间,为选择和确定中国中央银行制度,筹备负责人对英、美、德、日等当时世界主要国家中央银行制度进行了分析、比较和取舍,结合中国国情,尤其是国民党政权的需要,最终确定了国民政府的中央银行制度,其内容主要体现在1928年10月颁布的《中央银行条例》中。《条例》规定:(1)中央银行为国家银行,由国民政府设置经营。(2)中央银行资本总额定为国币2,000万元,由国库一次拨足。中

---

① 《中央银行开幕记》,《银行周报》第12卷第43号,1928年11月6日。
② 宋士云编著:《中国银行业——历史、现状与发展对策》,第35页。
③ 《中央银行开幕记》,《银行周报》第12卷第43号,1928年11月6日。
④ 姚会元:《中国货币银行》,武汉测绘科技大学出版社,1993年,第109页。

央银行因业务上必要时可以增加资本,并招集商股,但商股额不得超过资本总额的49％。(3)国民政府授予中央银行四项特权:遵照兑换券条例发行兑换券,铸造及发行国币,经理国库,募集或经理国内外公债事务。(4)中央银行业务内容包括:国库证券及商业确实票据之买卖、贴现及重贴现;办理汇兑及发行期票;买卖生金银及各国货币;收受各项存款并代人保管证券、票据、契约及其他贵重物品;以金银货及生金银作担保品为借款;代理收解各种款项;以国民政府财政部发行或担保之证券作担保品为活期或定期借款。(5)中央银行设理事会、监事会、总裁、副总裁,均由国民政府指定或任命。①

从《条例》规定可以看出,凡国家银行应有之特权,如发行兑换券、经理国库、代政府各机关收解款项等,均已赋予中央银行,体现了其与普通银行之不同。但是,《条例》在对中央银行作为"政府的银行"和"发行的银行"的相关特权与业务做出较多规定的同时,却对中央银行如何发挥"银行的银行"职能,如何调剂金融,并未有太多的明确规定,仅仅提到中央银行业务范围包括重贴现,而对于收管普通银行存款准备金、办理票据清算等重要业务鲜有提及。而且,《条例》规定的业务范围十分宽泛。除了国家银行的特权业务外,还经营普通银行业务,包括收受各种存款、汇兑及承做各种放款等。当时,中央银行不经营普通银行业务,不与普通银行相竞争,不以营利为目的,已成为各国中央银行所遵循的共同原则。在中央银行开幕式上,宋子文本人也曾声明,中央银行不以营利为目的,不与一般行庄争利益。然而《条例》所规定的宽泛的业务范围,决定了中央银行在实际业务中不可避免地会与普通商业银行发生冲突。

《条例》规定与宋子文声明之间,以及与金融界期望之间的矛盾,体现了理想中的中央银行与现实的中央银行之间的差异,也体现了金融界所期望的中央银行与国民政府所需要的中央银行之间的不同。对金融界而言,期待的是一家

---

① 中国第二历史档案馆、中国人民银行江苏省分行、江苏省金融志编委会合编:《中华民国金融法规选编》上册,第529—532页。

能够发挥"银行的银行"职能,能够调剂金融,扶持普通银行发展的中央银行,而且该行最好能够控制在金融界手中。对于成立之初的南京国民政府而言,急需设立一家自己完全控制的,并具有各种特权,尤其是能够发行钞票、代理国库的中央银行,以便通过发钞来尽快缓解政府的财政压力。南京政府对中央银行职能的规划虽然是多方面的,但最为重视的还是中央银行作为"政府的银行"服务财政的职能。同时,中央银行还须扮演普通银行的角色,以使南京政权摆脱在金融业务上受制于其他行庄的困境,相应的利益损失也可减少到最低程度;而且,通过经营普通银行业务来获取利润,也是实力并不强大的中央银行壮大自身力量的重要途径。①

自从户部银行创始以来,中国的中央银行制度一直受到先进国家中央银行制度的影响。尤其是英、日两国中央银行制度,一直是中国中央银行制度建设的主要模仿对象。南京国民政府中央银行的制度设计,同样对各先进国家中央银行制度不无学习和借鉴。但这些借鉴多为表面的东西,或一些技术性的制度,对于当时欧美中央银行制度的核心内容和一些得到公认的经营原则,如股份公司制度、资本民有、对政府保持超然独立地位、不经营普通业务等,却没有采纳。因此,国民政府设立的中央银行,决非如宋子文说的以代理国库、发行钞币、整理金融为唯一任务,它实际上既具有中央银行的职能,又兼营普通银行业务。这种制度安排和职能设置,除了符合国民政府利益之外,既不符合当时世界中央银行制度发展潮流,更不符合国内金融界的期望。

四、战前国民政府中央银行的发展概况

从1928年11月成立,到1937年7月抗日战争全面爆发,这8年多是国民政府中央银行成立之后初步发展和奠定基础的时期。

(一) 中央银行的初期发展

由于国民政府中央银行的成立相对较晚,在其成立之际,中国金融市场的基

---

① 吴景平:《宋子文评传》,第207页。

本格局已经形成,其中既有实力强大的外商银行,也有数量众多的传统钱庄和中资银行。不要说和外商银行相比,就是和中、交两行相比,成立之初的中央银行实力也大为逊色。特别是中国银行,它的实力和根基都远比中央银行雄厚。

中央银行成立之初,不仅在上海面临着外商银行和中、交两行的激烈竞争,即使在内地的发展也面临着重重阻力。如央行南京分行成立之初,"虽以国家银行之规模出现于首都,而当时社会心理之视本行,不独为中交行之后,即对各有历史之商业银行,亦有瞠乎其后之感,故于业务方面,如存款之吸收,钞券之发行,各军政机关之因应,经营推展,煞费苦心"[1]。西安分行成立之时,"金融事业操诸银行钱庄之手,因一般商民心理,咸感觉银行手续繁多,不如银号钱庄简便,不愿往来,故当时对业务之推展,颇为困难"[2]。

为了增强中央银行的力量和地位,国民政府采取了很多积极措施。尤其是先后担任财政部长兼央行总裁的宋子文、孔祥熙,对于发展壮大中央银行可谓不遗余力。在国民政府推动下,中央银行成立之后的业务发展成效显著。从1928年底到1933年6月底,中央银行资产总额增加6倍多,存款增加12倍多,货币发行增加近4倍,纯益增加近28倍。如下表所示:

表3-1 中央银行发展情况统计表(1928—1933年6月)

单位:元

项　目	时　间	1928.12.31	1933.6.30
资产总额	实　数	47,470,796	297,169,610
	指　数	100	626
各项存款	实　数	15,410,468	189,958,131
	指　数	100	1,233

---

[1] 李嘉隆:《二十年来南京分行营业概述》,《中央银行月报》新3卷第10期,1948年10月。
[2] 潘益民:《十三年来西安分行业务》,《中央银行月报》新3卷第10期,1948年10月。

(续表)

项目	时间	1928.12.31	1933.6.30
发行兑换券	实数	11,712,923	46,325,990
	指数	100	396
纯益	实数	239,360	6,657,242
	指数	100	2,781

资料来源：《中央银行营业报告》1928年、1933年上期，中国第二历史档案馆藏，档案号：三九六-2627(1)。

中央银行虽然发展迅速，但毕竟成立较晚，与历史悠久的中、交两行相比，实力仍存在较大差距。如下表所示，到1932年时，中央银行在三行中的地位，资产总额相当于交行的76%，仅及中行的31%。发行兑换券不到4,000万元，为交行的42%，只有中行的22%。各项存款额为交行的79%，中行的30%。各项贷款额为交行的94%，中行的44%。到1934年时，中央银行的资产、发行、存放款数额仍低于中、交两行。中央银行以这样的实力，很难完成掌握和调剂全国金融的责任。

表3-2 中央、中国、交通三银行实力比较表

单位：亿元

项目	年份	中央银行 金额	中央银行 占三行(%)	中国银行 金额	中国银行 占三行(%)	交通银行 金额	交通银行 占三行(%)	三行金额总计
实收资本	1932	0.2	37.45	0.247	46.26	0.087	16.29	0.534
	1934	1.0	74.79	0.250	18.70	0.087	6.51	1.337
资产总额	1932	2.49	18.04	8.05	58.34	3.26	23.62	13.800
	1934	4.78	25.44	9.76	51.94	4.25	22.62	18.790
发行额	1932	0.40	12.54	1.84	57.68	0.95	29.78	3.190
	1934	0.86	21.34	2.05	50.87	1.12	27.79	4.030

(续表)

项　目	年　份	中央银行 金额	中央银行 占三行(%)	中国银行 金额	中国银行 占三行(%)	交通银行 金额	交通银行 占三行(%)	三行金额总计
各项存款	1932	1.69	17.98	5.57	59.26	2.14	22.77	9.400
各项存款	1934	2.73	21.82	6.85	54.76	2.93	23.42	12.510
各项放款	1932	1.63	20.61	4.55	57.52	1.73	21.87	7.910
各项放款	1934	1.67	15.11	6.74	61.00	2.64	23.89	11.050
纯　益	1932	0.12	83.91	0.018	12.59	0.005	3.50	0.143
纯　益	1934	0.15	84.27	0.019	10.67	0.009	5.06	0.178

说明:(1)中央银行资本于1934年增为1亿元,1935年才拨足。(2)本表系在原表基础上改制而成;百分比笔者在原表基础上计算得出。

资料来源:中国银行总管理处经济研究室编:《民国二十三年度中国重要银行营业概况研究》,1935年,第13、14、17、18、22、29页。

(二) 中央银行的增资与中、交两行的改组

南京国民政府成立后,致力于构建国家金融体系。在设立中央银行的同时,国民政府对中、交两行进行了第一次增资改组,迈出了建立国家垄断金融体系的第一步。1928年10月,国民政府公布的《中国银行条例》将中行定位为政府特许之国际汇兑银行,11月颁布的《交通银行条例》将交行定位为政府特许之发展全国实业银行,取消了两行作为国家中央银行的地位。同时,增加了政府在中、交两行的股份,官股所占比例均为20%。改组之后,中、交两行的特权并未完全取消,但都做出了一些限定,或者降低了级别,或者缩小了范围。所有这些都是为了从制度层面抬高中央银行的地位。国民政府希望通过建立中央银行和改组中、交两行,使三行形成以中央银行为主体,以中、交两行为两翼的银行体系。但事与愿违,中央银行与中、交两行的主辅关系并未形成。三行"业务并无严格之划分,且中、交两行既同享有一部分发行权并代理国库,事实上亦即与中央银行立于同等之地位"[①]。中央、中国、交通三行形成三足鼎立之势,中央

[①] 中国第二历史档案馆编:《中华民国史档案资料汇编》第五辑第二编"财政经济(三)",江苏古籍出版社,1997年,第331页。

银行因实力不足,难以控制金融全局,这与国民政府的预期目标相距甚远。而且,中、交两行"虽有中央政府之股份,然在实际上,仍为私人机关"①。两行实权仍掌握在江浙金融资本家手中,维持着独立的商业化发展道路,这自然是致力于金融统制的国民政府所不乐见。因此,1935年国民政府对中央、中国、交通三行进行了第二次大规模的增资改组。

国民政府中央银行成立之初,资本仅为2,000万元,不仅少于中国银行,更远远少于世界其他国家的中央银行。资本规模有限,严重制约着中央银行业务职能的发展。1933年孔祥熙就任总裁后,深感要安定金融秩序,国家需要一个强有力的中央银行,成为巩固的金融枢纽。只有使中央银行力量充足,才能担当重大任务,成为真正的银行的银行,具有控制金融之实力,确居领导一般银行之地位。②于是,1934年4月,孔祥熙呈请国民政府,要求将中央银行资本增至1亿元,由政府一次拨足。③在谋划对中央银行增资的同时,蒋介石、孔祥熙、宋子文还决定对中、交两行进行增资改组,以切实控制两行。蒋介石对此事非常重视,认为"无论为政府与社会计,只有使三行绝对听命于中央,彻底合作,乃为国家民族唯一之生路","此事不仅为本党成败所系,亦即为能否造成现代国家组织之一生死关键",故致电汪精卫等党政要员,强调"此乃唯一财政政策,切请中央坚持到底"。④

1935年4月1日,国民政府发行1亿元金融公债,用于拨还财政部所欠中央银行之垫款,充实中央、中国、交通三银行资本力量,以及便利救济市面及工商业。⑤于是,中央银行资本增至1亿元,一跃成为全国银行业中资本额最大的银行,占全国银行业实收资本的比例,从1933年的7.97%增至1935年的

---

① 《中国逐渐采行金本位币制法草案暨理由书(三)》,《中央银行旬报》第2卷第12号,1930年4月中旬。
② 郭荣生:《民国孔庸之先生祥熙年谱》,第87页。
③ 《中央银行有关扩充资本及招集商股的文件》,中国第二历史档案馆藏,档案号:三九六(2)-2673。
④ 高素兰编注:《事略稿本》(30),(台北)"国史馆",2008年,第171—173页。
⑤ 洪葭管主编:《中央银行史料》上卷,中国金融出版社,2005年,第235页。

27.14%。中、交两行资本中的官股也有所增加,分别占到了 50% 和 60%,同时两行的高层领导也进行了人事变更,政府完全控制了中、交两行。在国民政府统制之下,中、交两行成为政府的金融工具,也成了"中央银行的辅助银行"。[①]增资改组后,"使中央银行之资力顿见雄厚,其地位亦见提高"[②]。以中央银行为核心,以中央、中国、交通三行为主体的政府银行体系正式形成,三行资本占到了全国银行资本的 43%,政府的金融统制力量得到极大加强。如蒋介石所言:"三行之增加官股,即统制金融之实施。"[③]三行的增资改组,不仅增强了中央银行的力量,也改变了银行业的力量分布格局。如下表所示:

表3-3 中央、中国、交通三行实收资本统计表

单位:元

银行名称	1933年 资本额	占总计(%)	1935年 资本额	占总计(%)
中央银行	20,000,000	7.97	100,000,000	27.14
中国银行	24,712,200	9.85	40,000,000	10.86
交通银行	8,715,600	3.47	19,715,750	5.35
三行合计	53,427,800	21.30	159,715,750	43.35
全国银行总计	250,835,332	100.00	368,465,160	100.00

资料来源:中国银行总管理处经济研究室编:《全国银行年鉴(1936)》,第 S49、S54 页。

1935年,国民政府除了对中央、中国、交通三行进行增资改组,还成立了中国农民银行(前身为1933年成立的四省农民银行),设立了中央信托局,改组扩大了邮政储金汇业局,"四行二局"政府金融体系正式建立。同时,1935年国民政府还对中国通商银行、四明银行、中国实业银行进行了增资改组,完全控制了这三家在中国银行业中具有较为悠久的历史和较大影响的民营银行。这些银

---

① 郭荣生:《民国孔庸之先生祥熙年谱》,第96页。
② 中国第二历史档案馆编:《中华民国史档案资料汇编》第五辑第二编"财政经济(三)",第331页。
③ 石毓符:《中国货币金融史略》,天津人民出版社,1984年,第289页。

行共同形成了一个以中央银行为核心的"官方银行集团"①,政府银行在整个银行业中所占地位大幅上升,政府控制金融的力量空前加强。

（三）《中央银行法》的颁布

在增资的同时,国民政府对中央银行的条例也进行了修正。《中央银行条例》自1928年颁布,至1935年7年间,迄未更动。但是,中央银行的资本、组织等各方面均已发生不少变动,与《条例》规定出现不少出入。因此,1935年5月国民政府公布实施新的《中央银行法》。

《中央银行法》共7章36条,对中央银行的资本、组织、特权、业务、决算及报告等方面,分别做了更为全面详细的规定。与旧条例相比,新法的重要变化有以下方面:(1)资本2,000万元,增至1亿元。(2)理事9人,增为11至15人。(3)副总裁1人,增为2人。(4)规定中央银行总行应设于首都。(5)取消支行名义,一律称为分行。(6)各局主管人改称为局长,副经理、副发行改称副局长,秘书处总秘书改称处长,稽核处总稽核改称处长。(7)招集商股不得超过资本总额49%改为40%。②其他组织、特权、业务各项均与原条例无太大差异,或有增减,或做更详细之规定。《中央银行法》进一步明确了中央银行的职责与特权,提高了中央银行的地位。

（四）法币改革与中央银行职能的加强

1929年世界经济危机爆发后,实行金本位制的国家陷入了通货紧缩、物价下跌、出口停滞的危机中。1931年之后,欧美各国为了摆脱困境,转嫁危机,纷纷放弃金本位,实行竞争性货币贬值政策。1934年,美国放弃金本位,采取美元贬值和白银国有政策,高价收购白银,国外银价飙升,远高于中国国内银价,导致中国白银大量外流,引发了一场被称为"白银风潮"的空前严重的经济金融危机。危机给工商业、金融业造成极大冲击,也给国民政府的财政收

---

① ［美］小科布尔：《上海资本家与国民政府(1927—1937)》,杨希孟、武莲珍译,第228页。
② 中国银行总管处经济研究室编：《全国银行年鉴(1936)》,中国银行总管处经济研究室,1936年,第A39页。

入构成严重威胁,白银大量外流更使得中国的银本位货币制度濒临崩溃。为了应对危机,国民政府不得不放弃银本位制度,进行币制改革,法币制度随即应运而生。①

1935年11月3日,国民政府以财政部布告的形式宣布实行法币政策,内容包括:(1)自本年11月4日起,以中央、中国、交通三银行所发行之钞票定为法币,所有完粮、纳税及一切公私款项之收付,概以法币为限,不得行使现金,违者全数没收,以防白银之偷漏。(2)三行以外,曾经财政部核准发行之银行钞票,现在流通者,准其照常行使,其发行数额以截至11月3日流通之总额为限,不得增发,由财政部酌定限期,逐渐以中央银行钞票换回,并将流通总额之法定准备金,连同已印未发之新钞及已发收回之旧钞,悉数交由发行准备管理委员会保管。(3)为使法币对外汇价按照目前价格稳定起见,应由三行无限制买卖外汇。②按照这些规定,中国正式废除了银本位制,停止行使银币,改用法币,集中现银,实行汇兑本位制。法币改革在中国货币金融史上具有划时代的意义,被视为"合乎世界最新潮流的币制改革"③。

对中央银行而言,法币政策的实施进一步提升了中央银行的权威和力量。在法币政策的制定过程中,中央银行是重要的参与者。在法币政策的实行过程中,中央银行是主要的执行者。以中央银行总裁为主席的发行准备管理委员会,负责办理法币发行事宜,中央银行钞票成为法币并确立了两年后独享发行权的原则。各界对中央银行的发展,充满了期望。"他日发行完全集中后,则中央银行将如英法等国之中央银行,而单独供给市场纸币之流通数。其对于社会经济地位之重要可想见矣。"④法币政策的实施极大地提高了中央银行的地位,货币发行、外汇管理、代理国库等方面的职权都得到了显著加强,对于中央银行

---

① 学术界关于法币政策的研究成果已有不少,本书主要从与中央银行相关的角度进行分析论述。
② 中国第二历史档案馆、中国人民银行江苏省分行、江苏省金融志编委会合编:《中华民国金融法规选编》上册,第402—403页。
③ 权时:《新币制的前途》,《银行周报》第19卷第48期,1935年12月10日。
④ 程绍德:《近数年来上海金融之恐慌及其建设》,《中央银行月报》第5卷第1号,1936年1月。

的发展具有极为重要的意义,被视为"中央银行强大的起点"①。

法币改革之际,由于中央银行力量尚不足以单独承担币制改革及改革后维持币值和稳定外汇的重任,因此改革措施从一开始就由中央、中国、交通三行共同执行,后来还增加了中国农民银行。"因为这四个银行,都有过半数以上的官股,故可采用(统)一步骤,担负控制金融市场的责任。"②此后,中央、中国、交通、农民四行被视为"本国银行之领袖"③,实质上共同发挥着中央银行的一些职能,故而有学者称这一时期的中央银行制度为"分立特许制"。在这种制度下,一国设若干特许银行,均享有一定权利并负担一定义务,相互间属平行关系,其中不再有最高机构。一旦危机来临时相互合作,共同维护金融。④法币政策实施后,中央银行的地位大幅提高,但中国、交通、农民三行的地位通过币制改革也得到了提高,成为中央银行的有力竞争对手。因而,银行体制还需要进一步改革和完善,中央银行的职能还需要进一步加强。

(五)中央银行的改组计划

法币作为不兑现纸币,与金属货币脱离关系,实行通货管理。自从20世纪30年代凯恩斯提出管理通货的主张以后,受到很多学者推崇,并开始在一些国家实行。管理通货虽然采取不兑现纸币,但对内通货供需要做严密管理,以保持物价水准的稳定;对外也须做适当的调节,以保持汇价的稳定。因此,要保证法币政策的成功,必须要有健全的中央银行作为管理通货的工具,以维持货币稳定,增强民众信心。

在11月3日财政部发表的实施法币布告中指出:"中央银行之组织,亦将力求改善,以尽银行之银行之职务。"同日,财政部长孔祥熙发表的宣言中表示:"现为国有之中央银行,将来应行改组为中央准备银行,其主要资本,应由各银

---

① 盛慕杰:《论中央银行的贴放政策》,《经济评论》第1卷第5期,1947年5月3日。
② 孔祥熙:《抗战以来的财政》,胜利出版社,1942年,第24页。
③ 朱斯煌:《银行经营论》,商务印书馆,1939年,第30页。
④ 杜恂诚主编:《上海金融的制度、功能与变迁(1897—1997)》,第272页。

行及公众供给,俾成为超然机关,而克以全力保持全国货币之稳定。中央准备银行应保管各银行之准备金,经理国库,并收存一切公共资金,且供给各银行以再贴现之便利。中央准备银行并不经营普通商业银行之业务,惟于二年后享有发行专权。"①宋子文在11月4日发表的币制谈话中也提道:"统一发行,及改组中央银行为中央准备银行之举措,将为全国金融界及工商业所欢迎……改组后之中央银行,独立进行业务,不受政治影响。"②可见,法币政策实施的同时,国民政府明确做出了改组中央银行的承诺。改组中央银行,成立独立的中央准备银行,成为"今后改革币制之重要步骤"③。它直接关系到法币能否得到有效的管理,法币政策能否长期稳定和成功。

1936年初,孔祥熙指定了一个包括央行副总裁陈行、业务局长席德懋、中国国货银行宋子良、英格兰银行罗杰斯及美籍顾问杨格、林奇等在内的专家委员会,制定改组中央银行为中央准备银行的计划。在制定计划的过程中,"委员会始终牢记,在模仿世界最先进经验,并适合中国特殊情形的基础上,建立一个中央准备银行制度。首先考虑到目前的需要,力图使这一制度切实可行,同时又有可能在将来朝着一个更完备的制度逐渐改进"。委员会围绕资本、所有权与控制权、与政府的关系、钞票发行和准备制度等四个问题进行了研究。④6月,委员会向孔祥熙提出了起草的《中央准备银行法意见书》和《中央准备银行法草案》。在《意见书》中,对于拟议中的中央准备银行,委员会提出了建议方案和原则。⑤作为《中央准备银行法草案》的主要制定者,杨格认为委员会所拟方案"是一个旨在汲取现代经验以适应中国特殊需要和问题的方案"⑥。《中央准备银行

---

① 中国第二历史档案馆、中国人民银行江苏省分行、江苏省金融志编委会合编:《中华民国金融法规选编》上册,第404页。
② 《宋子文发表谈话》,《银行周报》第19卷第44期,1935年11月12日。
③ 中国第二历史档案馆编:《中华民国史档案资料汇编》第五辑第一编"财政经济(一)",第570页。
④ Confidential Meno to H. E. the Minister of Finance, Central Reserve Bank Project, Arthur N.Young Papers, Hoover Institution Archives, Stanford University, Box 47.
⑤ 洪葭管主编:《中央银行史料》上卷,第250—253页。
⑥ [美]阿瑟·恩·杨格:《一九二七至一九三七年中国财政经济情况》,陈泽宪、陈霞飞译,第309页。

法草案》起草完毕后,即送国民党中央政治会议(以下简称中政会)审议。该案之名称,在中政会法制财政经济专门委员会审查时,拟定为《中央准备银行草案》,但中政会通过该案时,将该行名称改为中央储备银行,法案名称亦改为《中央储备银行法草案》。①

1937年6月25日,立法院在做了若干修改之后,通过了《中央储备银行法草案》及改组中央银行的过渡办法。《中央储备银行法草案》规定,国民政府为调剂金融、稳定货币,将现有中央银行改组为中央储备银行,简称中央银行。新的中央银行将具有六项特权:(1)发行货币;(2)经理国库;(3)经理政府内外债之发行及其还本付息事宜,并调整发行额与市面及贸易之关系;(4)依法集中各银行法定准备金;(5)发展金融市场,改善信用制度,并灵活运用商业银行资金;(6)调节全国货币及信用,使伸缩适宜,以稳定国币汇兑价值。这些职权的规定,基本上体现了当时健全的中央银行所应具备的职能。而且,后三项新增特权重在加强中央银行所应承担的"银行之银行"的职能,以弥补中央银行在这一方面的缺陷。此外,中央储备银行的资本构成、人事任命和业务活动都将摆脱政府的完全控制,具有一定的独立性。②

国民政府改组中央银行的计划,酝酿了一年多时间,做了大量工作。中国的中央银行制度,本来可以此为契机,在中央、中国、交通、农民四行共同承担国家银行职能的分立特许制的基础上,通过两年的过渡,可进一步演进为中央银行单一集中制。③然而不幸的是,该法案通过后不久,抗日战争全面爆发,该法案被束之高阁,"可能会大大改进中国的财政制度和经济的中央准备银行始终没有成立"④。

---

① 《中央储备银行法草案内容》,《银行周报》第21卷第13期,1937年4月6日。
② 洪葭管主编:《中央银行史料》上卷,第257—266页。
③ 杜恂诚主编:《上海金融的制度、功能与变迁(1897—1997)》,第273页。
④ [美]阿瑟·恩·杨格:《一九二七至一九三七年中国财政经济情况》,陈泽宪、陈霞飞译,第312页。

第二节 国民政府中央银行的组织结构变迁

中央银行的组织结构主要是指其资本来源和机构设置的问题。具体可分为四个方面：中央银行的资本结构、权力结构、内部职能结构、分支结构。其中，资本结构是指作为中央银行营业基础的资本金是如何构成的，它决定了中央银行的资本所有制形式，并影响其他结构的设置安排方式。权力结构主要是指中央银行最高权力的分配状况，它通过权力机构的设置和职责分工体现出来。内部职能结构是指中央银行总行的职能划分及分工，一般包括行政办公机构、业务操作机构、经济金融调研机构、金融监管机构等。分支机构则是中央银行全面行使职能和履行规定职责所必需的组织保证。这四个方面内容构成了中央银行制度的核心，并决定着中央银行的行为方式及其职能发挥的成效。而中央银行组织结构的选择，则是由一国政治经济体制、经济发展水平以及历史传统等多方面因素共同决定的。

一、国民政府中央银行的资本结构

20世纪二三十年代，世界各国中央银行制度，就其资本结构而言，大体可分为民有制度、国有制度及联合准备制度三种。民有制度以英格兰银行为代表，是当时世界中央银行的主流制度，国有制度仅有瑞典、苏联等个别国家实行，联合准备制度则以美国为代表。

南京国民政府中央银行实行国有制度，资本全部由国库拨付，经营管理完全由政府操纵。"中央银行现制之最值注意者，厥为国营制度之采用。"[①]这一制度安排，与此前的广州中央银行国营制度一脉相承，但与全国经济会议通过的《国家银行案》所确定的资本属于公众、实行股份公司制度等有关内容相去甚远，金融界控制中央银行的意图被彻底否定。而且，国有制度并非当时世界中

---

① 裕孙:《中央银行现制之解剖(上)》，《银行周报》第12卷第49号，1928年12月18日。

央银行制度的主流,与当时欧美国家中央银行制度截然不同,因而很多学者与金融界人士对于国有制度表示质疑和批评。如当时有人指出:"中央银行之为国营者,在各国现行制度中,连我仅得三国,是不但在我国为试验性质,即在世界各国,亦未脱试验时期也。大凡任何制度,于试验之初,往往害浮于利。"①

虽然《中央银行条例》中规定,必要时可召集商股,但商股额不得超过资本总额的49%,这表明政府绝不希望商股控制中央银行。因为"商股如逾半数,则商股权力太大,国营制之特长,将为所湮没"②。1935年颁布的《中央银行法》规定,中央银行于必要时,可招集商股,但商股总数不得超过资本总额40%。招集商股时应由本国经营银钱业之法人尽先认购,俟各法人所购商股已达到中央银行资本总额30%以上时,始许本国人民个人入股,且应经财政部长之核准。③这一规定与《条例》相比,虽然条文内容更为具体,但实质精神并无变化,而且商股限额从49%下降到了40%。中央银行的法令中虽有招收商股的规定,但实际上从未实行,故空有商股之名而无商股之实。正如时人所言:"政府本意系采取国有制度,商股云云,不过其具文而已,故条例中绝无关于商股如股东大会之规定。"④

一战前后,中央银行不受政府支配,是各国中央银行的共同趋势。然而自1929年世界经济危机之后,情况开始发生变化。尤其是20世纪30年代,随着凯恩斯主义和统制经济思潮的兴起,银行国有化思想开始流行。各国政府纷纷加强对中央银行的控制,增加中央银行资本中的国有股份,出现了中央银行的国有化趋势。抗战爆发后,对于国民政府中央银行应招集商股的呼声日渐消沉,支持国有制度的呼声越来越高,中央银行被视为实行计划经济的必备工具。如有人指出,"在经济自由的国家中,中央银行之全盘国营抑或允许商股加入,

---

① 谦益:《中央银行国营论》,《钱业月报》第8卷第2号,1928年2月。
② 裕孙:《中央银行现制之解剖(上)》,《银行周报》第12卷第49号,1928年12月18日。
③ 中国第二历史档案馆、中国人民银行江苏省分行、江苏省金融志编委会合编:《中华民国金融法规选编》上册,第597页。
④ 张文超:《中央银行与中央储备银行》,《中国经济评论》第2卷第2期,1940年8月。

足以引起经济学家之激烈论辩,但在实行经济计划之国家中,此项论辩毋庸考虑,中央银行资本当然由国库拨充";"我国是以三民主义为立国最高原则,就经济政策方面而言是准备实行计划经济的,中央银行资本应全盘国有,自毋庸议"。①到了二战之后,英格兰银行等老牌资本主义国家的中央银行纷纷收归国有,将中央银行的国有化推向高潮。"中央银行之应归国家经营,无论从学理与事实两方面,均不容置疑。"②受其影响,反对中央银行国有的思想逐渐落于下风,而主张中央银行国有的思想开始占据主流。③因此,国民政府中央银行自始至终一直实行国有制度。

二、国民政府中央银行的权力结构

国民政府中央银行的最高权力机构,由理事会、监事会、总裁三部分构成,采取立法、监察、行政三权分立之意。其中,理事会是决策机构,监事会是监察机构,总裁为全行代表,总理全行事务,并执行理事会议决的一切事件,总裁同时任理事会主席。

(一)理事会

理事会是中央银行的决策机关,也是最高权力机关。理事会主要负责议决以下事务:业务方针之审定,发行数量之审定,准备集中之规划,预算、决算之审定,各项规章之编定,分支行之设立及废止,资本之增加,其他总裁交议事项。④中央银行的理事,由国民政府特派。抗战前的理事会成员中,除了财政部官员外,还安排有上海金融、工商界的头面人物参与,如陈光甫、钱永铭、荣宗敬、周宗良等人。理事任期满后可续派连任,事实上期满连任者很多,甚至如宋子文、陈行、陈光甫、钱永铭等人,担任理事职务与中央银行相始终。抗战时期和抗战胜利后,中央银行理事会成员中,金融、工商界的人士逐渐减少,除了陈光甫、钱

---

① 中国第二历史档案馆编:《中华民国史档案资料汇编》第五辑第二编"财政经济(四)",第548页。
② 李荣廷:《释中交农三行及小四行商股内容》,《经济观察》第1卷第1期,1948年。
③ 李昌宝:《近代中央银行思想变迁研究》,第182页。
④ 中国第二历史档案馆、中国人民银行江苏省分行、江苏省金融志编委会合编:《中华民国金融法规选编》上册,第535—536页。

永铭外,其他都是国民政府财经等部门官员。中央银行理事会开会的时间间隔较长,常务理事会则经常召开,从其成立到退出大陆时止,共召开3,000多次,形式上较大的事情均在常务理事会上通过。①

(二) 监事会

监事会是中央银行总行的另一高层组织,主要承担监察审计职能。监事会的职务包括:全行账目之稽核,准备金之检查,预算决算之审核,兑换券发行数额之检查。②中央银行的监事,也由国民政府特派。监事几乎全是上海工商、金融界代表,如李铭、虞和德、徐寄庼等人自始至终担任监事。但由于监事并不代表股权,而是由政府选派,实际上是由总裁任命,因而其制衡力量自然很有限,监事会实际上起不到多大的监督作用。抗战爆发前,中央银行每逢决算日期,业务、国库、发行三局及稽核处例须由监事会监视,分别进行查账查库,这是监事会的一项重要业务。但自抗战爆发央行内迁之后,查账查库就未再举行,仅由监事会办事人员会同稽核处人员分往查核。③抗战爆发前,检查发行准备并进行公布,是监事会的主要职责。但抗战爆发后不久,法币发行额停止公布,监事会的这一职责实际上也随之停止。

总之,抗战前国民政府中央银行的理事、监事人选,大都是上海金融、工商界之精英,也是民间握有经济实权的人士。中央银行之所以要在理、监事会中,安排工商、金融界人士参加,一方面是因为中央银行具有公共机构性质,因此安排工商、金融界人士参加,可以"通各业之生气,顾各业之利害,以免隔阂偏袒之弊"④。另一方面,也是更为主要的,国民政府希望通过中央银行理、监事的人际关系网络,使中央银行能够与上海银钱业联结在一起。这样,既可以树立中央银行与民共有、"立于公共利益之上"的形象,又可以通过让金融界人士参加中

---

① 洪葭管主编:《中央银行史料》上卷,"前言"第3页。
② 中国第二历史档案馆、中国人民银行江苏省分行、江苏省金融志编委会合编:《中华民国金融法规选编》上册,第598页。
③ 《中央银行监事会第一二一次会议纪录(1945年10月30日)》,上海市档案馆藏,档案号:Q53-2-2。
④ 朱斯煌:《银行经营论》,第31页。

央银行的业务活动,了解中央银行的实情,换取他们的支持,使中央银行得以借助他们的信誉,尽快树立自己的威信。这种制度安排,还使中央银行有了与各商业银行进行合作的必要的人事关系和良好的人脉基础。因此可以说,中央银行的理、监事会成为国民政府与上海资本家沟通的新平台,通过中央银行与上海银钱业的密切互动,国民政府与上海金融业之间的关系得到进一步加强。

(三) 总裁、副总裁

总裁是国民政府中央银行的首脑和代表,负责总理全行事务,与政府各部部长同级。"总裁"这一称呼,最早曾由中国银行使用。中央银行成立后,国民政府将中国银行原有之总裁改称为总经理,使全国银行中仅中央银行一家称总裁,以体现中央银行的特殊地位。

1949年之前,国民党中央银行先后共有9任总裁。其中,从1928至1945年的绝大部分时间里,宋子文和孔祥熙两人先后担任财政部长同时兼任中央银行总裁。宋、孔二人对国民政府的财政金融制度产生了重大影响,对于中央银行的发展发挥了不可替代的作用,二人对中央银行的影响是其他总裁无法望其项背的。以致有人认为,整个中央银行是"孔、宋世家,从人事到政策都脱离不了宋、孔的控制与影响"[1]。

宋子文自1928年央行开业开始担任总裁,至1933年4月辞职,任职共4年多,中间因政局变动有过短暂的辞职。任职期间,宋子文利用其财政部长兼央行总裁的身份,采取了许多措施以加强该行地位,中央银行获得了许多其他银行无法获得的特权业务,取得了快速发展,并为此后的发展打下了坚实基础。但是,任职期间宋子文与蒋介石在财政问题上不断发生矛盾冲突,宋子文力图仿行西方现代财政体制和中央银行制度,建立健全的中央银行和完善的财政制度,这与以满足政府财政需求为最高原则的蒋介石发生了激烈冲突。1933年4

---

[1] 寿充一编:《孔祥熙其人其事》,第57页。

月5日,宋子文辞去中央银行总裁职务,由孔祥熙接任。①

孔祥熙自1933年4月任总裁,至1945年7月卸任,任职共12年余,是央行总裁中任职时间最长的一位。而且,1933年10月宋子文辞去财政部长后,又由孔祥熙接任,恢复了部长兼总裁的格局。由于孔祥熙掌握中央银行和财政部大权达10余年之久,因而对中央银行影响更大。孔祥熙试图要在中国建设一种以统一、稳定的货币制度为基础,以强大、健全的政府垄断型银行体系为框架的现代化的金融制度。②而对于中央银行应当具备的各项职能及其在这一金融体系中应当占有的枢纽地位,孔祥熙具有明确的认识,因而在中央银行制度问题上,孔祥熙也希望在中国建立一个健全的中央银行。而且孔祥熙上任之时,国民政府财政极为困难,亟待中央银行辅助其渡过难关,于是加强中央银行特权,壮大中央银行实力,便成为孔祥熙的重点工作,他在加强中央银行方面所采取的措施和力度超过了宋子文时代。在孔祥熙的支持下,通过币制改革,增加资本等措施,中央银行取得了更进一步的快速发展,在财政、金融方面发挥的影响大大提高。

《中央银行条例》规定,设副总裁一人辅佐总裁处理全行事务。国民政府中央银行首任副总裁陈行,不仅是该行的直接筹备人,而且在该行成立后一直担任副总裁,几乎与中央银行相始终,被视为"开垦央行的第一人"、"一手抚养"中央银行成长的"保姆",对中央银行的发展功不可没。③1935年国民政府对中国银行实施改组后,中国银行总经理张嘉璈被调任中央银行理事兼副总裁,并一度以张嘉璈为第一副总裁,陈行为第二副总裁,但实际上张嘉璈的"这个新职位很大程度上是表面的客套"④,并不负实际责任,也不经常到行办公,"在行中可

---

① 《孔祥熙任中央银行总裁》,《申报》1933年4月5日,第19版。
② 蔡志新:《孔祥熙经济思想研究》,第122页。
③ 宇乾:《中央银行副总裁陈健庵先生》,《银行通讯》新14、15期,1947年2月。
④ [美]小科布尔:《上海资本家与国民政府(1927—1937)》,杨希孟、武莲珍译,第218页。

谓事务最为清闲"①。

中央银行这种三权分立的制度设计,与其他银行,尤其是与中国、交通两行的董事制明显不同,而且贯穿于整个中央银行始终。在宋子文看来,这一制度安排是为了使"立法行政沟通一气,而无隔阂,确定任期,俾免政潮影响",有利于中央银行"循国家银行之正轨而行,而免走入歧路"。②但实际上,总裁兼任理事会主席,集立法、行政权于一身,不免使立法权沦为行政权之附庸,监察权亦难发挥,监事中虽有工商、金融界人士,但监事既不代表股权,其制衡力量有限,监事会也不起什么作用。宋子文开会时提出议案,三言两语便告解决,事实上等于他说了算,亦无人敢持异议。③因此,中央银行名义上是总裁执行理事会的决议,实质上是总裁专权,理、监事会的决策和监督功能非常有限。所谓三权分立,只是表面现象。如时人所言:"理监事会形同虚设,全行行政大权悉操于总裁一人之手。"④而且,中央银行从理、监事到总裁,干部人员任命之权完全由政府操作,无异于政府的一个部门。这不仅与一般银行由股东大会选举产生大相径庭,也与经济会议上金融界希望实行的董事制完全不同。但它却与中央银行的国营制度相吻合,体现了国民政府从组织人事上对中央银行完全控制的意图。

三、国民政府中央银行的职能机构

国民政府中央银行成立初期,总行职能机构设置较少,在总裁之下只设有"二局二处",即业务局、发行局与稽核处、秘书处。经过数年发展,至抗战爆发前,中央银行主要机构已发展为"三局三处",即业务局、发行局、国库局,稽核处、秘书处、经济研究处。

业务局是中央银行对外营业第一局,业务内容主要包括各机关、企业的存

---

① 《张副总裁嘉璈演词》,《经济汇报》第 7 卷第 8 期,1943 年 4 月 16 日。
② 《中央银行开幕记》,《银行周报》第 12 卷第 43 号,1928 年 11 月 6 日。
③ 寿充一、寿乐英编:《中央银行史话》,中国文史出版社,1987 年,第 8 页。
④ 《中央银行及中央银行业务局情况调查资料》,上海市档案馆藏,档案号:Q53-2-9。

汇款,办理重贴现,放款,买卖生金银及外币,买卖国外支付汇票,发行本票,办理票据贴现及各银行的划拨结算,收管各银行的法定准备金,财政部临时委托的其他一切业务,同时,对于各分行业务负有监督指导的责任。可以说,中央银行全部业务,以及发行兑换券以外之其他特权,均属业务局之范围。

发行局是中央银行对外营业的第二局。中央银行标榜"发行独立",因而另设发行局作为发行机构,与业务局处于平行地位,并另设库房,与业务不相混淆。中央银行采用业务、发行两局之分立制度,是"效仿英格兰银行的传统"[①]。发行局的业务主要是发行兑换券及辅币券,保管准备金及钞券的现金兑现。此外,接运外国订印的钞券,加印签章;调拨分行储存的现金准备及库存券;收兑各行庄领用的暗记券及整理调回等手续,也属发行局业务。随着中央银行的快速发展,钞票流通日益深入内地。为了便于钞票发行和调剂,于1935年9月在重庆设立了发行第一分局。[②]

稽核处办理全行内部稽核事宜,以业务稽核、财务稽核、账务稽核三者为主,重点任务是查账查库,尤着重于各分行,以防营私舞弊。除了对本行进行稽核之外,稽核处还负有对外稽核的职责,以检查商业行庄业务为主,承担了中央银行对一般商业银行的监管职能。

秘书处主要负责中央银行除业务局、发行局、稽核处三部门之外的其他事务。秘书处设总秘书一人,秉承总裁、副总裁之命,督率各员办理本处一切机密要件及全行庶务。

汇兑局为中央银行对外业务机构之一,但存在时间很短。1930年,国民政府决定海关税的征收改用关金单位计算。为适应海关金单位制度实行后的需要,1930年4月3日,中央银行在业务局内添设关金汇兑科,专门办理关金汇兑事宜。[③]但随后由于关金业务日趋繁杂,关金汇兑科已难以独立承担,中央银行

---

① 裕孙:《中央银行现制之解剖(下)》,《银行周报》第12卷第50号,1928年12月25日。
② 陈行:《我国中央银行之进展》,《中央银行月报》新3卷第10期,1948年10月。
③ 《本行人事三则》,《中央银行旬报》第2卷第10号,1930年4月上旬。

乃于1932年8月16日设立汇兑局,主管关金汇兑及其他外汇交易事项。①孔祥熙上任后,认为业务局与汇兑局营业性质相近,无分设之必要,故于1934年1月将汇兑局并入业务局。

经济研究处成立于1933年8月1日,是孔祥熙就任总裁后所提议设立。该处成立后,罗致经济专家为专门委员,组织专门委员会,每月开会讨论当前经济、金融、财政等问题,制定意见书,以为中央银行决策之根据,或送有关机关参考采行。研究处下设农业、工业、商业及金融四组,分组研究。经济研究处具有中央银行智囊机构的性质,对于中央银行的政策、方针的制定,起了重要作用。

国库局是央行对外营业的第三局。中央银行成立之初,在业务局设国库科,负责办理国库出纳,如收税、债券还本付息,以及各机关之收解事宜。随着国库业务的日趋繁重,国库科已无法肩负如此重任,因此,1933年12月,孔祥熙提请国民政府将国库科改设国库局,以专责成。1934年1月1日,国库局正式成立。其职责为经理一切国库业务。国库局的成立,使"中央银行在政府的财政框架中建立了一个重要的机制"②。

为协助政府向国外采购各种建设事业需要的物料,尤其是与国防设备有关的军火等物资,国民政府让中央银行设立中央信托局,1935年10月1日开业。成立初期的信托局"与中央银行业务、发行、国库三局同为该行直属之机关。行政上直属于该行,会计则完全独立"③。信托局资本总额定为国币1,000万元,由中央银行一次拨足,孔祥熙兼任信托局理事长。孔祥熙曾说,中央信托局的后台老板为国家银行,央行为政府所设立,中信局为央行拨资设立,央行既为中信局股东,实在说中信局应包括在央行内,是央行机构的一部分,故中信局直接对央行负责,间接可以说对政府负责。

总之,中央银行成立之初,组织机构因陋就简。随着中央银行力量的增强

---

① 《汇兑局正式成立》,《中央银行月报》第1卷第2号,1932年9月。
② 《中国中央银行简史》,上海市档案馆藏,档案号:Q275-1-2500-81。
③ 《中央银行筹设信托局》,《银行周报》第19卷第32期,1935年8月20日。

和业务的增加,职能机构也在不断增多和完善。

四、国民政府中央银行的分支结构

分支机构是整个中央银行体系的基层组织和重要组成部分,对于有效地推行中央银行政策,调剂地区金融,实现宏观经济管理,发挥着重要的作用。国民政府中央银行成立之初,各地分支机构体系由分行、支行和办事处构成。其中,重要城市设立分行,次要城市设立支行,分支行由总行直接管辖。办事处一般由分支行依据营业及发行情形,于辖区内设立。各办事处有直属总行者,有受分支行管辖者,因地制宜,并无定则。1935年《中央银行法》颁布后,中央银行取消分支行名义,并按照业务繁简,分为一等分行、二等分行、三等分行。原有分行改为一等分行,支行改为二等分行,办事处改为三等分行,其向有管辖行者,改称本行本分行某地办事处。

中央银行成立后,积极推设分支机构。至抗战爆发前,共有8个一等分行,16个二等分行,4个三等分行以及20个办事处,共48个分支机构,连同总行在内,合计49个总分支机构,分布在18个省市。关内各重要地区都进入了中央银行的金融网络,"北至平津,南达闽厦,通商大埠,逐渐设立"[1]。中央银行已初步形成一个以上海为中心,由各地分支机构共同构成的金融网络。这不仅是中央银行自身力量增长的表现,也是国民党中央政府权力增强、实际统治范围扩张的表现,更是中央政府对地方财政、金融控制加强的象征。

除了在国内设置分支处外,中央银行还在海外重要金融中心设置代理处。海外代理处"只从事于本地方与总行有利害关系之事项,或与本国本行相因而起之种种工作"[2]。1930年后,随着中央银行在经理外债和管理外汇方面的职责日益加大,海外代理机构也日渐增多,截至1937年6月底,海外代理处已有14处。[3]

---

[1] 《第三届行务会议汇编》,中国第二历史档案馆藏,档案号:三九六(2)-2274。
[2] 崔晓岑:《中央银行论》,第94—95页。
[3] 《中央银行营业报告》1937年上期,中国第二历史档案馆藏,档案号:三九六(2)-2627。

第三节　中央银行服务政府职能的发展

中央银行作为"政府的银行",具有为政府提供金融服务的职能。抗战前,在国民政府的全力支持下,中央银行在与政府财政相关的业务方面,取得了快速发展。在国民政府统一财政和建立现代财政管理体制的过程中,中央银行扮演着重要角色。

一、中央银行与代理国库

南京国民政府建立之初,因受军阀割据、政局分裂等因素长期影响,国库已经严重割裂,紊乱不堪。面对极为严峻的财政困境,统一国库作为统一财政的重要手段,受到财政当局重视。如孔祥熙所言:"财政为庶政之母,庶政之清明,自健全财政始;财政之健全,自严密财务管理始;财务管理之严密,则以实施合理之库政奠其基。"[1]因此国民政府成立后,就开始为统一国库而努力,并将中央银行视为统一国库的关键措施。

1927年8月国民政府颁布《金库条例》,其中规定:金库分为总金库、分金库和支金库;总金库设于中央银行总行所在地,分支金库设于中央银行分支机构所在地;总分支金库职掌内一切事务由中央银行办理;自金库成立之日起所有国库岁入岁出统由金库收纳支付;中央银行应将金库款额与营业资本分别存储,但经财政部长核准,可以金库款项之一部分移作存款。[2]可见,国民政府打算将代理国库的特权授予中央银行。1928年11月,国民政府中央银行成立后,正式获得了经理国库的特权,成为国库体系的重要组成部分。

(一)财政联综组织的构建

南京国民政府建立之初,财政管理制度存在诸多缺陷。其中,财务收支的

---

[1] 杨承厚编:《中国公库制度》,"序"第1页。
[2] 王尹孚编:《国民政府颁行法令大全》上册,国民政府法制局,1928年,第1355—1356页。

第三章 抗战前国民政府中央银行的创建与初步发展

命令权与执行权混而为一,可谓财政制度的最大缺陷。一般来说,财务收支手续的完成需经过决定与执行两个步骤,所以财务权可划分为命令权与执行权两种。收支命令权是发出公款收支命令之权,收支执行权是依据收命令实行出纳公款之权。在财务收支进行的过程中,命令权与执行权应绝对划分清楚,并由两个机关分别执掌。"近代文明国家,在财务行政上有一重要原则,即凡属国家公款,收入与支出,绝不能只由一人或一机关负责,必须由许多人或许多机关分负责任,以便牵制而杜贪污,从国家财政言,掌理政府收入与支出之机关,必须分为命令机关与执行机关两种。"[1]但在国民政府初期,财务收支命令权与执行权往往混为一体。在收入方面,征收机关不但对于政府债务人有发出缴款命令之权,同时可以直接对其执行现款之收纳。在支出方面,支出机关不但有决定支出数目及支出时期之权,同时可对政府债权人实际执行现款之付给。这在税务行政上形成了征收机关先收后解、坐支抵解、拨付抵解等现象。所谓先收后解,是指征收机关先将许多税款自行汇收之后,保管一个时期,然后方才解缴入库。所谓坐支抵解、拨付抵解,是指征收机关将所征得的税款之一部分充作本机关经费(坐支),或拨给其他机关充其经费(拨付),再行备具书据,向金库办理转账手续(抵解)。除了财政机关,很多公务机关也自行收支保管,兼有公款收支保管上的命令权和执行权,于是这些机关无形中都自成一个独立的财务管理单位。这种财政管理体制被称为"一条鞭式"组织或混一组织。[2]

这种制度上的缺陷,带来了很多严重弊端。如税款及其他国家收入被延迟缴库,甚至被侵吞挪用,负责人员营私舞弊,经费多领少用或领而不用,公款私存等,国库损耗严重,财政体制也无法健全。甚至有官员挪用公款经费,在金融市场上进行投机交易,严重影响市场稳定。由于存在坐支、拨付等畸形现象,"公库就变了一个有名无实的机关。不独国家的收入,不能统收,国家的支出不

---

[1] 何兆青:《现行公库制度》,《四川省银行行务月报》第1卷第4期,1940年8月。
[2] 卫挺生、杨承厚:《中国现行主计制度》,国立编译馆,1946年,第16页。

能统支,有时款甚至不经过公库就已经支出了","因此,预算不能严格的执行,审计不能彻底实施,主管公库的行政权更是割裂得体无完肤了"。[①]财政制度的漏洞,不仅使财政陷于紊乱,而且造成了严重的腐败现象。因此,南京国民政府建立后,致力于财政体制改革,试图建立新的现代财政制度。

20世纪30年代,在经济学家卫挺生等人推动下,国民政府开始建立一套被称为"联立综合组织"(简称联综组织)的财政管理体制。联综组织主张将各公务机关内部之混一组织加以改组,使机关长官仅负该机关政务方面之指挥责任,而将其岁计、会计、统计事务,由具有超然地位之主计人员办理。其事前、事后审计与稽查事务,则由审计机关派驻办理审计稽查之人员办理。其金钱财务之出纳保管,则由统一的公库机关及其所委托之代理机关办理。这样,各机关"行政""主计""审计""出纳"人员之组织形成四个系统:一为行政系统,即命令系统,主管财政事务的指挥与督导;二为主计系统,即岁计、会计、统计系统,主管预决算编制、会计处理及统计事务;三为审计系统,即监督系统,主管事前审计、事后审计及稽查事务;四为公库系统,即出纳系统,主管现金、票据、证券的出纳、保管、移转及财务契据的保管事项。各系统人员,分开则成纵的系统,联合则成横的办事机关,利用制衡原则,实现"互相牵制下的合作"。联综组织的最大特点在于这四个系统既是四个各自行使其职权的独立系统,又是一个需要互相合作的综合组织,既相互独立,又缺一不可,彼此间分工合作,互相牵制,相辅相成。联综组织就其制度设计而言,具有一定的科学性。

按照这一制度,中央财政的联综组织包括:(1)行政系统,首脑机关为财政部,掌理全国财政事务;(2)主计系统,首脑机关为主计处,主管国家岁出入预算的编制,各机关会计的处理,以及各项统计的编制等;(3)审计系统,首脑机关为审计部,其职掌为核签收支命令,审核预算、决算及稽查财务等事项;(4)公库系统,主管机关为财政部国库署,主管国库行政,另由中央银行为代理

---

① 杨骥:《建立公库制度之意义》,《政治建设》第2卷第4期,1940年4月。

机关,经管中央政府现金、票据、证券及其他财物。

1931年12月,国民党四届一中全会通过的《关于改善财政制度方案决议案》中提出:(1)实现超然主计制度;(2)实现就地审计稽查制度;(3)实现统一的国库制度;(4)统一中央财政之征收机关;(5)中央银行独立。①这一方案可以说是联综原则在财政制度上的具体表现。国民政府抗战前后的财政设施,便是以这五点为最高准绳,如审计部和主计处的成立、《中央银行法》的制定,以及征课机关的逐渐统一,都是朝着这一方向努力。其中,国库制度作为联综制度的重要组成部分,是预算、审计、会计等部门发挥监督作用的基础,也是国民政府在改善财政制度过程中努力的重点所在。

(二) 中央银行的国库网建设

中央银行成立后,在上海总行设立国库总库,由业务局国库科办理具体国库业务;各分支行处设立时就同时成立国库分库或支库,以分行所在地为国库分库,支行及办事处所在地为国库支库。在中央银行推动下,各地国库分支机构数量日增。自1928年11月总库成立起至1933年12月止,各分库次第开设者共有24处。②1934年国库局成立后,国库业务快速发展,国库数量也迅速增加。1935年《中央银行法》颁布后,中央银行各分支行处改组为一、二、三等分行及办事处,与此同时,所有国库分支库名称亦重新加以规定,一等分行设国库分库,二、三等分行及办事处设国库支库。至1937年,国库分支库数量已达53处③,初步形成了覆盖全国的国库网。

(三) 中央银行代库制度的改进

国民政府中央银行成立之初,"国库尚未统一,又不独立,各省之省库,大都在地方银行掌握之中"④。因而国库制度有名无实,极不完善。但在财政部支持

---

① 财政部财政科学研究所、中国第二历史档案馆编:《国民政府财政金融税收档案史料(1927—1937年)》,中国财政经济出版社,1997年,第20—21页。
② 洪葭管主编:《中央银行史料》上卷,第89页。
③ 夏晋熊:《二十年来中央银行经理国库业务》,《中央银行月报》新3卷第10号,1948年10月。
④ 《中央银行开幕矣》,《银行周报》第12卷第44号,1928年11月13日。

下,通过中央银行努力,国库制度在不断改进。

第一,《中央各机关经管收支款项由国库统一处理办法》的制定与实施。

中央银行代理国库初期,中、交两行代理国库之收付及各机关之坐支抵解,以及财政部向各银行之借贷,均未由国库转账,因而国库总库虽经成立,但所有政府财政收支一直未能有整体详确之报告。鉴于各机关收支散漫无稽,为集中处理,1933年1月,财政部长宋子文向行政院提议中央各机关经管收支款项宜由国库统一处理,并拟具四项办法。该建议经议决通过后,财政部邀请有关各部、会拟定了《中央各机关经管收支款项由国库统一处理办法》,从4月1日开始实施。该《办法》对国库收款规定为:(1)中央各部、会直接收入款,及其所属非营业机关收入款,与营业机构盈余款,或摊解非营业之经费款,均解交国库收核。(2)前条所举中央各部、会直接收入款,由各部、会解交国库,其所属机关解库款,由各该机关缴由该主管部、会代解。(3)其他各项国营事业,如铁路、电政、航空等机关,会计独立,所有收入,各自在其经理之金库自行保管。关于国库支出的规定为:(1)中央各部、会及其所属机关经费,均由国库统筹核发。(2)中央各部、会经费由各部、会请领,其所属机关经费,由各该主管部、会转请径发,或转请代领转发,或代请总领分发,统由各部、会与财政部商定。(3)中央各机关经费,可就事实上之便利,由他机关应解款内拨付,或在本机关应付款内坐支,但须由各部、会与财政部商定。①

上述规定的目的在于使中央各机关收支由国库统一处理,以加强国库在财政收支过程中的管理作用。该《办法》实施后,"中、交代理国库收付、各机关坐支抵解及政府向各银行借贷等款悉由部交库转账始告统一",即实现了账面上的统一。②该《办法》"重在财部统筹分拨,不在国库统一收支"③。因此,国库收

---

① 《国民政府公报》第1044号,1933年2月2日。
② 洪葭管主编:《中央银行史料》上卷,第89页。
③ 《中央银行国库局拟关于中央银行国库、业务、发行之意见》,中国第二历史档案馆藏,档案号:三九六-6102。

第三章 抗战前国民政府中央银行的创建与初步发展

支实际仍远未统一,更未达到直接收支程度。虽然表面意义大于实质内容,但也不可否认,该《办法》的颁布实施是国库制度的一大进步。此后,各部、会收支款项,从形式上须由国库统一处理,从而可以掌握其全部收支记录,"可谓国库制度初步之改进"①。

第二,改库款委托银行保管制为银行存款制。

根据《金库条例草案》规定:金库款项与营业资金分别存储,但经财政部长核准,可将金库款项之一部分移作存款。中央银行代库制度以保管制度为原则,存款制度为例外,二者兼用。这是一种较为落后的制度,不利于国库资金的有效利用。1934年国库局成立后,库款改委托银行保管制为银行存款制,各机关缴库款项均由国库局转存业务局,国库库款与银行资金合二为一,银行可将国家存款作为流动资金运用,大大增强了中央银行资金运用能力。"央行资金之流动,从此与库款收付打成一片,实为金融方面之伟大进步,而奠立日后实施公库法之基础。"②中央银行视其为"本行配合政府金融政策之一大进步"③。

第三,从法理上明确中央银行统一代理国库的权限。

国民政府中央银行成立之初,分支机构尚未普遍设立,国库收支仍须赖中、交两行分负其责,因此1928年公布的《中国银行条例》和《交通银行条例》中,均规定中、交两行受政府委托代理一部分国库事宜。这样做虽有益于政府财政,但却形成了国库的分散委托制,导致"统系不明,各自为政",不利于中央银行代理国库职能的完善。国库局成立后,认为政府委托中、交两行分理国库,"机关分歧,有悖统一集中之旨,于政府综管财政、统核度支诸多不便",提议"政府指定本局为国库唯一机关,取消他行代理国库权限",将由财政部委托中、交两行

---

① 财政部财政科学研究所、中国第二历史档案馆编:《国民政府财政金融税收档案史料(1927—1937年)》,第352页。
② 杨承厚编:《中国公库制度》,第24页。
③ 吕咸:《十年来中央银行经理之国库业务》,《经济汇报》第7卷第8期,1943年4月。

代理国库,改为由中央银行委托,以便从体制上统一代理国库的机关。①

中央银行的要求在1935年《中央银行法》中得到了部分体现。该法明确规定,国库及国营事业金钱之收付,均由中央银行经理;省、市、县金库及其公营事业金钱之收付,应由中央银行代理;在中央银行未设分行之地方,应由中央银行委托其他银行代理。②这一规定从法律上明确了由中央银行统一代理国库,国库制度实行统一委托制。与此同时,中、交两行的条例也做了相应修改,两行可继续代理部分国库事宜,但须由中央银行授权委托,可谓中央银行统一代理国库制度的又一进展。

(四) 中央银行与代收国税

代收国税是中央银行代理国库的首要职责和主要内容。中央银行成立后,在代收国税方面,较为重要的当属关税、盐税、统税,以及所得税。

1. 关税

自辛亥革命海关总税务司接管税款保管权之后,所有税款集中存放于上海汇丰银行,并按期分拨经理外债及赔款的各有关国家之银行,作为偿付到期债赔款本息之用。自从关税自主运动兴起后,税款存放问题就受到各界关注。南京国民政府建立后,掀起关税自主运动,创办中央银行就有让其保管关税税款的用意。中央银行成立伊始,宋子文便训令海关总税务司须将税款转存中央银行。他把这一措施视为收回中国主权的步骤之一,认为中央银行的设立有助于"铲除"在华外国银行的"恶势力"。③

中央银行各地分行成立后,即着手接收当地海关税收事宜。如江海关税收此前由上海中国银行代收,中央银行成立后,江海关税务司与中央银行及中国

---

① 《中央银行国库局拟关于中央银行国库、业务、发行之意见》,中国第二历史档案馆藏,档案号:三九六-6102。

② 中国第二历史档案馆、中国人民银行江苏省分行、江苏省金融志编委会合编:《中华民国金融法规选编》上册,第599页。

③ 吴景平:《宋子文评传》,第127页。

第三章 抗战前国民政府中央银行的创建与初步发展

银行订立收税合约,由中央和中国两行合组收税处,共同管理江海关税收事务。所收税款按规定除现金外,一律以中央银行支票缴由收税处解缴中央银行,收江海关税务司账,该办法自1929年2月7日起实行。①1931年2月,江海关与中国银行的合约期满后,宋子文即命江海关不再续约,而将所收全数存入中央银行了。②2月4日,中央银行接办江海关收税处,这被视为"央行经理国库之初步表现"③。同年5月9日,天津中央银行奉财政部令接办津海关收税事宜。其余如汉口、九江、芜湖、杭州、金陵、闽海、胶海等各关关税,凡央行分支行处已经设立地方,亦悉由央行经收。④

此外,1929年2月《国定进口税则》实施后,所收税款出现两个部分,即值百抽五的旧税部分,与新增关税和附税部分。旧税因担保外债、赔款,由各关汇交上海汇丰银行,按期拨存各债、赔款经理银行。至于新增关税部分,则不在担保债、赔款之内,听由中国政府处理,另行汇存上海中央银行。此后,关税税款"大部移存中央银行,不可谓非差强人意之举也"⑤。最初,以上两部分税款的界限划分清楚,不得互混。直到1932年3月1日,因此前一段期间,国内政局动荡,金贵银贱,以致值百抽五的旧税收入项下,不足偿付以旧税担保的外债和赔款,不能不时常由新增关税收入项下提拨弥补。于是,财政部认为以前划分的界限已无保留必要,乃下令改变原有办法,自1932年3月1日起,所有各关全部税收一律汇解上海中央银行收存,然后将偿付到期债、赔款所需数额,按期拨付汇丰银行保管。此项办法实行到1939年初,财政部宣布停付债、赔款,改行拨存办法时为止。⑥新办法与此前由海关直接以全部税款存放于外商银行任其利用,有了显著不同。经过财政部的推动和中央银行的努力争取,关款的存储基本上

---

① 《接管江海关税收事务》,《中央银行季报》第1卷第1号,1929年4月。
② 吴景平:《宋子文评传》,第129页。
③ 杨承厚编:《中国公库制度》,第22页。
④ 洪葭管主编:《中央银行史料》上卷,第28页。
⑤ 杨荫溥:《杨著中国金融论》,第47页。
⑥ 陈诗启:《中国近代海关史(民国部分)》,第368—369页。

都由中央银行掌握,"至是我国关税权,总算完全收回"①。

2. 盐税

北洋政府时期,因担保外债偿付,盐税的存储和支用权被外人控制的盐务稽核所掌控,盐税全部存入债权国指定的外商银行,非经洋会办同意不能提用,等于盐税全部由外人掌握。因此,在收回盐政主权的过程中,盐税存放权之收回"亦在必争之列"②。

1927年11月,南京国民政府颁布了《国民政府财政部盐务署稽核总所章程》及《国民政府财政部盐务署稽核分所章程》,规定盐税"所有收入之款,应由分所所长、副所长以国民政府盐务收入账名目存于中央银行或国民政府财政部所指定之存款处"③。此举改变了原盐税收入一律存入外国银行或指定银行这一丧失主权的规定。到1928年11月16日,宋子文发表关于盐务稽核所的对外宣言,指出:中国政府将对此前之盐政章则进行修改,"嗣后稽核总所按照新规章虽然继续征收一切盐税,但除由财政部长拨付偿还借款应需之款外,不再负保管任何款项责任"④。

中央银行成立后,盐务稽核总所即转饬各分所,凡中央银行已设分支行处地方,盐税均由央行经收。例如,两淮地区是主要的产盐区和盐税区,在中央银行扬州分行成立以前,两淮盐税由中国银行代收,自1930年中央银行成立后,按照规定,盐税税款由中国银行移交中央银行,每年约有1,400余万元。⑤另如,蚌埠办事处成立后,接收了江苏银行所收盐税。⑥新浦办事处成立后,取代国民银行代理淮北盐务稽核分所收解盐税,接收兴庄、涛雒、拓旺三收税处。⑦至

---

① 孔祥熙:《抗战以来的财政》,第18页。
② 邹学藩:《论盐税行政权丧失之弊害及收回之可能》,《银行周报》第11卷第12号,1927年4月5日。
③ 《国民政府公报》第4期,1927年11月。
④ 《宋财长发表盐务稽核所宣言》,《申报》1928年11月17日,第13版。
⑤ 《各地方金融机关》,《中央银行月报》第2卷第8号,1933年8月。
⑥ 《各地金融市况:蚌埠》,《中央银行月报》第4卷第3号,1935年3月。
⑦ 《各地金融市况:新浦》,《中央银行月报》第4卷第4号,1935年4月。

第三章 抗战前国民政府中央银行的创建与初步发展

1933年前后,凡分支行处所在地之盐税,均已由中央银行代办。在财政部的支持下,中央银行在代收和保管盐税税款方面取得了很大进展。

3. 统税

统税是在1931年裁撤厘金之后才开始正式征收的,因而中央银行在代收统税过程中面临的阻力相对较小。统税开征后,财政部统税署就在1931年4月给各省区统税局、管理所的训令中指出:"中央银行已在各省设立分行,各项统税税款均可饬令各厂、各公司径缴所在地中央银行代收。"①中央银行还与统税署订定代理收解统税办法,规定从1931年5月1日起,上海统税款项收解委托中央银行业务局经理,南京、汉口、杭州、福州、芜湖、九江、济南、青岛、郑州各统税局及蚌埠查验所款项收解,委托各该局所所在地的中央银行分支行处经理,广州、汕头、无锡、南通、常州、长沙等地,由中央银行委托当地其他银行代理。上列各地以外的统税局所,亦须将税款解交所在地最近的中央银行,或直接汇交业务局收统税署账。②为规范各代理处的业务手续,中央银行还制定了《代理中央银行收付统税办法》。③

按照规定,各厂商、公司将应纳税款径缴当地中央银行或指定代理处核收掣据为凭,当地统税局所凭银行收据列作税款收入,不司现金出纳,所有各局所经费统由统税署按月分期拨发。这一规定从形式上初步实现了统税的经征和经收机关的分离,由中央银行统一代收统税。中央银行"只收不付,按月解清,税款并无积压之弊,分支行处头寸上便于匡计"。中央银行代收国税,"其代收办法莫善于统税"。④

4. 所得税

1936年,国民政府开征所得税。根据所得税暂行条例实施细则规定,实行

---

① 洪葭管主编:《中央银行史料》上卷,第97页。
② 中国第二历史档案馆、中国人民银行江苏省分行、江苏省金融志编委会合编:《中华民国金融法规选编》下册,第873页。
③ 《代理中央银行收付统税办法》,上海市档案馆藏,档案号:Q55-2-548。
④ 《中央银行第二次行务会议有关文件》,中国第二历史档案馆藏,档案号:三九六-10183。

经征经收两权分立制度,财政部税收机关仅司经征税款之责,税款之经收事宜则由中央银行国库局办理。所得税开征后,由中央银行各分支行收解所得税款,中央银行未设立分支行处地方,由中央银行委托中、交两行及邮政储金汇业局(各地邮局均在内)办理。代理行局的所得税经收处收到税款后,应以代理中央银行经收所得税专户名义,开立活期存款户存储,所存之款只限于汇解中央银行国库局列收库账。

所得税开征之后,经收手续暂用银行代收办法,每旬汇解国库。虽然尚未能由纳税人直接缴库,但此后税收机关不自行收受和保管税款,而由纳税人或缴款人径直向代理国库的中央银行缴纳,使得经征经收相分离。此为中央银行直接经收税款之始,具有重要意义。中央银行视其为"我国财务行政中划时代之举,亦为本行代理国库业务发展中之一重要步骤"①,"可谓类似实施公库制度之初步试验"②。至此,中央银行代理国库职能始初步完善,并逐渐步入制度化阶段。

关、盐、统三税是抗战前国民政府最重要的财税收入,由中央银行收解之后,国库统一之局面进一步形成。此外,这一时期中央银行还取得了其他一些国税的代收权,如银行兑换券发行税,一些地区的烟酒印花税、矿产税等。

(五)中央银行与吸收公款存款

中央银行作为政府的银行,多被各国政府授予保管政府存款的特权,这是中央银行代理国库的主要内容之一。1928年《中央银行条例》对于中央银行吸收存款的规定相当模糊,仅在业务内容中提到中央银行可以"收受各项存款"。由于中央银行建立之初,力量薄弱,信誉尚未树立,因此根本无法保管普通银行存款,吸收私人存款也微乎其微,因而中央银行"对于政府存款,系居重要部分"③。

中央银行成立后,国民政府、行政院、财政部多次颁令,要求政府机关将公

---

① 俞鸿钧:《二十年来之中央银行与中国金融》,《中央银行月报》新3卷第10号,1948年10月。
② 《研究改进分行处业务报告》,中国第二历史档案馆藏,档案号:三九六-1670(12)。
③ 崔晓岑:《中央银行论》,第116页。

款由中央银行存解。如1928年11月,财政部长宋子文向行政院提出:"中央银行业经成立,请由政府通令京外各机关,所有公款均应存放该行。"①11月6日,行政院第二次会议议决通过了宋子文的提议。随即,行政院长谭延闿呈请国民政府"通令中央各机关及各省市政府,所有公款均应转存中央银行,以昭划一"。11月17日,国民政府将该令转发各中央机关及省市政府,要求遵照办理。中央银行南京分行于11月15日成立后,宋子文又呈请行政院:"请国府根据前议通知中央各机关,所有存放款项暨一切公款收付事宜,应归入南京中央银行分行经理,不得与其他银行往来,以符中央统一金库之功令。"该案经行政院呈请国民政府于11月26日批准,要求中央各部、会、江苏省政府及南京特别市政府遵办。②1928年12月15日,蒋介石致函津浦铁路局,要求"所有津浦铁路一切收入款项均著随时存入中央银行总分各行,毋庸再存交通银行,及其他银行,以重路款"③。12月,国民政府通令要求凡设有中央银行的地方,各机关公款务必全数移存该行。

对于公款存储中央银行的命令,一些地方政府和国家机关能够积极遵行。如南京特别市政府奉令后,很快就将市金库在中、交两行的存款转存中央银行,并表示以后市金库"所有收入自应遵令一律存储中央银行,以重公帑而符功令"④。另如,1929年1月财政部关务署训令海关总税务司梅乐和,要求"总税务司署暨所属各关税务司署经费款项,凡有中央银行分行之处,均应悉数存放该行"。总税务司当即呈复:"自应遵照办理,并经通令各关税务司遵办。"⑤海关经费的保管权被收回。

---

① 《行政院公报》第6号,1928年12月19日。
② 《国民政府行政院关于中央银行经理国库收解各款的训令等文件》,中国第二历史档案馆藏,档案号:一-6102。
③ 《财政部关于各机关不得向中央银行借款并将国税悉数存入该行事宜的文书》,中国第二历史档案馆藏,档案号:三(1)-2672(1)。
④ 《公款存放中央银行案》,《首都市政公报》第26期,1928年12月30日。
⑤ 海关总署《旧中国海关总税务司署通令选编》编译委员会编:《旧中国海关总税务司署通令选编》第2卷,第440、441页。

公款能遵照中央法令,移交中央银行收解者固属不少,"但意存观望,未即实行者,亦所难免,或藉口借款合同束缚,或以垫款透支为条件,或以本行分支行处犹未遍设"①。在收存公款过程中,中央利益与地方利益,部门之间利益,错综复杂,矛盾重重,影响着中央银行代理国库业务的推进。此外,其他银行积极争揽公款存款,也是影响中央银行吸收公款存款的重要原因。由于普通银行"于兜揽存款一着,至不惜重大牺牲,竞争日趋激烈",中央银行"受其打击,各处皆然"。②中央银行吸收公款存款遇到诸多困难,因此不得不采取一些变通措施,如对于公款存款支付利息,给予政府机关融通资金的便利,以换取其将公款存储中央银行。

在国民政府支持和中央银行努力争取下,吸收公款存款取得了一定成效,这可从该行政府存款数额之扩增中得以体现。由下表可见,中央政府存款是中央银行存款的主要来源,也是增加最快的部分。1933年,中央政府存款已占到央行存款总额的67%以上。

表3-4　1932—1933年中央银行存款比较表

单位:元

存款者	1932年存款数目	百分比(%)	1933年存款数目	百分比(%)
中央政府	91,034,928.05	59.10	153,770,289.47	67.70
地方政府	7,070,488.03	4.60	12,440,734.02	5.50
同　业	46,559,576.27	30.20	45,251,652.98	19.90
商号及个人	4,242,595.52	2.80	9,572,171.80	4.20
总分行	5,073,800.02	3.30	6,119,959.44	2.70
合　计	153,981,387.89	100.00	227,154,807.71	100.00

资料来源:《财政年鉴》第十二篇"金融",第1616页。

---

① 洪葭管主编:《中央银行史料》上卷,第28页。
② 《第三届行务会议汇编》,中国第二历史档案馆藏,档案号:三九六(2)-2274。

二、中央银行与政府公债

公债是政府为筹集资金,以其信用为基础,通过向国内外借款或发行政府债券所形成的债务。公债按照募集场所的不同,可分为国内公债(简称内债)和国外公债(简称外债)两类。近代中国所谓的"公债",一般都是指中央政府发行的国内公债。近代以来,世界各国大都委托本国中央银行代理公债的发行及还本付息事宜,这是中央银行代理政府金融事务的主要内容之一。近代中国,自晚清政府开始就大量举借内债、外债,尤其是北洋政府,借债度日,债台高筑。南京国民政府建立后,继承了晚清和北洋政府的大量债务,同时因财政困窘,不得不继续大量发行公债。上海中央银行成立后,被赋予了"募集或经理国内外公债事务"的特权,在经理政府公债中逐渐扮演主要角色。

(一)中央银行与经理内债

南京国民政府成立后,发行了大量内债。据统计,从 1927 年 5 月到 1937 年 7 月,共发行各类内债 55 项,总额为法币 255,900 万元、英镑 420 万、美元 200 万[1],远超清政府和北洋政府时期所发行的内债总额。从 1927 至 1931 年,内债收入经常占全部债款收入的百分之八九十,就包括债款收入在内的总收入来说,各年平均亦占百分之二十三四,最高年份且达 40% 以上。国民党政府在平衡财政收支方面对内债收入依赖的程度,由此可见。[2]在国民政府的内债事务中,中央银行发挥的作用主要体现在以下方面:

第一,掌握内债基金的存储权。北洋政府曾设立整理内国公债基金,并确立了海关总税务司直接负责保管内债基金的制度。内债基金由总税务司在"关余"项下,拨存汇丰银行。中央银行成立后,财政部于 1928 年 11 月 13 日训令海关总税务司易纨士,要求将内债基金移存中央、中国、交通三行收存。11 月 16 日,汇丰银行将该项基金 600 万两,移存中央银行约 300 万两,移存中、交两行共约 300 万两。[3]从

---

[1] 潘国琪:《国民政府 1927—1949 年国内公债研究》,经济科学出版社,2003 年,第 83 页。
[2] 杨荫溥:《民国财政史》,第 60—61 页。
[3] 《中央银行扩充业务》,《申报》1928 年 11 月 16 日;《内债基金拨存中央中交三行》,《银行周报》第 12 卷第 45 号,1928 年 11 月 20 日。

1929年起,一向存于外商银行的内债基金改存中央银行,中央银行获得了内债基金的存储权。此后,除了一些特殊情况外,国民政府发行的绝大多数债券,均明确规定由基金保管委员会(先为二五库券基金会,后为国债基金管理委员会)保管,公债基金保管委员会之存款机关"当然为中央银行"①。每月由总税务司或相关主管机关,按照还本付息数目拨存中央银行,列收该委员会账内备付。

第二,经理内债还本付息事务。中央银行成立前,南京国民政府的内债主要委托中国、交通、江苏三银行代为经理发行及还本付息事宜。中央银行成立后,财政部取消了江苏银行的代理权,由中央银行与中、交两行经理。②这一时期,中、交两行的条例中均规定有受政府委托发行公债及经理还本付息事宜的权利,这意味着在公债事务中,中、交两行具有与中央银行平等的地位,中央银行未能独掌经理公债特权。1935年颁布的《中央银行法》对此作了修正,明确规定:"国民政府募集内外债时,交由中央银行承募,其还本付息事宜,均由中央银行经理。但于必要时,得由中央银行委托其他银行共同承募或经理之。"于是,中央银行在法律上正式获得了独家经理公债之特权。以前中、交两行经理公债还本付息的权利来自政府授权,此后则是受中央银行委托,中、交两行条例中的相关条款也作了修正。这样,中央银行既获得了内债基金的存储权,又获得了还本付息的独家经理权,完全取得了经理公债的特权。

据统计,中央银行于1928至1933年间经办财政部发行的国库券17种,金额90,300万元,代理发行公债14种,金额34,100万元,经付内债还本付息88,570万元(含北洋政府发行到期公债本息);1934至1936年间,又经办各种公债库券的发行134,200万元,10年间共发行内债近26亿元。③美籍财政顾问杨格曾指出:"自从1928年秋季中央银行创建以来,在掌握国内公债还本付息的资金方面,办的很好。"④

---

① 马寅初:《马寅初全集》第九卷,第462页。
② 《中央银行经理公债收付》,《银行周报》第13卷第5号,1929年1月29日。
③ 卓遵宏:《中央银行与近代上海金融中心地位(1927—1937)》,第22页。
④ [美]阿瑟·恩·杨格:《一九二七至一九三七年中国财政经济情况》,陈泽宪、陈霞飞译,第173页。

(二) 中央银行与买卖公债

证券买卖业务是现代中央银行的主要资产业务,特别是在证券市场比较发达的国家更是如此。中央银行买卖证券一般都是通过其公开市场业务进行的,目的是为了维护金融市场的稳定,调节货币流通。

国民政府中央银行在经理公债还本付息的同时,也在从事公债买卖活动,一些是为了谋取利益,一些则是受财政部委托,为了稳定公债市场。例如,1933年12月,财政部因"债市下落,影响金融",密嘱中央银行"代为相机购进各种债券以维市面"。中央银行遂代为购进廿年统券25万元,廿年盐券25万元,廿年金融公债133.5万元等。不久,因"债券市价,已在原进价以上",又由中央银行业务局分期代为售出。不仅稳定了债市,而且为财政部盈利3万余元。为稳定债市,财政部还在中央、中国、交通三行设立"稳定债市垫款户",债券及价款由中央、中国、交通三行按4:4:2比例分摊。[①] 通过买卖公债,中央银行对国民政府内债政策的顺利实施起到了积极的引导和辅助作用。

中央银行或为本行投资的需要,或因向政府提供债券抵押借款,因而经常持有大量政府债券。如下表所示:

表3-5 中央银行历年购存有价证券额及损益表

单位:元

年 份	有价证券数额	指 数	有价证券损益
1928	9,990,000	100.00	—
1929	8,501,281	85.10	—
1930	755,290	7.56	—
1931	480	0.00	−18,505
1932	330,460	3.31	+129,360

---

① 《中央银行业务局关于债券等业务与财政部往来函电》,中国第二历史档案馆藏,档案号:三九六-9670(1)。

(续表)

年　份	有价证券数额	指　数	有价证券损益
1933	226,865	2.27	+394,562
1934	155,414,118	1,555.70	+258,838
1935	252,904,406	2,531.58	−1,838,911
1936	37,571,773	376.09	−1,270,511

资料来源：《中央银行营业报告》1928—1936年，中国第二历史档案馆藏，档案号：三九六(2)-2627。

表3-6　1932—1936年全国银行有价证券统计表

单位：元

银行名称	1932年	1933年	1934年	1935年	1936年
中央银行	330,460	226,866	155,414,119	252,904,406	37,571,773
中国银行	64,544,446	32,018,846	25,364,331	41,888,742	45,174,771
交通银行	26,033,357	29,901,697	29,309,951	47,203,311	64,249,816
中国农民银行	—	—	691,242	10,039,659	3,465,122
四行合计	90,908,263	62,147,409	210,779,643	352,036,118	150,461,482
央行比例(%)	0.36	0.37	73.73	71.84	24.97
全国银行总计	226,408,267	256,901,074	469,751,665	593,882,595	501,007,136
央行比例(%)	0.15	0.09	33.08	42.58	7.50

资料来源：《全国银行年鉴(1936)》，第S79、S84页；《全国银行年鉴(1937)》，第S102、S107页。

从上表可以看出，在宋子文任总裁时期，中央银行持有有价证券数量不多且逐年递减。1931、1932年两年所持有价证券数量与中国、交通等银行相比非常少，尤其是1931年数量微不足道。这一变化与这两年政府减少公债发行有关，也与中央银行实力相对有限不无关系。所以，当宋子文任总裁期间，"相对而言,中央银行在公债市场上是不重要的"[1]。孔祥熙任总裁和财长后,从1934年开始,由于白银外流导致通货紧缩,证券市场亦发生波动,银行界普遍抵制购买政府债券。孔祥熙便通过中央银行吸收公债,央行购存有价证券额急剧增加。1934年,中、交两行所持证券数额较1933年有减无增,只有中央银行一家在快速增加。中央银行所持有的政府债券,无论数量,还是比例,都开始超过中、交两行,在公债市场上发挥着更大作用。

现代各国中央银行握有证券和买卖证券的目的,不在于盈利,而是为了调剂资金供求,影响整个国民经济,买卖证券不是目的,而是宏观经济调控的手段。但是,国民政府中央银行握有和买卖证券,既是为了获利,也是为了配合政府公债政策,维持公债市场,从而支持政府财政,但尚未达到调剂通货供需的水平,公开市场操作功能并不具备,因而只是一种初级的职能发挥。如有学者所言:自国民政府成立后,一直到抗战爆发前,中央银行作为主要经理公债的金融机构之一,通过发行与推销公债这一经济杠杆,使国民政府聚集了巨额资金。然而此期中央银行参与证券市场的公债买卖,目的仅为稳定公债市价,而非调剂通货供需。[2]

(三) 中央银行与经理外债

在国民政府中央银行成立前,中国政府举借外债,以及外债基金保管与还本付息等事宜一直由总税务司和外商银行经手办理。外商银行经常利用其经理外债的优势地位,操纵汇率,剥削中国政府。中央银行成立后,即致力于"能够掌管外债,并把这件牵涉到按照惯例操在其他类似机关手里的事权收回"[3]。

1. 海关金单位改革与外债经理权的转移

清末至民国时期,外债和赔款的本息支付绝大部分是以金为计算单位的,

---

[1] [美]小科布尔:《上海资本家与国民政府(1927—1937)》,杨希孟、武莲珍译,第85页。
[2] 刘慧宇:《中国中央银行研究(1928—1949)》,第157页。
[3] [美]阿瑟·恩·杨格:《一九二七至一九三七年中国财政经济情况》,陈泽宪、陈霞飞译,第173页。

但中国长期实行银本位货币制度,作为支付债赔各款担保基金最主要来源的关税征收,以白银为计算单位,因而在国际结算中就要承受金银比价的影响。20世纪20年代后,国际市场上银价不断下跌。尤其是1929年下半年开始,世界银价骤然暴跌,这对以关税为主要财政收入来源的国民政府而言,无疑是一场灾难。"1929年的银价暴跌,几乎把关税自主所带来的好处大部分抵消。"①为了减轻损失,国民政府不得不对关税征收方式进行改革。

1930年1月15日,国民政府宣布,自2月1日起征收海关进口税一律改用海关金单位计算,海关金单位由政府规定值60.1866克纯金,1海关金单位等于0.40美元、19.7265便士、0.8025日元。银元、银两及其他通用银币纳税仍准使用,其与海关金单位的折合率应由海关总税务司随时于三日前公布。②海关金单位制度实行后,中央银行获得了经理海关金单位事务的特权,并在业务局特设关金汇兑科,以主其事。"中央银行设立关金汇兑科之主要目的,乃为便利商人得随时购买关金,向该行结价,亦得向该行开立关金存户,以关金支票直接付税。倘商人欲以英美金直接换税者,亦得向该行按照定价折合。换言之,凡取有纽约或伦敦电汇证明书者,该行即可接受,合换关金。"因而,"自该科成立后,商人咸感便利焉"。③

海关金单位制度的实施,对于国民政府缓解财政压力起到了积极作用。同时,海关金单位制度的实施,改变了以往偿付外债和赔款的运作机制。此前,外债之偿还统归外商银行经理,由其在一定时期结价。所需白银,由海关税收拨付。此后,中央银行运用海关金单位制度而得到的外汇,直接以外币向外商银行清偿债务。这一做法有助于避免汇兑风险,减少国家损失,并使中央银行掌握了债赔各款本息偿付方式的主动权和外债经理权,扩大了其业务范围和影响

---

① [美]阿瑟·恩·杨格:《一九二七至一九三七年中国财政经济情况》,陈泽宪、陈霞飞译,第47—48页。

② 财政部财政科学研究所、中国第二历史档案馆编:《国民政府财政金融税收档案史料(1927—1937年)》,第793—794页。

③ 张悦联:《海关金单位》,《银行周报》第17卷第1期,1933年1月17日。

力,而外商银行以前那种利用经理外债特权而操纵汇率进行谋利的情形就大为改变。

海关金单位制度实施后,外债归中央银行经理者,有1895年借款、1896年借款、1898年借款、1908年借款、1911年湖广借款、1912年克利斯浦借款、1913年善后借款,以及庚子赔款。中央银行"遵照政府训令,按期汇付,其全年经付之总数,不下英金五百二十万镑。二年来所办之结果,不仅于国家信用,益加稳固,即无形中为政府节省汇兑上之亏负,更不知几许也"①。

新成立的关金汇兑科,虽为买卖关金而设,但其职能远不止此。如据负责关金汇兑科事务的美籍顾问林奇在致宋子文函中所说,关金汇兑科要处理所有盐税担保贷款的结汇和汇款,并为大约60%的关税担保外债的偿付提供海外黄金基金;实际上所有涉及黄金的赔款,都由关金汇兑科处理;关金汇兑科处理了绝大部分的中国外债和赔款事务,取代了以前作为中国财政代理人而在中国和国外处理这些债赔事务的外国银行;中央银行通过目前的关金汇兑科,成为中国政府与对中国政府外债感兴趣的银行家之间的联络中介。②

通过海关金单位制度的实施,外汇源源不断地流入中央银行,也使财政部和中央银行从海关总税务司及外商银行手里接管了经理偿付外债的业务。在偿还外债的手续上,"新成立的中央银行起了很好的作用"③。

2. 中央银行与经理棉麦借款

除了在原有外债方面,收回由外商银行操纵的经理权外,中央银行在这一时期国民政府新举借的外债中,更是发挥着主导作用。

棉麦借款是南京国民政府于1933年5月向美国举借的一笔实物借款,也

---

① 张悦联:《海关金单位》,《银行周报》第17卷第1期,1933年1月17日。
② 林奇致宋子文函,Arthur N. Young Papers, Hoover Institution Archives, Stanford University, Box 131.
③ [美]阿瑟·恩·杨格:《一九二七至一九三七年中国财政经济情况》,陈泽宪、陈霞飞译,第42页。

是这一时期举借的最大一笔外债。棉麦借款达成后,为了妥善进行棉麦借款的购销及保管事务,宋子文在签订合同后就致电行政院长汪精卫,要求委托中央银行为代理机关,经理购买、运输、堆栈、出售及还款各事,运输、保险经费亦由中央银行暂垫,并与美方随时接洽。[①]7月,中央银行理事会决定设立经理美贷棉麦事务处,由业务局经理席德懋兼任经理。同时,为使棉麦借款活动"纯粹商业化",另组由中央银行直辖之中美棉业合组社和中美麦业合组社,并由中央银行承担全部费用。棉麦借款的归还也由中央银行处理。至1944年底,棉麦借款全部偿清。经理美贷棉麦借款,是这一时期中央银行经理的最主要的一笔外债,"不仅手续繁琐,且责任至重"。通过经理棉麦借款,中央银行可以按借款实支数获取25‰的手续费,而且在处理美贷棉麦事务过程中,中央银行作为国民政府财政部代理人的角色和功能得到了全面充分的体现,并为此后类似借款积累了经验。

至1936年,中国政府的外债及赔款,除了个别特殊情况外,其余以关税、盐税为担保之各种外债赔款,均已由中央银行经理汇付。

三、中央银行与财政垫款

中央银行代理国库,在享受诸多权利的同时,也负有援助国家财政的义务,每当财政收支不抵时,中央银行必须给予帮助。对政府进行贷款融资服务,不仅是构成中央银行与政府关系中最实质的部分,同时也是中央银行代理国库职能和调剂财政金融的一种体现方式。"代理国库及垫款,乃中央银行对政府最重要之财务责任。"[②]

南京国民政府建立后,内忧外患接踵而至,国家税收经常受到影响,而军政开支却持续增长,财政始终处于入不敷出的境地,财政赤字居高不下。如下表所示:

---

① 中国第二历史档案馆编:《中华民国史档案资料汇编》第五辑第一编"财政经济(三)",第251页。
② 陈行:《中央银行概论》,第45页。

第三章 抗战前国民政府中央银行的创建与初步发展

表 3-7　1928—1936 年中央政府岁入岁出统计表

单位：百万元

年　份	岁　入	岁　出	赤　字	赤字财政* 出售公债库券	赤字财政* 银行垫款
1928—1929	332	412	80	69	11
1929—1930	438	539	101	91	10
1930—1931	497	714	217	193	24
1931—1932	553	683	130	125	5
1932—1933	559	645	86	26	60
1933—1934	622	769	147	88**	59
1934—1935	745	941	196	196	0
1935—1936	674	1,057	383	54	329

说明：＊ 很难找到政府公债和库券出售的确切数字，因为当时政府债券几乎都不是公开出售的，而作为银行垫款的公债，也是按照不同的价格售给银行的。 ＊＊ 其中包括价值 830 万元(中国货币)的美国对华的棉麦借款。

资料来源：张公权：《中国通货膨胀史(1937—1949 年)》，杨志信译，第 71 页。

借债度日是国民政府的财政常态，"政府借不到款就无法生存下去"[①]。银行垫款是政府弥补财政赤字的主要途径之一，而银行垫借款主要来源于中央银行。国民政府创建中央银行的主要目的之一就是为了解决财政困难，因而辅助政府财政，尤其是向政府提供垫借款，便成为中央银行的一项重要职责。每当政府财政不敷或紧急需款之际，一般都由行政院向财政部发出紧急支付命令，再由财政部向中央银行开发一张紧急国库支付通知书，由中央银行先行垫付；垫付款项无力偿还，则变成长期借款；借款达到一定数量而无力偿还时，由政府发行公债，由中央银行购买结账。

[①] [美]阿瑟·恩·杨格：《一九二七至一九三七年中国财政经济情况》，陈泽宪、陈霞飞译，第 100 页。

中央银行对于支持财政发挥着关键作用。如孔祥熙所说:"历年国用不敷,恒持发行公债以为弥补每月缓急之需,并赖中央银行以资调剂。"①例如,1932年度下半期与1933年度上半期,是两会计年度内财政最困难之时期。1932年度借债额为8,600万元,1933年度借债额为14,700万元。②与此同时,中央政府则始终是1932至1933年中央银行最大的放款对象,占到了中央银行放款的60%以上。如下表所示:

表3-8 1932—1933年中央银行放款统计表

单位:元

放款者	1932年放款数目	百分比(%)	1933年放款数目	百分比(%)
中央政府	91,875,218.30	62.00	136,179,552.77	68.10
地方政府	929,939.98	0.60	1,563,923.14	0.80
同 业	53,656,345.04	36.30	60,851,082.95	30.40
商号及个人	1,512,349.71	1.00	1,179,789.54	0.60
总分行	128,962.05	0.10	168,127.11	0.10
合 计	148,102,815.08	100.00	199,942,484.51	100.00

资料来源:《财政年鉴》第十二篇"金融",第1616页。

从1932至1933年18个月之间,在不依赖发行新债券的情况下,国民政府财政"出纳竟能适合者,皆得力于中央银行借款或透支之援助"③。截至1933年12月底,财政部在中央银行的垫款户已经结欠10,212万元。④另据中央银行档案记载,从1933至1935年,每当税收青黄不接之际,财政部税务署以"筹解军政各费,需款甚巨,时值淡月,所有税收恐不敷解支"为由,多次向中央银行提出透支要求,中央银行几乎有求必应。

---

① 中国第二历史档案馆编:《中华民国史档案资料汇编》第五辑第一编"财政经济(三)",第136页。
② 中国第二历史档案馆编:《中华民国史档案资料汇编》第五辑第一编"财政经济(一)",第537页。
③ 胡善恒:《公债论》,商务印书馆,1936年,第27—28页。
④ 洪葭管主编:《中央银行史料》上卷,第119页。

整个抗战前,随着中央银行实力的增长,其对政府垫借款数额在不断增加,成为政府的最大债主。据中央银行业务局放款结余日报记载,至1937年4月1日,中央银行放款超过4亿元,其中对财政部放款占7/8。① 然而,中央银行向政府大量放款,潜藏着通货膨胀的危险。"政府向中央银行借款,直接即成为发行的增加,此为通货膨胀最直接的方法。"② 因此一战后世界各国对于中央银行向政府的借款,多有明确的严格限制。但是,"中国中央银行之政府放款,则无明文规定,殊不可同日而语也"③。无论是1928年颁布的《中央银行条例》,还是1935年颁布的《中央银行法》,对于中央银行向政府垫借款均未做出明确的限制性规定,尤其是没有数额限制,这为政府向中央银行借款打开了方便之门。而且中央银行被国民政府完全控制,几乎毫无独立性可言,因而对政府的垫借款要求来者不拒,成为政府弥补财政的便捷工具。当时有人提出,各国立法均对中央银行向政府提供垫借款的期限及数额加以限制,中国如果想要"将中央银行造成为银行的银行,则不得不限制垫借,以截断财政紊乱金融之根源"④。然而,在国民政府的财政收支无法得到根本好转,而中央银行又为国营性质的情况下,这一要求很难实现。

四、中央银行与外汇管理

外汇管理是指一国政府为保持国际收支和汇率的稳定,指定或授权中央银行运用经济、行政和法律手段对外汇的收支、使用、结算、买卖以及汇率进行管理。一战爆发后,外汇管理制度开始兴起,各国政府通常将管理外汇的职权授予本国中央银行。由于外汇涉及一国金融和国民经济的核心利益,外汇涨落直接影响国际收支,间接影响国内物价,因而管理外汇就成为一国金融主权的重要构成部分。但在近代中国,自外商银行出现后,就开始经营并垄断外汇业务,

---

① 洪葭管主编:《中央银行史料》上卷,第313—315页。
② 余捷琼:《中国的新货币政策》,商务印书馆,1937年,第165页。
③ 陈天表:《中央银行之理论与实务》,第29页。
④ 崔晓岑:《中央银行论》,第255页。

以汇丰银行为首的外商银行长期操纵中国外汇市场。清末和北洋时期,中国政府"对于外汇漫无限制,一任其自由交易"①。

至南京国民政府成立时,外汇行市的决定权依然掌握在汇丰银行手里。汇丰银行之所以能够操纵中国外汇市场,"固由于伦敦为世界金融中心,英商所处地位优越使然,而亦以我国无强有力中央金融机关主持控制,以致太阿倒持,大权旁落"②。因此,国民政府中央银行成立后,采取一系列措施,积极发展外汇业务,并随着国民政府财政税收相关政策的转变,开始扮演外汇管理者的角色。

(一)海关金单位制度与中央银行介入外汇市场管理

海关金单位制度的实施,不仅使外债经理权由外商银行转移到中央银行手中,而且增强了中央银行在外汇市场的地位。如前所述,中国外汇市场一直由外商银行所控制,国际汇兑标准价格均以汇丰挂牌为标准。"上海汇兑市场,历史相沿,几成习惯,无敢或违。中央银行创设后,虽亦效法各国中央银行之机能,以扩张权力,亦如汇丰有标准牌示。但在市场惯例上,仍以汇丰挂牌为标准,中央牌示,等于具文。"③1930年海关金单位制度的实行,才开始引起外汇市场运作体制的变化,改变了中央银行的被动局面。

关金制度实施后,按照规定,进口商以英金或美金完税者,可向中央银行按照当日定价折合关金,凡持有纽约或伦敦电汇证明书,或即期汇票者,中央银行皆可以接受。此外,中央银行亦可向总税务司购买关金。每日中央银行江海关收税处所收关税,必转入江海关税务司账,江海关税务司又转入总税务司账。总税务司除将一部分偿还外债外,其余即可转售于中央银行。④中央银行利用关金之买卖与其价格之决定,使关金与伦敦、纽约市场的汇价发生密切关系。凡以英金、美金购买关金者,皆照中央银行关金挂牌行市折合,中央银行亦买进英

---

① 潘世杰:《限制标金外汇投机问题》,《银行周报》第18卷第37期,1934年9月25日。
② 《中央银行国库局拟关于中央银行国库、业务、发行之意见》,中国第二历史档案馆藏,档案号:三九六-6102。
③ 《国际汇兑新标准中央银行正式挂牌》,《银行周报》第18卷第36期,1934年9月18日。
④ 潘世杰:《海关金单位述要》,《中央银行月报》第2卷第9号,1933年9月。

第三章 抗战前国民政府中央银行的创建与初步发展

金、美金及标金,以抵补关金之出售。通过买卖关金,中央银行掌握了越来越多的外汇储备,并"以关金收集之国外存款积为准备,以供汇兑之调拨"[①]。

海关金单位制度的实行,增强了中央银行在外汇市场的地位,成为中央银行开始介入外汇市场管理的第一个重要步骤,"中央银行以金汇姿态出现于外汇市场,是足和外商银行处于竞存的地位"[②]。但是,这只是中央银行介入外汇市场的初步措施,尚未改变长期以来外汇市场形成的格局,外汇市场的控制权仍掌握在外商银行手中。

(二) 取缔标金外汇投机

"标金"是标准金条的简称。中国在1935年前采用银本位制,而世界各国则多采取金本位制,因此在对外贸易中,就经常发生以银折金,或以金折银的情况。由于金银比价涨落不定,致使经营国际贸易的商人,须随时负担外汇行市忽涨忽落的风险。为减免这种风险,遂有所谓"标金"的产生,并在国际结算中被作为公认的支付手段。20世纪20年代,上海是远东地区最大的标金投机市场。

标金与外汇关系密切,涨落相随。在一般情况下,汇价涨金价亦涨,汇价跌金价亦跌。投机者往往利用金价与汇价之间的差额进行投机。1933年,美国放弃金本位制后,中国的金价和汇市剧烈波动,标金外汇投机极为严重,给工商经济和政府财政都带来了严重后果。于是,财政部于1934年9月8日明令取缔标金外汇投机。财政部致函中央银行,要求国外汇兑买卖交易,除了合法及通常营业所必须者、本年9月8日以前订有契约者,以及旅行费用或其他私人需要者,其余自即日起一律暂行停止,并请中央银行"迅为转知中外有关系商人、机关一体遵照"[③]。财政部同时训令上海交易所监理员,批评金业交易所"实为投机者造谣操纵之场所",要求"立即转令该交易所,于令到之日起,所有新做交

---

① 洪葭管主编:《中央银行史料》上卷,第28页。
② 祝百英:《民元来我国之外汇问题》,朱斯煌主编:《民国经济史》,银行学会,1948年,第213页。
③ 中国第二历史档案馆编:《中华民国史档案资料汇编》第五辑第一编"财政经济(四)",第479页。

易,应用现金交割,不得再用外汇结价,以符名实"。①

接到财政部命令后,交易所理事会及银行公会国外汇兑组召集紧急会议,并与财政部代表、中央监理员陈行商定,自 10 月 15 日起,将标金买卖价格由美汇结价改为以中央银行海关金单位挂牌为标准结价。②双方协定后,从 1934 年 9 月 11 日起,中央银行就开始依据伦敦金块价格,每日早晨将标金标准价格及关金价格正式挂牌。

取缔标金外汇投机,由中央银行关金挂牌作为标金结算标准,具有重要意义。它不仅使标金价格和标金市场得以稳定,并由中央银行控制,而且有利于外汇价格的稳定,加强了中央银行在外汇市场的地位。在此之前,标金之标准价格,无论汇丰银行与中央银行均无牌示,任由交易所开盘涨落。标金改用关金结价后,中央银行虽然尚不能完全控制外汇市场,但在标金市场上却具有了相当强的控制力,如果标金价格涨落不大,投机可因之减少,间接使汇兑上之投机有所收敛,起到稳定外汇市场的作用。而且,关金行市由中央银行掌控,中央银行通过关金的买卖及其价格的决定,可以直接操纵金市,间接影响外汇。"从此汇兑视线,由汇丰而移转于中央,中央对于汇兑上之机能扩大,而为管理汇兑之初步成功。实为金融史最可纪念之一页。"③上海外汇市场沿袭多年的以汇丰挂牌为标准的格局终于被改变,中央银行开始成为上海国际汇兑业务的管理者。

(三) 设立外汇平市委员会

1934 年美国实施白银政策后,世界银价上涨,导致中国白银大量外流,并对中国外汇市场造成巨大冲击。国民政府财政部为制止汇价提高,阻止白银外流,决定从 1934 年 10 月 15 日开始征收白银出口税和平衡税。同时,中央银行也发出公告,宣布自 10 月 15 日起,"遵照政府白银出口征税训令,将所有合算伦敦银价与上海电汇伦敦先令差额之行市,由本行在每营业日上午十一时半核

---

① 《财部取缔标金外汇之投机》,《银行周报》第 18 卷第 36 期,1934 年 9 月 18 日。
② 张光地:《财部限制外汇取缔投机问题》,《银行周报》第 18 卷第 37 期,1934 年 9 月 25 日。
③ 《国际汇兑新标准中央银行正式挂牌》,《银行周报》第 18 卷第 36 期,1934 年 9 月 18 日。

定后通知海关,俾便折算"①。平衡税税率的高低,由中央银行视上海外汇价格之升降而定。1934年白银出口征收平衡税,切断了汇率与国外银价的关系,为实行外汇管理政策扫清了障碍。

在宣布白银出口征税之后,为避免汇市剧烈变动起见,财政部于1934年10月16日颁布《外汇平市委员会组织大纲》,规定由中央、中国、交通三行受财政部委托,组织外汇平市委员会;委员会为适应市面之需要,可委托中央银行买卖外汇与生金银,以平定市面;委员会于必要时,可委托中央银行为现银之输出与输入;政府所征白银之平衡税,均拨交委员会为平市基金,由财政部令行税务司解交中央银行另行存储。②当天,财政部即致函中央、中国、交通三行,要求筹集平衡基金1亿元,其中中央、中国两行各担任4,000万元,交通银行担任2,000万元,以为平市之用,如有损失由财政部完全负责。该委员会于10月17日组织成立,三行各派一名代表委员组成。③外汇平市委员会设于中央银行业务局,其"唯一之任务,在视市面之情形,平衡汇市,即随时酌量以'买进'方法,阻汇市之跌势,以'卖出'方法,阻汇市之涨势,务使汇价安定,无过涨过落之弊"④。同时,中央银行每日上午公布的平衡税率也由该会议定。每日上午十时以前,由委员三人在中央银行会商核定平衡税率,由中央银行于上午十时公布。

外汇平市委员会的成立,对于中央银行控制外汇职能的发挥起到了进一步的推动作用。在1934年10月以前,"中央银行虽亦有外汇挂牌,然其效力不宏"。1934年10月外汇平市委员会成立后,中央银行之外汇挂牌日趋重要。同时,自外汇平市委员会成立后,中央银行逐日公布平衡税率,以抵伦敦银市与上海银市之差。"于是国家银行,管理白银移动,巩固上海金融市场之效力愈著,而中央银行

---

① 《政府实行增征白银出口税》,《中央银行月报》第3卷第11号,1934年11月。
② 中国第二历史档案馆、中国人民银行江苏省分行、江苏省金融志编委会合编:《中华民国金融法规选编》下册,第999页。
③ 《中中交三行复财政部函(1934年10月17日)》,上海市档案馆藏,档案号:Q55-2-548。
④ 杨荫溥:《中国金融研究》,第258页。

之控制外汇,管理现金移动之功用以成。"①通过外汇平市委员会,"中央银行之外汇管理业务,已由间接控制汇价,进入直接之控制,换言之,即中央银行直接参与外汇之买卖,以防止汇价之巨幅波动"②。中央银行把直接进行外汇买卖和直接实施外汇管理结合起来,其在外汇市场的动向越来越受到各方的重视。

总之,1934年10月前后,国民政府通过采取取缔标金外汇投机、白银出口征税以及设立平衡基金和外汇平市委员会等一系列措施,加强了中央银行对外汇市场的干预和控制,中央银行开始肩负起应对国际货币金融战争,维持外汇稳定,保护中国通货的重任。

(四) 法币改革与外汇控制权的加强

以上各项外汇措施实施后,中央银行在控制外汇方面取得显著效果,但外汇市场的动荡仍然严重,情况并未得到根本好转。直到1935年11月3日法币政策实施后,外汇市场才发生了根本变化。法币政策规定,为使法币对外汇价按照目前价格稳定起见,应由中央、中国、交通三银行无限制买卖外汇。11月4日,财政部即函令三行:"关于稳定外汇价格,应由三行负责,希即依照布告第六项规定要旨,随时妥察市面情势,协应机宜,勿任发生轨外变动。"③

稳定外汇价格,是实施法币政策的主要目的之一。由于法币实行外汇本位制,其最重要的问题就是安定汇价,汇价能否稳定成为整个币制改革能否成功的关键。由于当时租界尚未收回,领事裁判权仍未取消,外商银行势力雄厚,严格的外汇管理政策不易实施。受此限制,政府只能责令国家银行以一定标准无限制买卖外汇,以免汇价波动。鉴于中央银行实力尚欠充足,无法独自承担稳定汇价之重任,故法币政策规定由中央、中国、交通三银行无限制买卖外汇。于是,在中、交两行协助下,中央银行开始承担起稳定法币汇价的重任。从11月4日起,外汇行市均由中央银行上海总行挂牌规定,上海以外各地由中央银行逐

---

① 程绍德:《近数年来上海金融之恐慌及其建设》,《中央银行月报》第5卷第1号,1936年1月。
② 刘攻芸:《二十年来中央银行之外汇管理业务》,《中央银行月报》新3卷第10期,1948年10月。
③ 《全国一致奉行法币》,《银行周报》第19卷第44期,1935年11月12日。

日电告。中、交两行亦按照中央银行的规定价格进行外汇买卖,不得参差。中央银行外汇行市,计分三种:第一种挂牌行市(Official Rates),第二种卖出行市(Selling Rates),第三种买进行市(Buying Rates)。①

为使法币对外汇价按照规定价格稳定起见,由中央银行视各国汇价实行钉住政策,并由中央、中国、交通三行无限制买卖外汇。"所谓无限制买卖外汇,即中央银行每遇汇价至其规定之限度时,即出而大量买进或卖出,此与各国在管理通货下所施人为方法,稳定汇价于某种限度内者,有同样之功效。"而汇价变动之范围,英汇之最高限为1先令2便士625,最低限为1先令2便士375;美汇最高限为30元,最低限为29.5元。每日汇价在此限度内变动,中央银行就无须参加市场,干涉买卖。但美汇或英汇等因供需关系越过此项限度时,中央银行可无限制买卖外汇,以维持限定汇价。

由于对外汇价确定在了一个较为恰当的标准,同时又有三行无限制买卖外汇办法维持,因此"此种政策实行后,汇价极其稳定"。法币政策实施后的一年多时间里,中国的外汇市场不仅经受住了投机者的考验,而且开始摆脱国际因素的干扰。无论是欧洲战争,还是西安事变,都未对上海外汇市场造成太大影响。在中央银行的调控和中央、中国、交通三行的共同努力维持下,外汇市场异常稳定。"回顾一年来之汇价,即无异回顾一年来中央银行统制外汇之成功史。"②

总之,法币政策实施后,"中央银行之外汇挂牌,遂成为我国外汇稳定之主体"③。中央银行完全获得了应有的外汇牌价发布权,在统制外汇方面取得了显著成效。直到抗战爆发前夕,中央银行法币对英镑牌价的中间价,始终维持在实施法币政策最初所宣布的水平,中国在历史上第一次出现了汇率的稳定。但是,由三家银行来办理稳定外汇的业务,"究竟不灵活,也不方便"。而且,一些

---

① 中国第二历史档案馆编:《中华民国史档案资料汇编》第五辑第一编"财政经济(四)",第374页。
② 《一年来上海金融市况》,《中央银行月报》第6卷第1号,1937年1月。
③ 程绍德:《近数年来上海金融之恐慌及其建设》,《中央银行月报》第5卷第1号,1936年1月。

政府机构,尤其是铁道部,往往不服从政府只准中央银行办理外汇的命令,时常不顾中央银行而径直购买外汇。[1]因此,中央银行对外汇的统制能力还需要进一步加强。

此外,法币政策实施后,银币停止使用,白银收归国有。中央、中国、交通三行开始收缴现银,并将白银运往美国等国际市场出售,以换取外汇储备。运银赴美出售工作,最初由三行各自进行。1936年1月之后,改由中央银行统一负责。从法币政策实施后到1937年7月止,中国向美国出售的白银总数共达1.87亿盎司。抗战期间,剩下的白银连同后来收集到的白银全数卖给美国财政部。中央银行共计卖给美国财政部5.53亿盎司白银,得价2.52亿美元。[2]随着白银的出售,中国的外汇储备快速增长。据财政顾问杨格估计,1937年6月30日,中国持有的外汇、黄金和白银,总计约3.8亿美元。[3]通过出售白银,中央银行手中掌握了大量的外汇储备,不仅为法币准备了充足的外汇基金,也使自己真正成为外汇市场的主体。

第四节　中央银行的货币发行与币制改革

中央银行作为"发行的银行",发行货币是其最基本和最重要的职能。集中货币发行是现代中央银行制度形成的一个重要原因和标志,也是中央银行不同于普通金融机构的主要独特之处。近代中国货币制度长期处于混乱状态,直到南京国民政府上台时,货币制度仍是一盘散沙。统一币制是国民政府建立后确定的基本方针,成立中央银行则是为统一币制而采取的首要措施。1928年颁布的《中央银行条例》规定,国民政府授予该行发行兑换券和铸造及发行国币的特

---

[1] [美]阿瑟·恩·杨格:《一九二七至一九三七年中国财政经济情况》,陈泽宪、陈霞飞译,第308页。
[2] 同上书,第275、316页。
[3] 同上书,第280页。

权。1935年颁布的《中央银行法》再次明确规定,发行本位币及辅币之兑换券;经理政府所铸本位币、辅币及人民请求代铸本位币之发行,是国民政府授予中央银行的特权。中央银行成立后,在配合国民政府统一币制方面发挥了重要作用,也取得了显著成效。

一、发行国币与废两改元

银两、银元同时并存流通,是近代中国货币制度中最严重的弊端,因而废两改元的呼声不断。南京国民政府建立后,即开始筹划实施废两改元。中央银行和中央造币厂是实施废两改元的两个主要工具,造币厂掌握国币银元的铸造权,中央银行掌握发行权。

1933年3月10日,废两改元首先在上海开始实行,4月5日在全国范围内推行。在废两改元正式开始之前的2月8日,财政部要求中央、中国、交通三行合组上海银元银两兑换管理委员会,以中央银行为主体,于3月10日后管理银元、银两兑换事宜。该委员会设于上海中央银行之内,委员7人,其中中央银行3人,中、交两行各两人,并在中央银行代表中指定1人为主席委员。[①]

废两改元实施过程中,中央银行承担了主要的兑换任务,重点是白银储藏量最多的上海地区。1934年3月15日,中央银行正式开始兑换上海登记宝银,从1934年3月至1935年10月,共进行兑换18次。废两改元实施后,中央银行负责收回各地杂劣旧币,以改铸新币。另外,为了收兑民间银饰银块,中央银行设立了杂色银料兑换处,于1935年2月15日率先在上海开始收兑。[②]上海以外其他各地,除华北地方由中央银行转托中国国货银行代为收兑外,青岛、福州、济南、兰州等地方收兑事宜,均由中央银行各该处分行于9月16日一律开始收兑。[③]至此,废两改元的善后问题基本解决。

---

① 中国第二历史档案馆编:《中华民国史档案资料汇编》第五辑第一编"财政经济(四)",第234—235页。
② 《中央银行奉令成立杂色银料兑换处》,《中央银行月报》第4卷第3号,1935年3月。
③ 《中央银行收兑各地杂银》,《银行周报》第19卷第37期,1935年9月24日。

废两改元是中国近代货币史上一次重要的币制改革,是中国货币制度走向现代化的重要一步。在废两改元过程中,中央银行是执行改革措施的主要机构,发挥了协助政府统一币制的职能。而废两改元的成功实施,也对中央银行的发展有着重要意义,使中央银行真正单独掌握了国币发行权。废两改元实施前,中央银行的国币发行权有名无实。各地公估局、银炉掌握着银两的铸造和发行,各地造币厂则掌握着银元的铸造和发行。废两改元实施后,虽然国币银元可以自由铸造,但其铸造必须经过中央造币厂,其发行必须经过中央银行。中央造币厂所用的银块,由中央银行提供,所铸造的银元及厂条,均归中央银行独家代理发行。很大程度上,中央银行扮演着造币厂和金融界的中介人的角色。①

二、发行银元兑换券

统一纸币发行,是国民政府在统一币制方面的另一个主要目标。国民政府试图通过逐步取消普通银行的纸币发行,不断扩大中央银行的发行,最终实现统一发行。因此,统一纸币发行也是中央银行的主要特权和职责。

(一)中央银行兑换券的发行制度

为了吸取广州中央银行和汉口中央银行滥发纸币的教训,上海中央银行正式成立前,国民政府于1928年10月专门颁布了《中央银行兑换券章程》,对该行的兑换券发行制度作了详细规定。根据该章程规定,中央银行发券制度具有如下特点:

1. 实行比例准备制

近代以来,各国纸币发行准备制度主要包括有价证券存托制、逾额发行十足准备制、比例准备制、弹性最高保证准备发行制、弹性比例准备发行制等。②这些制度各有利弊,其中,比例准备制相对而言优点较多。因此,国民政府中央银

---

① Arthur N. Young to Mr. E. A. Goldenweise, Arthur N. Young Papers, Hoover Institution Archives, Stanford University, Box 46.
② 陈行:《中央银行概论》,第24—31页。

第三章　抗战前国民政府中央银行的创建与初步发展

行采取比例准备制。《中央银行兑换券章程》规定:中央银行兑换券之发行,须按照发行数额十足准备,以60%为现金准备,40%为保证准备。现币及生金银为现金准备,国民政府财政部发行或保证之有价证券与短期确实商业票据为保证准备。①这一制度选择既和中国已有大多数发钞银行所实行的准备制度相同,也符合当时世界发钞制度的趋势。而且,《章程》所规定之60%的现金准备成数,不仅是当时上海各发行银行中现金准备比重规定最高的银行之一,也是当时世界发钞银行现金准备最高的一个。当时实行比例准备制的国家,其现金准备比例很少有超过30%的。②

2. 不分区域,统一发行

中央银行成立之前,具有发行权之各银行建立了分区发行制度。所谓分区发行制度,即发钞银行将全国划为若干区,各区发行之钞票,皆印有各区之地名,并在区域内流通兑现。分区发行制度是发钞银行在当时中国特殊环境下的一种应对措施,目的是为防止一地发生金融恐慌而波及他地。③但这无形中加深了各地间的货币割据和金融分裂,不符合货币发行的统一原则,也不利于区域间的经济交往,"其为我国发券上之一种病态,又岂容讳"④。

上海中央银行成立时,尚有广州、汉口中央银行钞票流通,因此为区别起见,由总行发行印有上海地名的兑换券一种,通行全国,不加地域上之任何区别。"无论在何地流通者,皆得在上海兑现,内地各分行为便利持票人计,可随时代为兑现。"⑤这样,中央银行成为唯一一个实行全国统一发行、随地兑现的银行,这与中、交等行钞票分区兑现有了重大区别。这种发行制度相对于分区发行,无疑代表了中国发行制度的发展方向,"宣示统一币制之先声"⑥。

---

① 洪葭管主编:《中央银行史料》,第54页。
② 梁钜文:《中央银行制度概论》,第109页。
③ 潘连贵:《上海货币史》,上海人民出版社,2004年,第176页。
④ 谦益:《记中央银行兑换券之发行》,《钱业月报》第9卷第10号,1929年10月。
⑤ E.Kann:《论废除银汇与中央银行》,受百译,《银行周报》第13卷第20号,1929年5月28日。
⑥ 崔晓岑:《中央银行论》,第246页。

3. 实行发行独立、准备公开制度

上海中央银行筹备之际，已抱定发行独立、准备公开为原则。在总行的职能部门设置中，分设发行、业务两局，以保持发行之独立。"宋（宋子文）、陈（陈行）二总裁极主业务与发行独立，不相牵混。业务局须将现金交足后，再由发行局予以钞票，以清界限，而固信用。"①发行局对于业务局完全独立，非有法定之准备，不能滥发一纸。而且，"发行数量之审定，属于理事会之职权，准备金之稽核则为监事会之职务"，这种发行独立制度的用意在于表明中央银行发行慎重严格，以昭大信，这也是中央银行条例"精神之所在"。②在发行独立的同时，中央银行还将发行准备金完全公开。由监事会每旬检查发行库存券及其准备金，且往往临时通知，并不定日，检查后即登报公告。在最初几年，监事会颇能履行其职责。"每次查库，由监事一人入库，各员轮流担任，自稽核以至办事人员多人，亦随同入库，翻箱倒箧，随意抽查。"③

发行准备金公开制度，由中国银行于1928年5月开始率先实行，其后发行银行大都效仿。但《中央银行兑换券章程》是"在法规上订定公布发行准备之嚆矢"④。而且，中国银行规定每月检查发行准备一次，中央银行则为每旬一次，一月三次，"当局者励精图治之精神，可于此见之"⑤。从成立至抗战爆发前，中央银行共发布兑换券发行准备检查报告341次，有助于树立和提高其纸币信用。

总之，中央银行的兑换券发行制度颇为完善，如当时著名的外籍中国货币金融专家耿爱德所说："上海中央银行纸币，一切设施，多根据最近科学方法，订有精密规约。"⑥这些制度和措施的贯彻，对于从内部规范中央银行钞票发行制

---

① 洪葭管主编：《中央银行史料》上卷，第12页。
② 《中央银行开幕记》，《银行周报》第12卷第43号，1928年11月6日。
③ 李健青：《记中央银行》，中国人民政治协商会议全国委员会文史资料委员编：《文史资料存稿选编》（经济上），中国文史出版社，2002年，第347—350页。
④ 《中央银行开幕矣》，《银行周报》第12卷第44号，1928年11月13日。
⑤ 耿爱德：《国民政府之纸币政策》，《银行周报》第13卷第1号，1929年1月1日。
⑥ 同上。

度,提高钞票信用起了积极的作用。

(二)中央银行兑换券的发行进展

国民政府中央银行成立后,采取了一系列积极措施推广兑换券发行,如委托外埠同业代兑,实行领券制度,通过政府法令和政府机关推动流通,通过财政部加强对其他发钞银行监督与限制等。在这些措施的推动下,中央银行钞券的发行数量快速增加,流通区域日渐扩大。

据1928年11月16日该行第一次检查报告,发行额为186万元,到1935年10月26日时发行额已达1.3亿余元,7年间增加了70多倍。尤其是1933年时局稳定并实施废两改元之后,增速更为明显。在当时上海的发钞银行中,中央银行的增速绝大部分时间一直位列第一。如下表所示,中央银行发行额占上海各银行发行额之百分比,由1931年12月的9.14%,增至1933年底的20.91%。考虑到这一时期受"九一八""一·二八"等日本侵略战争的影响,中央银行"于此三年中,发行如此惊人之进步,殊属难能可贵"。中央银行钞票增速远超其他银行,"不可谓非奇迹也"。[①]而且,中央银行兑换券发行额在快速增长的同时,其现金准备在绝大部分时间里高达70%—80%,"不能不称其经营之稳健"[②]。

表3-9 上海各银行发行额百分比较表

行 别	1931年		1932年		1933年	
	11月	12月	11月	12月	10月	11月
中 央	11.72	9.14	13.19	14.00	20.89	20.91
中 国	44.51	45.57	41.30	40.36	35.99	35.58
交 通	14.02	10.16	13.92	13.76	12.51	13.03
浙江兴业	2.52	2.67	2.43	2.35	2.31	2.20

---

① 程绍德:《民国二十二年之上海金融》,《中央银行月报》第3卷第1号,1934年1月。
② 岩双:《中央银行之进展与银行制度之将来》,《东方杂志》第30卷第14号,1933年7月16日。

(续表)

行　别	1931年		1932年		1933年	
	11月	12月	11月	12月	10月	11月
中国实业	6.79	7.37	9.13	9.26	9.52	9.31
四　　行	10.00	14.02	9.45	9.13	7.96	8.45
四　　明	5.22	5.54	4.95	5.40	5.59	5.39
通　　商	3.48	3.68	3.77	3.87	3.70	3.51
垦　　业	1.74	1.85	1.87	1.85	1.52	1.62
总　　计	100.00	100.00	100.00	100.00	100.00	100.00

资料来源:程绍德:《民国二十二年之上海金融》,《中央银行月报》第3卷第1号,1934年1月。

随着南京国民政府军事势力和实际控制版图的扩大,以及中央银行分支机构的增设,其钞券在发行额快速增长的同时,流通区域也日渐扩大。到1930年时,经过一年多发展,中央银行钞券在上海及周边省区已取得了较为良好的信誉,"其纸币流通之面积甚广,北起天津,南至福州,以及内地之平汉路线均有之"①。

30年代以后,在很多地区央行钞券基本上能够与历史悠久的中、交两行钞票并驾齐驱,甚至在一些地区开始驾而上之。例如,据各地中央银行分支行处报告,在绍兴,"市上各钞,流通日增,尤以我行及中国券最为乐用"②。在安庆,"纸币流通额最广者为我行及中国行之本券,交行次之"③。在南昌,1933年初,中央钞券"约占市面全数之六成,中国银行等,约占三成,其余合占一成而已"④。在郑州,人民对于央行钞券"非常欢迎","在市面行使,与现洋相等,

---

① 《中国逐渐采行金本位币制法草案暨理由书(三)》,《中央银行旬报》第2卷第12号,1930年4月中旬。
② 《中央银行旬报》第2卷第14号,1930年5月中旬。
③ 《中央银行旬报》第2卷第19号,1930年6月。
④ 《调查:南昌之金融》,《中央银行月报》第2卷第2、3号,1933年2、3月。

中、交钞贴水"①。在一些边远地区,如贵州,中央银行成立前,当地人民对"国家银行非所习闻"。中央银行设立以后,"本券发行,深得一般信用,甚有贱视现金,而珍用本券者"。②到1935年6月,贵州全省流通钞券中,中央钞约占60%,他行钞约占40%,而且中央钞票价格较现洋及他行钞为高,每千元加水6元至10元。③至1935年,中央银行兑换券透过重庆、长沙、西安、贵阳等分行之出纳,可于陕、甘、川、黔等内地省区通行无阻。

在看到中央银行钞券发行取得的重大成就的同时,也应看到,在当时的金融市场上,中央银行的力量尚未强大到足以完全统一兑换券发行的程度。1935年之前的中国纸币发行制度,仍是多数发行的分散制度。尤其是中、交两行发行钞券的历史悠久,信誉良好,这对中央银行的钞券流通构成巨大压力。货币发行权不统一,是阻碍中央银行兑换券发行的最重要的原因。由于中央银行尚未具备独享发行之特权,因而也无法实现对纸币发行量的管理,无法承担货币政策执行者的角色。

三、发行关金兑换券

海关金单位制度实施后,国民政府为便利进口商缴纳进口关税,决定由中央银行发行一种新的、专门的通货工具——关金兑换券(简称关金券)。关金券之发行权,专属于中央银行。

1931年5月1日,中央银行开始发行关金券。关金券按海关金单位的价值,规定每一单位等于美元4角,票面计分10分、20分及金单位1元、5元、10元5种。④关金券规定采用十足发行准备,准备金至少60%以上为库存现金或国外金币,其余以信用卓著的银行承兑票据或金债票充当。发行数量及准备,

---

① 《中央银行旬报》第3卷第4号,1931年2月上旬;《中央银行旬报》第3卷第29号,1931年10月中旬。
② 《第三届行务会议汇编》,中国第二历史档案馆藏,档案号:三九六(2)-2274。
③ 《各地金融市况:贵阳》,《中央银行月报》第4卷第7号,1935年7月;《中央银行月报》第4卷第9号,1935年9月。
④ 《关金兑换券发行办法》,《银行周报》第15卷第16号,1931年5月5日。

该行仍按银元兑换券办法,每旬经监事会检查后,登报公布,以昭信用。实际上,关金券"悉照券额十足现金准备,故其信用至为昭著"①。凡各分支行处所在地设有海关者,可向上海中央银行业务局领用关金兑换券,以5万元为起点。各分支行处对于关金兑换券一律照兑,凡其数目在1,000元以下者,得照当日悬牌行市兑给银元或当地银两,如其数目在1,000元以上者,应照数开给业务局即期金券汇票,业务局收到此项汇票再照折合英金或美金开给国外银行即期汇票。②由于关金券既可在中央银行兑换银元,又可兑换外汇,因而"在事实上,与现金无异"③。

关金券发行后,因仅限于缴纳关税时使用,故用途狭隘,发行数额不多。至抗战前,流通中的关金券总额不到100万元。④1931至1936年,历年年底关金券流通额数,如下表所示:

表3-10 关金券历年年底流通数额统计表

单位:元

年 末	关金券数额	指 数	年 末	关金券数额	指 数
1931	250,000	100	1934	373,325	149
1932	425,000	170	1935	373,325	149
1933	416,715	167	1936	409,630	164

资料来源:中国人民银行总行参事室编:《中华民国货币史资料》第二辑,第110页。

四、法币改革与货币发行权的集中

1935年实行的法币改革,内容涉及多个方面,但货币的统一发行与集中准备是其核心内容。按照国民政府设计的改革路线,法币发行权的统一将分为两

---

① 戴铭礼:《中国货币史》,商务印书馆,1934年,第125页。
② 洪葭管主编:《中央银行史料》上卷,第68页。
③ 张悦联:《海关金单位》,《银行周报》第17卷第1期,1933年1月17日。
④ [美]阿瑟·恩·杨格:《一九二七至一九三七年中国财政经济情况》,陈泽宪、陈霞飞译,第49页。

第三章 抗战前国民政府中央银行的创建与初步发展

步完成,第一步是取消中央、中国、交通三行之外其他银行的发行权,以三行的钞票为法币,由三行暂时共享发行权;第二步是两年之后,中央银行改组为中央准备银行并取消中、交两行发行权,由中央准备银行独享发行权。对于统一发行的问题,孔祥熙曾说:"十一月四日公布法币办法,所有法币之发行权系专授予唯一国家银行之中央银行。即中、交两行之钞券,亦只以满两年为限。"①因此,统一发行被视为新货币政策之第一个精义。

法币改革前,经财政部核准具有纸币发行权的银行多达数十家。法币政策实施后,商业银行的发行权被一概取消。1935年11月25日,财政部颁布《中中交三行接收中南等九银行发行钞券及准备金办法》,开始由中央、中国、交通三行接收上海地区各发行银行钞券及发行准备金。②取消商业银行发行权进展较为顺利,法币改革前商业银行所发纸币约为2.24亿元,法币政策实施后陆续收回,到抗战前夕仅有7,000万元尚在流通。③抗战时期,市场上流通的商业银行纸币逐渐绝迹。

法币政策实施后,国民政府对各省市银行所发纸币也开始进行整理接收。1935年11月8日,财政部致电各省市政府,要求各省市银行,或用其他银行名义而有省市银行之性质者,"其所发各种钞券,亦应即日截止发行,并将已印未发、已发收回之新旧各券,先行封存,连同现在流通券额所有之现金准备、保证准备数目,全数查明报部"。11月11日,财政部致电冀、晋、陕、甘、豫、鄂、湘各省政府,要求将各省银行"现在流通钞票之现金准备、保证准备,连同已印未发及已发收回新旧各券,应即日悉数交由当地中央、中国、交通三银行会同接收"④。省地方银行纸币收回的成效因省而异,但除两广、山西、云南等省份少

---

① 中国人民银行金融研究所编:《中国农民银行》,中国财政经济出版社,1980年,第193页。
② 中国第二历史档案馆、中国人民银行江苏省分行、江苏省金融志编委会合编:《中华民国金融法规选编》上册,第411页。
③ 王业键:《中国近代货币与银行的演进(1644—1937)》,"中央研究院"经济研究所,1981年,第57页。
④ 中国人民银行总行参事室编:《中华民国货币史资料》第二辑,第204页。

受中央节制,效果不彰外,其他各省市银行发行准备之接收,大体均称顺利。①

财政部颁布法币政策法令时,中国农民银行并不是法币发行银行。后在蒋介石的要求下,财政部于1936年2月允许农民银行钞票"与法币同样行使"②,农民银行争得与中央、中国、交通三行基本相同的货币发行权。"四行均对政府财政负有调拨款项责任,故四行均享有发行权。"③

法币政策实施后,货币发行权被集中到中央、中国、交通、农民四家政府银行手中,统一货币发行权的努力获得了巨大进展。四行法币发行迅速增加,1936年已占到全国纸币发行总额的78%,"五分之四之发行,均已集中于中、中、交、农四行,极为明显"④。法币流通范围随着国民政府统治力的增强而扩大。抗战爆发前,北自平津,南至广州,东起上海,西迄兰州,除极少地区外,均已通用法币。"即昔日几全为地方银行、私家银行纸币流通之边远区域,法币亦逐渐通行。"⑤法币改革前,外商银行在华发行的纸币数量,相对于我国公私银行所发纸币的流通数量,已微不足道。法币改革后,外商银行基本上停止了在华发行纸币。"原已减缩之外商银行钞票自此几近绝迹",数十年来"国人企望收回国家货币发行权,终随着法币政策之实施得以达成"⑥。总体而言,中国大部分地区已统一于法币体系之下。

法币政策实施后,借助发行法币的特权和优势,中央银行在货币发行方面力量大增,发行数量迅速上升。如下表所示,1937年6月,中央银行的法币发行量为1935年11月的2.5倍。至1936年中期,中央银行发行量与中国银行的差距已经大大缩小,并已超过交通银行,更远在农民银行之上。发行额的迅猛增

---

① 卓遵宏:《中国近代币制改革史(1887—1937)》,1986年,第371页。
② 洪葭管主编:《中央银行史料》上卷,第332页。
③ 俞鸿钧:《二十年来之中央银行与中国金融》,《中央银行月报》新3卷第10期,1948年10月。
④ 中国银行总管理处经济研究室编:《全国银行年鉴(1937年)》,中国银行总管理处经济研究室,1937年,第A50页。
⑤ 财政部财政科学研究所、中国第二历史档案馆编:《国民政府财政金融税收档案史料(1927—1937年)》,第449页。
⑥ 卓遵宏:《中国近代币制改革史(1887—1937)》,第402页。

长，为其独立承担发行法币任务创造了条件。另外，由于中央、中国、交通三行以外的发钞银行"全部法定准备，已分别交出，集中保管。故实际上各行纸币之负责保证，已由各行本身，直接移于发行准备管理委员会之手，间接即移于中央银行之手"。而且，在禁止使用现银的情况下，将来各行纸币之收回，即以中央银行纸币为之替代。因此，"今日之各行纸币，即他日之中央纸币也"。[①]

表3-11 抗战前中央、中国、交通、农民四行法币发行统计表

单位：千元

时间（月底）	中央银行	中国银行	交通银行	中国农民银行	合计	央行百分比（%）
1935.11	150,893	248,640	143,432	29,893	572,858	26.34
1935.12	176,065	286,245	180,826	29,847	672,983	26.16
1936.1	220,641	308,118	190,810	29,771	749,340	29.44
1936.6	299,253	351,773	204,912	92,035	947,973	31.57
1936.12	325,592	459,310	295,046	162,014	1,241,962	26.22
1937.1	341,733	493,556	307,394	163,614	1,306,297	26.16
1937.6	375,840	509,863	313,548	207,951	1,407,202	26.71

资料来源：沈雷春主编：《中国金融年鉴》，中国金融年鉴社，1939年，第C1页。

法币政策的实施，推动了中央银行统一发行的进程，具有重要意义。但法币政策实施后，中央银行统一发行仍面临着一些制约因素。首先，由于受日本的干涉、破坏和地方势力的抵制，中央银行法币未能在华北增发，地方银行钞票也未停止发行。而且，平津外商银行运银赴沪调换中央法币，亦被华北当局阻止。其次，法币发行以来，中央银行发行额突飞猛进，成效显著，但中、交、农三行发行额也均有飞快增长，尤其是农民银行增长近7倍，中国银行的发行量继续维持在中央银行之上。因此，中央银行发行额在绝对数量增长的同时，在四

---

① 杨荫溥：《中国金融研究》，第8页。

行中所占比例却徘徊不前。"币制改革之后的二十个月内,朝向中央银行独家发钞目标取得的进展很小。"①

总之,国民政府中央银行成立后,在货币发行方面取得显著成就。法币政策实施后,虽然中央银行尚未能完全独享发行权,但发钞权由分散于数十家银行而集中到四家,这无疑是中国货币发行制度的巨大进步,同时国民政府明确规定了中央银行独享发行的权利和发展目标,并制定了具体的时间安排,标志着我国的货币发行制度"业已趋向单一发行制矣"②。这既是中国货币制度的进步,也是中央银行发行职能的进步。

第五节　中央银行服务金融业职能的缺失

中央银行作为"银行的银行",具有向商业银行和金融机构提供金融服务的职能与义务,这也是最能体现中央银行特殊性的一个重要职能。这一职能主要体现在集中银行存款准备金、充当银行业"最后贷款人",以及充当全国银行业的清算中心三个方面。国民政府中央银行成立后,在这三方面也采取了一些措施。

一、中央银行与集中保管存款准备金

普通银行在日常经营活动中,吸收到存款后必须保留一定的资金余额以备客户提存的需要,否则就会出现流动性困难,甚至出现提存挤兑,引发清偿力危机,预留的这部分现款被称为存款准备金。存款准备金之保管制度,可分为单一制与多数制。单一制指一般银行不得保管其存款准备金,须存入中央银行以为保管。多数制指一般银行各自保管其存款准备金,而与中央银行无关。③

---

① [美]阿瑟·恩·杨格:《一九二七至一九三七年中国财政经济情况》,陈泽宪、陈霞飞译,第307页。
② 龙永贞:《我国币制改革后应注意之若干问题》,《中央银行月报》第4卷第11号,1935年11月。
③ 梁钜文:《中央银行制度概论》,第134页。

第三章 抗战前国民政府中央银行的创建与初步发展

从世界金融发展史来看,存款准备金制度经历了从一般银行各自保管其准备金的分散准备制,向一般银行不得自行保管其准备金而须由中央银行保管的集中准备制的演进。由中央银行集中保管商业银行存款准备金,始于18世纪的英格兰银行。至20世纪二三十年代,中央银行集中保管存款准备金制度被各国所广泛采行。"欧美先进诸国之中央银行,或由于习惯之演进,或由于法律之规定,均已成为一般商业银行存款准备之保管者,此乃世界潮流所趋。"[1]集中保管存款准备金,不仅有利于保护广大存款人的利益,而且对于中央银行制度的健全具有重要意义。中央银行集中保管存款准备金,拥有了对这部分准备金的支配权,这无疑增加了中央银行的资金实力。在此基础上,中央银行才可以发挥重贴现、票据清算等职能。因此,集中保管存款准备金是中央银行制度极为重要的一项内容,也是中央银行成为"银行的银行"的前提条件和控制信用的一个重要的货币政策工具。

近代中国,由于银行业发展较为滞后,尤其是缺乏强有力的中央银行,使得存款准备金制度长期缺失。无论是大清银行,还是中国银行,虽然都曾被定位为中央银行,但都未有过集中保管商业银行准备金的制度安排。"法律上既无最低限额之规定,习惯上又无集中之事实。"[2]在存款准备金既无法规也无习惯的情况下,经营稳健的商业行庄能够提存较多准备金以备存户提取,而那些投机取巧的行庄,往往将大量资金用于投机业务,库存现金薄弱,一旦投机失败或发生提存,难免破产倒闭。民国时期金融风潮层出不穷,银行、钱庄倒闭时有发生,其中原因与存款准备金制度缺失不无关系。

《中央银行条例》对于集中保管银行存款准备金并无明确规定,《中央银行法》虽然规定"收管各银行法定准备金"是中央银行业务之一,但对于如何集中存款准备,并无明确操作办法,因而事实上中央银行也未开展此项业务。对中

---

[1] 《论存款准备金应否逐月调整》,《金融周讯》第3期,1945年1月30日。
[2] 鹤影:《商业银行存款准备金问题》,《中央经济月刊》第2卷第10号,1942年10月。

央银行的不信任,是影响普通银行向中央银行交存准备金的重要原因。"盖恐中央银行所存之款,被挪用于别处也。"①中央银行一直未能集中保管存款准备金,而与此同时,各地银钱业却往往将资金大量存储于实力雄厚、信誉优良的中国银行。"各银行之准备金不集中于中央银行,而反集中于中国银行,中国银行无形中居中央银行之地位矣。"②

这一时期,在集中保管存款准备金方面值得一提的是,储蓄银行存款准备金由中央银行保管。为了加强对储蓄银行业的监管力度,1934年7月颁布的《储蓄银行法》规定:"储蓄银行至少应有储蓄存款总额四分之一相当之政府公债库券及其他担保确实之资产,交存中央银行特设之保管库,为偿还储蓄存款之担保。"③该法适用对象为储蓄银行或类似银行,并对存款准备资产的项目、存款准备率以及准备金的计提方法都有所规定。1934年9月,储蓄存款保证准备保管委员会在中央银行正式成立。④各银行缴存的保证准备,由中央银行特设之保管库保管。储蓄存款准备金的集中保管,可谓初步确立了存款准备金的集中保管制度,但这与真正的存款准备金制度还有很大差距。

总之,抗战前,除储蓄存款外,各银行的普通存款准备金仍维持着分散状态。国民政府中央银行不仅未能集中保管普通银行存款准备金,反而为了推广钞票和资金清算方便,还须在上海各银行、钱庄存放大笔现金,即所谓"存放行庄款"。存款准备金制度的缺失,不仅影响金融业的整体发展,而且导致中央银行无法控制整个国家的通货供应和信用规模,制约中央银行其他职能的发挥。

二、中央银行的再贴现业务

再贴现又称重贴现,是指商业银行或其他金融机构,遇到金融紧迫急需款项时,将贴现所得的未到期票据向中央银行转让。对中央银行来说,重贴现是

---

① 马寅初:《马寅初全集》第八卷,第229页。
② 沈祖杭:《准备集中问题之检讨》,《银行周报》第20卷第23期,1936年6月16日。
③ 中国第二历史档案馆、中国人民银行江苏省分行、江苏省金融志编委会合编:《中华民国金融法规选编》上册,第582页。
④ 《储蓄存款保管会正式成立》,《银行周报》第18卷36期,1934年9月18日。

第三章　抗战前国民政府中央银行的创建与初步发展

买进商业银行持有的票据,流出现实货币,扩大货币供应量;对商业银行来说,重贴现是出让已贴现的票据,解决一时资金短缺困难。整个再贴现过程,实际上就是商业银行和中央银行之间的票据买卖与资金让渡的过程。而所谓重贴现政策,就是中央银行通过制定或调整重贴现利率来干预和影响市场利率,以及货币市场的供应和需求,从而调节货币市场供应量的一种货币政策工具。

再贴现制度起源于欧洲各国,尤其是在19世纪的英国得到发展。英格兰银行的市场信用控制政策,自19世纪初叶以来就以贴现政策为中心,19世纪末至20世纪初,贴现政策的运用进入更为成熟的时期。[1]1882年成立的日本银行也开始实行贴现制度,1913年美国联邦准备银行成立后,"其主要目的在推行贴现制度于全国"[2]。一战后各国新成立的中央银行,无不重视对再贴现政策的运用。再贴现政策对于中央银行具有重要意义,它既是中央银行控制货币发行量,进而控制整个金融业的工具,同时也是中央银行承担"最后贷款人"义务,帮助商业银行,稳定金融市场的重要手段。20世纪30年代以前,再贴现政策已被各先进国家中央银行所普遍使用,成为当时最主要的货币政策工具。

近代中国,在晚清和北洋时期,无论大清银行,还是中国银行,其则例中都未提及"重贴现"或"再贴现"业务,在各地发生金融恐慌时,两行往往通过直接向一般行庄提供资金进行救济,重贴现制度尚未形成。南京国民政府中央银行成立后,对于发展重贴现业务颇为重视。《中央银行条例》规定,"国库证券及商业确实票据之买卖、贴现或重贴现"为中央银行营业内容之一。比起中、交两行条例规定的"商业确实期票之贴现或买入",多了"重贴现"一项。但实际上中央银行成立初期,受主客观条件制约,对于重贴现业务,"为慎重起见,暂从缓办理"。各分支行处或因头寸关系,或因限制严格,均未敢放手去做,因而实际上前往中央银行办理重贴现者非常少。[3]1932年及1933年,为扶助华茶出口,由

---

[1] 程绍德:《英格兰银行之贴现率及其最近趋势》,《中央银行月报》第7卷第6号,1938年6月。
[2] 壶公:《论吾国中央银行应提倡贴现业务》,《中联银行月刊》第1卷第2期,1941年2月。
[3] 《中央银行二十年行务会议提案汇编》,中国第二历史档案馆藏,档案号:三九六(2)-2273。

各银行以苏俄协助会所出票据,持向中央银行进行重贴现,"实为仅有之例"①。中央银行的资产负债表中,也没有重贴现相关科目。中央银行因此而遭受各方指责,如马寅初批评其"处于领袖之地位而不提倡贴现,有背中央银行之天职"②。

  中央银行重贴现业务不发达的原因,除了成立之初自身力量薄弱外,更主要的是相关制度和职能的不健全。独占发行权与保管商业银行存款准备金,是中央银行负起重贴现义务应具备之先决条件,但这两大条件中央银行在这一时期都未能具备,从根本上制约了其进行再贴现业务的能力。此外,中央银行重贴现业务的发展,以完备的贴现市场为前提,而贴现市场的形成又须具备两个基本条件:一是大量合格的票据,二是经营票据贴现的机构。这两个条件,在国民政府中央银行成立之后,并未比北洋时期有显著改善,普通银行的贴现业务仍极不发达。1929年10月,国民政府公布了《票据法》,但阻碍贴现的因素并未减少,贴现业务也未出现显著发展。由于普通银行的贴现业务以有票据市场为前提,而中央银行的重贴现业务则以普通银行的贴现业务为前提。在票据市场缺乏,贴现业务稀少的情况下,中央银行的重贴现业务自然无从谈起。中央银行重贴现业务的缺失,又反过来影响了普通银行贴现业务的发展。"无强有力之中央银行,以为再贴现之大本营,则再贴现业务之不发达,盖亦在意料之中矣。"③

  20世纪30年代初期,随着中央银行根基稳固,力量日渐强大,其内部要求开展重贴现业务的呼声日益高涨。在中央银行历次行务会议上,都有不少行处和部门提出办理贴现、重贴现的相关提案与决议。中央银行1931年营业报告书中也曾提出,此后"拟注重于贴现与重贴现业务,以完成中央银行之使命"④。但实际上因中央银行尚无充分准备,重贴现业务一直未能兴办。1934年中央银

---

① 林崇墉:《二十年来中央银行贴放业务之演进》,《中央银行月报》新3卷第10期,1948年10月。
② 马寅初:《马寅初全集》第八卷,第228页。
③ 周启邦:《贴现业务与我国中央银行之关系》,《中央银行旬报》第6期,1929年8月中旬。
④ 洪葭管主编:《中央银行史料》上卷,第28页。

第三章　抗战前国民政府中央银行的创建与初步发展

行国库局成立后提出,重贴现业务"直接足以操纵商业银行之存款,间接足以影响工商业之消长,为中央银行管理全国金融之利器","为本行实施控制金融计,为我国救济金融枯竭计,均以促进重贴现之实施为急不容缓之图"。①1934年1月,中央银行业务局分设放款及贴现两科,但业务并不发达。

1935年颁布的《中央银行法》对中央银行的重贴现业务做了进一步明确规定:"国民政府发行或保证之国库证券及公债息票之重贴现"和"国内银行承兑票、国内商业汇票及期票之重贴现"是中央银行业务之一,并对贴现票据的要求和重贴现率作了具体规定。1935年8月召开的中央银行经济研究处第一次全体会议上,事务长傅汝霖提出:"应根据《中央银行法》之规定,参酌各国成例,制定重贴现规则,将适合重贴现之各种条件,详细规定,庶几贴现业务,可以推行尽利,票据市场,可望促成。"②可见,这一时期中央银行内部对于重贴现业务一直有所关注和重视,并在法规层面有所体现。

1934年开始的白银风潮,推动了票据贴现市场的发展。为了应对白银外流引起的通货紧缩,上海工商界、金融界正式开始推行票据业务的实践活动。1935年初,上海绸缎业同业公会、市商会等积极提倡商业承兑汇票,商业票据数量渐增。1936年3月16日,上海银行公会联合准备委员会组织的银行票据承兑所正式成立,由会员银行认缴准备财产和基金,凡工商客户有确实货物即可向该所领取承兑汇票,经该所估定价格后,便可开出相当金额的汇票,持向会员银行贴现,而银行也可将贴现票据持向中央、中国、交通三银行重贴现。票据承兑所成立后,工商界、金融界一再呼吁中央银行尽快办理重贴现业务,中央银行也曾多次表示,"再贴现为中央银行应办之业务,举办毫无问题"③,但实际上仍未有太大进展。直到1937年7月前,中央银行"仍罕有重贴现之业务"④。通过

---

① 《中央银行国库局拟关于中央银行国库、业务、发行之意见》,中国第二历史档案馆藏,档案号:三九六-6102。
② 《中央银行经济研究处第一次全体会议记录》,上海市档案馆藏,档案号:Q269-1-805。
③ 《经济汇志:一周经济》,《银行周报》第30卷第27期,1946年7月15日。
④ 林崇墉:《二十年来中央银行贴放业务之演进》,《中央银行月报》新3卷第10号,1948年10月。

贴现率控制金融市场,更是无从谈起。

三、中央银行与票据清算

票据清算,又称票据交换,它是指同一城市或区域内,参加交换的各银行每日在规定的时间内,在交换场所将当日收进的以其他银行为付款行的票据同其他行收进的以该行为付款行的票据进行交换,彼此间进行债权、债务的抵消,其差额通过各银行在中央银行的存款账户进行划转清算。

从世界范围看,票据交换组织最早出现在18世纪的英国伦敦。1773年,伦敦成立了世界上第一个票据交换所,然后各地、各国纷纷效仿,票据交换制度也就在全世界发展起来。1854年,伦敦各私人银行允许各股份银行参加票据清算所的组织,不久之后由英格兰银行实行最后的票据清算。从此,中央银行开始了组织办理金融机构之间票据交换的工作。① 中央银行主持票据清算制度具有便利资金清算、节约交易成本、便于金融监管等优点,同时有助于发挥中央银行职能,体现中央银行的特殊地位。因而19世纪末20世纪初以来,主持全国银行票据清算,已成为各国中央银行的主要业务之一,中央银行因此也被称为"清算的银行"。

近代中国,由于长期缺乏名副其实的中央银行,故在票据清算制度方面也经历了独特的发展道路。以上海为例,由于近代上海金融领域先后产生并长期并存着钱庄、外商银行、华商银行三大金融集团,这三类集团形成了各自不同的票据交换制度。1928年国民政府中央银行成立以前,上海已经形成了外商银行以汇丰银行为中心进行划头银两票据清算,钱庄以汇划总会为中心进行汇划票据②清算的格局。而华商银行自1897年产生之后,一直没有自己独立的票据清算机构。因此,钱庄的汇划总会还长期帮助华商银行进行汇划票据清算,这不仅包括清算华商银行与钱庄之间的票据,而且包括清算华商银行同业之间的汇

---

① 万解秋、贝政新、陈作章编著:《中央银行概论》,第153页。
② 划头票据是指到期当日,即能取现的票据。汇划票据是指到期当日虽能通过票据交换机构将款项收入账户,但不能提现,只有到次日才能提取现金的一种票据。

划票据。可以说,这一时期上海市场上票据清算的主要任务落在钱庄身上,"钱庄的功用,不啻是一个中央银行"①。

1928年颁布的《中央银行条例》对于中央银行是否办理票据交换与差额清算,没有做出明确规定,只是简单地提到"代理收解各种款项"。中央银行成立之初,各种职能均未具备,而外商银行与钱庄势力颇大,华商银行实力也多较强,再加上财政不统一,中央银行聚合力尚待加强,故此根本没有能力和条件坐居全国票据交换与清算的中枢地位。②

20世纪30年代之后,华商银行力量日渐强大。1932年3月15日,上海银行业同业公会联合准备委员会(简称联准会)成立后,受同业公会委托兼办票据交换事宜,并于1933年1月10日成立了中国近代第一个正规化的银行业票据交换所。③根据票据交换章程规定,交换银行须以相当存款存于委员会,而于每日票据交换后,以其差额由委员会转账。"然实际上委员会并不存款,而以七与三之比转存中交两行。无形中两行反为'银行的银行'。"④华商银行票据交换所的正式成立,使得上海出现了三个相互独立的清算集团。这固然是票据交换事业发展的结果,但"以同一城市之内,而票据清算团体有三,窒碍之处,当所难免"⑤。随着票据流通的更加广泛和各地票据清算业务的发展,急需要进一步统一清算制度,建立一个以中央银行为中枢的统一而有权威的清算制度。

由于中央银行既未主持票据交换,也未办理各银行间之划拨结算,而且中央银行并非银钱业公会的会员,其直接参加由银钱业公会主持的票据交换所也缺乏合法依据,因而游离于票据交换体系之外,中央银行的票据清算反而需要其他钱庄、银行代理。

1935年《中央银行法》明确规定,"办理票据交换及各银行间之划拨清算"为

---

① 吴承禧:《中国的银行》,第124页。
② 刘慧宇:《中国中央银行研究(1928—1949)》,第207页。
③ 《银行票据交换所今日正式开幕》,《申报》1933年1月10日,第9版。
④ 《中央银行经济研究处第一次全体会议记录》,上海市档案馆藏,档案号:Q269-1-805。
⑤ 《法币施行后一年来之上海金融市场》,《中行月刊》第13卷第6期,1936年12月。

中央银行业务之一。该法颁布后,中央银行内部有行处认为,"此为中央银行法赋予中央银行之特权,亦为中央银行重要使命之一,不容放弃,而必须切实施行"①。但因中央银行并不掌握其他银行的存款准备金,事实上当时并无条件实行。同时,限于当时客观的金融环境,以及在法律上所具有的地位,中央银行最初并未加入上海票据交换所。

1935年12月,联准会鉴于法币改革后,"各商业银行与政府银行间之收付往来日益繁忙,业务关系更为密切,为增进同业收解之便利起见",决定由银行公会出面邀请中央银行加入票据交换所,并与中、交两行一起担任代理收解银行。②1936年1月28日,中央银行正式加入上海票据交换所,其编号为"元"字。因一号、二号已被中国、交通二行占去,故特设一"元"字号。同日起,联准会将各行往来户的交换存款,以4∶4∶2的比例分别存入中央、中国、交通三行,由三行分担交换所的收解事宜,并在联准会设立三行联合办事处,办理划拨转账。③票据交换所"自中央银行加入后,其交换总数,激增至巨"④。

中央银行加入上海票据交换所,被视为"在金融界开一新记录,而于将来全国清算制度方面,奠一基石,关系至巨"⑤。但此时的中央银行仅仅是以交换会员身份与其他行庄发生关系,同时与中、交两行一样,是准备金的管理出纳银行,而并非由其主持票据清算。上海市场的清算制度仍维持着钱庄、华商银行、外商银行三足鼎立之态势,并未形成以中央银行为中心的清算格局。

继上海之后,南京、杭州、重庆、天津等城市也先后仿行,建立起区域性同业票据交换组织。其中一些地方,当地中央银行分支行处开始承担起票据清算的重任。例如,南京银行业同业公会酝酿设立票据交换所之际,经中央银行"总行

---

① 《请废止存放同业推行票据贴现制度刍议》,上海市档案馆藏,档案号:Q53-2-48。
② 《联准会第36次执行委员会会议记录》(1935年12月30日),上海市档案馆藏,档案号:S177-1-7。
③ 《上海银行业联合准备委员会廿五年份业务报告》,《中央银行月报》第6卷第3号,1937年3月。
④ 《一年来上海金融市况》,《中央银行月报》第6卷第1号,1937年1月。
⑤ 经济研究室:《法币施行后一年来之上海金融市场》,《中行月刊》第13卷第6期,1936年12月。

第三章　抗战前国民政府中央银行的创建与初步发展

商由财政部令饬,依据法令,注意本行地位,移归本行办理"①。南京银行票据交换所即于1936年10月15日成立于建康路中央银行内,并公推中央银行代理总收解,会员行保证金交存中央银行。②这可以说是中央银行这一时期在票据清算业务方面取得的重要成就。但在其他很多地方,票据清算机构还是处于各自为政的分散状态,全国范围内统一的票据清算制度尚未形成。

总之,作为"银行的银行",国民政府中央银行在这一时期虽然做了一些努力,但无论是集中保管存款准备金,还是发挥重贴现和票据清算职能,都未能取得太大进展。既没有掌握应有的货币政策工具,也没有成为其他银行的"最后贷款人",因而有人认为"中央银行只是一个空有其名的普通银行,它没有调剂金融的力量,更没有银行之银行的资格"③。中央银行这一方面职能的缺失,束缚了自身宏观调控的力量和手段,也严重制约着中国金融业的发展。如时人所言,抗战前"我国金融之紊乱现象,考其原因,虽有多端,而当时之中央银行不能担负其使命,实为诸般原因中之最著者"④。

本 章 小 结

南京国民政府中央银行成立之初,实力有限,影响不大。但在国民政府的大力扶持下,经过一系列货币金融方面的整顿和改革,特别是1935年的法币改革,使中央银行的实力显著提升,地位不断增强,业务取得长足进步,成为当时首屈一指的大银行。如下表所示,至1937年6月底,中央银行的资本总额增加5倍,资产总额增加31倍,各项存款增加近60倍,掌握现金数量增加近29倍,发行总额增加32倍,纯益至1936年底增加了71倍。

---

① 《第三届行务会议汇编》,中国第二历史档案馆藏,档案号:三九六(2)-2274。
② 潘恒敏:《一年来金融杂记》,《中央银行月报》第5卷第10号,1936年10月。
③ 姚庆三:《中国金融问题之回顾与前瞻》,《东方杂志》第30卷第4号,1933年2月16日。
④ 郭家麟等编:《十年来中国金融史略》,中央银行经济研究处,1943年,第302页。

表3-12　中央银行财富积累统计表(1928—1937年6月)

单位:元

项　目	年　度	1928年年底	1937年6月底
资　本	实　数	20,000,000	100,000,000
	指　数	100	500
资产总额	实　数	47,470,796	1,477,147,078
	指　数	100	3,112
各项存款	实　数	15,410,468	923,885,255
	指　数	100	5,995
现　金	实　数	18,358,010	532,298,205
	指　数	100	2,899
发行兑换券	实　数	11,712,923	377,961,513
	指　数	100	3,227
纯　益	实　数	239,360	7,859,532
	指　数	100	3,284

资料来源:《中央银行营业报告》1928年、1937年上期,中国第二历史档案馆藏,档案号:三九六-2627(1)。

国民政府中央银行在统一币制、经理国库、管理外汇等方面取得的成就表明,中国的中央银行制度已取得了明显进步。如时人所言:"我国的中央银行,因为历史和环境的关系,不能和别国的中央银行有同一的地位,然而中央银行是向这一条路上走的。"[1]就一般业务而言,国民政府中央银行是这一时期发展最快、进步最速的银行。可是从主要职能上看,它还没有发展到健全完善的程度,尤其是作为"银行的银行",这一方面的职能最不完善,乏善可陈。

---

[1] 魏友棐:《孔财长财政报告书概观》,《钱业月报》第15卷第6号,1935年6月。

第三章 抗战前国民政府中央银行的创建与初步发展

这一时期,中央银行职能未臻健全与完善,既有其主观方面的原因,也有当时金融市场和金融环境的客观方面的原因。就主观方面而言,首先,国民政府中央银行成立较晚,历史短暂,成立之初,力量有限,不可能一蹴而就在短期内发展成熟。如陈行所言:"中央银行成立之始,正值我国金融极混乱之时,故期其能早日执行中央银行之职务,势所难能。"① 其次,中央银行成立后,无论是国民政府,还是中央银行自身,都更为强调和重视在服务政府、支持财政方面的职能,其首要功能是作为政府的银行和财务代理人,将更多的资金和力量用于购买公债、向政府垫借款等方面,这样必然会削弱中央银行调剂金融及向银行业提供金融服务的力量。

就客观方面而言,这一时期制约中央银行职能发展的因素不少。首先,中央银行职能的发挥,是以国民政府的权威和力量为前提的。而这一时期,内政尚未完全统一,凡是中央政府力量没有到达的地方,中央银行便无法设立分支机构,对当地金融的调剂控制自然无从谈起。其次,由于中央银行成立较晚,很多中央银行的应有特权,如发行货币、代理国库、管理外汇、清算票据等,已被中外商业银行所掌握,形成了既得利益格局。外商银行以及中、交两行长期以来形成的优势地位,绝非短期内可以完全取代。此外,整个国家的国民经济不发达、财政制度不健全、金融业发展不平衡、银行业务分工不明等,都是制约中央银行职能发展的不利因素。

总之,截至抗战爆发前,国民政府中央银行已发展成为一个力量强大的银行,但按照当时先进国家中央银行的标准判断,它只能说是"政府的银行",其重心在帮助政府处理财金事务,还不是"银行的银行",离银行界的期望甚远,也不是一个具有独立地位和完善职能的中央银行。但抗战前八年多的发展,已为此后中央银行职能的进一步完善奠定了坚实基础。而且,国民党政府也制定了较为明确的中央银行发展目标。如1937年2月,国民党第五届中央执行委员会

---

① 陈行:《我国中央银行之演进》,《银行周报》第31卷第6、7期,1947年2月17日。

第三次全体会议通过的《中国经济建设方案》中,关于确立金融制度的内容中规定:"我国中央银行为全国金融事业之中枢,应专任统一钞权、集中准备、调剂金融、代理国库之责,其普通商业银行业务,概不经营。"[①]这为中央银行的发展指明了方向。

---

① 浙江省中共党史学会编:《中国国民党历次会议宣言决议案汇编》第二分册,1985年,第295页。

第四章 抗战时期国民政府中央银行的快速发展与职能完善

抗战爆发后,国民政府中央银行的发展转入了战时轨道。虽然国民政府改组中央银行的计划被打断,但强化中央银行的目标并未改变。抗战时期,是中央银行快速发展和职能完备的一个重要阶段。"战争给与中央银行以重大之负荷,战争亦给与中央银行以发展之良机。"①在国民政府财政部和四联总处的大力扶持下,利用战时的特殊时期,中央银行的各项职能得到全面加强,到1945年抗战胜利时,中央银行应该具有的职能都已具备了。

第一节 战时中央银行的发展概况与机构变迁

一、四联总处的设立与改组

1937年7月爆发的抗日战争,给国民政府的财政金融以及全国经济造成极大冲击。抗日战争既是中日两国军事上的全面较量,也是经济上的全面较量,要想坚持抗战并取得最后胜利,离不开经济和金融的支持。如蒋介石所言:"现代战争,军事与经济并重,而金融事业尤为经济工作之主要部门。"②为了应付突

---

① 郭家麟等编:《十年来中国金融史略》,第300页。
② 《蒋委员长书面训词》,《经济汇报》第7卷第8期,1943年4月16日。

然事变，稳定经济，安定金融，国民政府急需一个事权高度集中且具有权威的战时金融最高机构，以处置战时金融事宜。但是，战争爆发之际，中央银行还未强大到可以独立控制货币金融的程度，而且国家金融体制尚未健全，国家行局自行发展，不相协调。于是，国民政府不得不在已有中央、中国、交通、农民四行的基础上，成立了新的战时金融机构——四联总处。

"八一三"抗战开始后，财政部下令中央、中国、交通、农民四行成立联合办事处。8月20日，四行联合办事处在上海成立。①四行高级人员全部参加，每日开会一次或数次不等，凡财政部决定之措施，如安定金融办法等，均由该处赞襄及执行。②上海沦陷后，四行总行分别内迁，办事处工作一度停顿。11月，孔祥熙回国后在汉口重新恢复四联办事处工作，并以中央银行总裁名义担任办事处主席。战局移转后，四联办事处随国民政府迁至重庆。

四联办事处的成立是"四行合力应付战时金融之嚆矢"③，但最初阶段该处职责范围较为狭窄，只是四行为联系工作、协调行动而建立的松散的联络性办事机构，还不是一个金融领域的决策机构。抗战进入相持阶段后，面对日伪对国民党统治区的经济封锁和货币金融战，国民政府越来越重视金融经济对于支持长期抗战的关键作用。如蒋介石所言："今后抗战之成败，全在于经济与金融的成效如何。"④为了加强对金融的全面统制，必须有一权威机关执掌金融中枢。1939年9月8日，国民政府公布《战时健全中央金融机构办法》，规定由中央、中国、交通、农民四行合组联合办事总处（简称四联总处）。

改组后四联总处的性质、地位、职权均已发生根本变化。首先，从四联总处的最高领导层——理事会的组成来看，四联总处集军委会委员长、行政院长、财政部长、经济部长和四行首脑于一堂，蒋介石以中国农民银行理事长的身份担

---

① 重庆市档案馆、重庆市人民银行金融研究所合编：《四联总处史料》上册，档案出版社，1993年，第119页。
② 同上书，第66页。
③ 同上书，第53页。
④ 同上书，第155页。

任理事会主席,其地位和权威非一般经济行政机关可比。其次,从四联总处与四行关系来看,四联总处已不是四行之间的联络机构,而是指导、监督、考核四行,并可以对四行实施"便宜之措施,并代行其职权",成为凌驾于四行之上的领导机关。第三,从四联总处的任务来看,它"负责办理政府战时金融政策有关各特种业务",具体包括全国金融网之设计、四行券料之调剂、资金之集中与应用、四行发行准备之审核、四行联合贴放等十多项职权。①改组后的四联总处,"事实上不啻为最高金融统帅机关"②,在经济金融领域发挥举足轻重的作用。

国民政府设立四联总处的目的在于集中四行的力量,共同负担推行战时金融政策的重任。由于"没有一个强有力的中央银行,所以政府要联合四个国家银行,来代替一部分中央银行所应该做的工作"③。四联总处的设立,可以说是中央银行力量不强大、职能不健全的产物。虽然财政部曾表示,四联总处"不过为非常时期负责推行政府战时金融政策之联系机构,非即具有中央银行之机能"④,但实际上四联总处作为战时最高金融机关,事实上代行了一部分中央银行之职权,成为四行之上的"银行之银行"。因此,有学者认为,改组后的四联总处"已成为战时金融的中央决策机构,统管四行资金并与之一起构成了复合型的中央银行"⑤。

四联总处成立后,中央银行便进入了四联总处扶持下的新的发展阶段。扶植中央银行是四联总处的主要任务之一,所采取的措施就是逐步扩大中央银行的职权,提高中央银行的地位,使其真正起到金融中枢的作用。在这一过程中,决定性的措施是1942年实施的四行专业化改革。

二、四行专业化的实施

抗战前,财政部对中央、中国、交通、农民四行的业务已经分别进行了厘定,其中,中央银行为唯一的国家银行,中国银行为国际汇兑银行,交通银行为发展

---

① 重庆市档案馆、重庆市人民银行金融研究所合编:《四联总处史料》上册,第67、70页。
② 中国通商银行编:《五十年来之中国经济》,六联印刷股份有限公司,1947年,第95页。
③ 四联总处秘书处编:《四联总处文献选辑》,四联总处秘书处,1948年,第205页。
④ 中国第二历史档案馆编:《中华民国史档案资料汇编》第五辑第二编"财政经济(四)",第513页。
⑤ 杜恂诚主编:《上海金融的制度、功能与变迁(1897—1997)》,第274页。

全国实业银行,农民银行为扶助全国农村经济银行,四行各专其业,分途并进,逐渐走上了分业经营的道路。但抗战爆发之后,为集中四行力量应付非常局面,四行业务又陷入了混同状态。如本应由交通银行专责办理的工贷,却由四行联合贴放;本应由农行办理的农贷业务,则由中国、交通及中信局等参与办理;农行则又兼营国际汇兑业务。四行同时享有发行法币、代理国库以及推行国家金融政策的权力和职责。这种做法虽有利于集中四行力量推行战时经济金融政策,但并不符合各银行分业经营、分工发展的原则,不利于国家金融体制的健全,而且因业务重叠,加大了四行之间的利益纠纷和矛盾摩擦。

1941年12月召开的国民党五届九中全会议决:"银行制度今后应加调整,使中央银行建成中央准备银行之职责,其他银行,亦各依其性质,分途发展其本身之业务。"[1]1942年3月,蒋介石命令四联总处就统一发行和调整四行分工问题,提出具体实施办法。3月22日,蒋介石向四联总处下达手令,要求"限制四行发行钞券,改由中央(银行)统一发行","统一四行外汇之管理","考核并规定四行之业务",指出"此为最急之要务,须限期完成为要"。[2]在蒋介石的要求下,四联总处拟订了《四行业务划分及考核办法》《统一发行办法》《统一四行外汇管理办法》等。1942年5月28日,四联总处临时理事会修正通过《中中交农四行业务划分及考核办法》,按照专业化原则对四行业务范围进行了划分。其中规定中央银行的主要业务为:集中钞券发行,统筹外汇收付,代理国库,汇解军政款项,调剂金融市场。该办法实施步骤规定:全国钞券发行应集中于中央银行办理,所有省地方银行发行钞券应由财政部规定办法限期结束。中、交、农三行发行钞券应移交中央银行接收。外汇之统筹管理及用途之考核,除由财政部办理外,所有外汇收付集中中央银行调拨。国内军政汇款由四联总处按照各地四行库存分摊承做,并应与其他金融机关加紧联系,互通汇兑。政府机关以预算

---

[1] 洪葭管主编:《中央银行史料》上卷,第464页。
[2] 重庆市档案馆、重庆市人民银行金融研究所合编:《四联总处史料》上册,第560页。

作抵或特准之贷款,经四联总处理事会核定后,交由中央银行核洽承做。中央、农民两行现有工矿、贸易、交通、公用等事业之贷款与投资,应分别性质,移交中、交两行接收办理。中、交两行及中信局现有之农贷业务,应限期收缩,移归农民银行接收办理。中、交、农三行因应付贷款需要资金时,可按实际情形,提供准备,商请中央银行临时接济。管理金融市场事项,由中央银行协助财政部办理,并应特别注意下列各项:(1)调剂资金供求。(2)推行票据制度。(3)督促银行缴纳存款准备金。(4)考核各银行、钱庄之放款、投资及存款、汇款业务是否遵照《非常时期管理银行暂行办法》及其他有关法令办理。①

四行专业化从1942年7月1日开始正式实施,这无论是在近代中国银行业发展史上,还是在国民政府中央银行发展史上,均具有重要的里程碑式的意义。"在四行专业化以前,中央银行与其他政府银行立于同等之地位,共同完成中央银行应有之使命,而专业化以后,中央银行方成信用最后之源泉,中央银行最后贷放之地位始得确立。"②四行专业化"不仅使中央银行达到银行之银行的目的,亦且足以加强我国金融制度,促进经济建设,并奠定国家富强之基"③。四行专业化之后,中央银行在金融业中的领导地位迅速提高,关于钞券之调节,大宗军政汇款调拨等,均划归中央银行办理。随着中央银行地位的上升,四联总处在金融经济领域的重要性逐步下降,权责不断缩小,很多权力交由中央银行接掌。

三、中央银行的机构变迁

(一)总裁变化

抗战时期,孔祥熙继续担任财政部长兼中央银行总裁。在孔祥熙的领导下,中央银行取得了更进一步的发展,尤其是各项职能渐趋完备,金融核心地位

---

① 中国第二历史档案馆编:《四联总处会议录》(15),广西师范大学出版社,2003年,第2—8页。
② 《金城银行总经理处关于中央银行发展情况的调查资料》,上海市档案馆藏,档案号:Q264-1-791-1。
③ 郭家麟等编:《十年来中国金融史略》,第304页。

完全确立,并在支持战时金融与财政方面发挥了重要作用。孔祥熙担任总裁时间最长,共计12年零3个月,他对中央银行发展的贡献也最大。1943年4月15日,孔祥熙担任央行总裁10周年,中央银行举行纪念大会,蒋介石及各部、会长官莅临参加。蒋介石在训词中对孔祥熙和中央银行大加赞赏,他说:抗战以来,"中央银行业务之进行,均能配合军事政治之需要,举凡法令政策之进行,战时金融之稳定,及一般经济之充实与发展,成绩昭昭,贡献甚大,此皆孔总裁苦心领导及各同人一致努力之所致,深堪嘉慰"[①]。

然而,在任职期间,孔祥熙利用其特权和地位,通过中央银行扶植其私人所开设的天津裕华银行,利用其亲属、亲信在公债市场上兴风作浪,营私舞弊。孔祥熙任央行总裁和财长期间,发生多起贪污大案,使得中央银行备受诟病,其本人最终也在批评声浪中下台。1944年11月,孔祥熙辞去财政部长职务,由俞鸿钧接任。1945年7月25日,孔祥熙辞去中央银行总裁职务,仍由俞鸿钧接任。

(二)总行职能机构变化

抗战时期,随着业务职能的发展演变,中央银行总行的职能机构也在不断发生变化和调整。1939年9月,因西南、西北各地增设行处颇多,行员增至两千人以上,人事管理事务繁剧,中央银行增设人事处。1940年12月,因各地税收事务增繁,添设收税处。1941年1月,因西南各地货币发行事务日繁,遂于昆明设立发行第二分局。1942年1月,中央银行受财政部委托特设县乡银行业务督导处,监督指导全国县乡银行之业务。同年11月,中央银行为推进行务,特设行务设计指导委员会。1943年7月,行务设计指导委员会又改组为设计考核委员会。同年11月,设立医务处。12月,将各地收税处对外名称改为国税经收处。1944年6月,因秘书处总务部分事宜日渐繁重,遂将总务部分划出,另设总务处办理。同年7月,依照国民政府主计处组织法规定,设立会计处。1945年6月,财政部授权中央银行检查全国金融机构业务,央行为适应需要起见,将县

[①] 《蒋委员长书面训词》,《经济汇报》第7卷第8期,1943年4月16日。

第四章 抗战时期国民政府中央银行的快速发展与职能完善

乡银行业务督导处改组为金融机构业务检查处。6月,财政部委托中央银行管理外汇审核事宜,该行遂设立外汇审核委员会。8月1日,按照政府要求,中央银行实行紧缩机构,将总务处、医务处裁撤,所有总务、医务事项归并秘书处办理。①

到1945年抗战胜利之际,总行职能部门已增至三局八处,即国库局、业务局、发行局,秘书处、稽核处、经济研究处、医务处、人事处、金融机构业务检查处、会计处、总务处,另外还有行务设计考核委员会和人事审查委员会等部门。

(三)分支机构的设置变化

抗战军兴后,中央银行总行先迁南京,继移武汉,1938年8月又西迁重庆。总行迁离后,中央银行成立上海分行在租界继续营业,许多重大金融业务由该分行办理,或代转总行,直到1941年12月8日日军进入租界后被劫收清理。

随着战火蔓延,沿海各省相继沦陷,中央银行战区各地分支行处开始撤退。自1937年10月起至年底,共有石家庄、济南、青岛、镇江、南京等10行撤退,大都撤至武汉。1938年初,战区分支机构继续后撤。中央银行于4月1日在武汉成立撤退行处联合办公处,办理各该行处结束事宜。10月,武汉沦陷,武汉分行撤往重庆。其余厦门、汕头等分行,为便利存户起见,尤以厦门分行存户侨商居多,乃就近分别归并鼓浪屿、上海、广州各行办理结束。另外,杭州、开封、郑州等各行处,自原设地撤退后,均分别迁设适当地区,继续营业。②

抗战时期,西南、西北各省成为抗战的大后方和民族复兴的根据地,为了改变后方各省金融落后的局面,国民政府积极推动大后方金融网建设。中央银行对于后方各省金融之调剂,特别加以重视。战时中央银行的使命"除支应饷汇,调剂金融外,推动国家经济政策,及扶植后方农、工、矿、商各业,复为主要工

---

① 张度:《二十年来中央银行之变迁》,《中央银行月报》新3卷第10期,1948年10月。
② 中国第二历史档案馆编:《中华民国史档案资料汇编》第五辑第二编"财政经济(三)",第281—282页。

作",因此在西南、西北各地积极增设分支机构。①1938 年先后就广西之梧州、桂林,湖南之衡阳、常德,湖北之宜昌,贵州之盘云,甘肃之天水,各设分行一处。1939 年 3 月,财政部函请四联总处组织西南、西北金融网,中央银行"就总处分配各地按照原定进度表,继续加以增设,并均如限完成"。1939 年,中央银行在西南、西北各省共增设分支机构 26 处。②

1940 年,中央银行为辅助金融网之推进,并实施上年所拟计划,各地分行处陆续成立,并对业务进展迅速者予以升格,业务清淡者予以撤销。当年中央银行共新设分支机构 28 处,"或系四联总处金融网规定设行地点,或系接近战区地带有关饷糈之接济,总期与军事、财政作密切配合"③。截至 1940 年底,中央银行共有一等分行 9 处,二等分行 17 处,三等分行 69 处,临时办事处 9 处,共计 104 处。④随着中央银行在川、康、甘、宁、青、陕、滇、黔、湘、桂各省分支机构不断增加,形成了以重庆总行为中心的金融网络。为便于统筹指挥,中央银行于 1940 年 1 月 1 日将重庆分行裁撤并入总行,业务局扩大营业范围,"庶几在运用方面,益得收指臂联系之效,以适应抗战建国之需要及致力金融之调剂"⑤。

1941 年,中央银行在后方各地增设行处甚多,其先后正式开业者连同上年度计划筹设各行处共达 31 处。⑥截至 1941 年底,中央银行分支机构共计 100 处。⑦1942 年,日军进攻缅甸,西南国际运输线中断后,西北对外交通益显重要,因而国民政府对西北更为关注,要求迅速完成西北金融网建设。四联总处理事会于 1942 年 9 月 3 日通过了《筹设西北金融网原则》,要求国家四行以"兰州为建设西北之起发点",在陕、甘、宁、青、新五省境内,根据军事、交通、经济等需

---

① 陈行:《我国中央银行之进展》,《中央银行月报》新 3 卷第 10 号,1948 年 10 月。
② 中国第二历史档案馆编:《中华民国史档案资料汇编》第五辑第二编"财政经济(三)",第 279—280 页。
③ 同上书,第 324 页。
④ 《中央银行总分行一览表》,上海市档案馆藏,档案号:Q53-2-46。
⑤ 中国第二历史档案馆编:《中华民国史档案资料汇编》第五辑第二编"财政经济(三)",第 301 页。
⑥ 洪葭管主编:《中央银行史料》上卷,第 417 页。
⑦ 中国第二历史档案馆编:《中华民国史档案资料汇编》第五辑第二编"财政经济(三)",第 118 页。

第四章 抗战时期国民政府中央银行的快速发展与职能完善

要,积极筹设分支机构。①为配合政府政策,中央银行"在西北各省增设行处甚多,经将该区域内之兰州分行升格为一等分行,以便领导西北各行"。为发展西北金融经济,1942年还开始筹备在新疆迪化设立二等分行,哈密设立三等分行。截至1942年底,中央银行共有分支机构135处。1943年底,中央银行共有分支机构132处,如下表所示。至1944年底,中央银行共有一等分行7处,二等分行20处,三等分行56处,办事处15处,乙种国税经收处16处,丙种国税经收处7处,发行分局2处,共123单位,分布于19省。一些边远省份如康、青、宁、新等也均设立机构。②

表4-1 1943年底中央银行分支机构统计表

省 别	分支行	办事处	收税处	临办处	省 别	分支行	办事处	收税处	临办处
四 川	21	6	13		浙 江	3			
西 康	2				安 徽	1	1		
云 南	3	2	1		河 南	5	1		
贵 州	3				陕 西	4	1	2	
湖 南	9	1	6		甘 肃	4			
湖 北	3		2		宁 夏	1			
广 东	2		1		绥 远	1			
广 西	6	3	1		青 海	1			
福 建	6	2	5	1	新 疆	2			
江 西	5		1		合 计	82	17	32	1

资料来源:重庆市档案馆、重庆市人民银行金融研究所合编:《四联总处史料》上册,第208—209页。

中央银行设立分支机构时,并不完全按照行政区划,而是参酌经济发展情

---

① 中国第二历史档案馆编:《四联总处会议录》(16),第349—350页。
② 中国第二历史档案馆编:《中华民国史档案资料汇编》第五辑第二编"财政经济(三)",第366、412页。

况和军事、财政等多方面需要而设立。抗战前,主要还是以经济原则为主,因此多数分支机构位于经济中心城市或工商业较为发达的地点。抗战时期,中央银行分支机构的设立调整,军事因素发挥着重要影响,配合军事需要成为中央银行设立分支机构的主要原则。如中央银行在营业报告中所言:分支机构的增添或裁撤,扩大或缩小,"均以适应军事或政府之需要而定,向不计及盈损,亦有因战事关系地方不甚安全为他行所不愿前往设置者,本行则应军政机关之请,为协助抗战计,不辞艰危,遴派干员前往筹设临时性质之办事处或三等分行,中央银行初不宜广设行处,此固战时权宜之策,所以配合军事者也"[1]。

此外,中央银行作为国家银行,其分支机构的调整还需配合国民政府的政策需要。一些其他三行不愿设行的地点,中央银行"虽明知当地业务不易发展,设行必致入不敷出,亦往往应政府之请而负责设立"[2]。如在迪化、哈密等地设立分行,就是为了配合国民政府开发西北以及加强对当地金融控制的需要。总之,抗战时期,中央银行分支机构的普遍设立,为供应战区饷糈,开发地方经济,执行金融政策,发挥了重要作用。

第二节 中央银行服务财政职能的加强

一、中央银行代理国库职能的完善

抗战前,中央银行的代理国库职能取得了很大进步,但国库仍未统一,代库职能仍不完善。抗战时期,通过实施一系列改进措施,中央银行代理国库职能走向完善,国库制度日趋健全。

(一)《中央各机关公款存支办法》的颁行

为改进公库制度,从1934至1936年间,财政部多次与立法院交换意见,商

---

[1] 洪葭管主编:《中央银行史料》上卷,第395页。
[2] 《研究改进分行处业务报告》,上海市档案馆藏,档案号:Q53-2-46。

第四章　抗战时期国民政府中央银行的快速发展与职能完善

拟《公库法》草案。1936年9月,由立法院将《公库法》原则及《公库法》草案提交中央政治会议,由该会交财政、法制两专门委员会审查,但一直未能公布施行。

抗战爆发后,国库开支剧增,财政管理制度的完善刻不容缓。1938年3月,财政部拟定《中央各机关公款存支办法》,其中规定:(1)中央各机关收入或领到之款,除有契约关系应特别存付者外,应一律用各该机关名义存入中央、中国、交通、农民四行,或四行中之一行。如以前有存入其他银行、商号,或用个人或其他名义者,应自本办法实施日起15天内全部移存四行,或四行中之一行,并改用各该机关名义。违者一经察觉即全数提回国库,并处分各该机关之负责人。(2)中央各机关凡以收入之款充坐支拨支经费之用者,应按一个月应支经费数目,依前条规定存入银行以备支拨。(3)中央各机关支付款项时,一律使用经存该机关款项银行之支票。(4)四行应于每月五日以前将经存各机关款项上月底余额开单送财政部备查。(5)建设专款审查委员会、财政部得随时派员赴四行查核各机关公款存支数目。①制定这一办法的主要目的,在于取消当时各机关保管现金之权利,以集中收存库款,被视为《公库法》缺失下的"临时补助办法","为施行公库法之先声"。②

（二）《公库法》的颁行

1938年6月国民政府公布《公库法》,1939年6月公布《公库法施行细则》。《公库法》及其《施行细则》规定:(1)公库是为政府经管现金、票据、证券及其他财物的机关。中央政府的公库称国库,由财政部主管;各省公库称省库,由省财政厅主管;市政府公库称市库,县政府公库称县库,各由其财政局主管。(2)公库现金、票据、证券之出纳、保管、转移及财产契据等的保管事务,除法律另有规定外,应指定银行代理,不得自行办理。国库由中央银行代理,未设中央银行的地方,国库事务应由中央银行委托其他银行或邮政机关代办。国库以外之各级

---

① 《国民政府训令（渝字第八九号）》,《国民政府公报》渝字第33号,1938年3月23日。
② 杨承厚编:《中国公库制度》,第32页。

公库事务,除有特殊情形外,应先尽所在地之中央银行代理;没有中央银行的地方,应指定各该省、市、县之地方银行代理。(3)银行代理国库所收纳之现金及到期票据、证券,均用存款方式。(4)在库款收入方面,公库存款分为三类,即收入总存款、普通经费存款、特种基金存款。一切收入,除依法归入特种基金存款者外,均归入收入总存款。凡收入总存款之收款,应由收入机关填具缴款书,交缴款人连同现金或票据一并送代理公库之银行或邮政机关收入库账。(5)在库款支出方面,一切经费,除《公库法》规定的一些特殊情况及依法可直接拨付者外,均应依据预算分配表,由公库收入总存款拨入各机关普通经费存款户内,再凭各支用机关签发之公库支票,付给债权人,各机关不得自行保管支用。此外,对于政府可以自行收纳款项的数额、保管期限,做了明确的限制性规定,对于公库收款及拨款手续等,均做出了详细规定。[①]

1939年6月24日,国民政府公布了《公库法》施行日期及区域,规定除新疆、云南、青海、宁夏等4省暂缓施行,以及游击区域或接近战区地方,事实上有特殊障碍者,准由公库主管机关临时酌予变通外,其余地区均自1939年10月1日起实施。[②]1939年七八月间,财政部邀集本部各税收机关,以及主计处、审计部、内政部、教育部、外交部、军政部等各中央机关,会商了关于《公库法》实施的具体事项。[③]10月1日《公库法》正式实施,这是"中国财政改革史上一个划时代的日子"[④],标志着公库制度正式建立,在近代中国财政史上具有重要意义。

首先,完成了联立综合组织。联综组织原则是公库制度的重要基柱,而公库制度的建立也正是为了完成联立综合的财政组织。正如当时有学者所指出:"假如整个的财务行政是一张方桌的话,那么只要有一条腿(公库)不健全,则其余的三条腿(主计、审计、行政)无论怎样健全,这张桌子绝对不会放平的。所以

[①] 中国第二历史档案馆、中国人民银行江苏省分行、江苏省金融志编委会合编:《中华民国金融法规选编》下册,第881—885、890—896页。
[②] 《国民政府训令》(1939年6月24日),《国民政府公报》渝字第165号,1939年6月28日。
[③] 《财政部邀集中央各机关会商实施公库法事项会议纪录》,上海市档案馆藏,档案号:Q53-2-37。
[④] 杨骥:《中国现行公库制度》,正中书局,1941年,第1页。

今天实行公库法,可以说是补足第四条桌腿的缺陷,以求我国财政机构之健全。"①公库制度的建立加强了联综组织中最薄弱的一环,对于整个财政体系和财务行政的完善发挥了积极的促进作用。

第二,实现了财政分权原则。健全的财务行政制度,必须遵守财务分权原则。在《公库法》施行之前,国民政府的财务行政未能贯彻分权原则,命令、执行两权没有划分清楚。国家税款由各征收机关向纳税人收取,自行保管和汇解,因此,自经收至解库其时间相距有在10个月以上者。自收自支现象也极为严重,如1938年10至12月,坐支抵解数目达国币1,398万元,竟占该3个月税收总额的34%强。②《公库法》实施后,收支命令与出纳保管应截然分立,成为两个系统。各收支机关仅有决定收支命令权,而无实际收付的执行权,执行权由代库银行掌握,充分体现了两权分立的原则。

第三,实现了公库统一原则。所谓公库统一原则,即实行统一公库,凡政府各机关所收一切现金,都集中于同一个共同的公库,一国只准有一个国库,省、市、县也只准有一个省库、市库、县库,不许一个官厅一个库,也不许一件政务一个库。公库出纳保管力求集中统一,这是公库制度的重要原则。按照《公库法》规定,国库作为中央政府的公库,以财政部为主管机关,以中央银行为代理机关,未设中央银行的地方得由中央银行委托其他银行或邮政机关代办。中央银行具有国库事务的独家代理权,具有其他各级公库的优先代理权,并具有委托其他机关代理的委托权,这是中央银行统一代理公库的具体体现。一切库款之出纳、保管、移转和财产契据之保管事务,原则上都统一在中央银行及其所委托的机构手中,集中保管,而不再散布于无数各自为政的金库和官厅手中,这既能节省公库费用,又便于监督和统筹支配。公库的统一,不仅是公库制度本身的巨大进步,也是财政统一的巨大进步。

---

① 杨骥:《建立公库制度之意义》,《政治建设》第2卷第4期,1940年4月。
② 洪葭管主编:《中央银行史料》上卷,第392页。

第四,确立了银行存款制度。银行存款制较独立公库制和银行保管制有很多优点,尤其是银行对于政府存入的公款可以自由运用,政府存款和银行资金可以打成一片,财政与金融互相沟通,是一个两全其美的良好制度。中央银行自国库局成立后,开始试行银行存款制。《公库法》则明确规定,国库采取银行存款制。中央银行所有代库业务由国库局办理,国库局每日所收库款现金,以存款方式交给业务局,并入中央银行业务资金内自由运用。国库局与业务局形成了分工合作的关系,"凡库款之收付,由国库局在库账中直接办理,以表现公库法之精神;至库款存入行方之后,如何运用,其处理之全权,则由中央银行业务局主管"①。银行存款制被视为"世界最进步、最完美、最适应时代潮流之公库制度"②。就库方立场而言,国家收支整个集中于央行,财政上得以全面控制;在行方立场而言,银行营业可借全部国家存款为流动资金之运用,以作控制信用之源泉。"中央银行乃能借助国库,调剂金融,俾政府财政与社会金融交互为用,故自《公库法》实施以后,全国库款集中于中央银行,中央银行之力量于以充实。"③

总之,《公库法》的实施,不仅"为战时中国财务行政开一新纪元"④,而且使中央银行代理国库职权从法理上完全确定,使中央银行的代库职能有了质的飞跃,成为战时中央银行发展的关键步骤。

(三) 中央银行与国库制度的实施

《公库法》颁布后,中央银行国库局于1939年8月18日向各分支行发出"库公字第一号通函"指出,"前此国家一切税款收入,大都由各征收机关向纳税人收取,自行保管,然后汇解国库;今则须由纳税人径缴国库,直接列收。前此库款支出,由各支用机关向国库整领,再行分别支付受款人;今则须由国库凭支用机关签发之公库支票,直接支付。其旧日自行收解或领发,及坐支抵解,互相

---

① 吕咸:《我国公库制与中央银行之代理国库》,《财政评论》第3卷第2期,1940年2月。
② 杨斧樱:《论我国库法之推行》,《商学研究(上海)》复刊第1期,1946年12月。
③ 郭家麟等编:《十年来中国金融史略》,第289页。
④ 杨承厚编:《中国公库制度》,第35页。

第四章 抗战时期国民政府中央银行的快速发展与职能完善

拨解等办法,自《公库法》施行之日起,一律不复适用,是本局今后办理国库事务,一切程序及办法,迥非昔日之整收整付转帐工作可比;各分支库所负责任,与总库无少差异"①,要求各分支行做好代理国库的准备。国库局还根据《公库法》规定,与财政部国库署签订了《财政部委托中央银行代理国库契约》,和《公库法》同时实施。《公库法》颁布后,中央银行为推行国库制度采取了一系列措施:

1. 国库业务组织的扩充

1939年9月,财政部因《公库法》实施在即,为处理国库行政事务及监督地方公库行政事务之需要,将国库司改组为国库署,作为国库主管机关,扩大组织,增强力量。与此同时,中央银行国库局为适应业务增繁的需要,对原有机构进行了扩充,将原设的库务科改分为岁入、岁出两科,并增设出纳科办理库款现金收付事宜。1939年10月1日,国库局在重庆打铜街川康商业银行三楼开始营业,直接经收经付库款。②战时央行国库主要工作,约可分为两大部分,即代理国库与重庆市库,以及经理政府债券与捐献款项。

2. 国库网的敷设

《公库法》实施后,为发展代库业务,中央银行积极在各地建立国库分支机构。国库分库除第一、二、三分库由重庆中国、交通、农民三行代理外,其余各冠以驻在省之省名,设于各省政府所在地,办理当地国库收支事务,并承总库之命,处理全省国库事务,支库及收支处各冠以驻在市县或地方名,办理当地国库收支事务。

中央银行国库分支库的设置,主要依照以下标准:(1)经济重要区域,有税收及某级以上的征收机关。(2)政治重要区域,支用机关林立。(3)交通便利。(4)代理国库银行设有分支行处者。凡符合这些标准的地方,均由央行筹设分

---

① 《国库局通函》,上海市档案馆藏,档案号:Q53-2-37。
② 夏晋熊:《二十年来中央银行经理国库业务》,《中央银行月报》新3卷第10期,1948年10月。

支库,代库区域力求辐射广。但在抗战时期,受军事影响,政府机关很多迁往偏僻城镇,因此要想在所有驻有政府收支机关的地方完成国库支库的设置,在人力、物力方面均不经济,而且即使成立,库款解拨也很困难。因此,中央银行在一些临近支库而富于税源,或驻有支用机关的地方,酌设经收处或收支处,分属于各该分支库,办理库款经收支付,既便利收支,又节约成本。在一些未设央行分支机构而又必须建立国库支库的地方,则由国库局与中国、交通、农民等银行或邮储局签订契约,委托代办。中央银行实行限制委托办法,即一地委托一行代理。①通过由中央银行及其委托银行分别代理分支库、收支处或经收处,国库数量逐年递增。

1939年底,国库网仅有150多处。②1940年,《公库法》实施步入正轨,国库网急需增加。中央银行积极推进国库网建设,截至当年底,中央银行及其委托其他银行与邮政机关所代理之国库总分支库增至209处,分布于全国19省,"远至青海、西康与宁夏等边省,亦莫不有分支库之设。库网分布堪称普遍"③。

1941年《公库法》实施区域进一步扩大,尤其是1941年6月之后公库网建设速度加快。1941年4月,国民党五届八中全会决定全国财政分为国家财政与自治财政两大系统,国家财政系统包括中央及省两部分财政,通盘筹划,统一支配,以加强中央财权,缓解中央政府财政危机。④为了准备1942年接代省库,中央银行在1941年下半年大力推进国库网建设。6月召开的第三次全国财政会议又通过了孔祥熙提出的《限期推进公库制度并完成公库网案》,要求此前经中央核准暂缓实行《公库法》的各机关及地方,应于1942年1月1日起一律实行。对于国库网的扩充,提出了四项具体办法:(1)国库网自1942年度起,限于两年完成,最少每县应设一库,并应于第一年内推设50%。(2)中央、中国、交通、农

---

① 吕咸:《我国公库制与中央银行之代理国库》,《财政评论》第3卷第2期,1940年2月。
② 杨承厚编:《中国公库制度》,第141页。
③ 中国第二历史档案馆编:《中华民国史档案资料汇编》第五辑第二编"财政经济(三)",第320页。
④ 浙江省中共党史学会编:《中国国民党历次会议宣言决议案汇编》第三分册,第172页。

民四行应增设分支行以利公库之推进,其收入繁重之处所,尚未有分支库者,应由就近代理公库之银行派员驻于该处所办理。(3)各省省银行及其他地方银行均有受指定或委托代理公库之义务。(4)原受指定或委托代理省库之地方银行,应于省财政改由中央统筹后,继续代理国库事务。①这一提案确定了各省银行及地方银行均有代理公库的义务,有助于中央银行委托各省地方银行代理国库。因此,1941年下半年国库网推进取得长足进步。截至12月底,国库数量已达535个,其中495个已正式成立,40个已完成筹备程序,即将正式成立。国库数量较1940年度增加了1.5倍以上,而且为准备接代省库,每省均设立一处以省名为库名的分库,国库网已普及后方各省。②

1942至1943年间,国库数量增加最快。截至1942年底,国库总分支库达738处。③1943年度,国库预定计划应增至1,200库,并拟择重要地方,由各分支库委托邮局及其他金融机关普遍设立税款经收处,专司税款之收纳事宜,以期公库机构满布各地。截至年底时,国库数量为1,096处,虽未达到计划目标,但较1942年增加了近49%。④1944年度,由于各地战事迭起,前线后撤,各库短期内无恢复希望者,不得不予以裁撤,一些计划中的增设机构也未能完全实现,因此本年度国库各级机构总数为1,086处,较上年有所减少。⑤

公库网是公库建设水平的象征,"观于公库网之疏密,即可知推行公库制度之有无基础,公库网愈密,则握存税款挪移经费之弊亦愈易廓清"⑥。抗战时期,一个从中央到地方、遍布后方主要省市县的国库网基本形成,这虽不能代表国库制度已经完全成功,但至少反映了国库制度建设与此前相比取得了显著成就。

---

① 第三次全国财政会议秘书处编:《第三次全国财政会议汇编》第二编,第三次全国财政会议秘书处,1941年,第173页。
② 杨承厚编:《中国公库制度》,第144页。
③ 同上书,第146页。
④ 刘元功:《我国国库推进概况》,《经济汇报》第10卷第1期,1944年7月。
⑤ 中国第二历史档案馆编:《中华民国史档案资料汇编》第五辑第二编"财政经济(三)",第408页。
⑥ 财政部秘书处编:《十年来之财务行政》,财政部秘书处,1943年,第37页。

3. 代库系统的一元化

公库制度采用的是"一地一库"的统一原则,但在《公库法》施行之初,中国、交通、农民三行与中央银行一样,均有法币发行权,并同负对国家垫借款项的权利与义务,故央行为顾全同业利益,于1939年分别委托中国、交通、农民三行代理重庆市第一、第二、第三分库,凡属国家支付在该三分库筹垫范围内者,则在该三行所代之各该分库立户支用,不必将垫款汇解国库。财政部国库署支付公库款项,可按照四行垫款比例,分开支付书。各机关凭支付书所领之款,分存支付行,并尽可能按照垫款比例支用。这本是一时权宜之计,但这也使得代库系统实际上仍未完全统一。1942年7月,法币发行权统一,中国、交通、农民三行发行权被取消,并不再负垫款责任,因此其所代理的三个分库自无继续存在的必要,遂于1942年底分别取消,中央银行统一代理国库制度始告完成,代库系统实现一元化目标。

4. 海关与盐务及专卖机关实施公库制度

1939年《公库法》实施之际,海关因种种原因当时并未实行。以前各海关经征款项,均由海关总税务司直接与各银行签订代收合约办理,各项基金及专款也由总税务司分存各银行,各海关经费则实行坐支抵解。海关总税务司曾与央行业务局订立合同,关税委托央行代收,业务局还专门设立了海关收税处。但是,这种代收实际上等于总税务司在中央银行的一种存款,而并非国库款项。《公库法》实施后,央行国库局认为此事有碍公库制度之完整,乃于1940年与财政部国库署商定,由财政部规定各海关自1942年10月1日起实行《公库法》,所有总税务司原与各银行订立之代收税款合约,限期作废。中央银行拟定了《各海关施行公库法后处理收支应行注意事项》,规定"各关经征款项应依法填具缴款书,交由纳税人径交国库核收。其从前由银行业务主管部分经收者,应依法移归国库主管部分经收,其移接手续由国库局洽办"[①]。历年未解之悬案,

---

① 财政科学研究所、中国第二历史档案馆编:《民国外债档案史料》(2),第315页。

第四章 抗战时期国民政府中央银行的快速发展与职能完善

至此得以解决,央行业务局海关收税处改隶国库局,所收税款全部按照库款处理办法处理。①海关实行《公库法》以后,所有海关收入均悉数解交当地代理国库的机构,列收库账。因此,总税务司对海关收入又恢复到辛亥革命以前的情形,不再负保管支配的责任。②

盐务机关有一部分于1939年实行《公库法》,但也有一部分地区或因临近前线,或因接近战区,抢购抢运,须与敌伪争取时间,故暂缓实行。其后,随着盐务机关的裁并和形势的好转,财政部于1942年4月令饬盐务总局指示各区盐务机关一律实行《公库法》。③

专卖事业款项的收支,以前仅有一小部分在中央银行立户往来,大部分均由各专卖机关分别向中国、交通、农民三行直接订立收付契约。四行分业后,财政部于1942年8月颁布《专卖机关收支处理暂行办法》,对专卖机关收支处理程序做出了具体规定,此后专卖款项收支也开始归国库处理。④

《公库法》实施后,因处于抗战时期,各地多有特殊情形,为兼顾实际需要,财政部制定了《游击区域及接近战区地方各机关收支处理暂行办法》《军事机关实行公库法军费收支手续暂行办法》等。除了这些特殊区域和部门外,其他财政收支基本上都实现了由国库统收统支。如就库款经收而言,据中央银行报告,《公库法》实施后三个月,"虽因战事影响,交通不便或其他关系偶有特殊者外,但大部分款项均系径解国库,此项库款均以存款方式集中于代理国库之银行,银行即以之调剂金融,裨益国计民生,良非浅鲜"。就库款支出而言,除一些特殊情形外,所有支出均先拨存各机关普通经费存款或特种基金存款户内,然后由机关签发公库支票支用,"其支付强半已由对支用机关之支付转而为对于支用机关债权人之直接支付,国库总分支库并运用各种表报将库款支出之用途

---

① 夏晋熊:《二十年来中央银行经理国库业务》,《中央银行月报》新3卷第10期,1948年10月。
② 陈诗启:《中国近代海关史(民国部分)》,第369页。
③ 财政部财政年鉴编纂处编:《财政年鉴续编》,1945年,第三篇第40页。
④ 重庆市档案馆编:《抗日战争时期国民政府经济法规》上册,档案出版社,1992年,第363页。

及各种存款之变动与余额随时报告审计机关及公库主管机关,财政管理至此始臻合理化"。①

抗战时期,国库制度建设取得了显著成就,国库收支管理制度比过去严格很多,但无论是制度设计,还是实行效果都还存在一些问题。如就控制库款而言,直到抗战胜利之时,尚未能彻底实现。1945年3月,应国家总动员会议要求,四联总处饬令中央银行国库局核拟控制库款意见,令文中指出,"各机关款项应由国库经管,迭经各种法令规定施行。惟事实上各机关款项,仍多未能依法办理",而"各分支库以环境关系,未能切实阻止,似有失国库控制库款以调剂社会金融之意义",并指出了存在的具体问题。②1945年,蒋介石在致财政部的电文中也指出:"党政军各机关公款依照《公库法》应存放国家银行,过去尚有未能切实遵照办理者,自本年度起无论任何机关须全部办到,由财政部、主计处及审计部分别切实查核,即希分令遵照为要。"③可见,国库制度还有待进一步的加强完善。

二、战时中央银行的财政垫款

中央银行代理国库职能扩大的同时,其对国库的垫借款也在激增。抗战爆发后,国民政府的财政困难更为加剧,一方面,华北、华东、华南等经济较为发达的地区和城市相继沦陷,使占国民政府财政收入绝大部分的关、盐、统三税大部丧失,税收急剧减少,财政收入快速下降;另一方面,国民政府提出"抗战与建国并重"等战时财政经济政策,战时军费开支、建设费用等急剧增加,政府财政严重入不敷出。如下表所示,在整个抗战期间,国民政府财政赤字高达百分之七八十,而军费支出在财政支出中的比例,最低为57.6%,最高达87.3%。而且,从整体趋势上看,军费支出占财政支出的比例与财政赤字占财政支出的比例较

---

① 洪葭管主编:《中央银行史料》上卷,第392页。
② 四联总处秘书处编:《四联总处重要文献汇编》,四联总处秘书处,1947年,第338—340页。
③ 中国第二历史档案馆、中国人民银行江苏省分行、江苏省金融志编委会合编:《中华民国金融法规选编》下册,第1314页。

为接近，大体上财政赤字略大于军费支出，说明财政赤字增加主要是军费增加所致。

表4-2 1937—1945年国民政府财政收支情况统计表

单位：百万元

年　度	国库总支出	实际收入	亏短数 数　额	亏短数 占支出总额(%)	军　费 数　额	军　费 占支出总额(%)
1937	2,091	559	1,532	73.3	1,388	66.4
1938*	1,169	297	872	74.6	698	59.7
1939	2,797	715	2,082	74.4	1,611	57.6
1940	5,288	1,317	3,971	75.1	3,912	74.0
1941	10,003	1,184	8,819	88.2	6,617	66.2
1942	24,511	5,269	19,242	78.5	15,216	62.1
1943	58,816	16,517	42,299	71.9	42,943	73.0
1944	171,689	36,216	135,473	78.9	131,081	76.4
1945	1,215,089	150,065	1,065,024	87.7	1,060,196	87.3

说明：* 1938年度，只包括7—12月半年数字，因从1939年度起，会计年度改为"历年制"，即以各年1—12月为会计年度。

资料来源：杨荫溥：《民国财政史》，第102、103页。

为了弥补财政赤字，国民政府采取了包括发行公债、增加赋税、田赋征实等多种措施。但是，战时开征的各种税收，远远弥补不了因战争而造成的财政损失。战时募债困难重重，缓不济急，而且战时各年度国库内债收入实数占财政赤字比例，多数年度仅为1%、2%，最低时尚不到1%，其作用微不足道。[①]于是，巨额财政赤字只能依靠政府银行垫款来解决。据1939年6月财政部长孔祥熙向蒋介石提交的关于"最近财政实况"的绝密报告透露，抗战爆发后22个

---

① 杨荫溥：《民国财政史》，第149—150页。

月内,财政支出达38亿余元,亏短达30亿余元,弥补手段除增税、发行公债之外,主要靠银行垫款。[①]另如下表所示,1937—1945年银行垫款占到了政府财政收入的81.77%。

表4-3 1937—1945年度国民政府财政收入结构表

单位:百万元

年度	银行垫款 垫款额	百分比	债款收入 收入数	百分比	租税收入 收入数	百分比	其他收入 收入数	百分比	总收入
1937	1,195	59.45	256	12.74	451	22.44	108	5.37	2,010
1938	854	73.05	18	1.54	212	18.14	85	7.27	1,169
1939	2,311	75.75	25	0.82	484	15.86	231	7.57	3,051
1940	3,834	74.32	8	0.16	267	5.18	1,050	20.35	5,159
1941	9,444	87.81	127	1.18	667	6.20	517	4.81	10,755
1942	20,081*	78.90	156	0.61	2,807	10.92	2,462	9.57	25,713
1943	40,873	66.72	3,871	6.32	12,169	19.86	4,348	7.10	61,261
1944	140,133	78.60	1,947	1.09	30,849	17.30	5,367	3.01	178,296
1945	1,043,257	83.05	62,818	5.00	99,984	7.96	50,081	3.99	1,256,140
合计	1,262,189	81.77	69,226	4.48	147,890	9.58	64,249	4.16	1,543,554

说明:* 杨荫溥《民国财政史》第116页数据计算应为20,288百万元,但其第163页为201亿元,有出入,其他文献记载为20,081百万元,因而取此数据,不过总收入有2亿元出入。
资料来源:焦建华:《中国财政通史·中华民国财政史》(下),第780页。

战时中央银行的财政垫款,主要包括垫付内债基金和垫付军政费用两大类。全面抗战爆发后,因关税收入锐减,关税项下应拨付的内债基金出现缺口。为维持债信,这些短缺之数经财政部长孔祥熙批准,均由中央银行暂行垫付。1937年底以前,统一公债和复兴公债还本付息基金不敷之数,由中央银行逐月

---

① 洪葭管主编:《中央银行史料》上卷,第442页。

第四章 抗战时期国民政府中央银行的快速发展与职能完善

垫补。至1938年1月6日止,中央银行关税户已结欠3,370余万元。自1937年9月至1938年12月,为弥补偿付内外债基金不敷之数,海关总税务司向中央银行透支共积欠1.76亿余元。1939年5月,总税务司"因海关税收不敷拨付内外债基金及庚子赔款等",与中央银行签订透支契约,对透支利息及还款方式做了规定。①

抗战时期,因军政各费需款孔亟,国库入不敷出,财政部遂要求中央银行垫借款项。财政部往往以一纸国库证或公债预约券作为抵押,请中央银行照数垫借。垫款到期无法偿还,只能予以展期,成为长期借款。战时蒋介石要求财政部拨付各项费用的手令如雪片般源源不断,从各种军事费用,到各项特殊拨款,支出频繁,数量巨大。在国库入不敷出的情况下,这些开支的绝大部分由财政部转令中央银行垫借。例如,1938年3月22日,财政部以国库证作抵向中央银行借款5,000万元;5月16日以国防公债预约券借款3,000万元;5月28日又以国防公债预约券借款4,200万元。1939年1月25日,财政部以赈济公债向央行押借1,800万元,1月31日财政部以国库证作抵向央行押借5,250万元,2月28日又以同样方式续借5,250万元。6月2日财政部以1939年军需公债第一期债票预约券作为抵押,由央行垫款5,250万元。到1940年12月,中央银行每月向财政部摊垫款项达17,500万元。1941年3月,摊垫款达22,750万元,9月摊垫款达3.5亿元。1942年2月,垫款达6亿元,6月达7.2亿元,7月达14.5亿元。自1942年7月1日统一发行后,中国、交通、农民三行对于政府已无垫借款项业务,而由中央银行独家担任。1943年1月,中央银行垫款18亿元。至1943年8月,垫款为25亿元,1944年5月,垫款超过68亿元,7月垫款超过73亿元。②

抗战时期,孔祥熙既是财政部长,又是央行总裁,由他提出的中央银行向财

---

① 洪葭管主编:《中央银行史料》下卷,第707—708、710页。
② 同上书,第740—742、744、745—746页。

政部提供垫借款的议案,中央银行常务理事会无一例外都会通过、照办。中央银行成为向国民政府提供垫借款的主力军。如下表所示,中央银行的国库垫款额逐年剧增,从1937年底的6.8亿余元,增至1944年底的2,208亿余元,7年间增加了324倍。中央银行的财政借款,对维持战时财政发挥了关键作用。正如中央银行所自称:"自发行集中以来,全国军政各费悉赖本行供应,国库垫款端赖本行吸收存款及钞券发行以资供应。"①

中央银行作为政府的银行,在独揽了代理国库的业务后,有能力也有责任向政府提供贷款,支持财政的筹资。但大量的财政垫款引起货币供应量的增加,引发了通货膨胀,也成为中央银行的巨大包袱,严重侵蚀其根基。

表4-4 中央、中国、交通、农民四行对国库垫款统计表(1937—1945年)

单位:千元

年 份	中央银行	中国银行	交通银行	中国农民银行	总 计
1937	682,860	495,755	27,689	75,657	1,281,961
1938	1,491,303	958,688	294,062	199,922	2,943,975
1939	2,513,824	1,791,867	757,886	405,437	5,469,014
1940	4,932,111	2,432,856	1,509,077	795,863	9,669,907
1941	9,075,179	2,275,395	3,183,383	2,169,984	16,703,941
1942	38,943,841	—	91,950	223,771	39,259,562
1943	76,084,555				76,084,555
1944	220,889,993				220,889,993
1945	1,264,146,319				1,264,146,319

说明:1943年中央银行集中发行后,其他三行再无国库垫款。
资料来源:中国人民银行总行参事室编:《中华民国货币史资料》第二辑,第365页。

---

① 刘慧宇:《中国中央银行研究(1928—1949)》,第137页。

第四章　抗战时期国民政府中央银行的快速发展与职能完善

三、战时中央银行与外汇管理

（一）抗战初期的外汇管制

抗战前，中央银行逐步介入了对外汇的管理，并日益发挥重要作用。战前中央银行的外汇管理，主要是维持和控制中国货币的对外汇价，并经历了从间接控制到直接控制的演变。抗战爆发后至1938年3月止，中央银行继续沿用战前的钉住政策，通过无限制买卖外汇，以维持法币对外汇价。但这一政策随着外汇需求的猛增受到严重挑战。

抗战爆发后，金融市场发生剧烈动荡，资金大量外逃，一些中外进出口商人和持有法币的投机者纷纷抢购外汇，意图逃避风险，投机牟利。据估计，从7月7日到8月13日，政府为了维持汇率，抛售了近4,200万美元的外汇，其中大部分是逃资。①

世界各国在战争时期，无不严格管理外汇，严防资金外逃。抗战爆发后，国民政府也想严格控制外汇，但因诸多因素限制而无法执行。孔祥熙在1939年9月所作的《关于抗战二年中办理金融事项报告》中对当时外汇政策面临的困难做了介绍，他说："我国环境特殊，管理外汇之工作较之任何国家为难。一因我国有租界关系，政治力量无法控制，二因有外商银行买卖外汇无法制止，三因金融中心在上海，投机牟利之风盛行，四因敌伪在沪多方捣乱。"②在无法立即严格控制外汇的情况下，国民政府只得根据形势变化，采取渐进式的办法，通过一系列措施逐步加强对外汇的管制。而且，抗战爆发后，单方面控制汇价已不足以满足形势需要。于是，中央银行与国民政府设立的其他多个外汇管理机构，将外汇管理从此前的控制汇价，推进到了控制汇价与统筹收支并重的新阶段，一步步加强对外汇的管制。

1937年8月15日，财政部公布《非常时期安定金融办法》，主要内容是限制

---

① Arthur N. Young, *China's Wartime Finance and Inflation, 1937-1945*, Harvard University Press, 1965, p.192.
② 中国第二历史档案馆编：《中华民国史档案资料汇编》第五辑第二编"财政经济（四）"，第471页。

银行、钱庄的存户提取存款,直接目的在于维护金融机关安全,防止因存户无限制提存引发挤提风潮,导致行庄周转困难,甚至搁浅倒闭,间接目的则在防止存户将其存款转存外商银行或结购外汇,试图通过减少法币流通量,紧缩汇市购买力,来减轻对外汇市场的压力。

国民政府还寻求外商银行的合作,与外商银行订立"君子协定",凡投机与逃资之外汇购买,请各外商银行一律不予供给,而外商银行遇头寸短少时须先自行设法补足,遇市场供给不足时,再向各政府银行补购。华人的新存款,请外商银行不再接受。限制提存和"君子协定",被视为"战时外汇统制之开端"①。采取这些措施后,外汇供需保持了短时间的平衡。在限制提存后的半个月内,中央、中国、交通三行不但未曾卖出外汇,还买进外汇40万英镑,合法币600余万元。②

此外,国民政府还采取了限制口岸汇款,限制运输钞票及旅客携带钞票数量等办法,以防止资金逃避,减轻外汇压力。在财政部看来,这些办法"虽无外汇管理之名,已收外汇管理之实"③。但这些办法都是为防止资金抢购外汇,而对外汇本身并无任何限制,无法从根本上缓解外汇压力。11月中旬,上海、南京、杭州相继沦陷,逃汇之风又渐强盛,外汇市场再次出现供不应求。11月上半月,三行供汇每周50万英镑,到下半月突增至每周150万英镑。④

抗战爆发后,国民政府继续实行无限制供给外汇的政策,其结果是在战争爆发后的8个月间,为了维持外汇官价而出售了巨额外汇,从1937年7月到1938年3月12日,共计抛售外汇1.21亿美元。⑤无限制买卖外汇固然可以使汇率维持不变,但有限的外汇资源难以供应无限的外汇支出。大量外汇储备的损失,使国民政府的外汇政策难以为继,不得不采取进一步措施加强对外汇的统

---

① 郭家麟等编:《十年来中国金融史略》,第102、106页。
② 邹宗伊:《中国战时金融管制》,财政评论社,1943年,第33页。
③ 中国第二历史档案馆编:《中华民国史档案资料汇编》第五辑第二编"财政经济(四)",第483页。
④ 卜明主编:《中国银行行史(1912—1949)》,第526页。
⑤ Arthur N. Young, *China's Wartime Finance and Inflation, 1937-1945*, p.197.

制。自1938年3月之后的外汇管理,就主管机构变化而言,主要经历了以下四个时期。

（二）中央银行外汇审核处时期

抗战爆发后,日伪方面千方百计地破坏中国币制金融,吸收法币以套购外汇为其主要手段。1938年3月,日本扶持下的华北傀儡政权"中华民国临时政府"成立伪中国联合准备银行,发行伪联银券,强行收兑法币,企图把收兑到的法币运往上海套购外汇,这迫使国民政府不得不对外汇政策进行改变。

1938年3月12日,财政部颁布《购买外汇请核办法》及《购买外汇请核规则》,自3月14日起实行。该办法规定:(1)外汇卖出,由中央银行总行于政府所在地办理。但为便利起见,可由该行在香港设立通讯处,以司承转。(2)各银行因正当用途于收付相抵后需用外汇时,应填具申请书送达中央银行总行或其香港通讯处。(3)中央银行总行接到申请书,应即依照《请核规则》核定后,按法定汇价售与外汇。[1]国民政府实行外汇审核办法,由中央银行办理外汇请核事宜,这是中央银行专责管理外汇的开端。自此以后,无限制自由买卖外汇制度终结,外汇进入管制时期。为办理进口货需用外汇及私人与其他需用外汇之审核事项,中央银行于1938年3月17日成立外汇审核处,并在香港设立通讯处,4月12日又成立了上海通讯处。[2]

根据《请核办法》规定,所有的商业性外汇审核及供应,均须由当时在汉口的中央银行总行或在香港的通讯处办理,且每周只审批一次。而且,《请核办法》实施后,中央银行对于外汇审核标准逐步加严,核准数额也日渐紧缩。1938年3月17日第一周申请额约90万英镑,核准只有45万镑;第二周申请149.45万镑,批准46.55万镑;第三周申请154.45万镑,批准42.85万镑。不仅核准数额不断下降,核准比例也急剧下降。尤其是6月之后,中央银行规定各银行申

---

[1] 中国第二历史档案馆、中国人民银行江苏省分行、江苏省金融志编委会合编:《中华民国金融法规选编》下册,第1001页。

[2]《我国管理外汇机关组织及职掌之演进概况》,上海市档案馆藏,档案号:Q322-1-152。

请时须附客户名单及输入商品清单,核准的数额显著减少,每周不到 10 万镑,核准率不到 10%。①另据 1939 年 6 月孔祥熙向蒋介石提交的绝密报告中透露:自《请核规则》施行后,关于商业进口货物申请外汇数额,在初行时为安定中外人心起见,核准数额较巨,每月达三五十万镑,不久就严加限制,凡 1938 年以后所订进口货物非经政府特许者,概不给予外汇,因此每月准购外汇之数仅为三四万镑,1939 年以来则每月仅为 1 万余镑。②

这一时期,为了集中国家银行的外汇资金,加强中央银行的外汇力量,财政部在 1938 年 2 月致四行的密函中提出:"外汇之买卖及四行营业部分之外汇头寸,仍应集中中央银行办理,其卖出数额及应否卖出,均随时由本部长指挥核定,以防资金外流而固金融。"1938 年四五月间,因中央银行出售白银进展不顺利,以致外汇头寸颇紧,法币与外汇比价日跌,孔祥熙"对之甚为焦虑,希望三行外汇头寸立即集中,以资应付"。③

(三)财政部外汇审核委员会时期

1. 财政部外汇审核委员会的成立

中央银行外汇审核处成立后,主要办理进口物品需用外汇及私人与其他需用外汇之审核。至于政府机关所需外汇之审核事宜,最初由财政部指派委员办理,1939 年 4 月 25 日又正式成立了外汇审核委员会专司其事。④

在国际收支继续逆差的状态下,国民政府不得不更进一步缩紧外汇支出。1939 年 7 月 1 日,财政部颁布《非常时期禁止进口物品办法》及《禁止进口物品表》,通过对非必需品的禁止进口,以节省外汇支出,减轻外汇市场压力。7 月 3 日,财政部又公布《进口物品申请购买外汇规则》,规定凡进口商经营之进口物品,不在禁止输入之列而为国内所必需者,依照本规则向外汇审核委员会申请

---

① 国民经济研究所编:《外汇统制与贸易管理》,正中书局,1947 年,第 105—106 页。
② 洪葭管主编:《中央银行史料》上卷,第 459 页。
③ 交通银行总行、中国第二历史档案馆合编:《交通银行史料》第一卷下册,第 1036、1039 页。
④ 童蒙正:《中国战时外汇管理》,财政评论社,1944 年,第 12—13 页。

购买外汇,凡经核准购买的外汇,由指定银行向中国或交通银行按照法价售给,但申请人须缴纳按法价与中、交两行挂牌价格差额之平衡费,同时将1938年3月颁布的《请核办法》及《请核规则》废除。①中央银行外汇审核处至此宣告结束,所有进口外汇等审核事宜,均由财政部外汇审核委员会继续办理。

根据新办法,中央银行的挂牌法定汇价继续保持不变,另由中、交两行另挂一牌价,即所谓商汇牌价。商汇牌价由中、交两行逐日挂牌公布,凡财政部核定外汇,由商人向中、交两行按商汇牌价结汇,中央银行仅负责外汇头寸之调度,而不再办理商业外汇的申请与批准。《进口物品申请购买外汇规则》实施后,获得官方外汇额度的进口商名义上得到的是法定价格的外汇,但要缴纳平衡费以补足法定汇价与商汇之间的差额,实际上得到的与黑市外汇汇价相差无几。正如有学者所言,这项规则的颁行意味着1935年法币改革时所定的汇价名存实亡。②过去实行的钉住政策实际被放弃,汇率随时可以贬低,以适应日趋紧迫之外汇供应。

从1939年7月3日起,国民政府的外汇价格就出现了两种:一是中央银行的法价,即1先令2便士半。凡政府机关有正当用途,经核准后,依照法价向中央银行购买。二是中、交两行的挂牌价格。凡进口商人,经核准后,照商汇牌价向中、交两行购买。但是不久之后,又有低于商汇牌价的外汇黑市价格出现。大凡不能申请购买,或者申请而未准的外汇需要都向黑市购买。所以当时外汇价格就出现了法价、商汇牌价和外汇黑市三种,形成了一种多元汇率格局。③

2. 中央银行重庆外汇挂牌的开始

由于外汇供给不能满足商人的需要,内地商人纷纷汇款至上海,向黑市竞购外汇,引起黑市汇价高涨。中央银行为补救此项弊端,并为在后方建立外汇市场起见,在财政部的授权下,于1941年3月1日起在重庆依照市价挂牌出售

---

① 《进口物品申请购买外汇规则》,《中央银行月报》第8卷第7号,1939年7月。
② 宋佩玉:《抗战前期上海外汇市场研究(1937-7—1941-12)》,第181页。
③ 赵兰坪:《中国当前之通货外汇与物价》,正中书局,1948年,第100页。

外汇。此项牌价随黑市而变更,但并非完全自由,仍须经过审核手续,而且仅售给非财政部禁止进口物品、有利于后方生产物品、所购外汇直接对后方人民有利而非商人多得意外利润者。此项牌价维持至平衡基金委员会成立,乃于8月18日停止,19日另行规定挂牌价格。①

据财政部向蒋介石报告,中央银行在重庆买卖外汇,主要取得了以下成效:(1)以前进口商人输入货物须向上海结付货款者,自中央银行在重庆出售外汇后,可就近在重庆结付外汇,无形中可使上海外汇市场转移重庆,使金融中心逐渐转移内地。(2)中央银行出售外汇,在渝交款,不但进口商人可以减少调款往沪结汇的麻烦,并可免除渝申汇水之负担,且因调款往沪者少,渝申汇水可以压低,即向上海购货进口者亦可减轻渝申汇水之负担,一般进口货物成本均可因此减轻,对稳定后方物价也有积极作用。(3)以前进口货物及正当商用外汇向上海结付,则物资多由上海输入,中央银行在渝按市价供给外汇之后,进口商人可在渝结购外汇径向外国订货,使物资直接输入后方以济需要,后方物资供给增多,也有助于后方物价稳定。中央银行在重庆公开买卖外汇,对于平抑后方物价起到一定作用。例如,重庆汽油以前每加仑售价40元,至6月时已跌至每加仑20余元。②

(四)平准基金委员会与行政院外汇管理委员会时期

1. 外汇平准基金的设立

为了维护上海外汇市场,中英两国于1939年3月10日成立了中英平准基金,对维持外汇市场发挥了积极作用。但因基金数额有限,而外汇需求巨大,再加上敌伪套取外汇、资金逃亡等原因,使中英平准基金在维持了一年多之后,因资金枯竭而停止。在中英平准基金会存在期间,外汇业务主要由其办理,但中央银行"对于维持汇价,靡不尽力从旁襄助",对于政府需要外汇之供给,无不尽

---

① 童蒙正:《中国战时外汇管理》,第73页。
② 洪葭管主编:《中央银行史料》上卷,第496页。

第四章 抗战时期国民政府中央银行的快速发展与职能完善

力应付。如1940年,中央银行"外币存款视前略有增加,代收侨汇亦相当之巨,政府所需什九由本行供给"①。

为维持中英、中美之间的正常贸易,抵御日伪政权在金融市场上的破坏,1941年4月,中国与英美两国又达成了成立新的外汇平准基金的协定,继续管理中国外汇市场。英方出资1,000万英镑(约合美金4,000万元),美方出资5,000万美元,中国出资2,000万美元,总额合计约1.1亿美元。②中国政府应拨基金2,000万美元,由中央、中国、交通、农民四行按比例分摊,其中中央银行700万美元,中国银行600万美元,交通银行400万美元,中国农民银行300万美元,全部交由中央银行集中缴存美国纽约联邦准备银行。③这次的中英、中美基金的谈判和决策,都由财政部和中央银行出面负责。8月12日,中英美平准基金委员会(以下简称平准会)正式成立,委员会由5人组成,中央银行业务局局长席德懋为委员之一。平准会成立后,主要审核进口物品及私人请购外汇。自8月19日起,由中央银行规定外汇挂牌价格。④

平准会成立后不久,太平洋战争爆发,上海、香港沦陷,对外贸易路线停滞。平准会奉令移到重庆办公,平准基金也移到后方运用。但因外贸中断,外汇交易极少,外汇市场中止,平准会于1943年12月底期满结束,审核工作又由财政部成立外汇管理委员负责办理,业务由中央银行委托中、交两行办理。

2. 英美封存资金及其解封

1941年7月26日,应中国方面要求,英美下令封存中日两国在其境内的资金。英美封存资金,既是对日本的经济制裁,又有助于中国政府加强资金管制,防止资金外流,并制止敌伪套取外汇。英美封存资金之后,国民政府将解封之权授予中央银行。根据资金封存令,华商银行已不能再从事外汇买卖,然而华

---

① 中国第二历史档案馆编:《中华民国史档案资料汇编》第五辑第二编"财政经济(三)",第298页。
② 中国人民银行总行参事室编:《中华民国货币史资料》第二辑,第481页。
③ 交通银行总行、中国第二历史档案馆合编:《交通银行史料》第一卷下册,第1015页。
④ 刘攻芸:《二十年来中央银行之外汇管理业务》,《中央银行月报》新3卷第10期,1948年10月。

商银行在封存令前尚未了结的头寸极多,且已无法了结。中央银行根据财政部指示,拟定了代各华商银行轧平外汇交易的办法,于8月初通知各银行,令其将8月14日以前未了买卖协定开具清单,连同原协定送中央银行代为办理了结。各华商银行除自行轧平者外,余下委托中央银行代向纽约办理收解之款,总共有美金150万元。①

1941年8月21日,中央银行还公布了《关于英美封存我国在外资金解封办法》,规定中央银行按其所公布市价买进外币汇票或银行存单,而人民所有外汇资产,亦可移存中央银行照原币开户,但提取时须按财政部规定经核准后始能支付。9月6日,又公布了《关于人民申请动支封存外汇资产暂行办法》,允许符合条件者动支封存外汇资产,但须由中央银行代为转请外汇管理委员会核准。②通过解封资金,进一步加强了中央银行在外汇方面的控制权和发言权。

3. 行政院外汇管理委员会的设立

中英美平准基金达成后,国民政府为强化外汇行政管理,决定设立隶属于行政院的外汇管理委员会,将原有的各管理外汇之机构,如贸易委员会之外汇处、财政部之外汇审核委员会等并入,以便统一机构。1941年9月1日,外汇管理委员会正式成立。③财政部长孔祥熙兼任外汇管理委员会委员长。

在这一时期的外汇管理体制中,外汇管理委员会与平准会是两个最高决策机构,中央银行听命于两个委员会的调遣,是这一时期外汇管理中的一个重要的辅助和执行机构。

为使外汇汇价趋于统一起见,外汇管理委员会规定自1941年10月1日起取消商汇牌价,所有以往适用商汇牌价各案,一律改按中央银行公布挂牌市价办理,财政部以前颁布的《进口物品申请购买外汇规则》及施行细则同时废止。④

---

① 郭家麟等编:《十年来中国金融史略》,第134页。
② 赵禀编:《金融法规续编》,中央银行经济研究处,1942年,第157—158页。
③ 《外汇管理委员会组织大纲》,《金融周报》第12卷第13期,1941年9月24日。
④ 重庆市档案馆、重庆市人民银行金融研究所合编:《四联总处史料》下册,第163页。

第四章　抗战时期国民政府中央银行的快速发展与职能完善

1942年7月,国民政府利用太平洋战争后英美货币跌价的机会,重新规定1美元合法币20元,1英镑合法币80元,由中央银行正式挂牌,并由此前的钉住英镑改为钉住美汇。至此,外汇法价正式由每法币合1先令2便士半变为每美元合法币20元。①

4. 中央银行与集中侨汇

抗战时期,华侨汇款为我国外汇主要来源之一。战前海外华侨汇款,由中外银行及闽粤侨批业者各自承揽,听其自然。抗战发生以后,为了使侨汇不流入外商银行之手,尤其是不被敌伪银行夺取,财政部采取了很多积极措施。一面健全侨汇机构,一面拟定吸收侨汇合作办法,督促各经营侨汇机关切实合作,形成一个吸收侨汇的金融网,并责成中国银行总其成。凡由邮汇局及广东、福建两省银行所吸收的侨汇,均先售与中国银行集中,再转售中央银行。由交通银行吸收者,则直接转售中央银行。②

英美等国封存我国资金之后,华侨汇款不能如以往自由汇出。同时财政部鉴于以往华侨汇款回国,由中外银行承办,汇率不一,不易集中,因此利用这一机会与英美等国外汇管理当局洽商,将侨汇归中央银行集中办理。③财政部颁布了华侨汇款四原则,规定各地华侨汇款应由中央银行集中;中央银行在海外各地可委托中国、交通、农民银行代理;原办华侨汇款各银行,取得中央银行许可并商得代理行同意后,仍可照汇,但所收原币应拨付中央银行委托之代理行,由该代理行归入中央银行账。④中央银行随即划分马来亚、缅甸、荷属东印度、欧洲、美洲、印度、华南(指中国香港)、菲律宾、越南、泰国共十区分别收集侨汇,并指定了代收侨汇的各区代理行。⑤

1941年7月,英美封存我国资金之初,外汇黑市猖獗,以致华侨汇款多趋向

---

① 祝百英:《民元来我国之外汇问题》,朱斯煌主编:《民国经济史》,第217页。
② 中国第二历史档案馆编:《中华民国史档案资料汇编》第五辑第二编"财政经济(四)",第486页。
③ 《中央银行集中办理华侨汇款》,《银行周报》第25卷第34期,1941年9月2日。
④ 中国人民银行总行参事室编:《中华民国货币史资料》第二辑,第506页。
⑤ 卜明主编:《中国银行行史(1912—1949)》,第553页。

/ 247 /

黑市,以获取较优之汇价。至10月间,平准会确定消灭黑市,美国政府并于11月12日发给中国中央银行第75号许可证,规定中国在美侨商可无限制汇款回国,但此项汇款必须经由中国中央银行委托代理的银行办理,由中央银行或其委托代理银行在国内按照平准会定价折付法币,其外汇由中央银行收入。英国的办法,除汇款数额仍有限制外,其余与美国相同。"故今后华侨汇款,既可完全集中于中央银行,敌伪方面无法直接套取,各地黑市买卖,亦无法活动,海外批信局所需头寸,不得不向中央银行及其委托之代理银行请求补进,于是侨汇收入,悉可涓滴归库。"①这些措施的实行,加强了中央银行对侨汇的集中管理,有利于防止侨汇流失,并增强中央银行控制外汇的力量。

5. 四行专业化与中央银行统筹外汇收付

1942年,国民政府实施四行专业化,统一外汇管理为其中重要内容之一。国民政府认为外汇业务与法币的外汇准备密切相关,而且平准外汇工作也是调节国内外资金移动及信用张弛的一种手段,在管理通货制度下尤为重要,故决定外汇业务由中央银行集中统筹。

1942年5月通过的《中中交农四行业务划分及考核办法》规定,"统筹外汇收付"是中央银行主要业务之一,外汇之统筹管理及用途之考核,除由财政部办理外,所有外汇收付应集中中央银行调拨。6月21日,财政部公布了《统一四行外汇管理办法》,其中规定:(1)中央、中国、交通、农民四行外汇业务,由财政部集中管理,其原有外汇资产负债应列表报告财政部,以后收进或售出外汇,并应按旬列表报告财政部查核。(2)中国、交通、农民三行外汇买卖之收付应集中中央银行转账,并由中央银行调拨。(3)邮政储金汇业局外汇之处理,适用本办法。②

此后,中央银行管理外汇的权限范围扩大,协助财政部统筹整个国家的外

---

① 中国第二历史档案馆编:《中华民国史档案资料汇编》第五辑第二编"财政经济(四)",第98页。
② 《统一四行外汇管理办法》,《财政部公报》第3卷第14期,1942年7月15日。

汇收付成为中央银行的职责。中国银行由特许国际汇兑银行改为发展国际贸易银行,它所经办的进出口外汇及侨汇业务,此后都是受中央银行的委托而办理。

(五)中央银行外汇审核委员会时期

1943年12月,平准会结束,其经营之一切账目等移交中央银行接收,其业务并入行政院外汇管理委员会办理,并为统一金融行政起见,外汇管理委员会改隶财政部管辖。政府、公营事业机关、商业及个人购买外汇,概归财政部外汇管理委员会审核。①1945年3月,国民政府为紧缩开支裁并机构,决定将财政部外汇管理委员会裁撤,相关业务交由中央银行办理,并自4月16日起正式移交。财政部决定在中央银行内设立外汇审核委员会,与央行业务局分开,由财政、金融等有关机关派员参加组织,使外汇审核与执行保持分立。②6月,中央银行外汇审核委员会正式成立,孔祥熙兼任主任委员。委员会以财政部规定之各项办法为标准,审核外汇申请书,审核结果交央行业务局办理,并报财政部转行政院备案。③这样,外汇的审核与执行又合并由中央银行办理,中央银行取得了外汇管理的领导权。

从1945年4月中央银行接办外汇管理业务到当年年底,中央银行办理的外汇业务包括:政府机关及事业机关核准结购英金30万余镑,美金3,454万余元,用途以经济建设及军事方面为多;个人结汇共核准结购英金600镑,美金77,254元,用途以留学费用及旅费为大宗;工商业结汇数量很少,事实上处于停顿状态,只有保险业和影片商核准结购英金32万余镑,美金90万余元。出口结汇在战争未结束前,国际交通阻梗,仅体小质轻之麝香、生丝等少数物品可以出口,故结汇数额极少。④

---

① 洪葭管主编:《中央银行史料》上卷,第508页。
② 同上书,第510、512页。
③ 同上书,第511页。
④ 《中央银行三十四年度各项重要工作报告》,上海市档案馆藏,档案号:Q53-2-14。

总之，抗战时期，国民政府外汇管理的机构和制度，根据形势演变不断进行调整，变化非常频繁。中央银行在战时管理外汇工作中均负有重要责任，管理外汇的权限逐步扩大。直到抗战胜利前夕，外汇管理事务完全交由中央银行负责办理，所有政府机关、事业机关及个人、工商业需要外汇，均须向中央银行请购。当时所有经营外汇业务的指定银行（包括本国银行和外商银行）都要经过中央银行授权特许才能经营。虽然一些有势力的外商银行，如汇丰银行、花旗银行还在幕后操纵黑市并对外汇官价有一定影响，但比之战前外汇行市完全为外商银行所掌握毕竟大有不同。所以中央银行拥有外汇管理权，应是一个显著成绩。[1]抗战胜利之际，中央银行不仅已经掌握了国民政府的外汇管理大权，而且外汇储备加上库存黄金总共达12亿美元[2]，规模可谓空前绝后。

四、统一经理公债与公债弊案

抗战时期，国民政府为筹集资金，对发行公债寄予厚望。如孔祥熙所言："筹募公债，为战时平衡预算，充实国力之唯一方法。"[3]抗战8年中，财政部共计发行了18种内债，其中法币内债发行面额累计为150亿元，外币内债面额累计折合美金为3.2亿元。[4]

在战时公债的募集和还本付息过程中，中央银行发挥着重要作用。政府债券之发行，自印制完竣之后，举凡债票之"验收""运关""拨发""经募""换领"及其还本付息手续，悉由中央银行循序负责办理。如1939年，中央银行经付债券本息达24种。虽然面临战争带来的诸多困难，但中央银行"于备付本息基金之收拨，债券本息之经付，付讫债息票之汇总及其缴送财部之核收，悉能秉承政府之旨意，依照财部之规划顺利进行，幸无陨越"。[5]

然而，中央银行经理公债过程中弊端丛生，高级职员利用职权营私舞弊，上

---

[1] 中国人民银行总行金融研究所金融历史研究室编：《近代中国金融业管理》，第330页。
[2] 洪葭管：《在金融史园地里漫步》，第285页。
[3] 财政部财政年鉴纂编处编：《财政年鉴续编》，第一篇第98页。
[4] 杨荫溥：《民国财政史》，第148页。
[5] 洪葭管主编：《中央银行史料》上卷，第393—394页。

下其手，尤其是1942年发行1亿美元"同盟胜利美金公债"而引发的"美金公债舞弊案"轰动一时。1943年10月，孔祥熙伙同中央银行国库局局长吕咸，将尚未售出的美金债券5,000万元停售，悉数由中央银行业务局购进，上缴国库。随后，吕咸秉承孔祥熙的意旨，将该项未售出的余额美券，分期分批，全部侵吞朋分。其中，第一批购入美券余额3,504,260美元，照官价折合法币70,085,200元，送归孔祥熙一人独吞。第二批购入美券余额7,995,740美元，照官价折合法币159,914,800元，吕咸分25%，孔祥熙分70%，其余人得5%。孔祥熙等人以官价1美元折合法币20元的官价共购进美金公债11,509,920美元，再以市价出售，按当时市场价格最低1美元折合法币250元计算，他们就有巨大的差价可赚。仅这两次，孔祥熙、吕咸等贪污数目就超过了26亿元法币。①

1945年3月案发后，蒋介石派人进行彻查，追缴了美券，将央行国库局局长吕咸、业务局局长郭锦坤免职，并于7月24日批准孔祥熙辞去中央银行总裁职务。25日，蒋介石在跟宋子文谈话时表达了对孔祥熙的不满，他说："中央银行总裁人选，非绝对服从余命令而为余所能信任者不可，此二十年来所得之痛苦经验，因此不能施展我建军建政而且阻碍我外交政策莫大也。……庸人不可与之再共国事矣。撤孔之举，犹嫌太晚矣。"②美金公债舞弊案不仅是中央银行经理公债业务中的严重弊案，也是国民党政权贪污腐败的典型案例，陈赓雅、傅斯年等参政员向国民参政会提案揭发，引发了大后方舆论的强烈谴责，使国民党政权和中央银行的形象大受影响。③

五、中央银行与战时黄金政策

抗战时期，黄金政策是整个财政金融政策的一个重要部分，国民政府试图

---

① 寿充一编：《孔祥熙其人其事》，第145—146页。
② 王正华编辑：《事略稿本》(61)，2011年，第600、608页。
③ 关于美金公债案的详细研究，可参见杨雨青：《美援为何无效——战时中国经济危机与中美应对之策》，人民出版社，2011年；杨天石：《蒋介石亲自查处孔祥熙等人的美金公债案》，《找寻真实的蒋介石：蒋介石日记解读》下册，山西人民出版社，2008年；郑会欣：《美金公债舞弊案的发生及处理经过》，《历史研究》2009年第4期。

通过黄金政策的运用,稳定金融,调节法币,尤其是通过出售黄金回收法币来抑制通货膨胀,而中央银行则是国民政府执行黄金政策的主要工具。

(一)中央银行与黄金收购

抗战前,黄金在中国可以自由持有,自由买卖,政府既不公开抛售,也不明令收购,无所谓黄金政策。抗战爆发后,外汇基金仅有支出而无收入,面临枯竭风险。在此背景下,收买黄金政策见诸实施,国民政府试图通过吸收民间存金,收买各地所产生金,以增加政府存金,充实外汇基金,并防止以金资敌。

为奖励人民将持有的黄金兑换为法币,财政部于1937年9月颁布《金类兑换法币办法》,规定由财政部授权四行二局为金类兑换法币办理机关;金类兑换法币,按其实含纯金成分,依照中央银行逐日挂牌行市计算。财政部并嘱托中央银行"尽量收兑金银,推行法币"[①]。1938年4月,中央银行利用其在各地设立的收税处兼办收兑金银事宜。总体而言,抗战初期,国民政府对于收兑金银并无强制,仅采用劝导方式,鼓励人民自动兑换。

1938年5月,四联总处设立收兑金银处,专事收兑金银(主要是金类)工作。此后,政府对金银收兑逐渐加以统制,黄金管理也较前稍严。1938年10、11月,财政部先后颁布了《限制私运黄金出口及运往沦陷区域办法》《实施收兑金类办法》和《监督银楼业收兑金类办法》,规定银楼业除受收兑金银处或中央银行委托收兑外,不得收售具有饰物器具形状以外之黄金,且各银楼业收售金类应以公定挂牌市价为准,不得任意抬高或抑低,专收沙金镶金之店铺应向中央银行订立委托合同,所收沙金镶金等悉数售予中央银行按当日挂牌市价付给法币;黄金及任何形状之金饰,除经财政部给照特许者外,一律禁止携运出洋或往沦陷区域。[②]

1938年,中央银行"严饬各行处对于规定收金价格务须与市价切实接近,

---

① 洪葭管主编:《中央银行史料》下卷,第825—826页。
② 《经济汇报》第1卷第5、6期,1940年1月。

以利收兑",此后收金业务成效渐著。当年央行共收兑黄金8万两,折合国币1,300余万元。①1939年1月,财政部颁布《收兑金银通则》,9月颁布《取缔收售金类办法》,加强了对金类的收兑和统制。四联总处指定四行分支行处为收兑机关,分区负责收兑。中央银行具有优先权,凡中央银行已设行各地由当地中央银行负责收兑,中央银行未设行处由其他三行负责收兑。当年,各行共收金31万余两,是战时收金量最多的一年。收兑成绩以中央银行最佳,共收兑29万余两,折合法币8,180余万元,占到四行全年黄金收兑总数的94%。1940年,四行共收金26万余两,仍以中央银行居第一位,为21万余两,折合法币9,818万余元,占总数之81.5%。②1941年,因国内存金减少,产金数量有限,故四行收金数量大幅下降,仅为8.4万余两,其中中央银行收金6.7万余两。③

1941年太平洋战争爆发后,沪、港沦陷,大陆国际交通线被完全切断,国民政府已无汇市之虑,大规模地进口战略物资也已不可能,加之英美大借款成立,外汇头寸充裕,国民政府使用外汇的目的发生变化,开始设法利用外汇于国内金融市场以回笼法币。在这种情况下,国民政府自然不愿为扶持采金生产和收兑金类而徒增发行。④1942年3月,四联总处收兑金银处撤销,所有收金事宜移交中央银行办理。⑤中央银行接管金银收兑业务后,各地收兑金类数量仍呈逐年减少趋势,1942年收入金类仅为4,711两。⑥受通货膨胀、黄金黑市及走私等因素影响,战时金银收兑业务渐趋衰落。

(二)中央银行与黄金出售

由于太平洋战争后国民政府面临的财政金融情势发生骤变,为使部分资金

---

① 洪葭管主编:《中央银行史料》上卷,第390页。
② 洪葭管主编:《中央银行史料》下卷,第832、836页。
③ 财政部统计处编:《中华民国战时财政金融统计》,1946年,第98页;洪葭管主编:《中央银行史料》上卷,第405页。
④ 黄立人:《四联总处的产生、发展和衰亡》,《中国经济史研究》1991年第2期。
⑤ 重庆市档案馆、重庆市人民银行金融研究所合编:《四联总处史料》下册,第654页。
⑥ 中国第二历史档案馆编:《中华民国史档案资料汇编》第五辑第二编"财政经济(三)",第340页。

转向黄金市场,以收回法币、遏制通货膨胀,国民政府停止了黄金收兑,从 1943 年下半年起实行以出售黄金为主要内容的黄金政策。

财政部于 1943 年 6 月 4 日将原颁取缔买卖黄金各项法令暂停施行,准许人民自由采售,唯携运出国及前往沦陷区予以禁止,以示限制。①为了进一步抑制游资泛滥,国民政府还决定利用 5 亿美元借款从美国购买黄金运华出售。"出售黄金的构想最初是中央银行的席德懋在 1942 年 5 月大力主张的。他试图找出办法,以减少对增发纸币的依赖。"②1943 年 7 月,国民政府将中央银行所存的 4.4 万盎司黄金(约值 150 万美元)委托中国农民银行公开售出。1943 年 9 月之后,美国黄金开始运至中国出售。最初时黄金售出数量不大,直至 1944 年 3 月底为止,出售量只有 8 万多两。1944 年 2 月,在得到美国加快对华运输黄金的承诺之后,国民政府下达加快出售黄金的命令。中央银行从 3 月开始掌管黄金出售,一时销售额大增。中央银行于 5 至 7 月分别出售价值 200 万、200 万和 440 万美元的黄金,仅当年 7 月通过销售黄金回笼的法币约为 23 亿元,相当于当月新增法币发行量的 1/3 强。③

1944 年 3 月中央银行开始大量出售黄金之后,市场需求量猛增,供不应求,然而美国对华运输黄金的承诺因运输困难等原因而未能兑现,以致中央银行无法维持现货出售,不得不自 11 月 3 日起改为出售黄金期货。至 1945 年 5 月 28 日停售为止,共售出黄金 114.5 万余两,估计收回法币 250 亿元以上。④

黄金政策实行后,黄金售出量不断增加,现货、期货都供应不足,而且黄金一经出售,便不易收回。为解决这个问题,1944 年 6 月,财政部计划举办黄金存款和法币折合黄金存款,"既能吸收法币回笼,复可藉以调剂黄金之供需",并委

---

① 中国通商银行编:《五十年来之中国经济》,第 99 页。
② [美]阿瑟·N.杨格:《抗战外援:1937—1945 年的外国援助与中日货币战》,李雯雯、于杰译,四川人民出版社,2019 年,第 338 页。
③ 王丽:《杨格与国民政府战时财政》,第 159—160 页。
④ 杨荫溥:《民国财政史》,第 141 页。

第四章 抗战时期国民政府中央银行的快速发展与职能完善

托中央银行办理。①8月21日,两种存款业务同时开办。中央银行除自行办理外,并委托中国农民、中国国货两行代办。

战时黄金政策,1944年以出售黄金为重点,1945年则以收存黄金存款为重点。截至1945年6月25日,法币折合黄金存款业务正式停办,共收存黄金162.4万余两,估计收回法币390亿余元。②黄金政策对于紧缩通货、调节发行、改善财政发挥了一定成效。中央银行作为战时执行黄金政策的主要工具,在黄金收兑、保管、出售及黄金存款方面发挥着重要作用。然而,在执行黄金政策的过程中,中央银行与财政部及其他国家行局职员泄露国家机密,营私舞弊,制造了一起轰动全国的黄金提价舞弊案。

1945年3月28日上午10时,行政院代院长宋子文召集财政部长俞鸿钧、中国银行副总经理贝祖诒、秘书林维英及中央银行业务局局长郭景琨(即郭锦坤),在其重庆化龙桥私邸商议黄金加价问题。宋子文告知参会人员,经蒋介石核准,决定自3月29日起将黄金价格由每两2万元提高为3.5万元。下午7时,财政部关于黄金提价的正式公函送到中央银行业务局,准备电告各分支行处。这时,各银行已过下班时间,第二天又是黄花岗起义纪念日,照例各单位停止办公。而且,知道黄金提价决定的人员屈指可数,所以财政部并不担心出什么漏子。然而,出乎意料的事情还是发生了。3月28日下午及晚上,重庆的国家行局一反常态,通宵达旦地办理黄金储蓄业务,许多达官显贵和银行职员彼此心照不宣,大量购存黄金。甚至到了天亮,还写前一天的日期。一夜之间,毕竟短促,不易筹到大量现款,就利用国家银行的空头支票、空头银行转账书和公私银行滥发的本票代替现款购存。一夜之间,售出黄金万余两。第二天,报纸披露了黄金储蓄提价75%的消息后,人们才恍然大悟,舆论界一片哗然,人们纷纷指责财政部事前泄露消息,要求彻底追查,公开处理。事后调查发现,财政部

---

① 中国人民银行总行参事室编:《中华民国货币史资料》第二辑,第422—423页。
② 杨荫溥:《民国财政史》,第142页。

和国家行局均有职员参与舞弊,尤以中央银行最为严重,是泄露黄金提价消息的主要单位。中央银行业务局局长郭景琨是参与此次黄金加价的决策人之一,也是泄露消息的罪魁祸首,最后仅被判有期徒刑3年半。①几个月之后,重庆地方法院又重新宣判,郭景琨等人均判无罪,当庭释放。一件轰动全国的黄金舞弊案,最终大事化小,重罪轻判。泄密案不仅使黄金政策的效果大打折扣,更暴露了国民党政权的严重腐败,对其形象造成了极为恶劣的影响。②

第三节 中央银行的货币发行与发行权统一

一、抗战爆发后中央银行的法币发行

如前所述,抗战时期国民政府的巨额财政赤字主要依靠银行垫款解决。1942年以前由中央、中国、交通、农民四家银行共同垫款,而"四行垫付库款,大部分依赖钞券之发行"③。因此,从抗战爆发至1941年间,四行货币发行呈不断增加之势。其增加情形大致可分为三个阶段:第一阶段,1937年7月至1939年6月两年间,法币发行量增长较为缓慢,发行额增加了近13亿元,每季度发行平均增加率为11.5%,涨幅并不算大;第二阶段,1939年6月至1940年底,法币发行量开始急剧增加,每季度平均增加率涨至61.2%;第三阶段,自1941年起,法币发行量增加更为猛烈。1941年到1942年3月,法币增发额已达近百亿元,每季度平均增加率达137.1%。④如下表所示:

---

① 祝世康:《轰动重庆的黄金舞弊案》,于凤坡:《1945年重庆法院审理黄金储蓄案内幕》,中国人民政治协商会议全国委员会文史资料研究委员会编:《法币、金圆券与黄金风潮》,文史资料出版社,1985年。
② 关于黄金提价泄密案的详细研究,可参见郑会欣:《"大时代的小插曲":1945年重庆黄金提价泄密案》,《中国经济史研究》2020年第2期。
③ 中国人民银行总行参事室编:《中华民国货币史资料》第二辑,第353页。
④ 同上书,第291页。

第四章　抗战时期国民政府中央银行的快速发展与职能完善

表4-5　1937年6月—1942年3月法币发行额统计表

单位：百万元

期　别	发行额	指　数	较上期增加净数	较上期增加指数
1937年6月	1,407	100.0	42	
9月	1,544	109.8	137	9.8
12月	1,639	116.5	95	6.7
1938年3月	1,679	119.3	40	2.8
6月	1,727	122.7	48	3.4
9月	1,925	137.0	198	14.3
12月	2,267	161.1	343	24.1
1939年3月	2,411	171.2	144	10.2
6月	2,700	191.9	289	20.6
9月	3,587	254.9	887	63.0
12月	4,287	304.6	700	49.7
1940年3月	4,689	333.3	403	28.7
6月	6,063	430.8	1,373	97.5
9月	6,841	486.2	779	55.4
12月	7,867	559.0	1,025	72.8
1941年3月	9,157	650.7	1,290	91.7
6月	10,715	761.5	1,559	110.8
9月	12,652	899.1	1,937	137.6
12月	15,133	1,075.4	2,481	176.3
1942年3月	17,510	1,244.3	2,377	168.9

资料来源：中国人民银行总行参事室编：《中华民国货币史资料》第二辑，第290—291页。

抗战爆发后，国民政府一步步放松了对法币发行的限制。1938年12月9日，宋子文致孔祥熙的电文中指出："各行发行之增加，已为事实上所不能避免。……拟请将3月12日以后,四行增加发行之数,另行记账。此项发行额之准备,暂以政府发行之金公债抵充。"[①]1939年3月,四联总处和财政部正式决定,自当年1月1日起,"四行发行法币,增加之数可暂以金公债充作现金准备,另账登记"[②]。此后,四行发行法币分经常户和另户分别记账,直到1942年7月统一发行之后取消。战时通货膨胀加剧,与法币实行另账发行直接相关。如有学者所指出:另账发行,实际即发行无准备的法币,是国民政府破坏法币发行条例的一种行为。法币发行的最后约束条件被解除,成为抗战时期真正通货膨胀的起始点。随着大量无准备货币的陆续出笼,物价上涨由温和转为加速。[③]如下表所示,中央、中国、交通三行另账发行额以中央银行为最多,一直超出中、交两行另账发行额之和。另账发行数额在发行总额中所占比例,也以中央银行最高,在40%以上,1942年3月曾达47%,远超中、交两行。[④]

表4-6 中央、中国、交通三行法币另账发行额统计表

单位:千元

期　别	中央银行	中国银行	交通银行	合　计	指　数
1939年6月	—	287,200	54,176	341,376	100.0
9月	592,111	403,103	145,190	1,140,404	334.1
12月	533,162	454,833	216,853	1,204,848	352.9
1940年3月	537,301	384,833	235,000	1,157,134	338.9
6月	1,027,632	549,833	280,000	1,857,465	544.1
9月	1,059,548	534,833	320,000	1,914,381	560.8
12月	1,654,988	384,833	379,000	2,418,821	708.5

---

① 洪葭管主编:《中央银行史料》上卷,第591页。
② 中国人民银行总行参事室编:《中华民国货币史资料》第二辑,第285页。
③ 贺水金:《1927—1952年中国金融与财政问题研究》,上海社会科学院出版社,2009年,第222页。
④ 中国人民银行总行参事室编:《中华民国货币史资料》第二辑,第861页。

(续表)

期　别	中央银行	中国银行	交通银行	合　计	指　数
1941年3月	1,880,169	384,833	400,000	2,665,002	780.7
6月	1,955,937	384,833	400,000	2,740,770	802.9
9月	2,202,098	384,833	400,000	2,986,931	874.9
12月	2,815,023	384,833	400,000	3,599,856	1,054.5
1942年3月	3,378,666	384,833	400,000	4,163,499	2,196.2

说明：原表个别地方的"合计"值计算有误，本表已更正。
资料来源：中国人民银行总行参事室编：《中华民国货币史资料》第二辑，第294页。

抗战初期，法币发行仍执行法币改革时确定的比例准备金制度，现金准备占60%，保证准备占40%。但随着法币发行量的增加，这一制度越来越难以维持。1939年颁布的《巩固金融办法纲要》规定，法币准备金除金银外汇以外，可加入短期商业票据、货物栈单、生产事业之投资三项。[1]另外，法币自1935年11月开始发行之后，一直由发行准备管理委员会按期公示发行数字。随着战时发行量的增加，为了掩盖通货膨胀的实情，不仅另账发行的法币数量秘不示人，中央银行从1940年中期起，发行额经常户也停止公布，"唯恐如实公布将有损于人们的信心"[2]。这些做法实际上都是为法币发行松绑，同时也是对法币制度的严重破坏。"战前的发行制原颇完善，不幸战时因环境关系，不得不权宜办理，结果发行制度的形式与精神，都完全丧失，已无复制度之可言。"[3]

法币增发的过程中，中央、中国、交通、农民四行在货币发行中的地位也发生了变化。1937年6月，中国银行法币发行额为四行之首，占法币发行总额的35.98%，中央银行位居第二，只占总额的26.52%。但到1938年12月，中

---

[1] 中国第二历史档案馆、中国人民银行江苏省分行、江苏省金融志编委会合编：《中华民国金融法规选编》上册，第634页。
[2] 中国人民银行总行参事室编：《中华民国货币史资料》第二辑，第364页。
[3] 邹志陶：《论币制改革》，《中央银行月报》新3卷第9期，1948年9月。

央银行的法币发行额达7.3亿余元,占发行总额的32.55%,超过了中行而居四行之首。此后,中央银行的发行额一直位居四行之首。到1942年3月,中央银行的发行额已达71.7亿余元,占发行总额的40.96%,远超其他三行。如下表所示:

表4-7 1937年6月—1942年3月四行法币发行额统计表

单位:千元

期 别	中央银行 数 额	中央银行 占总额(%)	中国银行 数 额	中国银行 占总额(%)	交通银行 数 额	交通银行 占总额(%)	中国农民银行 数 额	中国农民银行 占总额(%)
1937年6月	375,840	26.52	509,863	35.98	313,548	22.12	217,951	15.38
1937年12月	430,608	26.27	606,548	37.01	371,143	22.64	230,798	14.08
1938年12月	738,028	32.55	711,050	31.36	543,131	23.95	275,247	12.14
1939年12月	1,880,142	43.59	1,226,830	28.44	841,232	19.50	365,432	8.47
1940年12月	3,851,570	47.76	1,946,914	24.14	1,329,008	16.48	937,173	11.62
1941年12月	6,341,290	41.90	4,348,552	28.74	2,631,326	17.39	1,811,593	11.97
1942年3月	7,176,202	40.96	5,029,423	28.71	2,905,879	16.59	2,407,858	13.74

说明:原表"占总额(%)"中有多处计算错误,本表已更正。
资料来源:中国人民银行总行参事室编:《中华民国货币史资料》第二辑,第292页。

如以1937年第二季为基期,计算各行每季度发行数额增加的指数,至1942年3月,中央银行增加约19倍,中国银行增加约10倍,交通银行约9倍,农民银行约11倍。中央银行法币增发速度,远超其他三行。中央银行发行额迅速增加的同时,现金准备在发行额中所占比例却不断下跌,从1938年3月的64%下降到1942年3月的27%,在四行之中现金准备比例最低。①

二、中央银行统一发行的实施经过

1935年法币政策实施之后,法币发行权集中到四家政府银行手中,但尚未

---

① 中国人民银行总行参事室编:《中华民国货币史资料》第二辑,第863页。

完全统一,中央银行还没有独占发行权。原计划法币改革两年之后,由中央银行独占发行的目标,因抗战发生而未能如期实现,因此法币发行权一直由四行共享,这导致中央银行对于全国通货数量,以及其他银行创造信用之能力,无法进行有效管制。四行之间在法币发行方面存在激烈竞争。抗战爆发虽然影响了由中央银行独占发行权的计划安排,但国民政府统一货币发行的目标并未改变。在四联总处的扶持下,中央银行力量逐渐强大,其法币发行量也已位居四行之首,具备了单独承担发行职能的能力,统一发行的时机趋于成熟。

1942年3月22日,蒋介石向四联总处下达手令,要求拟订法币改由中央银行统一发行的办法。随后,四联总处与四行开始就统一发行问题进行商讨。1942年5月28日,蒋介石亲自主持四联总处临时理事会议,修正通过了由四联总处与财政部、中央银行共同商讨拟具的《统一发行办法》,内容包括:(1)自本年7月1日起,所有法币之发行统由中央银行集中办理。(2)中国、交通、农民三行在本年6月30日以前所发行之法币,仍由各该行自行负责。(3)三行订印未交及已交未发之新券,应全部移交中央银行集中库保管。(4)三行因应付存款需要资金,按实际情形提供担保,商请中央银行充分接济,并报财政部备查。(5)三行于1942年6月30日以前所发钞券之准备,应规定期限,由各行缴中央银行接收。(6)各省地方银行之发行,由财政部规定办法限期结束。[①]《统一发行办法》仅就统一发行做了原则性的规定,推进程序和具体操作中的诸多具体问题尚未涉及,因此理事会要求四联总处与中央银行商定详细实施办法。随后,中国、交通、农民三行为维护自身利益,围绕发行准备金移交期限以及统一发行后三行所需资金的供应问题,与中央银行展开了激烈博弈。

6月18日,四联总处第130次理事会议讨论并修正通过《统一发行实施办法》,由四行遵照实行。《实施办法》对中国、交通、农民三行钞券之处理、准备金之移交、三行业务需要资金之调剂,做了具体规定。关于中国、交通、农民三行

---

① 中国第二历史档案馆编:《四联总处会议录》(15),第11—12页。

已发未发及订印未交钞券处理,规定:(1)三行已发之各种钞券,仍照旧流通。(2)三行发库所存钞券,无论存于总行或各地分行处者,均应移交中央银行接收。(3)三行定制未交钞券,自1942年7月1日以后,无论续交或在运送中者,概由中央银行提收。所有三行之印券合约,均移归中央银行承受,其已付定金及印费之扣缴,另行个别商定。(4)中央银行接收三行之钞券及订印续交之新券,可继续使用或发行。

关于中国、交通、农民三行准备金的移交,规定:(1)三行在1942年6月30日以前之发行准备金,应于1942年7月底以前,全部移交中央银行接收。(2)三行移交之准备金除以交存于中央银行之白银抵充外,其余应尽先以国库垫款拨充。(3)三行将全部准备金移交中央银行后,所有三行已发法币40%之保证准备之收益,仍归三行各自享受,以3年为期。

关于中国、交通、农民三行业务需要资金之调剂,规定:(1)各地三行,因办理四联总处核定之贷款,或本行业务贷款,以及支付存款,需要资金,可由各总行向中央银行总行申请接济。付券地点,以中央银行总行所在地为原则。但因紧急需要,可由各地三行之分支行处,按照下列第二条所规定之方式,径向当地或附近之中央银行申请接济,其数额暂以50万元为限。(2)三行可以下列方式申请中央银行接济资金:重贴现、同业拆放、财政部垫款户划抵、以四联总处核定贷款转作押款。所有一切条件,均依照各种方式之固有规定或手续办理,其利率可照原收利率减低2至4厘,由中央银行随时酌定。(3)中央银行应于各集中站充分存储钞券,以便供应各地之需要。①

1942年7月1日,财政部正式核定实施《统一发行办法》。此后,所有法币的发行统归中央银行集中办理,"从此我国纸币发行权集中,币制统一,此为我国货币史上又一划时代之建树"②。《统一发行办法》及其《实施办法》相继确定

---

① 四联总处秘书处编印:《四联总处重要文献汇编》,第52—53页。
② 郭家麟等编:《十年来中国金融史略》,第293页。

第四章 抗战时期国民政府中央银行的快速发展与职能完善

后,由中央银行根据相关规定制定各种表单,送请三行分别填写,开始办理移交手续。7月10日,财政部还规定,将1935年法币改革时,法币发行准备管理委员会所指定由中国、交通两行接收的各商业银行钞券及准备金,一并改由中央银行集中保管。①三行准备金现金准备部分于1942年底移交完毕,保证准备移交延迟至1943年底才办理清楚。②

统一发行实施后,为加强对各省银行及地方银行所发钞券的管制,财政部于7月14日颁布了《中央银行接收省钞办法》,其中规定:(1)各省省银行或地方银行,应将截至1942年6月30日止,所有钞券数目分类列表呈报财政部,并分报中央银行查核。(2)各省省银行或地方银行,发行钞券的准备金及前已交存的钞券,自1942年7月1日起集中中央银行保管。其无中央银行分行地方,由中央银行委托当地中国、交通、农民三行中之一行代为保管。其在印制中的新券,应于印成后照交保管。(3)前项送交保管的钞券,如因供应需要,由各该省地行拟具运用计划及数目,呈经财政部核准照缴准备,向中央银行领回发行。(4)各省省银行或地方银行,在1942年7月1日以前呈准发行钞券数额,尚未照额领发者,准予照录呈准原案,备具准备,向中央银行领取发行。③这一办法既使中央银行接收了各省银行和地方银行的发行权,实现了发行权的进一步统一,又通过缴纳准备领用发行的方式,兼顾了各地市场对小额币券的需求。截至1944年底,除个别省份情形特殊外,其余湖南省银行、四川省银行、湖北省银行等18家省地方银行发行钞券的现金准备和保证准备均已由中央银行接管。④至此,纷扰多年的地方银行发行权问题得以解决。

随着统一发行办法的实施,发行权分散的局面正式结束。虽然中国、交通、

---

① 中国人民银行总行参事室编:《中华民国货币史资料》第二辑,第350页。
② 重庆市档案馆、重庆市人民银行金融研究所合编:《四联总处史料》中册,第54页。
③ 中国第二历史档案馆、中国人民银行江苏省分行、江苏省金融志编委会合编:《中华民国金融法规选编》上册,第458页。
④ 中国第二历史档案馆编:《中华民国史档案资料汇编》第五辑第二编"财政经济(三)",第404—406页。

农民三行原发旧钞及各省地方银行发行之小额币券,因市面需求关系,仍暂准流通,但从法律上和制度上而言,中央银行已经完全单独掌握了货币发行权,中央银行作为唯一发行银行的地位正式确立,中国的货币发行制度终于变成了单一发行制,"全国上下希望多年之统一发行制度乃告确立"①。

统一发行是四联总处提高中央银行地位的关键性措施,也是近代中国货币银行制度一次重大进步。统一发行对于中央银行而言,具有极其重要的意义,它使中央银行独占货币发行权,无论是控制货币发行的能力,还是整体实力地位都得到空前提高,为控制信用、调剂金融奠定了基础。如中央银行营业报告中所言:"多头发行之制度,本不宜于现代化之国家。自经改革之后,集中于一,本行对于财政之辅助,军需之供应,金融之调剂,通货之伸缩,皆由分散而进于整个,指挥易而收效巨,洵我国财政史上、金融史上之一大进步也……通货发行权统一于本行,尤为金融上一大改进,此后本行已真正取得中央银行之地位。"②此后,中国、交通、农民三行失去了与中央银行平起平坐的地位,在资金调度上不可避免地受制于中央银行。

中央银行统一发行,对于支持抗日战争发挥了积极作用。抗战时期,法币券料的供应与金融、经济乃至整个抗战军事关系极为密切。发行统一之前,法币钞券的印制、运储和调剂,由四行在四联总处的领导下分头进行。抗战初期,法币多向国外订印。太平洋战争爆发后香港沦陷,国际航运受阻,改为国内印制。中央银行先后委托大东书局、中央信托局印刷厂、大业公司、百城印务局、西北印刷公司以及中央、中元造纸厂承印或提供券料,并在资金、技术、材料和运输方面给予优惠支持,以保证钞券的需求。③发行统一之后,法币钞券的印制、运储和调剂,完全由中央银行单独负责。各地需用钞券由财政部"督促中央银

---

① 中国第二历史档案馆编:《中华民国史档案资料汇编》第五辑第二编"财政经济(一)",第470页。
② 中国第二历史档案馆编:《中华民国史档案资料汇编》第五辑第二编"财政经济(三)",第329—330页。
③ 中国人民政治协商会议西南地区文史资料协作会议编:《抗战时期西南的金融》,西南师范大学出版社,1994年,第169—170页。

行按照各地国库支出情形,分区运储大宗钞券备用"①。为满足各地钞券供应,筹集和储备券料成为中央银行的一项非常重要的职责,中央银行的券料供应和调节直接关系法币的供给与流通。在战时交通运输极端困难的情形下,中央银行竭力维持券料供应,对于支持抗战取得胜利发挥了关键作用。

三、通货膨胀的发生与加剧

（一）法币制度与通货膨胀的隐忧

1935年法币改革推进了货币的统一,这在中国货币史上具有划时代的意义。然而,从历史上看,货币发行权是极易被滥用的一种权力。在金属货币体系和分散发行制度下,纸币发行量受到金属货币数量限制,以及发钞机构的竞争,从而对滥发纸币构成一定程度的制约。

首先,在金属本位制的条件下,银行发行的钞票实质上是一种可以随时兑现的兑换券,因而银行发钞必须具有现金准备和期票、证券等保证准备,这些证券和期票也可以随时换成现金。万一市面上通货多了,纸币价值要跌,持钞人赶紧到发钞银行去兑现,换成金币或银币储藏起来。这样一来,市面上通货又减少了,便恢复正常的流通。因此,纸币兑现制度有助于防范通货膨胀的发生。

其次,多数银行的分散发行制度也在客观上有助于降低恶性通货膨胀的风险。在多数银行发行的情况下,虽然也存在一些银行滥发纸币的问题,但由于竞争的存在,大多数发钞银行都比较谨慎,尽力维持自己钞票的信誉,并控制纸币的发行量,尤其是在纸币需要兑现的情况下,更需要谨慎发行,因而能够将通货膨胀的风险大大降低。"在多数发行制下,银行券信用,虽不统一,然各发行银行为本身利害计,于所发行之兑换券,往往颇能尽力维护其信用。故于运用上虽不无伸缩失调之弊,而于根本上尚无信用动摇之虞。即间有少数发行银行,或生挤兑拒用情事,亦以仅关局部,从未牵动全局,故风潮每易告平息。"②

---

① 洪葭管主编:《中央银行史料》下卷,第905页。
② 杨荫溥:《中国金融研究》,第47页。

法币政策实施后,废除了金属本位制,停止纸币兑现,并取消了多数发行制,将发行权集中于政府银行之手。"此项不兑换纸币办法,为通货膨胀最普通之方式,亦为通货膨胀最危险之方式。纸币既不兑换,即与准备脱离关系,其增发即不受任何限制。有一印刷设备,即能为极迅速而无限制之发行增加。"[1]不兑现纸币制度为通货膨胀的发生创造了技术上的可能。在纸币本位下,纸币的发行数量因不加限制,仅根据需要发行,这对于财政收支不平衡的国家来说是一种极大的诱惑,很容易引起通货膨胀。南京国民政府自成立以来,财政状况捉襟见肘,财政赤字居高不下,一直依靠借债度日。因此,很多学者和民众就更有理由担心财政窘迫的国民政府会利用货币发行权滥发纸币,弥补其财政赤字。"新货币政策实行以后,一般人士所最引以为忧者,为政府财政将以中央银行为尾闾而招致通货过度膨胀之祸也。"[2]如此,将会产生牵一发而动全身的影响。

为了消除民众疑虑,国民政府多次强调法币政策并非通货膨胀政策。在法币政策颁行当天,财政部长孔祥熙在币制改革宣言中指出,"政府对于通货膨胀,决意避免",并将于18个月内实现财政收支平衡。[3]在财政部编印的《新货币制度说明书》中,专门强调和解释"新货币制度绝非通货膨胀"[4]。为了获取民众信任,国民政府还打算将中央银行改组成为具有一定独立性的中央储备银行,但这一计划被抗战打断。全面抗战的爆发,使通货膨胀不可避免地发生。

(二)战时法币发行与通货膨胀的加剧

近代中国的纸币发行,经过数十年的发展演变,最终实现了由中央银行独占发行的目标。既基本上结束了纸币多元发行所带来的混乱局面,又完善了中央银行的职能,弥补了中国金融制度的缺陷。然而,由于中央银行被政府完全

---

[1] 杨荫溥:《中国金融研究》,第53页。
[2] 姚庆三:《对于中央银行之几点意见》,《经济学季刊》第7卷第1期,1936年6月。
[3] 中国第二历史档案馆编:《中华民国史档案资料汇编》第五辑第一编"财政经济(四)",第317页。
[4] 财政部秘书处编:《财政部新货币制度说明书》,财政部秘书处,1935年,第12—13页。

第四章 抗战时期国民政府中央银行的快速发展与职能完善

控制,又处于抗战的非常时期,故对政府的发钞要求无法予以有效抵制,以致在独占发行的同时,为国民政府依靠中央银行发行钞票来弥补财政赤字打开了方便之门,开始了无限制发行纸币的灾难之旅。国民政府的财政失衡,在控制中央银行的条件下,制造了一幕中国货币史上的大悲剧。[①]

抗战爆发后,法币的发行额已经日渐膨胀。1942年7月,中央银行统一发行实现之后,国民政府欲弥补财政赤字,就令中央银行增发钞券,较之发行未统一之前更加方便,法币发行额遂急剧攀升。如下表所示,从1942年7月到1945年8月,中央银行的法币发行额增加了22倍。

表4-8 1942年7月—1945年12月中央银行发行额统计表

单位:百万元

月终\年份	1942	1943	1944	1945
1	—	35,796	81,678	202,892
2	—	37,909	86,576	226,210
3	—	40,422	95,914	246,865
4	—	43,733	104,363	280,800
5	—	46,486	113,789	336,485
6	—	49,873	122,779	397,773
7	25,308	52,505	129,057	462,327
8	26,401	56,258	137,640	556,907
9	27,852	60,460	150,175	674,233
10	29,903	64,377	161,236	805,923
11	31,833	68,912	170,319	901,024
12	34,360	75,379	189,461	1,031,932

资料来源:洪葭管主编:《中央银行史料》上卷,第657页。

---

① 刘慧宇:《中国中央银行研究(1928—1949)》,第102—103页。

法币统一发行便利了中央银行在资金上全力支持国防与经济，为中国抵抗日本侵略发挥了不可或缺的作用。国民政府如果没有将货币发行权集中于中央银行，欲支撑战时财政势必相当困难。然而，增发货币引起的通货膨胀严重侵蚀了国民政府的金融经济命脉。如宋子文所说："如果不是使用法币制度，恐怕国家难以支持八年长期的抗战……但在同时，挽救中国战时财政的法币制度，却孕伏着今日国家祸害的根源，当国府支出超过收入的时候，唯一的办法，乃是靠印刷机来弥补，这就发生了最大的害处。"[1]战时扩大纸币发行并非国民政府独创，而是世界各国普遍采用的办法。经济学家弗里德曼曾说："突出的通货膨胀总是发生在战争期间，几乎每一个政府都是以通货膨胀为支付战费的最方便手段。"[2]战时为支付庞大的财政开支而扩大发行是不可避免的，但是扩大发行必须有一定的限度，应把通货膨胀限制在有限的和可承受的范围之内，若一味靠滥发纸币来弥补财政赤字，则无异于饮鸩止渴，贻害无穷。

（三）关金兑换券的膨胀

1931年起，中央银行开始发行关金兑换券，但发行额一直不多。如下表所示，从1937至1941年，关金券的发行额在34万到61万元之间。

表4-9 1937—1941年中央银行关金券发行数额统计表

单位：元

年　份	1937	1938	1939	1940	1941
发行数额	409,630.70	609,017.00	447,983.00	340,955.60	340,955.60

资料来源：《中央银行将提出发行库存关金券》，《财政评论》第7卷第3期，1942年3月。

1942年3月，财政部为应付券料供应起见，要求中央银行将印存未发关金券改作法币使用，扩大关金券发行，并按每一关金券折合法币20元行使，所有完粮纳税及一切公私款项均按照这一定率折合法币收付，不得折扣，自4月1

---

[1] 《行政院长易选》，《东方杂志》第43卷第6号，1947年3月30日。
[2] ［美］米尔顿·弗里德曼：《论通货膨胀》，中国社会科学出版社，1982年，第29页。

日起施行。①同时,因关金每一单位含金量原为60.1866公毫,改定每一关金折合法币20元行使后,将每一单位含金量改定为88.8671公毫,使其含金量以现行外汇牌价套算,等于法币20元所值外汇数目。②从此,关金券同原来的海关金单位完全脱离了关系,成为变相的法币,而且是大额法币。如时人所言:关金券"性质等同于法币,因之其发行数量亦必影响通货总数,即使其发行数量不多,而折合法币之数量亦属可观。故政府发行关金券结果,无非变像的发行面额较大之法币,更易其名称而已"③。如下表所示,关金券的发行数量急剧扩大,成为通货膨胀的重要构成部分。

表4-10　1942—1945年关金券发行数额统计表(略计数)

单位:元

时　间	发行额	时　间	发行额
1942.12.31	1,641,554,958	1943.12.31	9,066,542,198
1944.12.31	61,766,835,032	1945.12.31	384,721,834,808

资料来源:中国第二历史档案馆编:《中华民国史档案资料汇编》第五辑第三编"财政经济(三)",第954页。

(四)本票的发行与膨胀

抗战时期,一些接近战区的地方,如河南、陕西、浙江、江西、安徽、甘肃等省,因敌伪蓄意破坏及奸商搬运操纵,形成小钞缺乏、大钞充斥现象,大小钞之间的差价,每百元有时竟达16元之巨。财政部虽然采取了很多应对措施,但收效甚微。一些省县银行遂擅自发行小额本票,代替小钞流通,这对于统一发行造成了破坏。有鉴于此,财政部于1943年3月致函中央银行,要求在小额钞券缺乏的地区,由当地中央银行在一定数额内,就地印制5元、10元、20元之小额

---

① 洪葭管主编:《中央银行史料》上卷,第616页。
② 重庆市档案馆、重庆市人民银行金融研究所合编:《四联总处史料》中册,第36页。
③ 吴福临:《关金券流通以后》,《新新新闻每旬增刊》第4卷第26、27期,1942年4月21日。

本票,代替小钞流通使用。①此后,中央银行就开始发行本票。本票面额为整数,见票即付,并无期限,亦无记名,其本质与法币并无二致,而且一发不可收拾,数额越来越多,面额越来越大,成为整个通货膨胀的一部分。

本票在发行之初,面额有5,000元、1万元、2万元、3万元、4万元、5万元6种,后因物价继续高涨,市场筹码不足,又续发10万元本票。本票在很多地方成为加剧通货膨胀,扰乱金融市场的祸源。如吉安央行1945年5月初发出1,000元、5,000元、1万元本票3种,"该票纸质粗劣,印刷模糊,签字为墨笔书写,极易擦脱。故发出后,比值虽与法币无异,但一般人均不愿持有或存储,市场物价亦因本票之大量发行而起波动。最显著者为日用必需品及食用品之米、油、肉、面类等,均较本票发行前上涨九分之一,而油、肉价更趋活跃"。而且,当地还出现了伪票,更引起金融界与市场之骚动。②

第四节　中央银行服务金融业职能的发展

一、中央银行与存款准备金制度的建立

(一)四行共同保管存款准备金阶段

抗战时期,国民政府不断加强对金融业的管制,收存银行存款准备金就是政府积极推行的管制金融政策之一。1935年颁布的《中央银行法》中,有中央银行保存各银行存款准备金的规定,但实际上并未实行。直到1940年8月财政部颁行《非常时期管理银行暂行办法》后,各银行存款准备之集中才开始付诸实践。《暂行办法》规定,银行经收存款,除储蓄存款应照储蓄银行法办理外,其普通存款应以所收存款总额20%为准备金,转存当地中央、中国、交通、农民四行中任何一行,并由收存行给以适当存息。③这一规定使存款准备金制度正式见诸

---

① 中国人民银行总行参事室编:《中华民国货币史资料》第二辑,第390页。
② 同上书,第527页。
③ 中国第二历史档案馆、中国人民银行江苏省分行、江苏省金融志编委会合编:《中华民国金融法规选编》上册,第642页。

第四章 抗战时期国民政府中央银行的快速发展与职能完善

法令并开始具体化。

1941年4月,为划一收存办法起见,四联总处制定了《非常时期各银行分区缴存存款准备金办法》,其中规定:(1)存款准备金之缴存,先就四行分支行处所在地举办。(2)凡设四行地方,以中央银行为负责承办行;无中央银行地方,以中国银行为负责承办行;无中国银行地方,以交通银行为负责承办行;其仅有四行中之一行者,由该行负责承办。(3)负责承办行由财政部授予稽核各缴存准备金银行账目之权。(4)省银行存款准备金,应缴存于该总行所在地之承办行。商业银行存款准备金,除就近缴存于该行所在地之承办行外,并得汇总缴存于指定地方之承办行。(5)中央、中国、交通、农民四行所收存款准备金摊存之比例如下:①四行全设地方:35%、30%、20%、15%;②三行地方:40%、30%、30%;③二行地方:60%、40%;④一行地方:100%。(6)存款准备金由负责承办行接洽办理,其余各行应协助办理。战区各地银行缴存准备金时,应由当地四联分支处先行陈报总处转商财政部核定办理。四联总处为责成各承办行切实收缴,并明定各行职责起见,于6月间编订《全国各地四行负责承收存款准备金行名表》,指定全国各地负责承办行共180余家,并确定各地四行间摊存准备比例。截至当年底,全国各地负责承办行约在200家以上。[①]

普通存款准备金的计算提缴办法,财政部最初规定,以每季度末日之活期存款、定期存款、为期五日以上之本票及未设储蓄部银行之行员储蓄存款等项之总余额,缴纳20%,每季度调整一次。[②]1945年1月,财政部又规定每月调整一次,所有各行庄缴存存款准备金,应依照各月底存款总额,于次月开始三日内,自动照数向承办行调整。[③]

存款准备金制度的实行,"实为吾国抗战以来统制金融之一大进步"[④]。据

[①] 重庆市档案馆、重庆市人民银行金融研究所合编:《四联总处史料》下册,第388页。
[②] 袁宗葆:《论我国现行法定集中普通存款准备金制》,《新商业》第2卷第1期,1945年5月。
[③] 《论存款准备金应否逐月调整》,《金融周讯》第3期,1945年1月30日。
[④] 中国第二历史档案馆编:《中华民国史档案资料汇编》第五辑第二编"财政经济(一)",第410页。

四联总处报告,截至1941年底,各地行庄遵照规定缴纳准备金的有178家,地区包括重庆、成都等19市县,共缴准备金余额计4,716万余元。截至1942年6月17日,各地行庄缴纳存款准备金者共375家,地区包括重庆、成都、昆明等57个城市,存款总额为7.38亿余元,实缴准备金总额为1.39亿余元。①

(二)中央银行单独保管存款准备金阶段

按照《非常时期管理银行暂行办法》和《非常时期各银行分区缴存存款准备金办法》规定,各银行的存款准备金可交存中央、中国、交通、农民任何一行,不必集中于中央银行。由于中央银行尚未普遍设立于各地,为鼓励督缴便利推行起见,不得不有此规定。但这一规定也意味着中央银行还不是唯一的存款准备金保管银行,而且其他国家行局也不在缴存存款准备金的范围内,这条规定与准备金应集中保管和运用的原则并不相符。虽然中央银行具有收缴存款准备金的优先承办权,但不论四行中任何一行收存后仍须按比例摊存,各行庄申请提回准备金时亦须依照原比例摊退,缴纳提回手续烦琐不便,对于各行庄准备金之缴纳不无影响,而且减弱了中央银行控制金融市场的机能。为加强中央银行职能,完善存款准备金制度,财政部在四行共同保管存款准备金的基础上,进一步推行由中央银行集中收存。

1942年5月,财政部致函四联总处,提出改变存款准备金缴存办法,改由中央银行集中收存。在无中央银行地方,由该行委托三行中之一行办理。6月4日,四联总处第128次理事会议制定了《存款准备金收缴补充办法》,规定:(1)凡设有中央银行地方,所有当地各行庄存款准备金,由中央银行独家收存,其增收、提回等手续,由中央银行独家承办。(2)未设中央银行地方,由中央银行委托中国、交通、农民三行为负责承办行,所有存款准备金由负责行独家收存,其增收、提回等手续,仍由负责行独家承办。中、交、农三行所收之准备金,应全数转缴附近之中央银行。(3)目前各行已分别摊存之准备金,应于6月21

---

① 重庆市档案馆、重庆市人民银行金融研究所合编:《四联总处史料》下册,第389、435—436页。

第四章 抗战时期国民政府中央银行的快速发展与职能完善

日起,一律转存中央银行或当地负责承办行集中收存。①

经过此次调整之后,各银行之存款准备金一律由中央银行集中保管,中央银行正式成为唯一保管存款准备金的国家银行。存款准备金的集中是战时中央银行发展的重要一步,有助于加强中央银行的力量,提高其地位。据统计,截至1942年12月底,全国缴存准备金行庄已达297家,金额达2.2亿余元。②1943年,中央银行收存银行存款准备金5.9亿余元,1944年增至13.3亿余元。③

(三)中央银行与国家行局头寸的集中

1940年的《非常时期管理银行暂行办法》和1941年的《非常时期各银行分区缴存存款准备金办法》,对于中央银行之外的其他国家行局是否需要缴存存款准备金,并未做出明文规定,而且从缴存办法来看,其他行局与中央银行立于同等地位,都是普通银行存款准备金的保管行。因此,在缴存存款准备金开始之后,中国、交通、农民三行及中信、邮汇二局的存款准备金并未包括在内。

财政部和四联总处均认为,三行二局应依照规定一律向中央银行缴存普通存款准备金,但因战时环境制约和三行二局反对而未能实行。1942年7月四行业务划分之后,各行局负有特殊使命,各谋专业发展,并以其特殊地位对缴存存款准备金采取抵制态度。如中国银行认为:"三行对于各行庄存款准备金之缴存始终系属处于协助政府执行之地位,三行业务各有其特殊使命,并系由四联总处随时监督指导,与一般商业银行情形不同,事实上似无照缴存款准备金之必要。"④

对于国家行局应否缴纳普通存款准备金一事,经四联总处、财政部及各行局代表于1943年3月会商决定:"中、交、农三行及中信、邮汇两局,依法应提缴普通存款准备金。惟目前各行局使命特殊,拟暂规定各行局头寸应一律存入中

---

① 中国第二历史档案馆编:《四联总处会议录》(15),第45—46页。
② 财政部财政年鉴纂编处:《财政年鉴续编》第十一篇,第52页。
③ 中国第二历史档案馆编:《中华民国史档案资料汇编》第五辑第二编"财政经济(三)",第417页。
④ 洪葭管主编:《中央银行史料》下卷,第808页。

央银行,不得彼此存放,或存于其他行庄,以符各行局资金集中中央银行之原则。如财政部认为必要时,自应依法办理。"①这一决定,一方面针对现实特殊情况,允许三行二局暂缓向中央银行缴纳存款准备金,另一方面为兼顾"各行局资金集中中央银行之原则",要求三行二局将头寸一律存放中央银行,用存放方式替代存款准备金之缴存,以"督导各行局协同中央银行奉行政府金融政策"。②

对于这一规定,其他国家行局并不乐意接受,而是以资金存入中央银行利率太低、提现困难等为由进行反对。因各地三行二局的抵制,中央银行的集中头寸工作困难重重。据四联总处向中央银行业务局的调查得知,截至1943年6月底,各地中国、交通、农民三行头寸已集中中央银行的有23处,当地三行彼此仍互有存放的有12处,尚未集中存放中央银行的计有53处,"根据上述调查情形,足证各重要都市三行局多未能依照规定办理"③。9月,中央银行向四联总处报告,"各地中、交、农三行及邮汇局,对于本案切实按照规定办理者,为数甚少"④。

三行二局与四联总处围绕存款提取、存款利率等利益问题,不断讨价还价。1943年6月,四联总处将原定三行资金集中中央银行之原则进行了补充:(1)为兼顾三行头寸调度灵活起见,所有三行原存中央银行款项,如因业务需要商用现钞时,自应由中央银行视库存情形随时予以提现之便利。(2)各地中央银行匡计头寸时,对当地中国、交通、农民三行之需要亦应酌量匡计在内,以备应付三行提现之用。⑤

1944年7月6日,四联总处第229次理事会议通过的《集中各行局资金协助政府执行国策办法案》规定,各行局多余款项应集中存入中央银行。随后,四联总处再次对国家行局资金集中存放于中央银行的办法进行了补充规定,尤其

---

① 中国第二历史档案馆编:《四联总处会议录》(19),第462—463页。
② 洪葭管主编:《中央银行史料》下卷,第810—811页。
③ 同上书,第809—810页。
④ 重庆市档案馆、重庆市人民银行金融研究所合编:《四联总处史料》上册,第645页。
⑤ 洪葭管主编:《中央银行史料》下卷,第811页。

第四章　抗战时期国民政府中央银行的快速发展与职能完善

是加强了对邮储局和中信局资金集中中央银行的规范。①10月，蒋介石致电四联总处，要求严令"中、交、农三行及中信、邮汇两局所有头寸，概应存入中央银行，绝对不准再有存入商业银行情事。否则，不论有无舞弊情事，概以违令论罪。在各行局头寸，即全存入中央银行，则该行对各行局之周转困难，必须有切实解决办法，务使国家金融机关不致感受实际窒碍"。为贯彻这一方针，四联总处召集各行局主管会商关于各行局头寸集中存入中央银行及协助各行局解决周转困难的问题，拟定了具体办法，于11月7日通令各行局遵办。该办法规定：凡已设有中央银行之各地三行两局头寸，除存放中央银行外，不得存放于其他同业。所有各行局间互存及存放于其他各行庄之款，限于12月20日以前一律收回。未设中央银行地方，各行局间可互相存放，但不得存放商业行庄。②

各行局头寸集中中央银行后，为解决各行局周转调拨困难，中央银行于1944年12月拟定了《接济中交农三行中信邮汇两局资金办法》，规定各行局头寸不足时可向中央银行申请拆款及办理转抵押、重贴现。四联总处将各种接济资金的具体办法综合汇编了一份《中央银行接济三行两局资金撮要表》，对办理原则、数额、期限、利率、押品、办理手续等，均做了具体规定。③

在四联总处的督促和这些办法的推动下，国家行局头寸集中中央银行取得一定成效，存放数字日见增加。1943年12月底，三行二局存放中央银行资金合计15亿余元，1944年9月底为42亿余元。④如下表所示，截至1944年10月底，三行二局存放中央银行资金51亿余元，占三行二局资金的75%，互存资金7亿余元，占三行二局资金的11.5%；存放商业银行资金9亿余元，占三行二局资金的13.5%。截至1945年2月，已有重庆、宜宾等35处当地三行两局将存放同业款项收回，并集中存入中央银行。可见，三行二局资金集中于中央银行有所

---

① 洪葭管主编：《中央银行史料》下卷，第811页。
② 重庆市档案馆、重庆市人民银行金融研究所合编：《四联总处史料》上册，第649—650页。
③ 同上书，第659页。
④ 同上书，第650—651页。

成效,这对增强中央银行实力,加强中央银行对三行二局的控制力有一定作用。但是,三行二局尚有大量资金游离于中央银行的控制之外,流入商业银行的资金为数仍巨,商业行庄有可能利用国家行局的资金从事商业投机。

表 4-11　1944 年 10 月底三行二局存放同业统计表

单位:千元

行局别	存放中央银行 金额	存放中央银行 百分比	各行局间互存 金额	各行局间互存 百分比	存放其他行庄 金额	存放其他行庄 百分比	总计
中国银行	1,317,977	68.6	110,924	5.7	493,660	25.7	1,922,561
交通银行	1,459,746	92.2	94,990	6.0	28,778	1.8	1,583,514
中国农民银行	794,981	65.0	225,641	18.5	201,336	16.5	1,221,958
中央信托局	1,255,647	98.0	23,235	1.8	2,503	0.2	1,281,385
邮政储金汇业局	334,331	38.1	334,795	38.2	208,542	23.7	877,668
总计	5,162,682	75.0	789,585	11.5	934,819	13.5	6,887,086

说明:原表个别地方计算有误,本表已更正。
资料来源:重庆市档案馆、重庆市人民银行金融研究所合编:《四联总处史料》上册,第652 页。

二、中央银行与重贴现制度的发展

抗战前,中央银行很少承做重贴现业务。抗战时期,财政部和四联总处开始积极推动中央银行发展重贴现业务,并取得显著进步。战时重贴现业务的发展,经历了国家四行联合办理和中央银行单独办理两个阶段。

(一) 四行联合贴放时期

1. 四行联合贴放委员会的成立

抗战爆发后,各地金融动荡不安,尤其是"八一三"抗战爆发后,上海许多存户纷纷提取存款,市面银根紧缺,工商各业动荡不安,继而波及内地金融市场。此外,为了保存沿海地区工厂免受战火破坏,并充实后方工业力量,上海等沿海地区的工厂需要立即迁往内地,但搬迁费用巨大,工厂无法自行解决,一般银行

第四章 抗战时期国民政府中央银行的快速发展与职能完善

信贷也难以承受。面对这些突发问题,国民政府采取了一系列应对措施,国家银行联合贴放即为其中之一。

1937年7月27日,财政部在致中央银行的沪钱字第28号公函中提出:中央银行"为银行之银行,负有调剂金融任务,现值时局严重,亟应提倡贴现业务,藉以活泼金融,安定市面,应请贵行迅即提倡组织贴现委员会,推选熟悉沪市金融及工商各业情形人员,以期市面周转灵活,巩固金融"。随即,财政部长孔祥熙又从伦敦发来指示,要求中央、中国、交通、农民四行共同办理。①7月29日,财政部下令中央、中国、交通、农民四行组织联合贴现委员会,办理联合贴现业务。后因战时融通资金,贴现与放款应予并重,改称为贴放委员会,由四行各派代表二人组成。8月9日,四行联合贴放委员会(以下简称贴放会)在上海正式成立,并通过《贴放委员会办理同业贴放办法》及《贴放委员会办事细则》。贴放原本以同业为对象,因兼顾农、工、商、矿各业资金之流通,随后又将"同业"二字取消,扩大范围,改为普通贴放业务。②

《贴放委员会办理贴放办法》规定:(1)贴放会为谋金融及工商各业资金之流通起见,办理金融工商各业贴放事宜,贴放业务种类包括贴现、再贴现、放款及转抵押。(2)贴放数额经委员会审订后,由四行共同承担,其比例为中央、中国两行各35%,交通银行20%,中国农民银行10%,贴放损益也按这一比例分配。(3)贴现率及放款利率,经贴放会逐日规定后,由中央银行悬牌公布。(4)贴放会办事人员由四行抽调,四行贴放之收解、摊派及记账表报等手续,由中央银行代为办理。(5)贴现及再贴现的担保品为商业跟单汇票,以及中央政府债票之中签票或息票,二者均可照票面贴现;放款及转抵押的担保品为主要国产及进口物料,如米、麦、杂粮、棉花等,照市价七五折计算。(6)在贴放手续方面,申请机关申请贴放应先填写申请书,经贴放会审定后,将审定结果通知中央银行及申

---

① 中国第二历史档案馆编:《中华民国史档案资料汇编》第五辑第二编"财政经济(四)",第439页。
② 四联总处秘书处编:《四联总处重要文献汇编》,第123页。

请机关,中央银行接受贴放会通知后,对于申请机关送来之贴放借据及担保品进行核对审查,经审核符合后,办理具体贴放手续。①可见,四行联合贴放的范围较广,既包括金融业,也包括工商业。其中,贴现及放款两项是对工商业的直接贴放,而再贴现、转抵押则属于对各金融机构的贴放。

  8月26日,财政部为调剂内地金融,谋求内地生产事业发展,以充实抗战资源,颁布《中中交农四行内地联合贴放办法》,规定四行就各该分支行所在地设立联合贴放委员会,办理当地贴放事宜。四行内地联合贴放的范围较上海更为扩大,涵盖了金融、工商、农林、交通等多个领域。②该办法颁布后,财政部要求四行联合办事处在设有分支处的地方成立联合贴放委员会,并指定南京、汉口、重庆、芜湖、杭州、宁波、南昌、广州、无锡、郑州、长沙、济南等12处先行设立贴放分会。③于是,四行联合贴放业务由上海一隅普及内地各重要都市。

  由上可见,最初设想的四行联合贴现委员会,应该是一个有中央银行参加的最高重贴现机构,尽管是四行联合执行中央银行职能,也还是有其积极意义。8月9日正式成立的委员会,则由"贴现"改为"贴放",将贴现与放款同时并重,如果按照《贴放委员会办理同业贴放办法》宗旨办理,也还不失其专门执行中央银行职能的性质。但上述办法刚刚公布,就"因兼顾农、工、商、矿各业资金之流通",又将"同业"二字取消,扩大范围,将同业贴放扩大为一般性的普通贴放业务,而不仅仅以"同业"为对象。这一关键性的改变,使贴放会,也使中央银行丧失了一次向办理重贴现、再放款专门执行中央银行职能方向转变的机会。但是,贴放会的成立以及《贴放办法》的颁行,毕竟第一次使《中央银行法》规定的贴现、再贴现业务得到具体体现和初步实行,并且通过《四行内地联合贴放办法》推广到了全国范围。④

---

① 重庆市档案馆、重庆市人民银行金融研究所合编:《四联总处史料》中册,第342—344页。
② 中国第二历史档案馆、中国人民银行江苏省分行、江苏省金融志编委会合编:《中华民国金融法规选编》下册,第1085—1086页。
③ 四联总处秘书处编:《四联总处重要文献汇编》,第123页。
④ 洪葭管、张继凤:《近代上海金融市场》,第91—92页。

2. 四联总处成立后的贴放政策

1939年9月,四联总处改组后,四行贴放业务移归四联总处战时金融委员会下设的贴放处主管,并另设贴放委员会负责贴放事项的审核。同时,为避免业务重复起见,各地四联分处与贴放分会合并为一,贴放业务移交各地四联分支处随时请示总处办理。此后,所有四行贴放业务政策与计划之拟订,全由四联总处决定。

四联总处将贴放划分为普通贴放与专案贴放两种,凡按照《四行内地联合贴放办法》,由各地贴放分会或四联分处径自承做,其性质偏重中小额之短期贷款者,称为普通贴放。数额较巨,或与内地贴放办法未尽相符,经财政部核转,或由借户直接向四联总处申请经核准饬由各分支处遵照承办者,则为专案放款。1940年春,普通贴放停办,四行致力于专案贴放一项。放款种类涉及扶植工矿生产、促进食盐产运、调剂军民粮食、发展交通运输、平市与维护物资购销,以及协助地方财政金融、扶植教育文化事业等。

四行于1937年8月间在上海组设联合办事处时,共同筹拨工商贴放资金1亿元。1939年四联总处接办后,贴放资金不再限于原定之1亿元,贷款范围力求广泛,贷款要旨在求实际效果。凡属后方各种生产事业,能提供原料或成品作抵者,均可宽予协助;其不能以原料成品作抵者,可以机器等商洽借款。[①]沿海工业大量西迁之后,四联总处为适应战时需要,促进内迁工业发展,于后方各重要工商业中心增设贴放分会,并于1939年10月对贴放原则做了修订。新的贴放原则强调办理贴放应趋重于转抵押、再贴现,以期尽量利用商业银行及省地方银行的人力、财力;贴放及转贴放均应以直接从事农、工、商、矿各业者为限;贴放应注重抗战必要与生活必需之各业与物品;减少地方政府机关非生产性质借款。[②]

四联总处对于行局放款,除四行联合贴放必须经其核定外,对于各行局自

---

① 重庆市档案馆、重庆市人民银行金融研究所合编:《四联总处史料》中册,第454页。
② 四联总处秘书处编:《四联总处重要文献汇编》,第124页。

做贴放,最初仅规定原则,由各行局依照办理,后来则逐渐加强管制。1942年3月,四联总处理事会通过《关于查核各行局单独投资放款办法的决议》,规定以后凡被四联总处理事会否决的投资及借款申请案件,各行局不得于事后另自承做。以后各行局接受投资及放款申请案件,其申请数额超过50万元者,应于事前报请四联总处理事会核定后再行承做。①此后,中央银行只能做50万元以下的小额贴放,超过此限额之放款,自身也无决定权。

四联总处成立后,在制定贴放业务计划与政策时,中央银行享有较多的发言权,贴放业务也以它所占比重最大(初时中央、中国二行各占35%,后来中央增至40%,中国减至30%)。②中央银行在四行联合贴放中居于首要地位。"因所有政策与计划之厘订,中央银行均参与其事,且有重要决定之权,而四行贴放业务,中央银行亦占最重要之部分,故四联总处之贴放政策,亦即中央银行之贴放政策,四联总处之贴放业务,乃中央银行贴现业务最重要之部分。"③

3. 中央银行的贴放业务

随着四行联合贴放委员会的成立,中央银行的贴现和重贴现业务,在战争环境下与其他三行一起开始正式办理了,只是业务规模很小。1938年,中央银行贴现、重贴现总额为法币397.5万元,占放款总额不到0.2%。1939年,中央银行贴现、重贴现总额为法币397.4万元,占放款总额的0.1%。④孔祥熙认为,中央银行1939年度业务缺点之一即是:"贴现及重贴现业务,因行章及票据未发达之故,未能积极办理。"⑤四联总处秘书长徐堪等人在对中央银行1939年度业务报告进行评价时也指出,贴现和重贴现业务滞后是中央银行的一大缺点:"中央银行负有调剂金融之责任,主要办法,即在推广贴现及重贴现之业务,以资伸缩调度。去年该行承做贴现及重贴现仅三百九十余万元,致外间有指摘该

---

① 重庆市档案馆、重庆市人民银行金融研究所合编:《四联总处史料》中册,第354—355页。
② 洪葭管、张继凤:《近代上海金融市场》,第95页。
③ 林崇墉:《二十年来中央银行贴放业务之演进》,《中央银行月报》新3卷第10期,1948年10月。
④ 中国第二历史档案馆编:《中华民国史档案资料汇编》第五辑第二编"财政经济(三)",第291页。
⑤ 重庆市档案馆、重庆市人民银行金融研究所合编:《四联总处史料》上册,第547页。

行未能确尽该行应尽之责者。此固由于我国票据市场之不发达,该行亦应努力倡导也。"①此后中央银行的重贴现业务也并无多大起色。

1940年度,中央银行贴现及重贴现总额为397万余元,占放款总额50余亿元的0.08%。1941年度,中央银行贴现及重贴现、抵押放款、活期抵押透支、同业抵押透支等各项放款总额为法币92亿余元,其中贴现及重贴现共有2,275万元,数额虽较上年增加,但仍只占放款总额的0.25%,可谓微乎其微。②

财政部和四联总处对于推动中央银行的重贴现业务一直颇为重视,积极推广票据使用和贴现市场建设。1938年的财政部施政纲要中提出:"重贴现本为中央银行之职责,财部并已迭请从速办理。抗战以后,内地联合贴放办法转贴放之规定,即为适应事实而设,自应积极办理,俾促进短期资金之流通,以为贴现市场之张本。"③四联总处为推进银行承兑贴现业务,并调动商业银行的资金力量,不使游资运用于投机起见,拟定了《推进银行承兑贴现业务暂行办法》(以下简称《暂行办法》),由财政部于1940年1月公布施行。该《暂行办法》规定:由四行合组承兑委员会,办理票据承兑业务;凡经承兑委员会承兑之票据可向各银行申请贴现,并可向四行申请重贴现,重贴现率由四行参酌市况随时决定和公布。④这一《暂行办法》是国民政府颁布的第一个关于承兑贴现业务的专门法规,虽然当时因票据使用不广而未能见诸实施,但它的公布对推动今后制定重贴现政策和在宣传普及方面还是起了一定的作用。⑤同时,按照《暂行办法》的规定,重贴现属于四行联合业务范围,是一个有中央银行参与的贴现与重贴现办法,而不是中央银行专门执行重贴现政策。"其以四行代理中央银行业务之原则,灼然可见。"⑥此后,四联总处和财政部还制定了不少措施,推动建立票据

---

① 中国第二历史档案馆编:《中华民国史档案资料汇编》第五辑第二编"财政经济(四)",第4页。
② 中国第二历史档案馆编:《中华民国史档案资料汇编》第五辑第二编"财政经济(三)",第303、383页。
③ 中国第二历史档案馆编:《中华民国史档案资料汇编》第五辑第二编"财政经济(四)",第457页。
④ 《推进银行承兑贴现业务暂行办法》,《金融周报》第10卷第18期,1940年10月30日。
⑤ 洪葭管、张继凤:《近代上海金融市场》,第95页。
⑥ 叶义材:《中央银行贴放政策之检讨》,《中央银行月报》新2卷第9期,1947年9月。

信用制度和中央银行的重贴现业务。

这一时期,中央银行参加四行联合贴放,就其影响而言,可谓利弊共存,有得有失。首先,四行联合贴放制度的推行,反映了此时中央银行资力有限,本应由其独自承担的重贴现业务,不得不由四行联合进行。而四行联合贴放的推行,则使中央银行的贴现、重贴现业务得以正式开展。

其次,中央银行参加四行联合贴放,对于促进后方工矿生产事业发展,发挥了重要的积极作用。从1937年9月到1939年12月,四行联合贴放共计6.36亿元,相当于1939年底法币发行总额42.87亿元的14.84%。在两年零四个月的时间内,四行将如此巨额资金投放市场,解决农、矿、工、商各业紧急的资金需求,对于稳定战时经济,抢运和储备战时物资以及发展内地生产事业都发挥了积极作用。[1]四行联合贴放的各项贷款,中央银行无不参加,而且在四行贴放款项中,中央银行所占比例最高,常在1/3以上。[2]如下表所示:

表4-12 四行联合摊放余额及中央银行摊放数额统计表(1941年3月—1942年8月)

单位:千元

日　期	四行联合贴放余额	中央银行摊放数	日　期	四行联合贴放余额	中央银行摊放数
1941年3月底	458,400	160,602	1942年3月底	1,554,612	543,536
1941年6月底	608,260	212,054	1942年4月底	1,570,146	547,592
1941年9月底	609,657	211,555	1942年5月底	1,614,162	559,878
1941年12月底	1,225,702	428,911	1942年6月底	1,560,354	未　详
1942年1月底	1,351,189	472,262	1942年7月底	1,570,241	549,709
1942年2月底	1,336,050	466,991	1942年8月底	1,601,813	561,182

资料来源:中央银行经济研究处编:《卅一年下半期国内经济概况》,1942年,第102—103页。

---

[1] 卜明主编:《中国银行行史(1912—1949)》,第444页。
[2] 中央银行经济研究处编:《卅一年下半期国内经济概况》,中央银行经济研究处,1942年,第102页。

第四章 抗战时期国民政府中央银行的快速发展与职能完善

第三,中央银行参加四行联合贴放,直接向工商各业提供放款,这实际上并不符合《中央银行法》的规定,违背了中央银行的原则,而且妨害一般银行之业务。中央银行清楚"行章规定不能承做商业放款,但自抗战军兴承做联合贴放,为数已巨",而且为了发展地方生产,活泼地方金融,"今后自当继续协力办理"。①但是,中央银行既以工商业为贴放对象,无异于争夺一般银行的业务。自四行联合贴放业务推广后,普通银行业务范围受其影响而渐趋缩小。中央银行从事本应由一般银行所从事的普通贴放业务,使"贴放已失去普通之金融性放款,而成为救济性者。在通货膨胀下,央行之低利贷款决不足以补偿币值损失,此虽有利于工商业,然决非普通商业银行之所能为。而亦正因此压缩商业行庄之业务,使市面资金不能流向正当途径,央行则以增加发行供贷款之用,又足促进通货膨胀。故央行于战时虽能依财政目的、军事目的达成调配资金之任务,而未能建立健全之全国金融系统,以稳定金融"②。

总之,这一时期,中央银行尚未能够单独办理重贴现业务。"就投资贴放业务而言,中央银行与中交农三行同立于平等地位,同受四联总处之指示,去银行之银行的地位尚远。"③

(二) 中央银行单独办理重贴现业务时期

1942年7月,四行实行专业化之后,中央银行开始单独办理重贴现等业务,央行重贴现职能和最后贷款人地位得到初步确立,并不断改进完善。

1. 四行专业化与重贴现制度的初步确立

1942年7月,四行业务划分正式实施后,四联总处按照专业化的原则,着手调整过去四行所经办之联合业务。四联总处于7月23日通过了《四行放款投资业务划分实施办法》,对四行放款投资按照各行专业分工进行了划分,其中规

---

① 重庆市档案馆、重庆市人民银行金融研究所合编:《四联总处史料》上册,第188页。
② 《金城银行总经理处关于中央银行发展情况的调查资料》,上海市档案馆藏,档案号:Q264-1-791-1。
③ 叶又材:《中央银行贴放政策之检讨》,《中央银行月报》新2卷第9期,1947年9月。

定,凡政府机关以核定经费预算及税收指抵借款,中国、交通、农民三行及其他金融机构重贴现、重抵押,或同业抵押拆款方式透借款项,以及政府特准之贷款,由中央银行承做。而中央银行以往对于工矿、贸易、交通、公用各业的联合贴放和单独放款,除到期各款应予催收清结外,其余放款应按照性质,分别移交中、交两行接收办理。以往四行联合或单独承做的政府机关预算指抵放款、同业放款、政府特准之放款,应由中国、交通、农民三行分别移交中央银行接收办理。各行因承做贷款与投资感觉头寸不敷时,可以重贴现、重抵押向中央银行融通资金,中央银行应按其原收利息减低2至4厘。①

该办法的颁行使四行业务有了较为明确的分工,中央银行的"银行的银行"和"最后贷款人"的地位与职能得到正式确立。此后,中央银行的贴放业务对象已发生变化,并以"最后贷款人"资格对三行及其他金融机构实行再贴现及转抵押之融通。"至此中央银行之地位业已确立,除对政府机关办理预算指抵放款及特许放款,肩负政府银行之任务外,对于一般经济事业,已立于最后贷款人之地位而开始其银行之银行的使命矣。"②四行专业化实施后,中央银行虽已单独负起"最后贷款人"的责任,但贴放政策及计划厘定仍由四联总处决策。

2. 中央银行单独办理重贴现业务的开始

1942年7月四行业务划分之后,中央银行要完成其所担负的调剂金融市场职责,必须健全调节控制金融市场的职能,重贴现政策自然受到重视,而这又有赖于票据作为主要工具。"欲完成中央银行控制金融市场之机能,首须推行票据制度,建立贴现市场。"③因此,推行票据制度和建立贴现市场再次受到重视。财政部于1943年4月公布了《非常时期票据承兑贴现办法》,不仅对票据的种类及其贴现办法做了详细的规定,而且对中央银行的重贴现办法也做了较为具体的规定,主要包括:(1)票据经背书后,可以相互买卖或持向各银行申请贴

---

① 重庆市档案馆、重庆市人民银行金融研究所合编:《四联总处史料》上册,第565页。
② 叶又材:《中央银行贴放政策之检讨》,《中央银行月报》新2卷第9期,1947年9月。
③ 郭家麟等编:《十年来中国金融史略》,第298页。

第四章　抗战时期国民政府中央银行的快速发展与职能完善

现，各银行可将已贴现的票据，经背书后相互买卖或向中央银行请求重贴现。(2)请求重贴现的银行，其重贴现的最高限额，由中央银行斟酌金融市场需求及申请银行信用状况核定。(3)贴现率由当地银钱业公会及中央银行会商公告，重贴现率由中央银行公告。①这是中央银行的重贴现业务第一次以政府法令的形式确立，尽管此时中央银行控制信用与调剂资金的功能尚不理想，但毕竟有了中央银行重贴现办法，使重贴现业务的发展有了一个依据。因此可以说，直到这时，中国才从组织上初步确立了中央银行的重贴现制度。②

根据上述办法，中央银行办理重贴现业务，应会同财政部及四联总处设置审核委员会负责审核。其主要职责为：调查请求重贴现行庄之资产负债表，审核重贴现票据，设计票据承兑贴现之推行及票据市场之管理，审议重贴现率及其他票据推行及贴现事宜等。③1943年7月，中央银行开始办理重贴现业务，并指定戴铭礼、陈心铭（财政部代表）、郭锦坤、舒宾予（中央银行代表）及沈熙瑞（四联总处代表）五人组成重贴现审核委员会，负责办理一切审核事宜。④

随着《非常时期票据承兑贴现办法》的颁布，并在重庆、成都、贵阳等19个指定地区实施，以及中央银行重贴现审核委员会的成立，中央银行单独办理的重贴现业务正式展开。各行庄承做之贴现票据，在需要资金的时候，可向中央银行申请重贴现。中央银行的重贴现制度取得了重大进步。

3. 票据承兑所的成立与重贴现基础的加强

财政部为推行《非常时期票据承兑贴现办法》，以期逐渐建立票据市场起见，提议由中国、交通、农民三行及中信、邮汇两局倡导，联合其他重要商业银行组织票据承兑机构，健全承兑业务，同时附设征信组织以利进行。财政部、四联总处与各行局负责人员共同研究之后，于1943年10月制定了《联合票据承兑

---

① 中国第二历史档案馆编：《中华民国史档案资料汇编》第五辑第二编"财政经济（三）"，第25—26页。
② 洪葭管、张继凤：《近代上海金融市场》，第97页。
③ 财政部钱币司编：《票据承兑贴现办法及其释例》，大东书局，1943年，第77页。
④ 重庆市档案馆、重庆市人民银行金融研究所合编：《四联总处史料》上册，第644页。

机构办法》,规定由三行两局及商业银行组织承兑机构,作为银行办理承兑业务之示范。中央银行业务局经理郭景琨作为筹备委员,与财政部、四联总处及其他国家行局代表共同参加票据承兑所的筹建。①

1943年12月30日,四联总处第203次理事会议通过了《联合票据承兑所组织章程修正草案》,规定由财政部及四联总处指定三行两局联合商业银行组织联合票据承兑所,办理票据承兑事宜。财政部、四联总处、中央银行及五行局各派一人为该所理事会当然理事;经该所承兑之票据,可自由买卖,或向任何银行贴现,必要时并可由贴现银行随时向中央银行重贴现。②1944年10月2日,重庆联合票据承兑所正式开业。从联合贴现到承兑贴现制度的推行以及中央银行重贴现制度的确立,再加上重庆联合票据承兑所的建立,这充分说明一个区域性的票据市场在重庆形成。③重庆票据市场的形成,对于推进票据贴现,加强重贴现的基础,发挥了积极作用。

1944年5月,国民党五届十二中全会议决的《加强管制物价方案紧要措施案实施办法》,要求"督促中央银行扩大转质押、重贴现业务。凡专业银行因扶植农、工、矿生产需要通融资金时,得随时向中央银行申请转质押或重贴现。中央银行应以推行政策为着眼点,尽量承做,以加强其实力"④。随即,四联总处理事会议决,各国家行局每月所收乡镇公益储蓄存款应按期交存中央银行,"各行局办理农、工、矿及其他生产事业贷款如需向中央银行为转抵押或重贴现时,中央银行应尽先于收存该项储款总额限度内照数十足转抵押或重贴现"。同时,中央银行制定有办理转抵押、重贴现原则,通函该行各分支行处办理。⑤

随着这一时期中央银行重贴现制度的初步建立,以及中央银行重贴现手段在形式上的趋于完备,中央银行已经开始通过重贴现、转抵押等业务活动,发挥

---

① 重庆市档案馆、重庆市人民银行金融研究所合编:《四联总处史料》下册,第588—589页。
② 中国第二历史档案馆编:《四联总处会议录》(26),第138—139页。
③ 万立明:《近代中国票据市场的制度变迁研究》,第78页。
④ 重庆市档案馆编:《抗日战争时期国民政府经济法规》上册,第143页。
⑤ 重庆市档案馆、重庆市人民银行金融研究所合编:《四联总处史料》下册,第342页。

第四章 抗战时期国民政府中央银行的快速发展与职能完善

调剂金融市场的职能和"最后贷款人"的作用。如中央银行办理重贴现，原是按照票面金额十足贴现。1944年初，由于物价上涨剧烈，投机之风甚炽，中央银行重贴现审查委员会为配合政府政策，使各种生产事业尽量利用商业银行资金起见，于1944年3月规定了两项紧缩办法：(1)重贴现最高额不得超过原票面金额的70%。(2)申请行庄资金足敷周转者，不予重贴现。①

这一时期，中央银行的放款对象主要还是国家行局。中国、交通、农民三行资金自集中中央银行以后，为使三行灵活调度资金，因应业务需要起见，除了由中央银行随时予以提现便利外，并随时办理短期拆款以及长期资金融通。三行两局承做四联总处核准之放款及投资，因头寸不敷也可向中央银行洽办转抵押及重贴现，中央银行制定办理原则，通函各行处遵照办理。如1943年，四联总处核准工矿生产事业贷款20亿元，由中、交两行承担并可随时按实放数的70%向中央银行转抵押；1944年，四联总处核准工矿生产事业贷款75亿元，仍由中、交两行按实放数的70%向中央银行转抵押；1944年，战时生产局贷放战时生产贷款100亿元，由中国、交通、邮储、中信四行局按比例分担，四行局得按80%向中央银行转抵押。1945年度上期，四联总处核准工矿生产事业贷款108亿元，中、交两行各半，这些贷款可按实放的70%向中央银行转抵押。②三行两局为奉行国策承做之春秋茧贷及缫丝贷款、茶叶贷款、染织业贷款、食盐贷款、国内埠际押汇、出口物资押汇、民生日用必需品之生产贷款暨工矿贷款等，央行均予协助，提供转质押、重贴现、转押汇及临时短期拆款之便利。③中央银行稽核处处长李立侠曾指出："重贴现、转抵押，为中央银行主要业务，目前三行两局所办工矿事业贷款，大部分均由本行予以转抵押重贴现。"④

抗战时期，法令限制严格，银行业务难以正常开展。在中央银行看来，一般

---

① 《最近经济杂讯》，《经济汇报》第9卷第9期，1944年5月。
② 中国第二历史档案馆编：《中华民国史档案资料汇编》第五辑第二编"财政经济(三)"，第441、442页。
③ 洪葭管主编：《中央银行史料》下卷，第954页。
④ 《关于六底金融风潮中央银行阐明立场》，《申报》1946年7月19日，第7版。

商业行庄申请重贴现的票据很少有符合规定的。"我国工商业不发达,票据市场尚未健全,人民无使用票据习惯,致多数票据之发生均未附有合法交易行为证件,而银行办理之票据贴现徒有形式,实无异变相信用放款者居多,本行为防止膨胀信用及免资金被套起见,故对审核手续不得不严加限制。"中央银行规定,对于申请重贴现的票据,要审核原票据之签发是否基于合法交易行为而发生,已是否在银行办理贴现手续等。为慎重起见,除重庆设有重贴现审核委员会外,其他各地分行承做重贴现业务,须事先逐笔呈奉总行核准后方得办理。①手续烦琐使得重贴现业务严重失去时效。而且,自1944年9月以后,中央银行因奉令紧缩信用,对于普通行庄之重贴现及转抵押,除专案奉准者外,一律不予承做。②因此,中央银行的重贴现数额非常少,仅有的一些也主要是针对其他国家行局。1942年度,中央银行各项放款共计392亿余元,其中贴现6,885万元,重贴现300万元,贴现、重贴现合计7,185万元,占当年放款总额的0.18%。1943年度,中央银行贴现5.95亿余元,重贴现1,980万元,两项合计占当年放款总额896亿余元的近0.7%。1944年度,中央银行放款总额为2,351亿余元,其中贴现、重贴现2.5亿余元,占当年放款总额的近0.11%。③1945年度,重贴现1.5亿余元,占全部放款的0.01%。④从总体看,贴现和重贴现两项金额合计虽然持续增加,但与同时期的放款总额相比,所占比例仍然非常微弱,说明中央银行实际开展的重贴现业务为数极少。

在理论上,如果有一个优良的贴现政策作为一般金融业与中央银行之间联系的桥梁,则一般金融业可以按工商业正当需要资金的程度而充分供应,即使本身力量不足时,也可通过向中央银行重贴现以补充力量。但这一时期,因通货膨胀影响,存款来源减少,一般金融业力量薄弱,无法尽力调剂工商资金,而

---

① 《中央训练团送来某学员拟对中央银行业务意见报告书》,上海市档案馆藏,档案号:Q53-2-13。
② 《黄参政员钟岳等廿一人提督促中央银行切实履行职责案》,上海市档案馆藏,档案号:Q53-2-13。
③ 中国第二历史档案馆编:《中华民国史档案资料汇编》第五辑第二编"财政经济(三)",第336、418页。
④ 《委员长侍从室附下整饬中央银行现有业务部分意见书》,上海市档案馆藏,档案号:Q53-2-13。

第四章　抗战时期国民政府中央银行的快速发展与职能完善

且也难以通过重贴现、转抵押的方式从中央银行融通资金。在实际业务上,中央银行只是对几家国家行局融通资金,其手段主要是转抵押,而对一般商业行庄则很少给予重贴现,这对于控制市场、灵活金融,很难发生影响。因此,这一时期的中央银行可以说只是国家行局的"最后贷款人"。正如当时学者所批评的那样:"中央银行始终不能确立其机动的贴放政策,做不了'银行的银行'。当然,有时候虽不失为三行二局的中央银行,但已不是一般金融业的中央银行,致事实上它与一般金融业固然脱节,间接与中国的工商业也就脱节了。"而且,三行二局虽然享受了重贴现、转质押的便利,但也很不满意,认为中央银行手续烦琐,办理迟缓,甚至有意拒绝,故意挑剔。可见,中央银行的"业务根本没有做到核心的地步,即对三行两局的工作,根本不过是供应头寸,也没有达成贴放的精义"①。中央银行认为,"如欲与商业银行在业务上发生密切关系,例如重贴现与转抵押等业务,须俟国内经济恢复常态,币值稳定之后,再行办理"②。

三、中央银行与票据交换制度的初步统一

抗战时期,以重庆为主的大后方地区的票据交换制度逐渐发展成熟,中央银行在票据清算方面发挥着日益重要的作用。

（一）四行轧现制度的实施

抗战前,各地中央、中国、交通、农民四行间彼此业务上往来存欠,由各行以"存放同业"及"同业存款"两科目开立专户处理,存款行可开发欠款行支票随时提回,各行存欠余额多由存欠行自行在当地清结,其数额过巨者,经双方同意,转由各行管辖行或总行所在地轧算。抗战爆发后,国家银行相互间存欠之清算,仍按普通银行习惯处理,中央银行并未取得集中清算之资格。中央银行办理同业间之划拨清算业务,始于1940年末的四行集中轧现。

抗战时期,后方银钱业多在四行开立存款户,以四行支票互相办理收交,形

---

① 盛慕杰:《论中央银行的贴放政策》,《经济评论》第1卷第5期,1947年5月3日。
② 《昆明分行厉经理德寅对于本行业务建议要点》,上海市档案馆藏,档案号:Q53-2-12。

成了以四行为结算中心的格局。四行间的收解极为庞大频繁,四行实际上成了多数同业间的收交转账机关。1940年后半年,各地国家行局库存较薄,各种款项之支应汇解发生困难。尤其是重庆,银根紧急,"筹码奇缺,甚有若干银行对数百元或一二千元之现款亦不照付"。9月2日,蒋介石指示四联总处设法补救。四联总处随即于9月6日召集四行总行及重庆分行负责人进行商讨,决定推行轧现制度,并拟具《解决目前市面银根紧缩暂行办法》,经第45次理事会议通过。该办法规定,四行票据彼此应一律畅收;自1940年9月9日起,重庆四行往来暂行另户记载,逐日由中央银行轧现;各行轧现如遇困难,得互商拆款,其利息按每千元每日两角计算;重庆以外各地四行彼此存欠,应照现行办法集中重庆轧账,"此为四行轧现制度之嚆矢"。[1]

应四联总处要求,重庆四联分处根据以上原则于9月7日拟定了《四行轧帐暂行办法》,规定自9月9日起,四行总轧账由中央银行办理,并对轧账之手续及收票退票时间,以及其他有关轧账处理程序做了详细规定。同时,四行会计营业小组会议还拟具了补充意见四条,规定四行票据一律畅收,票据包括公库支票在内,一切票据以四行付款者为限;四行往来另立新户,逐日由央行轧现,中国、交通、农民三行每日轧存或欠,均向央行总结。[2]其后,因四行轧现及汇款之审核等,须待补充之处尚多,因而四联总处秘书处两度邀集四行代表,会同拟具《四行轧现及汇解款项补充办法》,提请9月19日第47次理事会核定实施。[3]

上述各种办法的适用以四行总行为对象,对于各地四行分支机构间之轧现,虽有规定,但语焉不详。于是,为了使各行负担公允,并便利各地四行就近轧现起见,四联总处还参照重庆四行轧现办法,于1940年9月24日制定了《四行分区集中轧现及计息实施办法》,从10月1日起,将四行集中轧现办法从重庆一地推广到了多个区域,实行四行分区集中轧现。

---

[1] 重庆市档案馆、重庆市人民银行金融研究所合编:《四联总处史料》上册,第599、610页。
[2] 四联总处秘书处编:《四联总处重要文献汇编》,第329—330页。
[3] 重庆市档案馆、重庆市人民银行金融研究所合编:《四联总处史料》下册,第20页。

第四章 抗战时期国民政府中央银行的快速发展与职能完善

为了使各地四行彼此存欠款项办理手续简便起见,1942年4月23日四联总处第123次理事会议通过了新的《各地四行轧现暂行办法》,其中规定:(1)自1942年2月16日起,四行彼此存欠款项,以在当地轧现为原则。(2)付款行如确无现钞支付时,可向其他三行互商拆款,并按每千元每日两角计息。(3)各地四行轧欠数,如不互相拆款,得经存欠行双方同意后,转至原定四行分区集中轧现地点轧现。(4)分区集中轧现地点四行,如感款额过巨,未能就地轧现时,经商得同意后,转至重庆轧现。(5)为求办理手续简捷计,所有当地四行每日收付,不用拆款方式办理,并有超前落后起息时,可另立新户转账。其应收应付利息,按转账日起照拆款计息,并于每周轧结一次。①

四行集中轧现制度,实际上是一种四行局部范围内的票据清算制度。通过推行四行轧现制度,将四行间所收票据互相抵解,其差额始付现金,并以中央银行为总轧账机关。通过集中轧现,不仅可使四行间债权债务迅速了结,加快资金周转,而且中国、交通、农民三行每日轧存或轧欠,均由中央银行总结。中央银行借此掌握四行逐日现金余缺,行使调节四行现金的职能。因此,"在事实上,中央银行已主持全国主要城市四大国家银行间之清算矣"②。但其范围仅以国家四行为限,因此只能称为局部清算。

(二)重庆市票据交换制度的建立

中央银行正式办理票据交换业务,始自重庆。抗战爆发后,众多金融机构内迁重庆,使重庆迅速成为大后方的金融中心,每日票据收解之繁忙与数额之庞大,较过去不可同日而语。于是,力量逐渐壮大的中央银行开始承担主持票据清算的重任。

1.恢复重庆票据交换业务的提议

1939年1月,重庆原有的由银钱业联合准备委员会及四川省银行共同主持

---

① 重庆市档案馆、重庆市人民银行金融研究所合编:《四联总处史料》上册,第605页。
② 杨承厚:《重庆市票据交换制度》,中央银行经济研究处,1944年,第15页。

的票据清算所停顿。①然而金融业的发展和票据流通的扩大,在客观上已离不开票据清算机构,票据变换工作的中断使重庆金融界的收交抵解非常困难。因此,公私各方多次建议恢复票据交换,并呼吁由中央银行主持。

1940年3月,重庆市银行公会事务主任陈晓钟在给财政部的呈文中提出:抗战以来,"渝市金融体系已日进于完善之境,独票据交换所之组织反而解体,此诚识者之所大惑,而为从事金融业者之一大憾也"。中央银行办理票据交换及各银行间之划拨结算,"义无可推,责难旁贷",建议由中央银行尽快办理重庆市票据交换工作。财政部收到此项呈文之后,函请四联总处"就渝市金融之实际情形及市场需要,酌核办理"。②四联总处随即将恢复重庆票据交换的任务交由重庆四联分处办理。

1940年后半年,重庆市物价波动渐趋剧烈,市面钞券缺乏,银行收解更加困难。中央银行经济研究处拟具《组织重庆市票据交换所办法建议》一文,分析了重庆旧票据交换所章程之弱点,主张今后应由中央银行主持票据交换,并拟订了具体建议。该建议经总裁批交"业务局核复"。但该局担心各行庄会以呆滞之公债向中央银行拆款,故主张"暂缓筹设",该建议遂被搁置。③

1940年9月,中央银行秘书处副处长范鹤言在给总裁的呈文《请废止存放同业推行票据贴现制度刍议》中指出,办理票据交换是"《中央银行法》赋予中央银行之特权,亦为中央银行重要使命之一,不容放弃,而必须切实施行",并提出在票据交换所未成立前,先就业务局添设票据交换科,办理票据交换事宜,各银行间之划拨结算集中于央行办理。④1941年1月,中央银行业务局业务专员朱祖晦等人再次提议"及早于重庆市推行票据清算制度",认为票据清算制度具有

---

① 杨承厚:《重庆市票据交换制度》,第2—8页。
② 重庆市档案馆、重庆市人民银行金融研究所合编:《四联总处史料》上册,第597—598页。
③ 杨骥:《我国中央银行清算业务之检讨:从四行轧现到票据交换》,《金融知识》第3卷第4期,1944年7月。
④ 《请废止存放同业推行票据贴现制度刍议》,上海市档案馆藏,档案号:Q53-2-48。

节省法币、稳定物价、吸收存款、稳定各银行之基础等优点,实行这一制度并无严重困难。对于票据交换所的组织,主张由中央银行指导而使其独立。①中央银行主办票据交换之议,虽因故未能立即实施,但在该行1941年和1942年的营业计划中,仍有"择重要地区推行清算制度"之拟议。

财政部对于推行票据交换颇为重视,认为票据交换是"推行信用制度,便利银行收支之最良方法"②,自1939年后多次督促四联总处和中央银行尽快开办票据交换业务。1939年5月间,财政部函请四联总处"设法筹办重庆市票据交换,以期推广信用制度,节省法币流通",特别是"重庆已为后方金融重心,举办票据交换尤为刻不容缓"。③财政部于1941年12月24日又致函中央银行,指出:"本部迭据各方建议开办渝市票据交换制度,经察酌情形,认为重庆现已为后方金融重心,亟应提倡行使票据以期金融市场得以正常发展而逐渐取消比期存款之高昂利率,兹拟于三十一年一月起开办票据交换所以实现上述之目标。……所有开办重庆市票据交换事项,应请贵行克期实行,其他重要市场并希次第举办,以利金融。"④

1941年12月,四联总处秘书处完成调查重庆市过去票据交换情形的报告,并拟具恢复票据交换所办法五项,函送中央银行业务局参考。太平洋战争爆发后,四联总处会同财政部及国家行局于1942年1月拟定的《政府对日宣战后处理金融办法》中提出,"推行票据,调节发行,以减少法币流通额",并计划"先在重庆设立票据交换所,推广票据用途,提倡划帐制度,其次推及于其他重要都市"。⑤4月23日,四联总处第123次理事会议提出中央银行票据交换业务"须即速切实办理"⑥。

---

① 杨承厚:《重庆市票据交换制度》,第16页。
② 重庆市档案馆、重庆市人民银行金融研究所合编:《四联总处史料》上册,第598页。
③ 洪葭管主编:《中央银行史料》上卷,第465页。
④ 杨承厚:《重庆市票据交换制度》,第17页。
⑤ 四联总处秘书处编:《四联总处重要文献汇编》,第37页。
⑥ 重庆市档案馆、重庆市人民银行金融研究所合编:《四联总处史料》上册,第605页。

从这一时期公私各方面关于恢复票据交换的意见中可以看出,由中央银行主办票据交换已是众望所归。在财政部和四联总处的多次督促下,在社会各界的呼吁下,中央银行开始积极筹备在重庆举办票据交换业务。

2. 中央银行主持票据交换业务的正式开始

(1) 中央银行筹备重庆票据交换之经过

接到财政部1941年12月的公函后,中央银行就积极进行办理票据交换的筹备事宜。首先,由中央银行业务局详细研讨后,拟具《中央银行办理票据交换办法》及《中央银行附设票据交换行庄保证准备估价委员会办事规程》,经常务理事会于12月31日通过,定于1942年1月5日开始在重庆办理,并以该局营业室为交换地点,即日分函重庆市各银行、钱庄查照参加交换。①

同时,因鉴于交换工作事务繁巨,经1942年1月中央银行常务理事会决定,修改业务局组织规程,在业务局下增设票据交换科,专门办理票据交换事宜,具体职责为:关于交换票据代收事项,各银行间款项划拨结算,票据交换行庄保证金及存款之收付登记等。5月,该科成立开始运转。②此外,该行所附设的交换行庄保证准备估价委员会,除由中央银行指派业务局局长郭锦坤及稽核处处长梁平代表该行为委员外,并聘请重庆市商会、银行公会及钱业公会主席等担任委员,另派该行经济研究处专门委员朱祖晦兼任秘书。

由于中央银行所制定的办理票据交换办法是以全国为对象,适用于全国各地,所以只规定了交换办法的一些原则,保证金额、保证金利率、存款户之利率及各项时间等,均须按各地情形各自制定。于是,中央银行与重庆市银钱业代表商讨,为适应重庆市金融情形起见,中央银行对重庆市票据交换办法又做了如下的补充规定:①保证金额计分为法币3万元、2万元、1万元三类。②各行庄缴存保证准备,暂以政府公债为限。③存款户余额不敷支付当日应付票据金额

---

① 杨承厚:《重庆市票据交换制度》,第21页。
② 刘慧宇:《中国中央银行研究(1928—1949)》,第212页。

时,规定在每日下午5时半以前补足。存款户余额不敷付还退票金额时,规定于下午6时前补足。最后退票时间规定为每日下午5时半以前。④南岸、江北等地分支行处的送票时间定为每日正午12时以前,退票时间定为每日下午2时前。①

至此,重庆市恢复票据交换制度的筹备工作基本完成。4月21日,财政部训令重庆市银钱业同业公会转知各会员行庄早日参加,同时函请中央银行切实督促办理。5月2日,重庆市银行公会和钱业公会决议通知各行庄从速加入为交换行庄。②至5月底,所有程序均已筹备完成,重庆市票据交换工作乃于1942年6月1日正式开始。③

(2) 中央银行办理重庆票据交换的实施经过

中央银行主持的票据交换,总结了重庆市银钱业票据交换起落成败的经验教训,结合了当时重庆金融实况,因而推行顺利,收效显著。1942年6月1日,中央银行票据交换开始时,加入交换银行37家,钱庄42家,共计79家。其后工作日渐开展,重庆市行庄继续加入,参加数目不断增加。到1945年6月底,加入票据交换之银行、钱庄已达96家。④与此同时,票据交换数额也在逐年增长。如下表所示:

表4-13　1942—1945年中央银行重庆票据交换数额统计表

时　间	张数(张)	交换总额(元)	交换差额(元)	差额/总额(%)
1942年6—12月	343,762	32,835,294,310	7,050,949,926	21.47
1943年	777,606	139,110,565,630	31,865,916,540	22.91*
1944年	1,409,566	581,041,936,216	123,456,730,802	21.25
1945年	2,028,825	2,610,429,160,062	574,715,171,601	22.02

说明:＊原表为22.96,经核算应为22.91,本表已更正。
资料来源:财政部统计处编:《中华民国战时财政金融统计》,1946年,第86—87页。

---

① 郭家麟等编:《十年来中国金融史略》,第296页。
② 四联总处秘书处编:《四联总处重要文献汇编》,第331页。
③ 杨承厚:《重庆市票据交换制度》,第21—23页。
④ 潘世杰、黄宇乾:《票据常识》,中国文化服务社,1946年,第71页。

中央银行主持的重庆市票据交换业务开办之后,业务量发展极为迅速。重庆市票据交换第一年的总额高达680余亿元,每月平均交换56.6亿元,每日平均交换2.3亿元,重庆市一年交换额超过上海市历年交换最高总额(上海票据交换所最高额为1941年的150亿元)4.5倍以上,较之重庆过去之票据交换最高总额则高出将近9倍。①如以1942年6月为基期100,则交换总额指数,1942年12月为207,1943年12月为816,1944年为3,084。交换张数指数,1942年12月为112,1943年12月为191,1944年为298。两年半的时间里,票据交换总额增加了30倍,交换张数增加了近3倍。②1945年,重庆交换票据张数每日最高曾达2.4万余张,交换金额最高达300余亿元。③票据交换总额如此庞大,既是重庆市金融及商业市场交易旺盛的反映,也是通货膨胀日益严重的反映。

(3) 中央银行办理重庆票据交换的效果

重庆市的票据交换工作,自经中央银行举办以来,取得了以下成果:

第一,节省现金收解,减轻券料困难。在未实行票据交换办法之前,重庆市各界票据债务均须以现金收解。自中央银行开办票据交换业务之后,大部分票据可以通过中央银行互相抵消,不需现金收解。其相差余额,也因各行庄在中央银行均有存款可由央行代为转账。一转移间,现金之收解就可节省绝大部分。如1942年6月交换总额为28亿余元,交换差额仅6亿余元,现金收解节省了3/4以上。而从1942年6月到1945年底,每年平均交换差额约22%,意味着78%的现金通过票据交换而抵消,这大大减少了交换行庄的现金收解。

抗战以来,券料供应日益困难。重庆作为战时金融中心,钞券需要量占全国总量的绝大部分,因此钞券供应问题也很严峻。在实行票据交换制度前,不免时常发生银根紧缩筹码缺乏的现象。自重庆实施票据交换制度后,大量收解通过票据交换而抵消,法币使用量相应减少,这有助于缓解券料缺乏,减轻券料

---

① 杨承厚:《重庆市票据交换制度》,第75页。
② 财政部统计处编:《中华民国战时财政金融统计》,第86—87页。
③ 中国第二历史档案馆编:《中华民国史档案资料汇编》第五辑第二编"财政经济(三)",第461页。

第四章 抗战时期国民政府中央银行的快速发展与职能完善

供应困难,对于抑制战时通货膨胀也有一定作用。

第二,促进票据流通。我国信用工具素不发达,工商业惯用记账方法,票据使用范围狭窄,票据流通次数稀少。抗战以来,重庆市工商业发展迅速,受其影响,各方对票据的使用逐渐普遍,但大都趋重于立时取现,颇少辗转流通。自中央银行开办票据交换后,各行庄对于他行庄付款的票据均可畅收无阻,持票人发现票据较现金使用便利,因此票据流通的次数及范围日趋增多和扩大,对于战时资金之周转与金融市场之正常发展,裨益巨大。这一点从重庆票据交换总额和张数的增加中可以发现。

第三,辅助银行检查,加强信用控制,防止金融恐慌。票据交换办法规定,中央银行对于各交换行庄之存款、放款、贴现及其所发票据情况可随时派人调查。这一办法的实施,成为财政部检查银行之辅助。中央银行进行此种检查时,如发现各行庄业务不稳,可随时通知有关方面予以取缔。而且,自办理票据交换之后,重庆市各行庄均在央行开立存款账户,各行庄每日交换贷借差额及资金多寡情形,甚至当日全市信用张弛金融宽松之大势,中央银行均可了如指掌。可以说,中央银行办理票据交换之后,获得了一个控制信用的重要工具。一旦市面稍有恐慌征兆,中央银行就可运用各种方法,做防患于未然的努力。对于头寸不足清偿交换差额的行庄,中央银行可拆给现款以救其急,实际上已具备了救济市面恐慌的意义。①

对于中央银行的票据交换制度,时人曾有如下评价:"查办理票据交换为中央银行之主要业务,早已载在正式公布之《中央银行法》;此次得以付诸实施,实为我国国家银行走向专业化之先声。该行此次办理票据交换不收任何费用,足以提高其领导地位,而使'银行之银行'名实日趋相符。其次,采取耗时费力之常川交换制,并为交换行庄居间办理事繁任重之退票工作,足以表现服务效能之尽量提高。至于其拆款期限之短与保证准备之严,则均为信用制度之巩固与

---

① 杨承厚:《重庆市票据交换制度》,第77—82页。

健全树立规模,尤足为目前之矜式也。"①

总之,办理重庆市票据交换,是中央银行在全国范围内办理票据交换业务的开端,《中央银行法》的规定终于付诸实践,中央银行的清算工作迈入正轨,近代中国的票据交换制度也迈出了走向完善的重要一步,进入了以中央银行为中心的新阶段。这无论是对于中央银行而言,还是就近代中国票据交换制度发展史而言,均具有重要意义。

(三)中央银行票据交换业务的推广

中央银行业务局在重庆办理票据交换业务之后,"成效卓著,一般银钱业莫不称便"②。于是,中央银行开始在大后方推广票据交换制度,并将这作为"本行近数年来主要营业计划之一"③。

继重庆之后,后方一些重要城市的票据交换业务纷纷开始。如成都市的票据交换于1943年5月25日在中央银行成都分行主持下开办。当时,成都市有银钱业将近70家,在开始办理票据交换时,参加交换的行庄甚少,银行有22家,钱庄只有6家。其后未加入者鉴于加入者之方便有利,乃又陆续加入。在开办后一个月内,银行增至30家,钱庄增至10家,约占成都银钱业家数的61%。④另如昆明市,一直缺乏票据集中交换的机构,1944年11月27日中央银行昆明分行票据交换科成立后,全市银行42家均参加票据交换,照章缴纳交换准备金及保证准备金,实行之后,"经过情形尚属良好,每日抵补差额,均能按时解送,甚少困难问题报告"⑤。其他地方的中央银行分行陆续办理当地票据交换业务。在一些中央银行未办普通交换的地方,则由该行举办四行两局票据收解事宜,"实

---

① 杨承厚:《重庆市票据交换制度》,第55页。
② 重庆市档案馆、重庆市人民银行金融研究所合编:《四联总处史料》上册,第622页。
③ 《中央训练团送来某学员拟对中央银行业务意见报告书》,上海市档案馆藏,档案号:Q53-2-13。
④ 杨骥:《我国中央银行清算业务之检讨:从四行轧现到票据交换》,《金融知识》第3卷第4期,1944年7月。
⑤ 《中央银行昆明分行业务》,上海市档案馆藏,档案号:Q459-1-67-13。

第四章 抗战时期国民政府中央银行的快速发展与职能完善

不啻为票据交换之雏形"[①]。如下表所示:

表4-14 中央银行办理票据交换及四行两局间票据收解地点一览表

办理票据交换		办理四行两局票据收解			
地 点	开办日期	地 点	开办日期	地 点	开办日期
重 庆	1942.6.1	贵 阳	1943.8.9	雅 安	1944.10.23
成 都	1943.5.16	万 县	1943.8.21	合 川	1944.10.1
西 安	1944.5.16	宜 宾	1944.7.1	酒 泉	1944.11.9
昆 明	1944.11.27	浙 江	1944.1.4	涪 陵	1944.11.11
贵 阳	1945.2.19	自流井	1944.8.1	天 水	1944.11.13
桂 林	1944.2.5撤退	内 江	1944.8.1	江 西	1944.12.21
兰 州	1945.6.15	南 宁	1944.8.20	泉 州	1944.12.23
		北 碚	1944.9.1	泸 县	1944.12.29
		兰 州	1944.9.1	广 东	1945.1.4
		宁 夏	1944.9.1	洪 江	1945.1.4
		宝 鸡	1944.9.15	沅 陵	1945.1.4
		福 建	1944.10.1	老河口	1945.1.4
		南 郑	1944.10.1	邵 阳	1944.8
		吉 安	1944.10.1	零 陵	1944.8
		南 充	1944.10.2	梧 州	1943.9
		嘉 定	1944.10.16	衡 阳	1944.3
				江 津	1944.11.21

说明:表中邵阳、零陵、梧州和衡阳四地因战争关系撤退停办。
资料来源:中国第二历史档案馆编:《四联总处会议录》(36),第417页;蓝恂然:《票据交换在兰州》,《甘行周讯》第117期,1945年7月15日。

[①] 《中央训练团送来某学员拟对中央银行业务意见报告书》,上海市档案馆藏,档案号:Q53-2-13。

可见,中央银行在大后方的票据清算业务,从重庆一地的局部尝试,到后方主要都市的逐渐推广,范围不断扩大,为战后票据交换制度的进一步发展完善积累了经验。但是,由于在战时特殊环境下,中央银行办理票据交换的实施范围只在国民党统治区,服务对象也仅限于参加同业公会的会员行庄和国家行局,因此它只能说是中央银行主持全国票据交换的开端,是中国票据交换制度的初步统一。

第五节　中央银行与战时金融监管

所谓金融监管,是指为了金融系统的安全稳定、有效运行和经济主体的共同利益,一个国家或地区的中央银行或其他金融管理当局依据相关的法律、法规、准则或职责要求,以一定的法规程序,对金融机构和其他金融活动的参与者实行检查、稽核、组织与协调的机制集合。[1]世界各国因历史、经济、文化等因素的不同,金融监管体制和主管机关也各不相同。世界主要国家的金融主管机关大致上有三类:财政部、中央银行,以及独立于财政部和中央银行的政府部门。[2]由于中央银行在一国金融体系中所处的特殊地位及其对金融活动所产生的巨大影响力,使其更有能力担负起金融监管的职责。所以自一战后,许多国家在组建中央银行时,一般都将金融监管权以法律形式赋予国家之中央银行,由其代表政府及社会公众,对商业银行和其他金融机构的经营管理活动进行监管,金融监管遂成为中央银行的职能之一。

近代中国,自晚清时期起,就开始颁布一系列金融法规,对金融业进行监督管理。清政府度支部和北洋政府财政部在金融监管方面也开始发挥一定作用,但这一时期的金融监管还非常简单。1928年南京国民政府中央银行成立以前,

[1] 黄萍:《中央银行学》,中国金融出版社,2016年,第216页。
[2] 刘平:《近代中国银行监管制度研究(1897—1949)》,第67页。

第四章　抗战时期国民政府中央银行的快速发展与职能完善

中国实际上并没有建立健全的中央银行,故谈不上中央银行对银行业的监管。无论是大清银行,还是中国银行,均未能以国家中央银行的资格受政府委托对全国金融实行监管。由于缺乏监管,这一时期金融业发展鱼龙混杂,良莠不齐,成为金融市场动荡不安的诱因。

南京国民政府建立后,开始重视对金融业的监管。抗战前,在构建金融监管体制的过程中,财政部开始让中央银行参与监管活动。如1935年法币改革之前,财政部曾派员会同中央银行稽核处人员普查上海商业行庄库存。1937年"八一三"抗战爆发后,国民政府实行金融管制,限制提存,办理贴放,央行稽核处派员协同办理。但实际上,抗战前国民政府对金融机构之监管尚未形成强有力的制约机制,更未形成完整的管理方案和严格的检查规章,中央银行仅是辅助财政部参与了个别金融监管事务。因此,对于中央银行而言,在抗战前还谈不上严格意义上的监管职能。

抗战时期,国民政府加强了对金融业的严格管制。在建立健全战时金融监管体制和实施金融管制的过程中,中央银行在四联总处和财政部的扶持下,开始发挥越来越多的监管职能。1942年四行业务划分后,中央银行具有了协助财政部管理金融市场事项的职责。战时中央银行的金融监管业务,主要有以下方面:

一、督导县乡银行业务

抗战时期,国民政府为配合地方自治,积极推动地方财政金融事业发展。1940年1月颁布的《县银行法》倡导在全国各地设立县银行,"以调剂地方金融,扶助经济建设,发展合作事业为宗旨"[①]。为扶植县乡银行的发展,财政部委托中央银行监督指导全国县乡银行业务。1942年3月2日,中央银行正式成立县乡银行业务督导处,负责对县乡银行的扶植、督导、管理、调整等工作。当年,督

[①] 中国第二历史档案馆、中国人民银行江苏省分行、江苏省金融志编委会合编:《中华民国金融法规选编》上册,第638页。

导处的工作内容主要包括:(1)扶植工作。县银行筹备及申请登记本属行政范围,由财政部主管。但筹备之初,各县银行登记手续未尽明了,中央银行均详细指示,以尽扶植之责。各县市有因急需成立县银行而一时招股困难,或官股难于筹拨者,往往陈请中央银行加入提倡股。因此,中央银行筹拨事业基金 500 万元,遇有应予加入提倡股之县银行,即在此范围内,报由理事会议核准拨发。(2)督导工作。已登记开业之县银行,向中央银行报送营业报告及各项表报,中央银行根据所报分别予以指示。受督导的县银行有四川省广安等 61 个县银行,陕西省三原等 4 个县银行,湖北省随县等两个县银行,广东省高要县银行、江西省南昌市银行、河南省临汝县银行等。已登记开业或登记手续未完先已开业的县银行,中央银行已派员分途前往视察并予指导,并根据视察报告指示改进办法。(3)管理工作。为便于管理各县银行,并促进其业务之健全起见,中央银行拟划一县银行会计制度,与财政部共同厘定划一银行会计科目,并分转各县遵照办理。[①]

1944 年,按照财政部颁布的相关法令,中央银行对各县银行业务继续进行督导,并就各县银行每年的营业计划进行详细审核,对于未能遵照法令切合计划以推行者,或进行上有困难者,均分别予以督导及指示。当年,对县银行实施分区管理办法,就中央银行设有分行或办事处及办理收解存汇之国税经收处等所在地,暂行划分为重庆等 84 个区。1944 年,受中央银行辅导成立并经财政部核准注册给照者,共有 81 个县银行,连前已给照开业者共计 245 个银行。[②]1945年之后,中央银行不再负责县银行的督导检查。

二、检查金融机构

战时金融机构之检查,一直由财政部负责。财政部于 1940 年 8 月颁布了《非常时期管理银行暂行办法》,1942 年 7 月又颁布了《银行监理官办公处组织

[①] 中国第二历史档案馆编:《中华民国史档案资料汇编》第五辑第二编"财政经济(三)",第 377—378 页。

[②] 同上书,第 413—414 页。

第四章 抗战时期国民政府中央银行的快速发展与职能完善

规程》和《办事细则》,以及《财政部派驻银行监理员规程》,决定在重庆之外各主要都市设置银行监理官,实行银行监理官制度。

国民政府中央银行对于商业行庄向来没有监督检查之权,1942年开始主持办理票据交换之后,中央银行才获得了一些监督检查权,交换行庄如有长期缺款,或业务不正当情事,可派员稽查账目并加以警告。但中央银行的"检查权系办理票据交换办法所赋予,且以检查已加入交换之行庄为限,其根据实为契约,而非法律"①。

1944年12月,财政部、四联总处拟定了《加强银行监理办法》,主要内容为:(1)银行之监督指导,由财政部直接办理。县银行部分,授权财政厅执行。1942年7月之后设立的各区银行监理官办公处,改为某某区银行检查处,专负银行检查及纠举之责。(2)各地中国、交通、农民三行,中信、邮汇两局,商业银行、省银行等,其业务检查由各区银行检查处负责办理。(3)各区银行检查处,设处长一人,由财政部派充,副处长一人,由当地中央银行经理兼任,并就区内银行分布之情形,办到每行每年至少检查两次之原则。其经费由中央银行负担。(4)各区银行检查处必要时,可向当地四联分支处或当地中央银行借调人员,协助检查。(5)关于调查金融动态、控制金融市场事项,由中央银行秉承财政部办理。这一规定突出了中央银行在银行监理方面的独特地位,"是无异由中央银行参加监督之责"②。

1945年4月,财政部撤销了各区银行监理官办公处,正式授权中央银行检查全国金融机构业务。4月2日公布的《财政部授权中央银行检查金融机构业务办法》规定:(1)财政部授权中央银行检查之金融机构包括:商业行庄、信托公司、保险公司、合作金库。其他国家行局及各县银行业务之检查不在授权范围以内。(2)中央银行检查金融机构,除专案指定者外,每一单位每年不得少于两

---

① 叶又材:《中央银行贴放政策之检讨》,《中央银行月报》新2卷第9期,1947年9月。
② 重庆市档案馆、重庆市人民银行金融研究所合编:《四联总处史料》下册,第478、484页。

次。(3)中央银行执行检查工作,在总行应指定主管单位负责统筹指挥,在各地应划定区域,指定负责行办理该项检查事务。(4)检查人员于执行检查后,应将结果缮具书面报告,送由负责行直接送财政部,并分报总行备查。中央银行应按月将检查情形编制报告并附具改进意见,送请财政部查核处理。①

根据财政部的规定,中央银行总行将县乡银行业务督导处改组为金融机构业务检查处,于1945年6月11日成立。各分行设检查课、组、系专司其职。此后,商业行庄及其他信托保险公司、合作金库等金融机构业务,由中央银行负责检查,其检查报告由财政部集中审核。各县银行业务由各省财政厅负责监督管理,各国家行局业务则由四联总处负责督导,重庆区各银行、钱庄业务仍由财政部直接派员检查。同时并实施巡回稽核制,由财政部派员分赴各地考核三行两局业务,考察中央银行及各省财政厅办理监理工作成绩。②

总体而言,与战前相比,战时中央银行的金融监管职能不断加强,已经协助财政部参加金融监管活动,初步成为一个"辅助性监管机构"③。

本 章 小 结

抗战时期,国民政府中央银行在各项职能不断健全的同时,实力也在迅速增强。抗战前,实力不足是中央银行无法控制金融市场的主要原因。经过战时实行的一系列措施,中央银行各项业务取得了快速发展,主要业务指标在国家四行中所占比例均有大幅度提高。如下表所示,与1937年相比,1942年中央银行的发行、存款、贷款等业务在四行中已遥遥领先。

---

① 中国第二历史档案馆、中国人民银行江苏省分行、江苏省金融志编委会合编:《中华民国金融法规选编》上册,第688—689页。
② 洪葭管主编:《中央银行史料》上卷,第471页。
③ 刘平:《近代中国银行监管制度研究(1897—1949)》,第67页。

表 4-15　中央、中国、交通、农民四行业务量百分比增减变化表

业务项目	年份	中央银行	中国银行	交通银行	中国农民银行
发行	1937	26.3	37.0	22.6	14.1
	1942*	33.9	27.5	16.9	21.7
存款	1937	33.0	46.0	14.0	7.0
	1942	56.8	27.3	7.0	8.9
贷款	1937	34.2	39.5	19.1	7.2
	1942	85.8	8.9	2.6	2.7

说明：* 系按1942年6月底三行结束发行时的数字比较。
资料来源：卜明主编：《中国银行行史(1912—1949)》，第573页。

1942年四行专业化之后，中央银行的发展更为迅速。如以抗战八年间四行存款变化为例，1942年前后四行存款余额发生了显著变化。1941年之前，中国银行占到了一半左右的份额，中央银行仅占百分之二三十。1942年之后，中央银行所占比例扶摇直上，不仅超过了一半，而且到1945年超过了72%。如下表所示：

表 4-16　中央、中国、交通、农民四行普通存款余额比较统计表

单位：千元

年份	总计	中央银行 余额	所占(%)	中国银行 余额	所占(%)	交通银行 余额	所占(%)	中国农民银行 余额	所占(%)
1937	2,002,638	660,640	32.99	920,592	45.97	280,649	14.01	140,757	7.03
1938	2,736,001	962,400	38.18	1,250,901	45.72	375,981	13.74	146,719	5.36
1939	4,314,407	1,282,445	29.72	2,449,212	56.77	410,483	9.52	172,267	3.99
1940	5,469,308	1,475,733	26.98	3,097,851	56.64	575,516	10.52	320,208	5.86
1941	9,827,987	2,229,060	22.68	5,115,216	52.05	1,447,002	14.72	1,036,709	10.55
1942	16,821,495	9,564,434	56.86	4,588,000	27.27	1,170,492	6.96	1,498,569	8.91
1943	23,702,251	13,884,664	58.58	3,602,344	15.20	3,157,808	13.32	3,057,435	12.90
1944	80,100,370	54,871,537	68.50	9,540,763	11.91	9,296,462	11.61	6,391,608	7.98
1945	471,478,793	342,582,651	72.66	48,604,992	10.31	41,387,540	8.78	38,903,610	8.25

说明：(1)普通存款包括活期存款、公库存款、本票、保付支票、定期存款、行员储蓄等项。
(2)表中百分比数据为笔者计算。
资料来源：四联总处秘书处编：《金融统计年报》(1946年)，第19页"表二十"。

在放款方面,中央银行的放款余额从1940年之后开始超越中国银行,并呈急剧增长态势,在政府六行局放款余额中所占比例,从1937年的33.8%,增加到了1945年的96.8%。而在中央银行的放款中,绝大部分是以国库垫款为主的活期放款,1945年活期放款占到了放款余额总数的99.7%。①如下表所示:

表4-17 六行局普通放款余额分行统计表

单位:千元

年份	中央银行	中国银行	交通银行	农民银行	中信局	邮储局	总计
1937	698,216	804,428	388,749	146,446	26,234	—	2,064,073
1938	1,549,004	1,255,753	639,310	284,564	17,153	—	3,745,784
1939	2,593,973	2,646,228	1,150,906	505,568	22,313	12,862	6,931,850
1940	5,093,235	2,855,619	2,082,831	943,362	18,213	12,582	11,005,842
1941	9,215,578	4,889,740	4,001,336	2,600,112	91,676	40,277	20,838,719
1942	33,140,702	3,453,028	1,007,735	1,022,931	474,872	164,152	39,263,420
1943	86,373,416	2,535,284	2,457,749	1,849,199	812,646	242,438	94,270,732
1944	234,882,068	4,182,855	3,985,660	3,425,579	1,398,624	249,781	248,124,567
1945	1,362,016,328	14,141,979	13,761,125	7,844,788	5,292,678	3,286,228	1,406,343,126

说明:普通放款包括贴现、买汇、进口押汇、出口押汇、活期放款、活期质押放款、活存透支、活存质押透支、定期放款、定期质押放款等项。中央银行包括国库垫款在内,故放款数字特大。

资料来源:《金融统计年报》(1946年),第6页"表五"。

到了抗战胜利时,中央银行库存准备金中,拥有8亿多美元的外汇储备和600多万两黄金。②可以说,经过8年的发展壮大,中央银行的实力已经相当雄厚,具备了控制金融市场的力量,国民政府可以更多地通过中央银行管理全国金融了。

---

① 四联总处秘书处编:《金融统计年报》(1946年),第7页"表六"。
② 寿充一、寿乐英编:《中央银行史话》,第3页。

第四章 抗战时期国民政府中央银行的快速发展与职能完善

总之,抗战时期,中央银行取得了前所未有的发展,尤其是各项主要职能均有长足进步,如单独掌握法币发行权,统一代理国库,统筹管理外汇,集中办理票据交换,集中商业行庄存款准备金,推行重贴现业务,参与金融机构检查等。到抗战胜利时,各项应有职能基本上都已具备,中央银行的地位和影响力与战前不可同日而语。抗战时期可谓是中央银行发展的"黄金时代"。中央银行职能的日益完善和制度的不断健全,从中国金融制度发展史的角度来看,无疑是一种进步。抗战时期,中央银行成为支持财政与军事的主要金融工具,为抗战胜利发挥了重要作用。抗战胜利前夕,为加强对国际经济金融的关注和研究,中央银行经济研究处还设立了国际经济研究组,对战后国际金融合作建言献策。中央银行积极参与筹建国际货币基金组织,在代表中国政府开展国际金融合作与交流方面,发挥了主要作用。然而,抗战期间中央银行的贪腐问题越来越严重,美金公债舞弊案、黄金提价舞弊案均受到舆论强烈抨击,成为国民党政权腐败的典型案例,也为中央银行的发展埋下了隐患。

第五章 战后国民政府中央银行的职能强化与没落消亡

抗战胜利后,国家复员,经济重建,一切善后事宜的推进都离不开金融的支持。而中央银行作为金融中枢,既要支持政府财政,还要调剂金融,支持经济建设,与战后重建的各个方面息息相关。因此,战后这一时期,国民政府仍在不断加强中央银行的职能,巩固中央银行的金融领导地位。为配合政府战后经济金融政策,中央银行采取了很多积极措施,相关金融制度不断完善。然而,与此同时,国共内战爆发后,国民党政府财政赤字居高不下,通货膨胀急剧恶化,经济金融陷入无序状态,中央银行业务职能以及相关金融制度,失去了正常运作必不可少的社会经济条件,并最终与国民党政权一起走向没落消亡。

第一节 战后中央银行的发展概况与机构变迁

一、中央银行总裁变化

1945年抗战胜利之后,中央银行总裁频繁更替,先后有多人担任总裁一职,四年间六易其主。

(一)俞鸿钧

1945年7月25日,孔祥熙辞职后,时任财政部长俞鸿钧兼任中央银行总裁。俞鸿钧曾任上海市政府秘书、财政局长等职,抗战爆发后,以代市长名义在

第五章 战后国民政府中央银行的职能强化与没落消亡

上海租界内留守。1941年任财政部政务次长兼中信局局长。1944年11月,孔祥熙辞去财政部长职务,由俞鸿钧接任。俞鸿钧在财经界是由孔祥熙提拔起来,并推荐给蒋介石的。抗战胜利后,俞鸿钧在财政部长与中央银行总裁之间,有时两者兼任,有时担当一面,但始终为蒋介石所信任,被看作是宋子文、孔祥熙的主要接班人。①俞鸿钧曾说自己"对于银行业务系属门外汉",由于蒋介石"一再催促"才出任央行总裁。②

从1945年7月至1946年2月,俞鸿钧以财政部长身份兼任中央银行总裁,为时不到8个月。在第一任总裁时期,俞鸿钧没有什么建树,也没有长远计划和打算,只是紧靠着孔祥熙,萧规曹随而已。这一阶段的主要事务,就是进行了中央银行的复员,并参与了对沦陷区日伪金融机构的接收清理工作。

(二)贝祖诒

1946年2月26日,国民政府任命贝祖诒为中央银行总裁。③贝祖诒长期在中国银行工作,曾任中国银行广州、香港、上海等分行经理,中国银行副总经理,长期主持外汇工作,抗战时期还曾担任中英美外汇平准基金中国代表,对于外汇买卖有着丰富经验,并极为宋子文所信任。贝祖诒长期担任中央银行监事,1944年之后还曾担任监事会主席。

贝祖诒是中央银行历史上第一位非财政部长兼任的专任总裁,如其本人所言:"过去本行总裁均系兼职,本人则摆脱一切专任其事。"④贝祖诒出任中央银行总裁,主要是为了配合宋子文内阁的开放外汇政策。1946年2月25日,国民党国防最高委员会通过开放外汇市场办法,贝祖诒接任总裁后,于3月4日开始施行。贝祖诒在中央银行基本上按照他过去在中国银行那套办法办事,只抓业务,不问政治。业务上也只管外汇与配售黄金,其他都不大过问。⑤贝祖诒担

---

① 寿充一、寿乐英编:《中央银行史话》,第57—58页。
② 《中央银行第十次业务会报纪录(1946年2月27日)》,上海市档案馆藏,档案号:Q53-2-1。
③ 《贝祖诒任中行总裁》,《申报》1946年2月27日,第1版。
④ 洪葭管主编:《中央银行史料》下卷,第958页。
⑤ 寿充一、寿乐英编:《中央银行史话》,第34页。

任总裁一年时间,抛售了约3.5亿美元外汇及350余万两黄金,但未能遏制通货膨胀,反而发生了"黄金风潮",加剧了金融市场的混乱。"黄金风潮"导致宋子文垮台,贝祖诒也被迫辞职。1947年3月1日,国民政府免去贝祖诒总裁职务,由张嘉璈接任。①

(三) 张嘉璈

张嘉璈在民国金融界资历非常深厚,是上海金融界的领袖人物。1935年之前,长期担任中国银行总经理。1935年国民政府对中国银行实施改组后,张嘉璈被调任中央银行副总裁,但并不负实际责任。抗战时期,张嘉璈曾任交通部长。抗战胜利后,任东北行营经济委员会主任委员。这一时期,"东北所有中央银行分支行的推进,都在他的副总裁的名义下施展。虚悬了十年的副总裁,一朝参与了中央银行实际的行政工作"②。

张嘉璈在国民党派系中属于政学系,和张群关系较深,被视为"政学系大将"。宋子文辞职之后,很快由张群接任行政院长。张群正式上台之前,就邀请张嘉璈出任中央银行总裁,因而张嘉璈出任央行总裁,被视为是"整个政学系掌握(行)政院的先锋。因为政学系要掌握(行)政院,首先得掌握中央银行"③。实际上,早在1947年初,蒋介石已经考虑由张嘉璈出任财经部门负责人。1947年1月2日,在沈阳的张嘉璈接到了蒋介石的亲笔信,信中蒋介石请张嘉璈帮其筹划金融政策、物资管制等事务。张嘉璈在当天的日记中写道,"接读此信,心中栗栗危惧",并认为"无论财政,或中央银行,均无法补救"。④2月,蒋介石将张嘉璈召回南京,请其出任中央银行总裁。2月28日,在蒋、张两人的会谈中,张嘉璈向蒋介石表示,"照今日经济、财政、金融情形,非中央银行单独力量所能挽救;且以本人能力薄弱,恐难有所贡献",金融情形到此严重地步,即使勉强担

---

① 《张嘉璈任中央银行总裁》,《申报》1947年3月2日,第1版。
② 盛慕杰:《论张嘉璈氏的路线》,《经济周报》第4卷第14期,1947年4月3日。
③ 玉草:《贴放委员会主席秦润卿出任经过》,《快活林》第57期,1947年4月12日。
④ 姚崧龄编著:《张公权先生年谱初稿》下册,第771页。

第五章 战后国民政府中央银行的职能强化与没落消亡

任央行总裁,而"能否有所成就,实无把握"。在当天的日记中,张嘉璈再次写道:出任中央银行总裁的这一决定,可称为其"一生过程中一重大转变,心中栗栗危惧"。①

3月1日,国民政府正式任命张嘉璈为中央银行总裁。张嘉璈就任总裁之际,正是国民党统治区通货恶性膨胀,物价飞涨不已的时候,可谓受命于危难之际。而且,此前中央银行通过出售黄金、外汇和供应物资以对抗通货膨胀的做法,在张嘉璈时代也已无法照搬。故在其好友陈光甫看来,张嘉璈出任中央银行总裁,无异于"跳下火坑"②。张嘉璈的态度也并不乐观,在3月3日的日记中,他检讨了今后工作任务成败关键所系的三大前提条件。首先为政府预算能否平衡,并认为"在各项措施中,当以平衡预算为首要。若预算平衡,中央银行政府垫款可以减少,亦即法币发行可以减少。法币价值随之提高,物价自必下降,汇价当可稳定,出口可望增加"。其次为能否获得美国援助。由于外汇枯竭,剩余外汇仅能勉强维持一年使用,"除仰赖外援外,别无他途"。第三是军事能否顺利。如果国共内战继续发展和扩大,则法币增发,物资日趋缺乏,距离平衡预算与稳定物价的目标相去甚远。张嘉璈认为,"如上述三项大前提不能解决,则我之任务必告失败。思之几于寝食不安"。③

从张嘉璈日记中可以看出,他在总裁任职期间,为了维持财政、稳定金融、挽救经济,付出了很多努力。既要时常与财政部长商讨如何弥补财政、减少法币发行和外汇支出,还要时常与外交部长联系,努力争取美援,还要时常与粮食部、经济部等部门首长沟通如何配给粮食、调剂物资,减缓物价暴涨,也要时常与金融界人士商议如何促进外贸、增加外汇。然而,张嘉璈取得成功的三大前提条件一一落空,在全面内战的情况下,政府财政预算无法平衡,美援又遥遥无期,军事节节败退,不得不继续依靠中央银行大量发行法币,恶性通胀愈演愈

---

① 姚崧龄编著:《张公权先生年谱初稿》下册,第789—790页。
② 上海市档案馆编:《陈光甫日记》,上海书店出版社,2002年,第187页。
③ 姚崧龄编著:《张公权先生年谱初稿》下册,第792—794页。

烈,以至不可收拾。

蒋介石选中张嘉璈接任中央银行总裁,无非是想利用他的声望与能力,在货币金融方面力挽狂澜。可是,内战所需军费巨大,财政根本无法平衡,通货膨胀无法遏制,张嘉璈虽竭尽全力,但仍一筹莫展。张嘉璈上台之初,就有人指出,在政治未能民主,内战继续发展的状况下,张嘉璈的理想和做法很难取得成功,"他的失败可能是极大,而其成功之点,将敌不过其失败","因为今日中国经济上最大的危难,一切俱由于内战下的通货恶性膨胀"。[①]张嘉璈很快也认识到大势已去,无能为力。1947年8月9日,张嘉璈已经在日记中写道:"(财政币制)根本问题之解决,毫无希望。每日工作,多是枝节应付。"8月30日,任职半年的张嘉璈已萌生退意,当面向蒋介石请辞,被蒋挽留。1948年5月4日,张嘉璈再次向张群表示要辞去总裁职务。[②]5月19日,张嘉璈获准辞职,并由俞鸿钧接任。张嘉璈勉强支撑了1年3个月,在战后的几任总裁中维持时间最长。

(四)俞鸿钧

1948年5月,俞鸿钧由财政部长回任央行总裁。俞鸿钧先后两度出任中央银行总裁,虽然两次时间均不长,但作为国民党高级官员,下台后又能回任原职的并不多见。这次来央行和第一次有些不同,他本人对财政金融工作是比较熟悉了,各局处负责人多数是过去老同事,可以说驾轻就熟。但这一时期国民党的政治、经济、军事形势均已经严重恶化,尤其是法币濒临崩溃,经济形势混乱。第二次任职期间,俞鸿钧主持下的中央银行,主要是推行了金圆券改革,并在金圆券破产后,奉蒋介石之命将中央银行库存大量黄金、白银及外汇全部运往台湾地区。1949年1月,俞鸿钧因存兑金银措置失当,引起多方不满,1月8日行政院政务会议决定予以撤职处分。[③]1月19日,担任了7个多月总裁的俞鸿钧

---

① 盛慕杰:《论张嘉璈氏的路线》,《经济周报》第4卷第14期,1947年4月3日。
② 姚崧龄编著:《张公权先生年谱初稿》下册,第854—855、977页。
③ 《央行总裁俞鸿钧撤职》,《申报》1949年1月9日,第2版。

下台,由刘攻芸接任。①

(五)刘攻芸

刘攻芸曾在中国银行工作多年,对改革中行会计制度颇有贡献,是张嘉璈手下红人,亦为宋子文所赏识。1942 至 1945 年担任四联总处秘书长。抗战胜利后,宋子文派刘攻芸兼任中央信托局局长,10 月又委派其负责成立上海区敌伪产业处理局,担任局长。②张嘉璈升任总裁后,刘攻芸开始担任央行副总裁。

1949 年 1 月,俞鸿钧辞职后,刘攻芸升任总裁。3 月 21 日至 6 月 12 日期间,财政部长徐堪下台后,刘攻芸还担任了财政部长一职。当时有报刊称,刘攻芸"不出三月,由中央银行副总裁而总裁,而财政部长,开民国以来直线飞升的先例"③。但这时的国民党政权已是风雨飘摇,通货膨胀恶化,物价急剧暴涨,金融秩序大乱。而中央银行的黄金已被运走,外汇完全枯竭,金融管制和币制改革彻底失败,国民党统治大势已去,刘攻芸已很难有所作为。刘攻芸任职期间的主要任务是继续将中央银行库存剩余的金银运往台湾地区。1949 年 4 月 23 日南京解放,刘攻芸逃往广州,6 月 24 日辞职,任职仅 5 个多月。

(六)徐堪

刘攻芸辞职后,徐堪接任中央银行总裁职务。徐堪长期在国民政府财政部任职,历任钱币司司长、常务次长、政务次长等职务。抗战时期还曾担任四联总处秘书长和粮食部长,1948 年 11 月担任财政部长。徐堪在国民政府时期的财经事务中发挥过重要作用,是一个重要角色。他于 1949 年 6 月 24 日就任央行总裁,10 月 5 日辞职,前后不到 4 个月。徐堪任职期间,中央银行于 1949 年 7 月进行了在大陆的最后一次币制改革——发行银元券,但很快就以失败告终,徐堪也成为中央银行在大陆的末代总裁。

---

① 《让刘攻芸任中央银行总裁》,《申报》1949 年 1 月 20 日,第 1 版。
② 寿充一、寿乐英编:《中央银行史话》,第 96 页。
③ 史芙燕:《刘攻芸拿出办法来》,《大众新闻》第 2 卷第 6 期,1949 年 4 月 20 日。

历任中央银行总裁中,宋子文可以说是创始人和奠基人,孔祥熙在职时间最长,建树也比较多,其他各任总裁任期都不长。因此,在中央银行的主要部门负责人和理、监事中,孔、宋系成员占了绝大多数,俞鸿钧系、政学系和CC系成员相对较少。[①]抗战胜利后,4年多的时间里,中央银行总裁频繁更换,长则1年多,短则数月,这与前期孔、宋时代形成鲜明对比。这种最高领导层的异动,既反映了中央银行本身组织不稳,风雨飘摇,也反映了国民党政府的财政金融秩序动荡不安,虽然不断走马换将,仍然无力回天。

在国民党政府发动全面内战之后,国民党统治区的财政经济与金融币制均陷入严重恶化状态。面对这一情形,无论谁当中央银行总裁都没有办法扭转困局。"中央银行总裁虽是个肥缺,却是费力不讨好,一定被人骂的差使。"[②]事实也是如此,精明能干的宋子文、贝祖诒无法做到的事情,资历深厚的张嘉璈也做不到,其他俞鸿钧、刘攻芸等人更是无能为力,均以失败告终。而且,国民党统治末期,由于中央银行的权力不断扩大,地位日益重要,央行总裁位高权重,超过了一般的内阁阁员,因此总裁一职也成为国民党各派系激烈角逐的对象,成为这一时期国民党内部派系斗争的一部分。

二、总行职能机构变化

抗战胜利后,中央银行开始进行复员工作,直到1946年9月全部完成。根据战后复员以及业务发展的需要,中央银行职能机构不断进行调整。1946年3月,中央银行设立外汇审核处,承办外汇审核事宜,外汇审核委员会同时结束。同年5月,中央银行重庆、昆明两个发行分局撤销,原有发行事务归所在地分行接办。7月,中央银行将设计考核委员会撤销,另设设计委员会,"其主要工作,为制定业务计划,营业方针,研究讨论而取决策,使金融力量增强,而臻安定,并使全国经济充分发展,保持繁荣"[③]。9月,中央银行为精简机构,将金融机构业

[①] 《中央银行及中央银行业务局情况调查资料》,上海市档案馆藏,档案号:Q53-2-9。
[②] 如是:《俞鸿钧不想干中央银行总裁》,《新闻天地》第41期,1948年6月1日。
[③] 《中央银行成立设计委员会》,《大公报(上海)》1946年8月23日,第6版。

第五章 战后国民政府中央银行的职能强化与没落消亡

务检查处归并稽核处办理。

1947年3月,为了加强与商业行庄的联系合作,推动贴放业务,中央银行设立了贴放委员会。4月,国民政府调整外汇管理机构,中央银行负责审核一般与进口无关的所需之外汇,该行将外汇审核处裁撤,将该处原有一部分任务归并业务局办理。6月,中央银行为审核非进口外汇之申请事项,特设非进口货外汇审核委员会。8月,行政院公布《修正中央银行管理外汇办法》,根据该办法规定,中央银行设置外汇平准基金委员会,调节外汇供需,直到1948年8月结束。这一时期中央银行职能机构的调整颇为频繁,到1949年总行已有局、处、委员会等机构14个。

三、分支机构设置变化

抗战胜利后,政治、金融中心东移,中央银行总行迁回上海,重庆分行重新恢复,接办当地业务。战后,中央银行根据形势变化和实际需要,对分支机构进行了大规模调整。一面对收复区如南京、北平、天津、广州等地分支机构进行了迅速恢复与推进,并在东北等沦陷较久、金融基础亟待树立的省区新设较多行处;一面将大后方如四川、湖南等省一些地位下降、业务清淡的行处,进行裁撤和紧缩。总体而言,战后中央银行的分支机构数量较战时有所减少。

截至1945年底,收复区复业行处有南京、北平、汉口、广州、青岛、济南、徐州、扬州、镇江、蚌埠等分行。因战事撤退后方、胜利后回迁复业行处有桂林、南昌、宜昌、衡阳、韶关、柳州、洛阳、开封、温州等分行。战后新设行处有太原、沈阳、长春、哈尔滨、锦州、海口等分行。撤销行处有30余处,还有因业务清简而缩小范围者。此外,抗战时期曾在印度设立的加尔各答通讯处及所属分处,均于抗战胜利任务完成后予以撤销。①

1946年,中央银行在各地增设分支机构32处,同时裁撤分支机构42处,截至12月底中央银行共有分支机构87处,其中一等分行18处,二等分行23处,

---

① 中国第二历史档案馆编:《中华民国史档案资料汇编》第五辑第二编"财政经济(三)",第464页。

三等分行32处,办事处5处,国税经收处9处。①凡属通都大邑和重要城市,中央银行均设有分支机构。这不仅是中央银行发展的表现,也是国民政府权力扩张的体现。此外,抗战胜利后,中国军队进入越南受降,军饷等费均发关金券,为办理发行及军政机关经费收解、军政人员赡家汇款等业务,中央银行于1946年1月在越南设立了河内分行。②

中央银行成立后,一直实行的是总行集权及管辖行制度,由总行授权各级分行管辖就近低级行处。1948年,中央银行为加强业务管理和提高行政效率,在分支机构管理方面实行分区管辖制,并从东北开始试行。1月,中央银行设东北区域行于沈阳,管辖范围为东北9省区域内各行处。③同月,又决定设置平津区域行于北平,管辖范围为冀、鲁、热、绥、察5省分行。④3月12日,中央银行常务理事会议修正通过了《中央银行分行分区管辖暂行规则》,规定中央银行为管辖方便起见,将各分行暂划分为若干区,每区设一区域行,其区域划分及设立先后,由总裁随时斟酌需要而决定;区域行所在地可因该区域政治、经济重心之转移,随时变更;区域行的主要职责为:建议总行核定本区各分行之业务方针,本区各分行之业务联系,钞券头寸匡计调拨等之监督,国库收支存汇之督导,各分行账务、业务、财务之审核,银钱业之检查,一般经济之调查研究及报告之编制等。⑤1948年12月,中央银行决定筹设6个区域行,管辖各该区内的各地分支行。其中,华北区域行设于北平,管辖区域为冀、晋、热、绥、察5省。西北区域行设于西安,管辖区域为陕、甘、宁、青、新5省。西南区域行设于重庆,管辖区域为川、滇、黔、康4省。华南区域行设于广州,管辖区域为粤、桂、闽3省。华

---

① 中国第二历史档案馆编:《中华民国史档案资料汇编》第五辑第三编"财政经济(二)",江苏古籍出版社,2000年,第610—612页。
② 《中央银行河内分行开幕》,《大公报(上海)》1946年1月19日,第2版。
③ 《国行调整业务施行区域行制》,《申报》1948年1月23日,第7版。
④ 《国行设平津区行由郑道儒任主任》,《申报》1948年1月31日,第2版;《加强业务管理国行采用区域行制》,《征信所报》第586期,1948年2月24日。
⑤ 《秘书处通函抄附本行分行分区管辖暂行规则》,《金融周报》第18卷第14期,1948年3月31日。

中区域行设于汉口,管辖区域为豫、鄂、赣、湘4省。台湾区域行设于台北,管辖台湾全省。①

1948年,中央银行为节省开支,将全国各地分行处予以调整,凡业务过于清简及当地已设有其他行局足以接替央行业务者,予以裁撤。或因"戡乱"关系撤退后方者,暂予结束。同时,在一些重要地点添设机构,以利军政存汇。截至1948年10月底,中央银行共有分支机构65处。②此后,随着国民党统治区的不断缩小,中央银行的分支机构也随之不断减少。

四、中央银行地位的加强与四联总处撤销

抗战胜利后,国民政府颁布了不少法令措施,力图加强中央银行的地位。1945年8月23日,财政部拟定的《金融政策纲领》提出:"提高中央银行地位,并加强其机能,俾能领导全国金融,控制信用,成为银行之银行,凡属普通银行业务,中央银行应完全停做。"③1946年5月,为加强各国家行局的专业化发展,四联总处理事会对国家行局的主要业务范围重新进行了厘定。中央银行的职责为切实协助各行局专业化的发展,如办理转质押、重贴现,以方便各行局长期资金之周转;办理拆款、调拨,以利各行局头寸之运用。其他如转质押、重贴现及存放中央银行款项利率之调整,汇兑提现调拨之便利等,"以期适应各行局业务需要,达成中央银行应负之使命"④。

1947年3月召开的国民党六届三中全会,"对于如何发展中央银行业务而充分行使银行之银行的应有职权之问题,异常重视"⑤。全会通过的《经济改革方案》提出,"中央银行为银行之银行,以调剂全国金融,使金融与经济密切联系,以完成经济建设,为其主要之职责"⑥。财政部制定的1947年度工作计划中

---

① 《经济动态:国行筹设六区域行》,《浙江经济月刊》第5卷第6期,1948年12月。
② 张度:《二十年来中央银行之变迁》,《中央银行月报》新3卷第10期,1948年10月。
③ 中国第二历史档案馆编:《中华民国史档案资料汇编》第五辑第三编"财政经济(二)",第50页。
④ 中国第二历史档案馆编:《四联总处会议录》(46),第373—375页。
⑤ 王雷鸣:《中央银行贴放委员会贴放工作之检讨》,《金融周报》第17卷第3期,1947年7月16日。
⑥ 荣孟源主编:《中国国民党历次代表大会及中央全会资料》下册,光明日报出版社,1985年,第1136页。

提出,"督导中央银行,厉行银行之银行之职责,充实控制金融力量,以实行国家金融政策"①。可见,这一时期国民政府对于加强中央银行地位,发挥其"银行之银行"的职能,颇为重视。

四联总处在抗战时期发挥了重要作用,但四联总处与财政部和中央银行在职能上存在重叠,机构上叠床架屋,严重影响工作效率,弊端日益严重。尤其是在战后加强中央银行地位的过程中,四联总处越来越明显地成为中央银行发展的"绊脚石",故不断有人呼吁将其裁撤。如 1946 年 7 月 19 日,《商报》刊载《如何发挥中央银行的效能》一文,批评四联总处作为一个战时临时机构,在抗战胜利后已失去存在意义。"所谓四联总处,在实际上对于中央银行已握有操纵指挥的权力,说一句笑话,它已是'太上中央银行',其地位直到现在,凡是读过银行学的,恐怕还是搞不清楚","我们不懂既有了中央银行,为什么还有四联总处的长期存在,这真是开中央银行史上未有的先例"。②在中央银行第三届行务会议上,立法院财政委员会委员长陈长衡在致辞中也提出:"中央银行既为最高金融机构,似不宜于中央银行之外,再有其他凌驾于国家银行之上的主管金融机关。譬如四联总处,原是国家银行以外之战时过渡机构,将来国家银行由部加强组织健全之后,此种机构即应早予裁撤,使国家银行在财政部监督指导之下执行其业务。"③《银行周报》发表的社论中指出:"四联总处分割了中央银行的职务,遂使中央银行为银行之银行的能力永远增强不起来,其制度亦永远建立不起来……在四联总处代行银行之银行的职权时,真正的中央银行制度永远建立不成,如果欲容许中央银行建立其制度,则四联总处就必须撤销。"④

1948 年 10 月前后,立法委员束云章向行政院长翁文灏提出《质询关于四联机构案》,内称:"如四联总处这个机构是多余,财政经济金融政策执掌,系属财

---

① 中国第二历史档案馆编:《中华民国史档案资料汇编》第五辑第三编"财政经济(一)",第 121 页。
② 重庆市档案馆、重庆市人民银行金融研究所合编:《四联总处史料》上册,第 147 页。
③ 洪葭管主编:《中央银行史料》下卷,第 966—967 页。
④ 《四联总处使命完成》,《银行周报》第 32 卷第 43 期,1948 年 10 月 25 日。

政部执掌。关于金融政策方面财政部只须透过中央银行即可付诸实行。但是财政部及中央银行以外又添了一个四联总处,结果财政部对金融可不负责,专踢皮球,以致转来转去失去时效。中央银行本为银行之银行,金融政策本可由财政部透过中央银行办理,现在添了四联总处,请问是否不信任中央银行？如果是不信任,究竟为了什么？机构不好还是人不好？要是机构不好或人不好,尽可将中央银行撤销或改组。为什么要设四联总处？……这种机构应否裁并,请翁院长考虑。"①

1948年10月6日,行政院会议决定撤销四联总处。10月7日,四联总处第372次理事会也决议撤销四联总处,所有业务有关行政管理部分由财政部接办,关于业务部分由中央银行接办。10月8日起,四联总处停止接受申请贷款文件,所有未了放款案件移交中央银行审核办理。②四联总处撤销后,中央银行正式名正言顺地成为全国最高金融机构。

第二节　中央银行的货币发行与币制崩溃

一、接收敌伪金融机构与收兑伪钞

抗战期间,日伪在沦陷区成立了许多金融机构,滥发货币,剥削沦陷区人民。抗战胜利后,接收敌伪金融资产,成为战后接收工作的重中之重。财政部制定的接收敌伪金融机构办法规定,收复区内敌伪金融机关按其业务性质,由国民政府指定业务相近的国家行局接收清理。其中,朝鲜银行、伪中央储备银行、伪中国联合准备银行、伪蒙疆银行、沦陷后新设立的伪省市地方银行,由中央银行接收清理。③1945年底,伪满中央银行总分支机构也交由中央银

---

① 中国人民银行总行金融研究所金融历史研究室：《近代中国的金融市场》,中国金融出版社,1989年,第348—349页。
② 重庆市档案馆、重庆市人民银行金融研究所合编：《四联总处史料》上册,第150页。
③ 同上书,第334页。

行接收。截至 1946 年底,中央银行总分行共计接收敌伪金融机构 37 家,附属机构 55 处。①

敌伪金融机构在沦陷区发行的钞券,主要有伪中央储备银行在华中、华南各地发行流通的伪中储券,伪中国联合准备银行在华北发行的伪联银券,伪蒙疆银行在察南、晋北及内蒙古发行的伪蒙疆券,伪满洲中央银行在东北发行的伪满洲券。截至 1945 年 8 月,伪中储券的发行额为 33,216 亿余元,伪联银券的发行额为 1,326 亿余元,伪满洲券的发行额为 81.57 亿余元,台湾银行的发行额为 16 亿元。②

国民政府对于敌伪钞券的整理办法是,敌钞予以登记,伪钞限期收兑。1945 年 9 月 28 日,财政部公布《伪中央储备银行钞票收换办法》,规定伪中储券以 200 元换法币 1 元,由中央银行及其委托之机关办理收换事务。兑换期限自 1945 年 11 月 1 日起,至 1946 年 3 月 31 日止。③随后,中央银行召集其他行局负责人,商定了《收换伪中央储备银行钞票细则》。12 月 26 日,中央银行又制定了改善收兑伪钞原则,普遍设立伪钞代兑机关,简省手续,便利民众兑换。④截至 1946 年 3 月 23 日,中央银行共收兑伪中储券 36,875 亿元。据伪中储行账册记载,发行额截至接收前夕共 41,993 亿元,收兑数占发行额的 88%。⑤

1945 年 11 月,财政部公布了《伪中国联合准备银行钞票收换办法》,规定伪联银券准以 5 元换法币 1 元,由中央银行及其委托机关办理收换事宜。兑换期限自 1946 年 1 月 1 日起,至 1946 年 4 月 30 日止。⑥因伪联银券主要流通于华北地区,为管理便利起见,中央银行总行指定天津分行集中办理。截至 1946 年底,伪钞收换基本完成,除东北 9 省及台湾省外,全国币制重新统一于法币体系中。

---

① 中国第二历史档案馆编:《中华民国史档案资料汇编》第五辑第三编"财政经济(二)",第 617 页。
② 寿进文:《国内经济动态》,《中央银行月报》新 1 卷第 1 期,1946 年 1 月。
③ 中国第二历史档案馆编:《中华民国史档案资料汇编》第五辑第三编"财政经济(二)",第 381 页。
④ 《中央银行第七次业务会报纪录》(1945 年 12 月 26 日),上海市档案馆藏,档案号:Q53-2-1。
⑤ 谭玉佐:《中国重要银行发展史》,第 100 页。
⑥ 中国第二历史档案馆编:《中华民国史档案资料汇编》第五辑第三编"财政经济(二)",第 382 页。

二、战后法币发行与通货膨胀的恶化

抗战结束后,国共内战很快全面爆发,军费开支浩繁,造成国民政府财政赤字更加严重。为了弥补赤字,国民政府不得不继续漫无限制地发行法币,通货膨胀以更快的速度发展。

抗战期间,法币发行量不断攀升。1945年8月抗战结束时,法币发行额为5,569亿元,比1937年6月的14亿元增加了397倍,增幅已经不小,已是恶性通胀,但与抗战胜利后的法币发行量相比,简直是小巫见大巫。如下表所示:

表5-1 法币发行额及指数表

单位:亿元

时间	法币发行额	增发指数
1937.6	14.10	1.00
1937.12	16.40	1.16
1938.12	23.10	1.64
1939.12	42.90	3.04
1940.12	78.70	5.58
1941.12	151.00	10.71
1942.12	344.00	24.40
1943.12	754.00	53.46
1944.12	1,895.00	134.36
1945.8	5,569.00	394.84
1945.12	10,319.00	731.62
1946.12	37,261.00	2,641.80
1947.12	331,885.00	23,537.04
1948.8.21	6,636,946.00	470,705.39

说明:1937年6月增发指数设定为1.00。
资料来源:吴冈编:《旧中国通货膨胀史料》,上海人民出版社,1958年,第92—96页。

国共内战期间,法币发行额3年增加了1,206倍,远超抗战8年通货膨胀的速度。其中,1945年9月到1947年2月是法币恶性通货膨胀加剧的阶段,1947年2月到1948年8月是法币进入崩溃的阶段。国民党政府承认"自1945年起,发行膨胀,速度比抗战时更快"。"1947年6月增加额比1937年6月到1945年12月总增加额还多","物价狂涨已推翻了社会秩序和政治信心"。①

1947年2月14日,总裁贝祖诒向蒋介石秘密汇报了近期库存钞券及其印制情形。据中央银行发行局报告:截至1947年2月2日,法币发行总额为45,367.2亿余元,与1946年12月底发行总额37,261.1亿余元比较,1月一个月内增发达8,100余亿之巨。1946年度每月发行的增加,少则数百亿,多则4,000余亿,而1947年1月竟较1946年发行最多之月份陡增1倍,"盖年初以来国库支出过巨有以致之"。因最近半年发行量急剧递增,必须大量储备钞券,央行无时不在多方设法预筹供应,增裕来源,但因时间、物料及国内外环境所限,时感不继,尤其是1947年1月的巨额发行,导致钞券供求悬殊。②在严重通货膨胀的背景下,中央银行的券料调剂困难重重,券料供不应求日益严重。

增加钞券数额的办法主要有两个:一是增加产量,二是增大面额。增加纸币产量,涉及印制厂的机器设备、纸张油墨、交通运输等,难见速效。而增大纸币面额则较易实现,还能节省印费,立竿见影。于是,增大面额便成为中央银行解决钞券供应的主要手段,法币面额不断扩大,1,000元、2,000元、2,500元、5,000元面额纷纷出现。1947年4月,1万元面额法币出笼。③

1947年5月28日,张嘉璈向蒋介石报告最近钞券发行情况,截至1947年2月17日,发行总额为45,628.68亿元,3月1日发行额为48,754.5亿元,5月28日发行额为81,586.11亿元。3个月内共计增加32,831.61亿元,平均每月1万余亿元,而4月之后发行增速明显上升。在发行额急剧递增的同时,全国各地库存钞券急剧减少,"其减少原因,实系连月支应浩繁,钞券产量有限,生产与支

---

① 杨培新编著:《旧中国的通货膨胀》,生活·读书·新知三联书店,1963年,第65—66页。
② 中国人民银行总行参事室编:《中华民国货币史资料》第二辑,第531页。
③ 《万元票额法币发行》,《商业月报》第23卷第5期,1947年5月。

出不能配合。目前情形仍甚严重,券料输送已进入随到随罄之境地"。督促券料增产成为中央银行的重要任务,除了向国外厂家订印,为了解决燃眉之急,不得不更加重视国内厂家的增产。①但随着通货膨胀的加剧,钞券需求量日益巨大,因供不应求而发生的"券荒"越来越严重,而法币的购买力则越来越低。如下表所示,1945年9月的1元法币,留到3年后,即1948年8月21日发行金圆券的时候,它的购买力只剩了7/100,000。1948年8月21日,14,300元的法币才能相当于1945年9月的1元法币的购买力,也就是说,在3年左右的时间内,法币缩小了1.4万多倍。法币形同废纸,出现了"长春树叶每斤万余,法币一扎当做球踢"②的现象,法币制度名存实亡。

表5-2 1945年8月—1948年8月法币发行额及购买力指数统计表

单位:亿元

时间	发行法币额	发行指数	法币购买力指数
1945年8月	5,567	1.0	1.00000
1945年底	10,319	1.9	0.39100
1946年底	37,261	6.7	0.06065
1947年底	331,885	59.6	0.00413
1948年8月21日	6,636,946	1,192.1	0.00007

说明:1945年8月法币购买力指数设定为1.00000。
资料来源:杨荫溥:《民国财政史》,第208、209页。

三、东北流通券的发行与恶性膨胀

抗战胜利后,东北收复。1945年10月,财政部鉴于东北沦陷14年,当地经济情形与内地多有不同,为适应当地环境起见,决定由中央银行发行东北流通券,作为东北境内流通的法定货币。伪满中央银行发行的钞票,在规定期间暂准与东北地名券同价流通,分期收换。东北与内地间之汇兑并由中央银行予以管理。③

---

① 中国人民银行总行参事室编:《中华民国货币史资料》第二辑,第538页。
② 《小日报》,1948年7月1日,第2版。
③ 中国人民银行总行参事室编:《中华民国货币史资料》第二辑,第687页。

1945年11月3日，财政部正式公布《中央银行东北九省流通券发行办法》，规定由中央银行发行东北九省流通券，作为东北九省境内流通之法币，凡东北九省境内完纳赋税及一切公私款项之收付均使用之；流通券发行准备金，由中央银行专户存储。①同日，财政部还公布了《东北九省与内地汇兑管理办法》，规定东北九省与内地之汇价，由中央银行牌告；凡自内地汇兑至东北九省，或由东北九省汇款至内地，均应先向中央银行申请，经中央银行核定后，发给准汇通知书，再持向中央银行或其委托之银行结汇；除中央银行及其委托之银行外，其他银行一概不得经营东北与内地之汇兑或东北流通券与法币之兑换业务；凡自内地赴东北之旅客，除携带汇票外，如携有法币进入东北境内或到达东北境内码头、飞机场时，可持向中央银行办事处按照汇价兑换；凡自东北赴内地之旅客，除准携带汇票外，不得携带东北流通券，但于启程前或出境时，可向当地中央银行申请兑换零星所需之法币。②可见，东北流通券是一种由中央银行发行，限定区域使用的独特货币，是在法币之外构筑的新的货币体系。③发行东北流通券的目的，是想将东北与内地的货币暂时分离，东北流通券不得在关内使用，法币也不能在东北流通，以避免内地通货膨胀影响东北。

中央银行长春分行于1945年12月22日成立，同日就开始发行东北流通券。张嘉璈在当天的记者招待会上着重说明了长春分行的使命，"该行目前最切要之图，为整肃币制，沟通汇兑，重新建立东北银行制度之基础"，"整肃币制之第一事，即发行东北流通券，以逐渐替代伪满币"。④然而，东北流通券发行后，很快也开始了通货膨胀，而且发展迅猛，大有超过法币通胀之趋势。

东北流通券发行之初，当时预计东北行营经费为数有限，发行当有限度。按照当时东北物价与关内物价比例，定为流通券1元合法币13元。后因苏军

---

① 《中央银行东北九省流通券发行办法》，《金融周报》第13卷第6期，1945年11月14日。
② 《东北九省与内地汇兑管理办法》，《金融周报》第13卷第6期，1945年11月14日。
③ 陈昶安：《东北流通券：战后区域性的货币措施(1945—1948)》，第5页。
④ 《长春中央银行之成立与东北流通券》，《金融周报》第14卷第1期，1946年1月2日。

撤退后,国民党军在长春发动内战,支用浩繁,发行渐增。流通券与法币比例,改定为1元合11.5元。至1947年10月以后,东北流通券随军事失利与军用日增而益趋贬值。当年底,发行额达3,000亿元,较上年底增加10倍。加之国民党军控制面积日益缩小,流通券流通区域愈来愈窄,而发行额之增加则愈来愈速。①

到1948年2月,东北流通券发行已达4,246亿元,折合法币达42,460亿元,中央银行开始发行5,000、1万元的大面额流通券。②3月时,东北流通券发行额增至5,000亿元,"于是造成流通券加速膨胀,物价上升速度高于关内,当地人民叫苦连天"。受东北流通券膨胀及战事影响,"使沈阳物价高昂为全国之冠,已使当初政府为隔离关内关外,使关外不受通货膨胀影响而发行分立货币即东北流通券的原意,至此已告丧失"。③张嘉璈也认为,"流通券已失其原来作用,今已形成供应东北军费之源泉,与法币大同小异"④。如下表所示,从1946年1月到1948年7月,两年半的时间里,东北流通券的发行额增加了2.4万余倍。

表5-3 1946—1948年东北流通券发行额与发行指数表

单位:千元

时　期	发行额	指　数
1946年1月	132,800	100
1946年6月	4,459,300	3,357
1947年1月	36,256,450	27,301
1947年6月	74,651,450	56,213
1948年1月	366,381,350	275,880
1948年7月	3,191,858,900	2,403,508

资料来源:中国银行总管理处编印:《外汇统计汇编》初集,1950年,第265页。

---

① 姚崧龄编著:《张公权先生年谱初稿》下册,第967页。
② 中国人民银行总行参事室编:《中华民国货币史资料》第二辑,第694—695页。
③ 寿进文:《国内经济动态》,《中央银行月报》新3卷第4期,1948年4月。
④ 姚崧龄编著:《张公权先生年谱初稿》下册,第967页。

东北地区的通货膨胀和"钞荒"愈演愈烈。1948年6月,中央银行东北区行"库存业已告罄,而急待支付款项,为额颇巨",钞券供不应求,开始对存款提现进行限制。东北"剿匪"总司令卫立煌急电中央银行总裁俞鸿钧,请求"火速由沪径行空运流通券5万亿元或等值之法币,以济眉急"。7月,东北钞荒更加严重。卫立煌再次致电中央银行,"此间物价一再暴涨,上数已感不敷,仍请火速运济",以便抢购物资,"否则东北军糈民食,更感匮乏,后果实难逆料"。中央银行东北区行副主任宁嘉风在致总行急电中报告:东北7月各类款项约需垫款56,710亿,而中央银行券料告罄,应付困难,请求总行筹集大量券料,火速由沪直接运沈济急。8月7日,俞鸿钧在给行政院长翁文灏的呈文中反映:目前东北抢购小麦等各项开支,估计约需流通券50万亿,折合法币共计约600万亿之巨。"数目庞大,数倍于全国各地所需之款,不但印制产量有限,且运输亦大成问题,事实上委难供应。"①

由于流通券不敷使用,中央银行长春分行、沈阳分行在当地军政机关的压迫下发行大额本票。据报至1948年9月,长春方面已发行流通券43万亿元;沈阳方面已发行流通券5万亿元,合计几乎相当于法币全部发行额。金圆券发行后,东北流通券停止发行使用,按照流通券30万元折合金圆券1元的比例收回。当时,由于长春处于东北野战军围困当中,为解决长春军粮问题及处理中央银行长春分行所发本票起见,行政院于1948年9月颁布了《长春军粮票发行及使用办法》,规定长春军粮票在长春市内代替通货行使,主要用于收兑在长春流通之东北流通券及中央银行长春分行所发本票,就地补购军粮,支付长春市内文武职人员及士兵薪饷和其他军政费用等,长春军粮票由财政部及粮食部委托中央银行长春分行就地印发,以高粱米为本位。②国民党政府在东北建立的货币体系已彻底崩溃。

---

① 中国人民银行总行参事室编:《中华民国货币史资料》第二辑,第696、697页。
② 同上书,第700、703、708页。

这一时期，除了法币和东北流通券之外，关金券的发行额和面额也在不断扩大。1948年7月，中央银行开始发行面额为1万元、2.5万元、5万元和25万元的关金券，即等于法币20万元、50万元、100万元、500万元。①

四、金圆券改革与币制崩溃

抗战胜利后，全国各地物价曾普遍下跌，国民政府手中掌握有大量黄金外汇以及从日伪接收的资产，这本是治理通货膨胀的一个好机会。但因国民党政府执意发动反共内战，导致军费支出又占到财政总支出的80%以上。为了筹集资金打内战，国民党政府不得不重蹈覆辙，继续依赖中央银行发行钞票，于是法币发行量突飞猛进，形成恶性通胀。直到1948年，法币已失去货币功能，濒临崩溃。国民党政府遂决心放弃法币，实行新的币制改革，企图通过币制改革寻找出路，力挽狂澜。

（一）中央银行与金圆券改革的实施

1948年5月，"行宪国大"召开后，蒋介石就任总统，翁文灏任行政院长，王云五任财政部长，俞鸿钧任中央银行总裁。翁文灏内阁建立后，蒋介石决定尽快实施币制改革，指示财政部和中央银行分别酝酿币制改革方案，币制改革问题正式提上议事日程。

币制改革方案在金融和财政两个主管当局的分别主持下秘密进行。中央银行总裁俞鸿钧指定了一个四人小组进行研究，成员为中央银行经济研究处副处长林崇墉、方善桂，稽核处处长李立侠，以及南开大学经济系教授兼中央银行顾问吴大业。当时李立侠等人的看法是，法币不作根本性改革还可以拖延一个时期，如果骤然一改就会垮得更快；但财政方面受了通货膨胀影响，收入只有支出的5%—10%，事实上也拖不下去了。所以就联想到扩大采用战前发行关金券的办法，在不改变法币本位的基础上，另由中央银行发行一种称为"金圆"的货币，作为买卖外汇及缴纳税收之用，不在市面上流通。根据他们的估计，采用

---

① 《大额关金券四种发行》，《工商法规》第1年第15号，1948年7月24日。

这个办法,可以使收入提高到相当于支出的 40%—50%。在此基础上,李立侠等人拟订了具体方案。这个方案的特点,第一是没有改变法币本位制度,法币仍作为货币本位继续发行流通;第二是在法币之外,另发行一种金圆,金圆汇价固定每百元值美金 25 元,持有金圆可以无限制买卖外汇;第三是金圆与法币比价随时由中央银行挂牌制定;第四是缴纳中央税收及输出入贸易一律使用金圆。这一方案实际上只是把过去发行关金券的办法扩大到缴纳其他税收及进出口贸易上,并没有什么新的东西。李立侠等人的看法和拟定的方案,得到了俞鸿钧的赞同,"并说这是无办法中的一个办法"。然而,蒋介石认为这一方案不能应付当时的局面,将其否决。最后,币制改革采用了王云五所拟定的方案。财政部实行的所谓金圆券办法,和中央银行所拟定而未实行的计划,本质是一样的,只是在手法上有所不同。财政部的做法完全凭借政治压力,而中央银行的办法主要是用拖延手段。①

8 月 19 日,国民党中央政治会议审议通过了金圆券发行方案,并交行政院讨论通过。随后,蒋介石根据《戡乱时期临时条款》,越过立法院审议的正常程序,以总统命令的形式于当天深夜颁布《财政经济紧急处分令》,以及《金圆券发行办法》《人民所有金银外币处理办法》等,正式实施币制改革。这次改革的主要内容包括:(1)货币以金圆为本位币,金圆法定含金量为纯金 0.22217 公分(克),由中央银行发行金圆券,发行总额以 20 亿元为限,法币和东北流通券停止发行,限期收兑,金圆券 1 元折合法币 300 万元,折合东北流通券 30 万元。(2)限期收兑人民所有金银外币,逾期任何人不得持有。(3)限期登记管理本国人民存放国外之外汇资产,违者予以制裁。(4)整理财政,并加强管制经济,以稳定物价、平衡国家总预算及国际收支。法令规定,冻结物价,各地物品应按照 8 月 19 日该地各种物品货价依兑换率折合金圆券出售,禁止抬价或囤积。②

---

① 寿充一、寿乐英编:《中央银行史话》,第 62—64 页。
② 《总统颁布财政经济紧急处分令》,《金融周报》第 19 卷第 8 期,1948 年 8 月 25 日。

第五章 战后国民政府中央银行的职能强化与没落消亡

8月19日币制改革命令宣布后,中央银行奉命于20、21两日停业,22日恰逢周日例假,中央银行在此3天之内积极筹备。8月19日,中央银行召集上海市市长、议长等官员及金融界领袖召开紧急会议,传达财政部关于币制改革的法令和要求,商讨上海银钱业在临时休假期中应采取的各种措施和具体办法。关于法币改换金圆券后金融业务上应注意事项,中央银行于21日分别通知银钱业和信托业公会照办。同日,中央银行还分别致函各指定银行,通知币制改革后金圆券的结汇新办法和外汇率。为压低市场利率及分区调整国内汇水,俞鸿钧于21日召集各国家行局主要负责人举行会议,分别做出规定。①8月22日,金圆券发行准备监理委员会在中央银行正式成立,并举行第一次会议。②一切有关改革币制的法令规章陆续颁布之后,中央银行于8月23日正式发行金圆券。金圆券发行前的准备工作,以及发行后的兑换法币、收兑金银等具体工作,均由中央银行执行,并由其委托其他行局代为办理。

金圆券发行之初,颇为顺利。"中央银行开始收兑金银外币之初,人民前往兑换者甚为拥挤。"③据俞鸿钧向行政院汇报,金圆券发行后"金融情形极为良好,兑换黄金、美钞者甚为拥挤","物价一致下落,市场反应殊佳"。④截至8月31日,中央银行及委托银行共收兑黄金357,558市两,白银967,153市两,银元5,303,686元,美钞10,408,274元,港币27,831,226元。以上金银外币等合计值美金36,881,772元,值金圆147,127,088元。⑤

然而,好景不长,由于通货膨胀的根本原因并未消除,强制限价和收兑金钞政策实行后,游资苦无出路,纷纷抢购物资。10月初,上海市民抢购之风大盛。最初,凡衣着、食粮、食油、绒线、百货及日用必需品,均为抢购对象。其后,如工业原料及一切制成品,纷纷有人大量订购或高价收购。这种抢购风潮从上海延

---

① 寿进文:《币制改革之经过》,《中央银行月报》新3卷第9期,1948年9月。
② 《金圆券今起发行准备监理会成立》,《申报》1948年8月23日,第1版。
③ 重庆市档案馆、重庆市人民银行金融研究所合编:《四联总处史料》上册,第379页。
④ 洪葭管主编:《中央银行史料》下卷,第1308页。
⑤ 《八月份各地收兑金银外币统计》,《中央银行月报》新3卷第9期,1948年9月。

伸到各地,甚至各村镇,各地商店存货被抢购一空,市场瘫痪。上海在抢购盛行之后,形成了严重的物资恐慌,来源困难,原料缺乏,供求脱节。一般正当商人和生产者都陷入困境。粮食问题尤为严重,很多地方发生抢米风潮,人民生活无法维持,社会秩序大乱。①

10月中下旬,经济情况日趋严重。有鉴于此,10月31日,行政院临时会议通过了《改善经济管制补充办法》,被迫放弃实行了70天的限价政策,限价措施完全失败。限价放开后,物价如脱缰之马,不可收拾。例如,食米在限价政策修正后的第一日,公开市场价格较之限价高出3倍,第六日涨至6倍。②金圆券发行量随着物价上涨而激增,到11月11日时,中央银行业务局账面上的金圆券发行额已达1,966,839,483元,而业务局及各分行急需调用的款项数目还有不少,20亿元的发行限额已无法维持。③

中央银行多次向行政院、财政部告急,并请尽快办理放宽发行限额的法定程序,但未获明示。鉴于事态严重,必须尽快解决,11月10日,总裁俞鸿钧直接密电蒋介石,向其汇报:"现在军政需要增加极巨,急如星火,稍一脱节,深虑贻误;而金融市面,以物价高涨,需要亦多,长此以往,超出限额迫在眉睫。职行不顾事实,依法办理,势将贻误戎机,影响大局",请求放宽金圆券发行限额。④

11月11日,行政院通过《修正金圆券发行办法》和《修正人民所有金银外币处理办法》,其要点为:(1)将金圆的法定含金量由此前规定的0.22217公分(克),改为0.044434公分(克),等于原额的1/5。(2)取消金圆券发行的最高额,此后发行总额以命令定之。(3)准许人民持有金银外币,而银币的流通也不再禁止。⑤修正办法实际上就是公开宣布金圆券贬值80%,并将不受限制地发行。物价管制与金圆券限额作为币制改革成败的两大关键,"既未能彻底实行,

---

① 《国内经济动态》,《中央银行月报》新3卷第11期,1948年11月。
② 姚崧龄编著:《张公权先生年谱初稿》下册,第994页。
③ 洪葭管主编:《中央银行史料》下卷,第1325页。
④ 中国人民银行总行参事室:《中华民国货币史资料》第二辑,第608页。
⑤ 《总统令修正金圆券发行办法及人民所有金银外币处理办法》,《金融周报》第19卷第21期,1948年11月24日。

则金圆券之崩溃,已成定局矣"①。同日,币制改革的主要设计者王云五获准辞职。行政院长翁文灏亦因币制改革失败而请辞,币制改革彻底宣告失败。金圆券重蹈法币覆辙,发生恶性通货膨胀,并迅速走向崩溃。

(二)金圆券的发行与崩溃

金圆券发行限额取消后,11月13日央行总裁就批准发行局"先调拨5亿元",而几天之后,加调的5亿元又告用罄,业务局与各分行处需券仍殷。19日,总裁又批准增发5亿元,然而,几天之后再次用尽。11月25日时,发行额已近30亿元,其中财政部垫款和粮款约占13亿元。由于各方面需券激增无已,中央银行不得不继续增发钞票。②金圆券发行额,1948年8月底为5.44亿元,12月底达83.2亿元,1949年1月底达208亿元,4月底增至51,612亿元,5月24日发行总额已高达679,458亿元,面额最大已达100万元。金圆券的膨胀速度远超法币,如下表所示:

表5-4 金圆券发行额统计表

单位:亿元

时　间	金圆券发行额	环　比	指　数
1948年8月31日	5.44	1.00	1.00
9月	12.02	2.21	2.21
10月	18.50	1.54	3.40
11月	33.94	1.83	6.24
12月	83.20	2.45	15.29
1949年1月	208.22	2.50	38.28
2月	596.44	2.87	109.68
3月	1,960.60	3.29	360.40
4月	51,612.40	26.32	9,487.57

资料来源:贾秀岩、陆满平:《民国价格史》,中国物价出版社,1992年,第431页。

---

① 姚崧龄编著:《张公权先生年谱初稿》下册,第994页。
② 洪葭管主编:《中央银行史料》下卷,第1326页。

随着通货膨胀的恶化,金圆券失去了货币的功能。1949年,中央银行各地分支机构纷纷报告金圆券在当地已无法使用。如据宝鸡分行报告,5月初,"铁路、公路、邮电等机关,均以银元收费;盐务局及地方税收,亦系如此","金圆券已不能在市面购物,即蔬菜摊贩,咸以过去川造大铜币交易,陇海路亦以铜币找零","各公教人员所领之金圆券薪俸,无法使用,苦不堪言,责难备至"。据兰州分行报告,5月初西北各省拒用金圆券的县份日益增多,金圆券急剧贬值,请求总行拨济银币或黄金以便必要时维持局面。①到最后,连各地中央银行也拒用自己所发行的金圆券了。

一方面,金圆券急剧贬值,形同废纸,各地市场纷纷拒用;另一方面,券料供不应求,钞荒严重,地方当局要求中央银行拨付钞券急如星火。如昆明分行在致总行的电文中所言:"职处券料断绝,各方怨愤激烈,困难情形,非电文所可罄叙。"昆明分行经理赵康节在给总行的签呈中报告:"各机关以物价不断上涨,日日来行索款。"该行因钞券缺乏,无法清付各军政机关款项、公教人员薪金以及中央给云南省的各项补助费,各方倍加指责,秩序大乱。②中央银行通过美钞公司、中央印制厂、香港中华书局等多家机构,开足机器,赶印大钞,印钞费成为这一时期最主要的外汇开支,但仍无法满足因货币贬值而带来的巨额券料需求,以致各地军政机关责难不断,中央银行疲于应付。如中央银行致函财政部反映,由于"国库支出激增,券源短绌,供应时虞不及。各地方需要券料,虽经竭力设法运济,仍患绠短汲深,无以解决困难"③。

巨额财政赤字是导致通货膨胀的直接原因,因此,平衡财政收支也就成为币制改革取得成功的必备且关键的前提条件。然而,实现财政收支平衡,又必须以停止内战,恢复生产为前提。但这在内战如火如荼,且国民党军事上已严重不利的情况下,是难以实现的。如时人所言:"在军事、政治没有安定,财政未

---

① 洪葭管主编:《中央银行史料》下卷,第1375—1377页。
② 同上书,第1380—1383页。
③ 中国人民银行总行参事室编:《中华民国货币史资料》第二辑,第623页。

第五章 战后国民政府中央银行的职能强化与没落消亡

加整理之前,币制方面的任何措施,都不会成功,徒兹纷扰,使人心更趋不安。所以我们目前所焚香祈求的,仍不过是中国的和平与统一。"①

金圆券改革实施后的几个月时间里,国民党政府从民众手里强行收兑了黄金165万余两,白银900多万两,银元2,300多万元以及大量外汇。就在金圆券走向失败的过程中,国民党政府将这些财富运往台湾省,使这次币制改革成为对大陆人民的一次巨大掠夺。金圆券改革的迅速失败,不仅使国民党统治区的货币陷入混乱,国民党政府苦心经营的货币金融体系土崩瓦解,而且加速了国民党统治区经济崩溃,对国民党政权起了巨大的冲击和摧毁作用。金圆券改革实施后,中央银行的重要性更为加强,如金圆券的发行,准备金的保管,金银外币的收兑与存储,商业行庄增资后资本与存款准备金的集中管理,均须由中央银行经办。但这一切在国民党政府政治、军事、经济、金融总崩溃的背景下,已经显得毫无意义了。

(三)银元券的发行与崩溃

金圆券崩溃后,1949年7月2日已经逃至广州的国民党政权颁布《银元及银元兑换券发行办法》,宣布恢复实行银本位制,由中央造币厂铸造银元,中央银行发行。为便利行使起见,由中央银行发行银元兑换券及银元辅币券。行政院在关于发行银元券的电文中还专门强调指出:"今后中央银行依照规定发行银元兑换券,与国库收支调拨,绝对划分为两个系统,各自独立,不相牵混。国库需款周转时,必依规定提交准备金与中央银行后,方能支取款项,绝不能有所通融。而政府各部门在预算范围以外,任何重要设施,非先筹有财源,不得请支经费,以保持财政收支之均衡,维护金融经济之安定。"②

实行银本位制度,不仅是货币制度的一种倒退,而且这时国民党政权信誉已经破产,这些维持币制的承诺已无人肯信。因而银元券发行后,在国民党统

---

① 杨蔚、唐传泗:《胜利以来的我国物价变动》,《中央银行月报》新2卷第2期,1947年2月。
② 中国第二历史档案馆编:《中华民国史档案资料汇编》第五辑第三编"财政经济(三)",第935页。

治区很快就遭到抵制。到1949年9月,银元券发行总额达1亿元之多。除兑现及税收收回者外,实际流通额约2,000万元。①10月广州解放,银元券作为国民党政权在大陆发行的最后也是最短命的纸币,随着国民党政权在大陆的覆灭而宣告终结。

第三节 中央银行服务财政职能的强化与制度失败

一、中央银行代理国库制度的加强与覆灭

(一)中央银行代库制度的改进

抗战胜利后至国民党统治结束,是中央银行代理国库制度的加强改进时期,也是走向覆灭的时期。这一时期中央银行采取了很多措施,进一步加强和改进公库制度。

1. 国库网的迅速推广

抗战胜利后,财政部于1945年9月2日颁布《收复区库款收支紧急处理办法》,积极进行复员工作,催促中央银行通饬各代理国库机关,以前因战事而撤退后方或撤销者,从速迁回复业,办理库务,并于收复区积极成立机构,或委托中国、交通、农民三行与各省地方银行及邮局代库。②各级国库随中央银行进行复员,1945年12月21日,国库总库驻沪收支处在上海成立,负责办理该地国库收支,并分派人员驻南京办公。1946年8月,国库总库全部复员。为使各政府机关公款存汇便利,并适应国库总库应设于国府所在地之原则,国库总库于11月1日正式在南京开始对外营业,办理岁出款之支付、公库存款及库款转移三项业务。③

1945年,国库分支机构根据原定计划继续推进。抗战胜利后,沦陷区收复,国民党统治区版图扩大,原定1,200库不敷分配,财政部国库署规划战后国库

---

① 中国人民银行总行参事室编:《中华民国货币史资料》第二辑,第670页。
② 财政部财政年鉴编纂处编:《财政年鉴三编》,1948年,第三篇第118页。
③ 夏晋熊:《二十年来中央银行经理国库业务》,《中央银行月报》新3卷第10期,1948年10月。

第五章　战后国民政府中央银行的职能强化与没落消亡

至少需要2,500库,才能满足各地收支机关需要。中央银行国库局为配合需要,积极筹划,尽速添设,以谋库政之推进。至1945年底,国库总分支库及税款经收处共有1,036库处。①1946年,国库分支库数量继续增加,截至年底已成立1,499处。全年各级国库因形势变化而调整达160余次,"为《公库法》实行以来敷设机构业务最繁忙之一年"②。1947年底,国库分支机构为1,625处。到1948年底,因受军事失败、国民党统治区范围缩小等因素影响,国库分支机构共有1,526处,不增反降近百处。

1948年,中央银行因实行区分库转账制度,国库局为加强各级国库机构的联系与监督,对代库中层机构进行调整,将全国各地分为19区,大致每省划为一区。但也有一些偏僻省份,如甘、宁、青、冀、热、察等,数省合并为一区,个别幅员辽阔省份,一省划为两区,如四川省分为川东及川西两区。每一区设立一区分库,负责指挥管辖所属各支库,办理该区内各支库库款收付转账事务,均自1948年1月1日起成立,除江苏区分库由上海央行国库局代理外,其余均由央行各地原代理分库的分行代理。全国共设国库区分库19处,如下表所示。区分库成立后,各分库原办理的业务移归区分库办理,乃于1948年4月底取消分库名义,改称支库。③

表5-5　国库区分库统计表

单位:处

区　别	分库所在地	代理银行	管辖分支库数
江　苏	上　海	国库局	23
浙　江	杭　州	杭州分行	14
安　徽	合　肥	合肥分行	45

---

① 中国第二历史档案馆编:《中华民国史档案资料汇编》第五辑第三编"财政经济(一)",第85、220页。
② 中国第二历史档案馆编:《中华民国史档案资料汇编》第五辑第三编"财政经济(二)",第573页。
③ 同上书,第662页。

(续表)

区别	分库所在地	代理银行	管辖分支库数
江西	南昌	南昌分行	70
湖北	汉口	汉口分行	31
川东	重庆	重庆分行	71
川西（包括西康）	成都	成都分行	92
广东	广州	广州分行	87
湖南	长沙	长沙分行	33
广西	桂林	桂林分行	50
福建	福州	福州分行	70
贵州	贵阳	贵阳分行	36
云南	昆明	昆明分行	55
甘宁青新	兰州	兰州分行	88
陕西	西安	西安分行	29
山东	青岛	青岛分行	2
冀晋	天津	天津分行	11
河南	开封	开封分行	30
热察绥	北平	北平分行	77

资料来源：《国库区分库共设十九处》，《银行周报》第32卷第5期，1948年2月2日。

2.库款外流与《军政机关公款存汇办法》之实施

《公库法》实施后，按规定国民政府中央财政的各项收入均由各地国库分支库代收，最后集中到央行国库局的国库总库。一般来说，中央银行分支机构直接代理国库分支库的地方，税收能够比较及时地直接划解到国库局，至于中国、交通、农民、邮汇等行局代理国库支库的地方，则由代库的分支行局将税款先划到它们的"承转行"（抗战时期是重庆的分行分局，抗战胜利后是上海的分行分

第五章 战后国民政府中央银行的职能强化与没落消亡

局),再由承转行转解给国库局。这种转解周折既多,时间也慢,而且中国、交通、农民、邮汇四行局所代收的库款即使已划到了承转行,承转行也并不立即解给国库局,往往借口代收库款的报表需要详加复核,故意拖延划解的时间。据1945年12月国库局局长夏晋熊报告,各地代理国库分支库的银行,截留应缴库款有达七八个月以上者。①这样代库行局就可以经常占用相当数额的国库收入款,作为其本身运用的资金。在法币迅速贬值的情况下,最后集中到国库总库的税款收入,自然难以起到平衡财政收支的作用。

国库支出款项,则由财政部根据预算或行政院的"紧急支付命令",填开"支付书",送交国库局,按照领款单位所在地,转知各该地的国库机构拨付。库款拨出后,依照规定,除财政部指明直接付现者外,一般都应当在拨款的代库银行开立"国库存款户",使用公库支票,载明用途,陆续支用。在设有审计机关的地方,还派有"驻库审计",对各单位所开具的公库支票进行审核,并签盖审计印章之后,代库银行才能付款。尽管手续看似严格,但代库行局和领用机关仍有空子可钻。领款单位所在地如系中国、交通、农民、邮汇四行局代理国库的,就只能由其在重庆(抗战胜利后在南京)的主管机关代为汇总领款,通过这四家行局用汇兑的方式拨下去。不少主管机关对于"公库存款户"的办法,认为手续既麻烦,又无利息可得,不如银行普通存款户支取方便,还有利息。因此,每当这四家行局兜揽代汇库款时,这些主管机关就乐于用这种机会,将并非用于汇款的经费也假借汇款名义,尽可能从"公库存款户"里套领出来,转到这四家行局作为普通存款。中国、交通、农民、邮汇四行局也一直在争揽军政机关存款,如中国银行的军政机关存款占总存款比例,1946年为34%,1947年为27%,占有相当比重。②由于这种做法对这些主管机关大有好处,四家行局也可从这条途径获得大量资金,因而互相勾结、上下其手的情况愈演愈烈。大量库款就这样源源

---

① 《中央银行第五次业务会报记录(1945年12月12日)》,上海市档案馆藏,档案号:Q53-2-1。
② 卜明主编:《中国银行行史(1912—1949)》,第636页。

不断地流到四家行局,甚至又再流向其他商业银行、钱庄,任凭自由使用,冲击市场,进行投机倒把。①

库款外流的情况,在抗战胜利后更为加剧。"其时军政机关之公款,受《公库法》控制者,不过十分之四,其余十分之六类皆提存国家银行或省地方银行之营业部分,甚至商业银行者,支出转拨,固无限制,尤无稽考,实为增加社会游资一大源泉。"②军政机关公款未能严格按照政府法令存储中央银行,陆续支用,而是存储他行,挪作他用,加速了通货的流通速度,大量游资兴风作浪,成为加剧物价上涨的重要因素。

有鉴于此,国库局拟定了《军政机关公款存汇办法》,规定财政部签发军政机关经临事业等费,除因特殊情形,必须开填直字支付书者外,应尽量开填拨字支付书,拨发存库,立户依法支用,各领款机关不得提出转存公库以外银行或其他金融机关;各军政机关现存非公库之银行或代库行局营业部分之公款,应一律移存公库,立户依法支用;四行两局及省市地方银行、商业银行,绝对不得接受任何军政机关存款;各军政机关公款之转移汇发,凡汇出地与汇达地之公库,系属同一系统行局代理者,应一律交由该代库之行局,按照转移库款方式处理,其不属同一行系统的,可适用普通银行汇款办法,但汇达地之代库行局如在汇出地有分支行处时,托汇机关应交各该行处承汇,其在汇出地无分支行处者,可委托其他行局承汇,仍应负责解存当地公库。③该办法于1946年7月2日公布,定于11月1日正式实行。

《军政机关公款存汇办法》的实施,被中央银行视为"国库事务上之新纪元"④。该办法的主要目的是加强对军政机关公款的控制,以使国库支付款项在付与政府债权人之前不致流入市场增加游资。央行为加强办理该项存汇业务

---

① 寿充一、寿乐英编:《中央银行史话》,第79页。
② 夏晋熊:《二十年来中央银行经理国库业务》,《中央银行月报》新3卷第10期,1948年10月。
③ 中国第二历史档案馆、中国人民银行江苏省分行、江苏省金融志编委会合编:《中华民国金融法规选编》下册,第1308页。
④ 洪葭管主编:《中央银行史料》下卷,第946页。

第五章　战后国民政府中央银行的职能强化与没落消亡

起见,特于9月16日在国库局增设存汇科,以责专成。鉴于南京是国民政府中央各院部集中的首都,也是库款支出的总枢纽,财政部和央行会商决定,由国库局在南京悬挂"国库总库"的招牌,于11月1日开始对外营业,办理拨款及存汇业务,以便加强对国库支出款项的控制。同时,在上海除继续办理机关存款业务外,也开始办理公款转移转汇业务。为便于各军政机关委托公库转移公款,中央银行还颁布了《公库存款转移转汇处理手续及暂行记账办法》。[1]

当时国民政府以为各省省会及重要都市都设有央行分行,只要国库局和各分行所代理的国库总分支库之间能办汇款,便可以控制应汇款项的绝大部分,其余留给中国、交通、农民、邮汇四行局代汇的数额必然很少,似乎可以有效地堵住漏洞,可是事实却不是这样。各机关和代库行局阳奉阴违,根本没有一个单位自动将原存三行一局的款项移存央行国库,而且三行一局与一些军政机关继续勾结,利用转汇库款的机会,向央行国库局套取国库存款。此后,虽曾由财政部会同央行派员在这四家行局的南京分行分局及其附属机构详细调查过一次账目,发现仍有不少军政机关在这四家行局存款,但由于这四家行局各有四大家族做后台,当查账报告送到财政部长俞鸿钧面前时,他也无可奈何,不敢得罪人,只好将报告束之高阁。[2]

直至1948年,原存非代库行局之军政机关存款一直未能结清。由于"物价不断腾踊,此项存款为数极巨,不能长久放任不加控制,影响金融物价,同时为健全财政制度,尊重国家法令,库款必须加强控制",四联总处遂决定"强迫移存中央银行,以杜流弊"。中央银行国库局为配合此项法令,先后在京、沪两地召集各行局库商讨转移接收办法,议定分区分期实行,限于4月底以前完成。由于京、沪两地机关林立,区域辽阔,原分存各行局之分支机构的机关存款一旦集中,各机关散布全市,会带来诸多不便,国库局决定增设收支处,专办库款收支

---

[1] 中国第二历史档案馆、中国人民银行江苏省分行、江苏省金融志编委会合编:《中华民国金融法规选编》下册,第1309页。

[2] 寿充一、寿乐英编:《中央银行史话》,第80页。

存汇业务,并在南京、上海两地先行成立上海虹口收支处及南京城南、城北两收支处,于1948年四五月间开业,所有各地移存工作,均于规定期内办竣,移存数字颇巨,尤以南京一地成绩较佳。①此后,军政机关存款基本上由中央银行存储,其他行局不再收存。

此外,1948年11月,国民党政府还颁布了专门的《国库法》,《公库法》中关于国库的条文停止适用。《国库法》再次重申以中央银行为国库代理机关,银行代理国库所收纳之现金及到期票据、证券,均用存款方式处理。此外,还对国库存款之种类、经费划拨、款项透支等事项做了规定。②1949年1月,行政院又通过了《国库法实施细则》,虽然条文更为严密,规定更为详细,但此时的国民党政府已是摇摇欲坠,国库也已名存实亡,任何规章制度已经毫无意义。

由上可见,战后中央银行对于国库业务仍在尽力推行并完善代库制度,一方面努力控制库款,以期减少通货流通,减少游资作祟;另一方面建立分区转账制度,以期提高库政效率。通过制定一些规章制度,使得公库制度趋于完备,国库制度达到了一个更高的水平。但因国民党政府的政治混乱和经济崩溃,导致国库制度未能充分发挥其积极功能。

(二)战后中央银行的财政垫款

抗战胜利后,国民政府的财政收支并未有所好转,国库仍是入不敷出。而且,随着国共内战的爆发,军费开支再次迅速攀升,财政收支急剧恶化。据杨荫溥估计,这一时期国民党政府的财政赤字高达80%以上,军事开支也在岁出的80%以上。③国民党政府不得不继续依赖中央银行的垫借款以维持财政。截至1946年12月底,中央银行对财政部实际垫借累欠数为66,769.7亿元,至1947年6月底,累欠达126,565.22亿元。每月垫拨额度突飞猛进,如1948年1月垫

---

① 夏晋熊:《二十年来中央银行经理国库业务》,《中央银行月报》新3卷第10期,1948年10月。
② 《国库法》,《银行周报》第32卷第50期,1948年12月13日。
③ 杨荫溥:《民国财政史》,第172、175页。

拨额度为5万亿元,8月已增至150万亿,增加了30倍。①中央银行的财政垫款,成为维系国民党政府财政的救命稻草。如下表所示,中央银行垫借款占财政收入的比例,1945年为45.1%,1947年已增至66.2%。

表5-6　1945—1947年国库收入与银行垫借款统计表

单位:千元

时　间	国库总收入	银行垫借款	垫借款占总收入(%)
1945年	2,348,084,591	1,058,641,023	45.1
1946年	9,439,864,892	5,513,669,879	58.4
1947年	40,910,279,069	27,075,033,189	66.2

资料来源:中国人民银行总行参事室编:《中华民国货币史资料》第二辑,第867—868页。

1948年1至6月,中央银行经收国库款共计872,668亿余元,经付国库款共计2,391,628亿余元,其中以国防部主管支出最多,计1,405,805亿余元,占支出总额59%。而1至6月中央银行垫款数字达1,518,959亿余元。②可以说,正是中央银行的垫款支撑着国民党政府进行内战。如果说抗战时期中央银行的财政垫款具有支持抗战取得胜利的积极意义,那么,国共内战时期中央银行的财政垫款则毫无积极意义可言,它带来的只是恶性通货膨胀、财政经济灾难,以及国库破产。

(三)国库破产和国库制度的覆灭

国民党统治末期,随着政治、军事的失败,国库也陷入破产境地。如曾任国库局正、副局长的夏晋熊和余壮东所言:在国民党政府统治时期,特别是后期,法币大量发行,通货恶性膨胀,市场物价飞速上涨,黄金、美钞投机猖獗。许多军政机关千方百计逃避国库制度的管理,而中国、交通、农民、邮汇等行局也乘机大挖国库的墙角,加以国库制度本身存在不少漏洞,国库局又执行不力,以致

---

① 中国人民银行总行参事室编:《中华民国货币史资料》第二辑,第869—872页。
② 中国第二历史档案馆编:《中华民国史档案资料汇编》第五辑第三编"财政经济(二)",第663页。

库款源源外流,成为冲击市场的一股巨大游资。抗战胜利后,在南京、上海,这种库款外流冲击市场的现象日趋严重。到了金圆券发行前后,国民党政府的整个财政、金融已处于山穷水尽的地步,这时国库制度更是紊乱不堪,千疮百孔,对国民党政府在经济上的崩溃和政治上的垮台起了推波助澜的作用。①导致国民党政府国库破产、国库制度崩溃的原因很多,其中主要有以下几点:

第一,难以控制的军费开支,是导致国库破产的直接原因。如前所述,国民党政府统治时期,财政一直处于入不敷出状态,尤其是抗战和战后时期,财政赤字居高不下,中央银行的垫借款成为国库收入的主要来源。庞大的财政开支,尤其是难以控制的军费开支,像无底洞一样吞噬着整个国家财政。代理国库的中央银行,仅军费一项就穷于应付,特别是金圆券贬值之后,由南京国库汇往各地的军费款额越来越多,央行业务局必须随时将大量金圆券用飞机赶运到各补给区财务收支处所在地的分行,以备各军事机关、部队领取现钞。国库局应付军费领现的局面格外紧张,经常是每天营业一开始,柜台外面就排满了领款的军官。不少军事机关、部队明目张胆地带着某些商业银行、钱庄的出纳员甚至担任襄理的人员,直接到国库局柜台上领取现钞。②

中央银行作为政府的银行,享有经理国库特权,向政府提供财政支持本是无可厚非的,但必须要对政府借款的数额、期限进行严格限制。因为中央银行向财政融资,不论采取何种方式,必会引起货币供应量的增加,若不加限制,最后必酿成通货膨胀、物价飞涨、国民经济破产之惨剧。尤其是直接通过中央银行发行纸币筹集战争费用的做法,一般来说"非至迫不得已,不应轻于采用。盖因此种手段可以紊乱金融基础,动摇经济秩序,决非中央银行健全之措施也"③。对国库漫无限制地垫借款,不仅未能挽救国库破产的命运,而且拖累了中央银行。

---

① 寿充一、寿乐英编:《中央银行史话》,第78页。
② 同上书,第82页。
③ 杨蔚、韩天勇:《专业化后之中央银行》,《金融知识》第2卷第1期,1943年1月。

第二,财政制度的不健全,是国库制度崩溃的重要原因。经过20多年的努力,国民党政府虽然建立了貌似健全的现代财政管理制度,但是在国民党一党专政的政治体制下,四权分立、互相监督的联综制度往往被凌驾其上的政治权力所破坏,监督和制衡功能无法发挥。联综组织的效能难以发挥,代理国库的中央银行只能沦为政府的财政工具,任由财政部门予取予求,而没有监督或抵制的任何可能。

第三,变通办法破坏了国库制度的完整性。国民党统治时期,国库制度出现了一系列的变通办法,如党费、军费等以机密性质、军事需要等为由,未能依照《公库法》办理,给国库制度造成很多漏洞,使国库效能大打折扣。

紧急命令支付可谓是国库制度的最大漏洞。抗战时期,因需款孔亟,有些支出款项来不及等待完成正常的预算程序,因此《公库法》中设计了变通办法,规定一切经费可以紧急命令支付。紧急命令拨付书事前不受预算程序的限制,是一种财政上的超常现象。为配合这一规定,国民政府还于1939年制定了《紧急命令拨款办法》,其中规定,各级政府在预算以外,可以紧急命令饬库支拨之款,以下列两种为限:(1)国防紧急之设施,经军事委员会委员长核定者。(2)外交金融救济,以及其他关系国家大政之行政上紧急措施,须由国防最高委员会核准者。在中央属于第一种之用费,由军事委员会委员长以命令支拨;第二种之用费,由国防最高委员会委员长授权行政院长以命令支拨。①

抗战期间,行政院长一职长期由蒋介石兼任,所以也就是凭蒋介石的"手谕"或批示,由行政院用紧急支付命令通知财政部拨款,再由财政部国库署照开"紧急命令拨付款"的支付书,送交央行国库局照付。随着财政赤字的不断扩大,根据紧急命令拨付的款项日益增加。权宜之计变成了一种常态。到1945年,紧急命令拨付款的比例已占当年财政总支出的38%,其中又以军事费用为最多。央行接到此种紧急命令后,一面立即在国库账上登记,一面则请业务局

---

① 重庆市档案馆编:《抗日战争时期国民政府经济法规》上册,第352页。

作为"银行垫借款"照付。所谓银行垫借款,实际上就是照数发行钞票。从抗战胜利前后直至1949年10月,宋子文、张群、翁文灏、孙科、何应钦等人都曾先后担任过行政院长。这一时期,由于通货恶性膨胀愈演愈烈,行政院所发出的紧急支付命令,比抗战时期更多。除了蒋介石"手谕"拨发外,其余的紧急命令就是由这些人批发的。①

1946年3月6日,财政部曾呈文行政院指出:《紧急命令拨款办法》"原为战时应付非常之一种权宜措施",然而"各机关往往以经费不敷及追加手续之繁费,任意申请,遂使国库支出事前无法核计,预算也难控制"。财政部提请行政院废止《紧急命令拨款办法》,如暂时仍有施行必要,亦应加以限制。但行政院认为"在复员未完成以前,凡紧急措施,如待法案成立,领款支用,实属缓不济急,《紧急命令拨款办法》应仍继续施行"。②1946年,国库收入总存款总支出中,以紧急命令拨付款为最多,约占岁出总额的52%。③

金圆券发行失控后,再也无法按照规定的预算程序办事。所有需要增拨的军政费用,几乎一律都是凭行政院紧急支付命令拨付。特别是国民党政府逃迁广州,央行在南京的国库总库门市业务结束之后,财政部国库署从广州开出的紧急命令支付书,似雪片一样通过航空邮寄到上海央行国库局。其中如空军及交通部单位,甚至在广州向财政部国库署坐索到紧急命令支付书,自行乘飞机来上海向国库局领款。在上海解放前的两三个月中,央行发行局由于钞票赶印不及,只好先顾上海,调运到外地分行的钞票为数很少,以致不仅在上海的单位向国库局领现,外地的单位如浙江一带的军事机关、部队以及浙赣铁路局等,也都直接派人来上海坐索现钞。经常是开门营业后,不但国库局柜台上挤满了各军政机关派来领取现钞的人员,而且在国库局的局长室内,也坐满了凭紧急命

---

① 寿充一、寿乐英编:《中央银行史话》,第83页。
② 中国第二历史档案馆编:《中华民国史档案资料汇编》第五辑第三编"财政经济(一)",第323—324页。
③ 中国第二历史档案馆编:《中华民国史档案资料汇编》第五辑第三编"财政经济(二)",第574页。

令领现的军政机关高级官员。国库局无法应付，便陪同这些高级官员去找发行局长。发行局库存钞票不足，也只得把一张紧急命令支付书分为几次拨发，约期付现。往往中央印制厂所印出来的金圆券，包扎的封签糨糊未干，只要一送到发行局的库房，就被各领款单位争领一空。这些钞票又有一部分流向上海市场，从事投机买卖。①可见，《紧急命令拨款办法》将国库制度的规定破坏殆尽。

二、中央银行与战后外汇管理

从1945年8月抗战胜利，到1946年3月，由于中外贸易尚未恢复正常，外汇需求不多，因此这"八个月中，没有外汇问题可言"②。外汇管理仍沿用中央银行外汇审核委员会规定的各种办法实行严格管制，中央银行的外汇业务也较为简单。这一时期中央银行挂牌的外汇汇率，继续维持1942年7月改定的官价，这一名义上的官价汇率已严重脱离市场实际。抗战后期因海口封锁，外汇业务较少，此项汇率虽嫌过高，但尚无太大关系。抗战胜利后，随着国际、国内环境的变化，中外交通将逐渐恢复，国际贸易也将重新开始，这就需要使法币的对外价值与对内价值获得平衡。因此，外汇政策也必须改弦更张，做出新的调整。

战后国民政府外汇政策可分为两大阶段，一是钉住政策阶段，二是机动政策阶段。钉住政策阶段，从1946年2月至1947年8月，这一阶段又可分为放任与紧缩两个时期，放任时期从1946年2至8月，紧缩时期从1946年8月至1947年8月。1947年8月之后为机动政策阶段，其间又先后经历了外汇基准价、结汇证明书、外汇移转证等不同办法时期。

（一）钉住政策阶段的外汇管理

1. 中央银行与外汇市场的开放

1946年初，以行政院长宋子文为首的财经当局决定放开外汇，重建上海外汇市场。宋子文还把经营外汇业务颇有经验的贝祖诒任命为中央银行总裁，希

---

① 寿充一、寿乐英编：《中央银行史话》，第84页。
② 祝百英：《民元来我国之外汇问题》，朱斯煌主编：《民国经济史》，第219页。

望利用贝祖诒经营外汇的才能,主持中央银行的外汇开放。

1946年2月25日,宋子文向国防最高委员会提出开放外汇市场案。国防最高委员会通过了该提案,以及《中央银行管理外汇暂行办法》和《进出口贸易暂行办法》。《中央银行管理外汇暂行办法》主要内容包括:(1)国民政府为达到稳定货币,促进经济复员,并为准备实施国际货币基金协定起见,特授权中央银行管理外汇。(2)中央银行指定若干银行为经营外汇业务的"指定银行",并另核定银行、银号、钱庄为"甲种准许经营行号",旅行社为"乙种准许经营行号",核定"外汇经纪人",共同办理外汇业务。(3)废止现行官价外汇汇率,由中央银行察酌市面情形和供求状况,随时供给或收买外汇。该办法规定自3月4日开始施行。《进出口贸易暂行办法》主要内容包括:(1)进口物品划分为自由进口、许可进口和禁止进口三类。(2)出口外汇须结售于指定银行。(3)最高经济委员会下设输入设计临时委员会。该办法自3月1日起实施。①

1946年3月2、20日,中央银行先后公布了29家中外金融机构为经营外汇业务的"指定银行"。②经营外汇业务的指定银行随时接受中央银行查核。另外,经中央银行核准的经营外汇经纪人有16家。③3月3日,中央银行成立外汇审核处。外汇市场开放后,所有各政府机关请购外汇,除仍由行政院核准或由财政部通知中央银行予以结购外,工商业及个人需要外汇,由中央银行外汇审核处专理其事。此外,又在广州、天津等地分行设立汇兑课,处理当地外汇业务,秉承业务局指示办理。④

1946年3月4日上午,外汇市场在上海正式开放,中央银行通知指定银行与外汇经纪人的美元电汇卖价为2,020元。至于指定银行与顾客做外汇交易时的实际汇率,常随市况转移,并非固定不变。如市场需要外汇过多,各行收入

---

① 《中央银行管理外汇暂行办法》,《金融周报》第14卷第10、11期,1946年3月13日。
② 寿进文:《国内经济动态》,《中央银行月报》新1卷第4期,1946年4月。
③ 《核准外汇经纪人十六家》,《银行周报》第30卷第11—14期,1946年4月1日。
④ 洪葭管主编:《中央银行史料》下卷,第952页。

外汇及本身外汇头寸不足供应时,则由中央银行尽量供给。①

外汇开放之初,中央银行出售外汇数量不多,市面反应尚好。财政部长俞鸿钧认为开放外汇市场的"效果甚大",可以安定国内金融,恢复国际贸易,加速经济复员,可以实现国际收支平衡,"数年以来,最感棘手之外汇汇率问题,暂时可告解决"②。贝祖诒认为,国内经济面临的各种问题"可于开放外汇市场后获得解决"。但贝祖诒的乐观预期也是有前提条件的,首要条件就是"政治须上轨道,如恢复铁路交通,政协及三人委员会均有决议,在二三个月以内当有一条铁路干线可资畅通,对发展贸易关系甚大。他如河运、江运、海运之畅通,亦关重要。所谓货畅其流,不独国际间需要如此,即国内亦复如是"。③

外汇市场开放后,外汇和贸易均发生重大变化。开放外汇对于鼓励国内所需物资之进口颇收效果。但宋子文内阁这一时期实行的贸易政策,实际上等于完全放开的自由贸易,造成无计划的大量进口。《进出口贸易暂行办法》对于进口限制过宽,"禁止进口的品类甚少,而自由进口的甚多,所以此期的贸易政策,可以说是一种便利进口、阻碍出口的政策"④。这一政策造成外货大量涌入、外汇巨额消耗的严重后果。进口货中,生产工具与原料不多,日常用品占大部分,国内工业因而受到严重打击。另外,国内经济不安与通货膨胀导致币值继续低落等因素,均足以使黑市存在,而且与官价相去日远。而黑市的存在则使侨汇走漏,出口萎缩。外汇支出数额巨大,而外汇收入却不多,国际收支严重失衡。

2. 中央银行挂牌汇率的提高

1946年的最初三四个月里,外汇市场比较稳定。到7月,市场情况逐步恶化。为解救工商业困难,维持生产,鼓励出口,限制进口,行政院决定从8月17日取消出口税,并由中央银行自8月19日起将美汇汇率调整为3,350元,以便

---

① 寿进文:《国内经济动态》,《中央银行月报》新1卷第4期,1946年4月。
② 中国第二历史档案馆编:《中华民国史档案资料汇编》第五辑第三编"财政经济(一)",第165页。
③ 《总裁召集各局处主管谈话会记录(1946年3月18日)》,上海市档案馆藏,档案号:Q53-2-1。
④ 杨尔瑾:《二年来贸易及贸易政策之检讨》,《中央银行月报》新3卷第6期,1948年6月。

汇率进一步接近自然水准。此后,外汇政策改变了此前的放任自由而进入紧缩时期。

国民政府希望通过改订汇率,达到鼓励输出、减少输入、激励侨民汇款回国,以及扶助国内生产事业等目的。但是,"由于外汇政策并未健全,结果其所希望者,全未达到"。第一,汇率由2,020元提升到3,350元,市场发生强烈反应,物价呈跳跃式上升,很快币值贬低25％左右。第二,出口贸易因降低汇价所受之刺激,已因物价上涨而冲销。第三,严格限制入口,造成入口走私及外汇黑市。第四,黑市的猖獗,使侨汇大量走漏。第五,物价飞涨,原料缺乏,国内工业仅靠政府低息贷款维持。[1]而且,8月之后汇率始终未变,一般物价却已上涨了好几倍。受此影响,除政府自己经营出口的生丝、桐油、矿产品等,和少数几种不居重要地位的出口货外,输出贸易可以说已陷入停滞状态。[2]

3. 输入许可制度的实行

为刺激出口,争取外汇,1946年11月17日,行政院又将3月间公布的《进出口贸易暂行办法》进行了修正,对于出口贸易大致仍沿用旧办法的各项规定,除禁止出口物品外,所有输出物品必须结汇后才能报关出口。对于进口贸易,新办法规定,一切货品输入,除禁止进口的货物外,均应领取输入许可证后始准输入;为实施输入许可制度及联系有关机构的工作起见,在最高经济委员会下设输入临时管理委员会。[3]新办法试图通过对进口贸易加强管制,以进口许可制度和强化管理机构为手段,达到减少进口、节省外汇的目的。输入临时管理委员会办公处设立于上海中央银行内,贝祖诒担任该会执行委员会主任委员。[4]输入临时管理委员会成立后,外汇申请由事后审核改为事前申请。出口物品免征出口税,进口则采取输入限额制,贸易政策的性质已由便利进口改为限制进口,

---

[1] 中国第二历史档案馆编:《中华民国史档案资料汇编》第五辑第三编"财政经济(二)",第229—230页。

[2] 寿进文:《国内经济动态》,《中央银行月报》新2卷第3期,1947年3月。

[3] 《进出口贸易暂行办法》,《金融周报》第15卷第22期,1946年11月27日。

[4] 洪葭管主编:《中央银行史料》下卷,第986页。

第五章 战后国民政府中央银行的职能强化与没落消亡

由阻碍出口改为促进出口。该会并授权中央银行外汇审核处,办理修正贸易办法附表三中进口物品的审核事宜。最高经济委员会还设立了输出推广委员会,作为督导并协助发展对外贸易的机构。1947年2月7日,输出推广委员会在中央银行成立,贝祖诒被委派为执委会主任委员。①

在开放外汇市场的同时,国民政府还开放了与外汇关系极为密切的黄金市场,由财政部授权中央银行自1946年3月8日起在上海抛售黄金,试图借此回笼法币,稳定汇市。②然而,由于通货膨胀及投机影响,黄金价格一路上涨,到1946年底和1947年初,中央银行大量抛售黄金,但黄金价格激涨不已,并带动物价上涨。1947年2月8日,根据宋子文的命令,中央银行停止暗售黄金,2月15日正式公告停止出售黄金。中央银行突然停止出售黄金,引起了灾难性的后果:由于一下子失去了官价出售黄金的平抑机制,黄金、美钞黑市价格失控狂涨,法币猛跌,其他物价飞跃上升。2月10、11日,物价平均上涨80%,有些物品甚至上涨200%。③国民党统治区爆发了严重的黄金风潮,物价狂涨,法币猛跌。如时人所言:"中央银行在宋子文予取予求的财政政策下,早已变成行政院财政的外府,换句话说成为一个支付机关。虽然想用黄金政策来收缩通货,可是黄金的抛售敌不过通货发行的数量和速度,终于失败了。"④

鉴于经济、金融形势的危急,1947年2月16日,蒋介石亲自主持国防最高委员会临时会议通过了《经济紧急措施方案》,以及《取缔黄金投机买卖办法》《禁止外币流通办法》等。方案规定,对黄金、外汇实施严格管制,禁止买卖流通。同时,为恢复国际收支平衡及挽救国内工商业衰落起见,改订外汇汇率,中央银行外汇牌价自即日起以法币12,000元合美金1元。⑤2月17日,行政院公布了《修正中央银行管理外汇暂行办法》,将原办法中关于黄金、外汇自由买卖

---

① 《输出推广委员会昨正式宣告成立》,《征信所报》第277期,1947年2月8日。
② 《中央银行发售黄金》,《申报》1946年3月9日,第4版。
③ 吴景平:《宋子文评传》,第497页。
④ 玉草:《贴放委员会主席秦润卿出任经过》,《快活林》第57期,1947年4月12日。
⑤ 王雷鸣:《稳定经济之紧急措施》,《金融周报》第16卷第8期,1947年2月19日。

/349/

的条文删除。同日,中央银行奉命将对美元汇率调整为电汇卖价美金1元合国币12,000元,买价为11,190元。这是战后中央银行第三次调整外汇汇率。《经济紧急措施方案》的颁布,标志着国民政府战后外汇政策发生了根本性变化,由此前的自由放任改为严格管制。

这次开放外汇市场,带来的最严重的后果就是大量外汇流失。从1946年3月4日,至1947年2月16日,外汇市场开放不到一年时间,国民政府通过中央银行抛售了大量外汇,外汇储备严重缩水。关于中央银行抛售的外汇数量,据《中央银行外汇概况说明》记载,从1946年3月4日到1947年1月27日止,中央银行通过外汇市场买卖,卖出外汇合计美金30,070余万元,均系卖给指定银行,转售进口商,以棉花、化学原料、液体燃料、纸张、烟草、粮食为大宗。买入外汇合计美金5,940余万元,大都是指定银行缴售之出口商结汇,以及进口商因取消开出之信用书而退回之外汇。总计买卖两抵,净卖出美金24,130万余元。除了市场买卖,还有政府机关结汇支出及央行印钞等费用支出,共折合美金7,130余万元,外汇支出共计美金31,260余万元。①另据1947年2月28日蒋介石在与张嘉璈的会谈中曾说:贝祖诒接任中央银行总裁时,有黄金560万两,连同其他外汇,总值美金8亿元。现在只剩黄金260万两,连同其他外汇,共值美金4亿元,减少了一半。②

宋子文、贝祖诒任职仅一年时间,就消耗掉了巨额的外汇和黄金,而经济却并未有所好转,物价继续上涨,金融市场动荡仍然非常严重。大量外汇、黄金的损失,使得蒋介石非常恼火,这也成为宋、贝二人下台的主要原因。

(二) 机动政策阶段的外汇管理

有鉴于此,张嘉璈任总裁后,决定对外汇及输出入管理办法进行修正,在国内物价不能稳定以前放弃外汇钉住政策,改为采取机动性汇价,以求法币对外

---

① 洪葭管主编:《中央银行史料》下卷,第990—991页。
② 姚崧龄编著:《张公权先生年谱初稿》下册,第789页。

第五章　战后国民政府中央银行的职能强化与没落消亡

价值的合理化。

1. 外汇平衡基金委员会的设立与基准汇价制度的实行

1947年8月15日,国民政府委员会第九次国务会议通过了中央银行拟订的改订管理外汇及进出口贸易办法。中央银行在建议案中提出:"为奖励出口,吸收侨汇,为争取海外市场起见,惟有采取进出口外汇间接连锁的原则,参与平衡基金的运用,使市场外汇供求适应,国际收支渐达平衡。"①8月17日,行政院颁布《修正中央银行管理外汇办法》及《进出口贸易办法》,主要内容为:(1)输入临时管理委员会及输出推广委员会合并为输出入管理委员会(以下简称输管会),负责进出口贸易审核;所有进口货物必须经该会核准,发给输入许可证,方可向指定银行结汇;如系出口货物,则须将售价外汇结售指定银行,签予出口结汇证明书,并经输管会查核签证后方可输出。(2)行政院核定棉花、米麦、面粉、煤、焦煤5种民生日用必需品,可按中央银行挂牌官价汇率12,000元提供外汇;(3)其他进口物品所需外汇及各项正当外汇需要,由中央银行及其指定银行运用出口外汇及华侨汇款等支付,均按市价计算;另设可以随时变更的外汇基准率,由中央银行设置外汇平衡基金委员会调节外汇供需。②这一办法的主要目的,是使外汇牌价与市场价格相接近,以便利出口与吸收侨汇。

8月18日,外汇平衡基金委员会(以下简称平衡会)在中央银行成立。当天还举行了指定银行负责人会议,由各指定银行代表商议8月18日外汇市价之价格后,由平衡会审核,并正式公布基准价格为39,000元,指定银行售出39,500元,收进38,500元,英镑、美钞比例为1∶3.2。此后平衡会将随时举行会议,随时由指定银行根据市价涨跌商定议价,送呈平衡会随时决定公布。③8月19日,输管会在中央银行正式成立,该委员会由张嘉璈任主任委员。④这样,

---

① 姚崧龄编著:《张公权先生年谱初稿》下册,第856页。
② 《修正中央银行管理外汇办法》,《金融周报》第17卷第8期,1947年8月20日。
③ 朱斯煌主编:《民国经济史》,第703页。
④ 洪葭管主编:《中央银行史料》下卷,第1023、1024页。

/ 351 /

外汇和进出口贸易都由中央银行进行管理。

平衡会的职能和任务包括两方面：一为外汇实际买卖，二为调整汇率。在外汇买卖方面，平衡会继续委托指定银行办理普通商业外汇买卖的具体实际业务，而由中央银行业务局负责总其成。至于国家机构的外汇买卖，则委托中央银行业务局直接办理。在调整汇率方面，由于外汇实际买卖业务已由银行承担，因而平衡会的基本任务遂以调整汇率为中心。而且，汇率调整妥善与否与外汇平衡政策关系极为密切。

新办法实行后，中央银行挂牌的外汇汇率就出现了官价和市价（即平衡会基准价）双重汇率。市价汇率由平衡会根据市场情况随时调整，这样汇率就成为弹性汇率。出口外汇、华侨汇款及其他汇款，概照外汇牌价，由指定银行收购。准许进口货物的外汇需要，亦由指定银行按照牌价售给。指定银行外汇头寸不足时，则由央行供应，固定的外汇法价已成为形式。

1947年8月平衡会成立前，国内物价已为战前的3万余倍，与美国物价比较，中美汇兑的购买力平价约为法币6万余元合美金1元。但当时的外汇官价仍定为12,000元，黑市美汇亦仅有43,000元。平衡会成立后，虽然知道根据物价以调整汇价为该会之目的，但因当时的官价距购买力平价过远，骤然提高必致刺激市面，且按照当时的出口情形，汇价无须过高就可推动出口，如若太高反足以过于压低出口物品在国外之价格而于我不利，故初步汇率仅定为法币39,000元合美元1元，此数约低于购买力平价40%，但与原来的官价相较，则对于出口与侨汇已极为有利，故以8月下半月与上半月相较，出口外汇之收入骤增至4.6倍，侨汇收入增至20倍。此种对外经济关系的改善一直维持到1948年1月。与平衡会成立以前之7月相较，自1947年8月至1948年1月，平均每月出口增至2.4倍，侨汇增至2.1倍。[①]

[①] 中国第二历史档案馆编：《中华民国史档案资料汇编》第五辑第三编"财政经济（二）"，第293—294页。

第五章 战后国民政府中央银行的职能强化与没落消亡

然而,自1948年1月以后,由于法币贬值,物价与黑市汇率暴涨。平衡会为维持出口贸易和吸收侨汇,不得不将汇价节节提高,以与黑市接近。平衡会美汇售价从8月19日的39,000元,持续上涨到12月30日的89,000元,增幅达128.2%。1948年1至3月,平衡会外汇牌价调整已达8次之多。由于黑市汇价上涨迅速,平衡会若不频频调整,牌价势必与黑市汇价相距甚远,出口与侨汇愈来愈少。然因调整频繁,且调整幅度愈来愈大,又会影响人心、刺激物价,各界批评剧烈,主持平衡会者处于进退两难之境。①一方面物价和外汇黑市日趋上涨,另一方面平衡会对于调整汇价不无顾虑,深恐提高汇价会刺激市场,影响物价,遂致平衡会之市价与黑市汇价相距日远,出口贸易因此受到严重影响,大部分侨汇流入黑市;而进口商所需外汇,仍依照平衡会市价结购,不啻享受特殊待遇,严重不公。

平衡会自成立至1948年5月改组,9个月中先后调整汇率共21次。最初尚有一两次将汇率降低,其后就无一次不上升,到1948年5月17日美汇已增至47,400元。②外汇汇价问题,根本上是一个通货贬值问题,是一个国内财政和国际收支问题。财政收支和国际收支不能平衡,通货无限制膨胀,平衡会自身并无大量外汇头寸可以供应,其结果必然是外汇市场出现官价、平衡会市价和黑市汇价3种价格。黑市依然猖獗,走私无法禁止。出口和侨汇收不到预期效果,问题还是依旧存在,平衡会已经失去了机动调整的意义和当初设立的目的。正如有学者所言,平衡会的基准价制度的实施,实际上为汇率贬值打开了方便之门,自此基准价与黑市公开竞跑。在恶性通货膨胀的情况下,企图通过基准价制度挽救外汇枯竭无异于天方夜谭。③平衡会调节汇价,促进出口的作用已无法发挥,"社会人士及出口商人均感焦虑,纷纷呼吁改变办法"④,中央银行不得

---

① 姚崧龄编著:《张公权先生年谱初稿》下册,第972页。
② 姚崧龄:《陈光甫的一生》,第119页。
③ 宋佩玉:《近代上海外汇市场研究(1843—1949)》,第272页。
④ 《中央银行改善结汇办法》,《金融周报》第18卷第23期,1948年6月2日。

不对外汇制度再次进行调整。

2. 结汇证明书制度的施行

1948年2月以后,中央银行认识到机动调整汇率为当前合理有效的办法,并开始研究改善外汇办法的新方案。1948年5月30日,新任总裁俞鸿钧宣布,从5月31日起开始采用结汇证明书办法。该办法的要点包括:(1)一切因输出货物而获得的外汇,仍须由出口商依照平衡会汇率结售于指定银行,唯另由指定银行发给结汇证明书,出口商可将其证明书卖给领有输入许可证的进口商,或其他准向指定银行购买外汇的客户,证明书的有效时间,自发行之日起以7天(后改为30天)为限。(2)进口商于领到输管会所发给的输入许可证,向指定银行请求购买外汇之时,除按平衡会汇率结汇外,还须缴纳同值的结汇证明书;但米、麦、面粉、肥料、棉花的进口,以及其他经政府核准的用途,可不缴纳结汇证明书。(3)指定银行以汇入汇款、银行汇票或外币缴付中央银行时,中央银行应签发特种结汇证明书,由指定银行售予进口商或客户。①此项结汇证明书价格则由市场决定,中央银行不予干涉。

结汇证明书制度实质上是通过买卖结汇证明书,在进口商和出口商之间建立一种连锁关系,既可以免除中央银行供给外汇的责任,又能将实际汇率按照市场供需,由进出口商人自由决定,使进出口商人的利益能够均衡。新办法并没有对原办法做根本的改动,不过是利用结汇证明书以补充原来办法的不足,仍以便利出口和吸收侨汇为目标。此后,平衡会牌价依然存在,但仅适用于米、麦、面粉、棉花、肥料5种商品进口。有了结汇证明书以后,平衡会的外汇牌价即使偶然落后于黑市,也不会因此阻碍出口与侨汇。而且,结汇证明书的价格由市场供需自由决定,不由平衡会挂牌,这样平衡会和中央银行也可免遭批评。俞鸿钧认为,结汇证明书办法"实为纠正当前经济病态必要之措施。盖出口货物顺利推进,生产自可加增,华侨汇款纳入正轨,外汇来源亦较充裕,对于国计

---

① 寿进文:《国内经济动态》,《中央银行月报》新3卷第6期,1948年6月。

第五章 战后国民政府中央银行的职能强化与没落消亡

民生,裨益匪细"①。

结汇证明书制度实施之初颇受好评,对于平衡外汇收支,促进出口,不无效果。结汇证明书办法施行之后一个月,中央银行买入存款外汇及侨汇各激增50%,而其他外汇收入更达3倍之多。实际汇率得以维持在购买力平价60%—90%之间,以1948年6、7两月与1947年7月相较,平均每月出口增至3倍,侨汇则增至1.3倍。②另据俞鸿钧汇报,自5月31日新办法实施后,出口结汇逐步转佳。5月全国输出额为1,855万美元,6月增至2,232万美元,7月为2,106万美元,8月又增至2,518万美元,结汇创出新纪录,确有刺激出口之效。③

可是,政府和中央银行忽视了一些基本的方面:如果政府所供给的外汇低于市场需要,市场汇率将为核准的商品进口、逃资和走私所迫而上升;结汇汇率最终将变成另一种形式的官价汇率,则官价汇率同市场汇率永远不能结合起来;这两种汇率将互相推波助澜;而这一事实转过来将促使进出口商品价格上涨并加重通货膨胀,造成外汇汇率更进一步下跌,这转而又使从海外汇款收进的法币或美元以及出口贸易更加下降。因此,结汇证明书的价格在短短两个月的时间里,由美汇1元合法币37.5万元,上升到法币785万元,上涨了20多倍。④但即便如此,也赶不上黑市汇率上涨的速度。结汇证明书汇价低于市场汇率。8月19日,结汇汇率为法币785万元兑换美金1元,但市场汇率则为1,200万元兑换美金1元,其差额为35%。⑤

由于通货膨胀严重恶化,物价剧烈上涨,生产事业受阻,国内外贸易无法正常开展,黑市汇率不断攀升,使结汇证明书制度在金圆券改革前就已经出现严重问题。如张嘉璈所言:在内战继续进行、军费支出浩繁、内地交通阻滞的环境

---

① 《中央银行改善结汇办法》,《金融周报》第18卷第23期,1948年6月2日。
② 中国第二历史档案馆编:《中华民国史档案资料汇编》第五辑第三编"财政经济(二)",第294、729页。
③ 洪葭管主编:《中央银行史料》下卷,第1032页。
④ 洪葭管、张继凤:《近代上海金融市场》,第220页。
⑤ 张公权:《中国通货膨胀史(1937—1949年)》,杨志信译,第205页。

下,"无论运用任何方法,均不能平抑物价,遏止外汇黑市。外汇黑市一日存在,即无法增加出口与侨汇收入,当然不能充分供给进口外汇。致进口商势必求之于黑市,而黑市汇率因之更高。在如此情形之下,欲求以结汇证明书制度平衡进出口外汇之供求,势所不能。而市场汇率必至愈提愈高,漫无底止"①。1948年8月19日金圆券改革开始后,平衡会宣告结束,其原有外汇挂牌市价被取消,结汇证明书制度也随之废止。

3. 国家行局外汇集中于中央银行

由于1946年大量抛售黄金外汇,使国民政府的外汇储备锐减。于是,蒋介石便想把三行两局和资源委员会的外汇集中于中央银行,"以充实他的总账房日益空瘪的钱袋"②。1947年2月26日,财政部奉蒋介石命令,致电中国、交通、农民三行和中信、邮汇两局以及资源委员会,要求自即日起将所有外汇移存中央银行。③

财政部对移存外汇的解释是:法币发行已由中央银行统一办理,金银及外汇均为发行准备金,应集中由中央银行管理。各国家行局所存外汇移存中央银行是为充裕法币准备金,巩固法币信用。④其实,这一解释是不切合实际的。1942年7月1日实施统一发行时,中国、交通、农民三行的发行准备金已移交中央银行接收,中央银行单独发行法币之后,发行准备金理应由央行自行解决,而不应该强令三行两局移存外汇来解决。这一移存外汇的做法,是强制搜刮三行两局外汇的具体表现。因此受到三行两局的抵制,请求免于移存。⑤

财政部根据各行局反映的意见,并考虑到中央银行在国外并无分行,中央银行在国外的款项仍须存放于国外之其他银行,因此提出一个折中办法,即三行两局外汇仍先移存中央银行,再由中央银行斟酌情形量为转存各该行海外行

---

① 姚崧龄编著:《张公权先生年谱初稿》下册,第983页。
② 卜明主编:《中国银行行史(1912—1949)》,第684页。
③ 中国人民银行总行参事室编:《中华民国货币史资料》第二辑,第786页。
④ 中国银行总行、中国第二历史档案馆合编:《中国银行行史资料汇编》上编一,第403页。
⑤ 卜明主编:《中国银行行史(1912—1949)》,第684—685页。

处,这一办法既不违背外汇集中的命令,又能兼顾各行局实际运用的便利。4月22日,财政部的建议得到了蒋介石的批准。随即,中央银行召集三行两局负责人开会商定处理原则五项:(1)三行两局先将美金、英金、港币三种外汇资金一律移存中央银行,其他各种外汇数额有限,为节省手续暂缓移存。(2)中央银行将上项外汇资金分别原币,分存纽约、伦敦、中国香港等地中国、交通、农民三行。(3)在上列各地三行,分别开立各行局外汇资金透支户,其透支款项以不超过各行局移存中央银行各该项原币总数的70%为限。(4)在上列透支额度内,各行局为适应业务需要,可依照规定各自运用。(5)资源委员会属于国营事业机关,按照行政院规定,其外汇收入及现存外汇应悉数售与中央银行,不得自行握存。中央银行还拟定了移存步骤两项:(1)由各行局将所有外汇资产负债相抵后净余外汇数额,全部定存中央银行。(2)再由央行将上项定存金额全部转存各该行局,以其中70%作为定期存款,30%作为活期存款。①

对于外汇移存中央银行一事,蒋介石颇为重视并催询进展情况,财政部也于1947年多次致电中央银行催办,要求三行两局尽快移存外汇。在财政部的催促下,除资源委员会所有外汇由该会陆续结售予中央银行外,三行两局英金、美金均按照上列步骤,自1947年9月26日至10月29日全部办理完毕,计由各该行局定存央行美金6,779.2万元,英金807.5万镑。②至此,中央银行至少在名义上成为国家全部外汇资金的掌管者。

4. 外汇移转证制度的运用

1948年8月金圆券改革实施后,国民党政府的外汇政策再次发生重大变化。按照《财政经济紧急处分令》及相关法令规定,禁止人民持有金银外汇,由中央银行限期收兑。金圆券改革之初实行固定汇率,中央银行于8月21日公布金圆券对外汇率为:美金1元合金圆券4元,英金1镑合金圆券12元。新办

---

① 洪葭管主编:《中央银行史料》下卷,第1056、1059页。
② 同上书,第1058页。

法实行后,以前的外汇官价、基准价、出口结汇证市价等均告废止。

当时国民党政府采取了强硬手段冻结物价,查禁外汇黑市。因此在最初的40天内,新汇率尚能稳定。而且由于新定1:4的美汇汇率接近美汇购买力平价,并较高于美钞黑市价格,因此出口贸易数额继续增加,吸收侨汇数目也颇为巨大。再加上各地普遍实施限价政策,输出货品成本较为稳定,故结汇证明书制度虽已废止,但8、9两月的贸易仍能保持出超。但从10月中旬之后,物价又开始急剧上升,抢购之风遍及各地。10月底政府被迫放弃限价政策,物价失去控制。地方政府为阻遏物资外流,实施区域禁运,出口货成本及黑市汇价也日益增高,出口商业因货源枯竭而陷入绝境。各地商会纷纷要求政府改变外汇政策,推动出口贸易,并认为此前实行的结汇证明书制度仍不失为推动出口比较有效且切实可行的办法,故请"迅予恢复原有结汇证明书制度"①。

11月8日,俞鸿钧及输管会主任霍宝树联合呈文行政院,提议恢复此前曾取得较好效果的结汇证明书办法。11月11日,国民党政府颁布《修正金圆券发行办法》和《修正人民所有金银外币处理办法》,重新准许人民持有金银外币,放宽了对外汇的控制,美钞黑市价出现,市场汇率也重新盛行起来,金圆券的固定汇率政策也就寿终正寝了。11月20日,行政院通过了《进出口贸易连锁制实施纲要》。22日,中央银行宣布自即日起实行外汇移转证制度,主要内容包括:(1)因货物输出所得之外汇,应全部经由指定银行移转与中央银行,并由指定银行发给同等价值之外汇移转证;(2)出国侨民汇回本国外汇(包括一切由国外汇入之汇款)应全部经由指定银行移交中央银行,由指定银行发给同等价值之外汇移转证,或按当日外汇移转证之市价直接结售与中央银行或其指定银行;(3)外汇移转证可向中央银行或其指定银行兑换国外电汇或信汇,以作下列用途:(甲)经输管会核发输入许可证之进口货物付款;(乙)由政府核准非进口货物之外汇需要;(4)外汇移转证可由指定银行或外汇经纪人自由买卖,移转证

---

① 洪葭管主编:《中央银行史料》下卷,第1031、1032页。

第五章　战后国民政府中央银行的职能强化与没落消亡

支付外汇之有效期限为60天；(5)到期后之移转证，必须结售给中央银行或指定银行，其结售汇率以有效期间最后一日之最低市价为标准。[①]1949年1月，国民党政府还公布了《外汇管理条例》，对中央银行外汇管理业务内容、外汇移转证及相关外汇事务做了法律规定。[②]

外汇移转证的性质与过去的结汇证明书基本相同，都是作为进出口连锁的媒介物。按照外汇移转证制度规定，对于许可输入的进口货，中央银行不再供给外汇，由进口商直接向出口商或侨汇持有人购买移转证，这样就解决了政府外汇消耗问题，节省了政府外汇。但这一制度对出口贸易并无多大裨益，因为这一时期出口困难，并非仅为外汇汇率所导致，生产、运输、国外市场等，都是制约出口贸易的重要因素。这些问题无法解决，出口贸易自然难以彻底好转。

自从实行外汇移转证后，外汇允许自由浮动，上海便形成了一个无形的外汇交易市场。它没有固定的集会场所，仅凭电话互通信息。参加者有外汇经纪人、进出口商人和其他合法需要者。移转证行市共有两类：一为侨汇行市，一为出口汇票移转证行市。侨汇行市是中央银行直接吸收外汇的行市，一日之内只有一个市价，并无涨落，每天由中央银行参酌当天移转证收盘时的行市，决定第二天的侨汇市价。出口汇票移转证行市，每天上午9时半开市，由经纪人和各指定银行视供求情形，喊价开盘，行市涨落全视供求情况而定。对移转证的需求，在中央银行核准之后就能成交，凭证结取外汇。中央银行虽不直接居间买卖，但以监督人的身份，可委托任何指定银行或经纪人买入或卖出，借以左右行市，平衡市价。在刚开始时，移转证的市价1美元为金圆券25元，一个月后就升至75元，上涨了两倍，而外汇黑市价依然跑在前面，随着移转证价格的提高，外汇黑市价亦随之提高。在头两个月，结汇金额共约2,000万美元。以后市场上对移转证的需求减少，而外逃资金增加，因此移转证市价与黑市汇率之间又

[①] 《指定银行恢复外汇交易》，《中央银行月报》新3卷第12期，1948年12月。
[②] 中国第二历史档案馆、中国人民银行江苏省分行、江苏省金融志编委会合编：《中华民国金融法规选编》下册，第1064—1067页。

出现了差距。1949年初,解放军挺进到长江附近时,上海黑市汇率步步上升,移转证的市价与市场汇率差距越来越大。到4月,移转证的官价汇率1美元可兑205,000元金圆券,而黑市汇率1美元可兑高达813,880元金圆券,官价汇率仅及黑市汇率的25.19%。①5月,外汇移转证已无人问津,销售困难。不久,随着上海的解放,移转证、连锁制也就随之宣告结束。

(三)中央银行外汇管理的成效

外汇管理在国民党统治时期的财政金融活动中,居于十分重要的地位,而中央银行则在外汇管理中发挥了重要作用,是国民政府执行外汇管理的主要工具,管理外汇也成为中央银行的一项主要业务。从1928至1949年的20余年间,中央银行外汇业务发生发展的历史,构成了这一时期外汇制度建立与发展历史的主体部分。抗战胜利后的这一时期,是中央银行管理外汇职能发挥最为充分的时期,"该行已成为管理外汇及贸易之枢纽"②。同时,这一时期也是外汇制度调整频繁,外汇市场波动剧烈的时期。外汇管理制度不断变更,外汇政策层出不穷,其目的都是为了对外汇市场加强管制,以维持汇率稳定,促进出口贸易,平衡国际收支。中央银行外汇政策频繁调整的背后,是国民党政府外汇的日益枯竭和外汇决策的紊乱失措。虽然外汇政策频繁调整,但都未能取得成功。

国民党政府的外汇资产被大量消耗于内战之中,这是导致外汇政策失败的根本原因。如1947年2月底,中央银行可用外汇及所存黄金、白银等折合美金共约33,700余万元。截至1948年5月22日止,外汇金银等折合美金共约9,600余万元,减少约美金24,100余万元。在这些外汇支出中,政府机关支用外汇共计美金19,400余万元,占到了80%多。而政府机关支用外汇中,军用器材、军用油和军事人员训练费就占到近30%。③

---

① 张公权:《中国通货膨胀史(1937—1949年)》,杨志信译,第206页。
② 《金融日报》社评《中央银行成立十九周年》,上海市档案馆藏,档案号:Q78-2-14322。
③ 洪葭管主编:《中央银行史料》下卷,第1080、1088—1089页。

第五章 战后国民政府中央银行的职能强化与没落消亡

总体而言,国民党政府时期的外汇管理,成功少而失败多。而外汇政策的失败,是内战及其引起的通货膨胀、生产萎缩、财政失衡,以及决策失误等多种因素造成的结果。失败的外汇政策又会给货币、金融、贸易、经济等产生巨大的反作用,以致外汇"成为一切其他经济因素的罪薮"[①]。执行外汇政策的中央银行,因此成为各方面谴责的对象。如 1948 年 7 月,上海市参议会第六次大会上,参议员费树声对中央银行外汇政策提出强烈批评,"中央银行近二年来对于外汇及输出入管理颇多不尽善之处,例如绝对禁止之奢侈品何以能获得外汇而充斥市场,证明书之核发传说有提前及压搁情形,主管人员之亲友有因特殊关系而取得巨额外汇者,应请监院彻查",并批评"张嘉璈及其他主管人员运用地位获取巨额外汇",要求建议监察院派员对近两年来中央银行支出外汇及输出入之核定进行彻查,以发现中央银行有无营私舞弊之行为。[②]曾参与中央银行外汇管理工作的陈光甫,在其日记中也批评说:"管理外汇,愈管而资金愈逃避,醉心管理者如徐柏园辈(中央银行副总裁),死也不明白。"[③]随着国民党政权军事、政治、经济的全面崩溃,外汇政策失去了作用,中央银行的外汇管理不可避免地以失败告终。

第四节 中央银行服务金融业职能的强化与制度失败

一、中央银行存款准备金制度的改进与失败

抗战胜利后,银钱业界对于战时制定的存款准备金制度日益不满,要求财政当局进行修改。如 1946 年 3 月,重庆市银行商业同业公会理事长吴晋航等人在给财政部长俞鸿钧的呈文中指出:存款准备金"所定比率之高,远过于当今

---

① 祝百英:《民元来我国之外汇问题》,朱斯煌主编:《民国经济史》,第 222 页。
② 《上海市参议会请监察院将中央银行近二年动用外汇及输出入管理实况彻查公布的文件》,上海市档案馆藏,档案号:Q109-1-930。
③ 上海市档案馆编:《陈光甫日记》,第 205 页。

任何一国"。而且,未将活期、定期存款进行区分,很不合理,并对缴纳存款准备金的效果提出批评:存款准备金"依现行按月调整办法,实际上绝对不能充作各行存款支付之准备。因银行于存户支款时,并不能就是项转存准备金开给支票也。如谓仅系保证性质,则应准以证券或其他可靠资产缴充。如谓缴存作用在紧缩通货,则此戋戋数字,何足以影响千百倍游资之活跃。提缴准备之结果,不过限制行庄之活动能力,并使其坐受子金之亏累而已"。①银行界对于20%的准备率最为不满,认为"在战时为期求国家胜利起见,虽感觉到这个准备率太高,也只好忍受。胜利之后,不合理的比率当然应加以改订"②。因此,战后国民政府对存款准备金制度进行了改进。

(一)《财政部管理银行办法》的颁布与存款准备金制度的改进

抗战胜利后,战时制定的《非常时期管理银行暂行办法》因环境变化而难以适用,财政部遂将该办法废止,并于1946年4月17日颁布《财政部管理银行办法》,规定银行经收普通存款,应以现款缴存准备金于中央银行或其指定代理银行,其中活期存款缴存15%—20%,定期存款缴存7%—15%。准备率由中央银行根据金融市场情形,商承财政部核定。③新规定较战时办法有了两点明显改进:(1)存款分为活存和定存两种,分别规定不同缴存比率。(2)准备金率不再固定,而是设置了最高、最低限额,并允许中央银行根据需要进行调节,具有一定伸缩性。就制度而言,这无疑是一次重要的改进。

但是,新办法公布后,各地银行界认为仍有很多不当之处,尤其是对于存款准备金率,虽然较前有所下降,但银行界普遍认为还是太高,不合中国银行业实情。如上海银行学会"深感定率太高,试以收入百元存款言,须以二十元交存中央银行作为法定准备,以五十元为流动预备金,所余能放出之数不过三十元左右,且所负利息以及营业开支,必须由此三十元存款求之。其势将不能降低放

---

① 中国第二历史档案馆编:《中华民国史档案资料汇编》第五辑第三编"财政经济(二)",第56页。
② 盛慕杰:《论存款准备率》,《经济周报》第2卷14期,1946年4月11日。
③ 中国第二历史档案馆编:《中华民国史档案资料汇编》第五辑第三编"财政经济(二)",第3页。

款利息,从而工商业成本亦难于减低",希望将活期存款准备金率减为7%—15%,定期减为5%—10%,并允许以若干成用公债或其他经核准之财产缴存。①

另据上海银行界人士估算,以1946年8月而论,存款总额为14,977,964.6万元,应缴准备金为2,978,873.2万元,占19.9%,换言之,上海市商业银行现有存款1,400余亿元中,有300亿左右冻结为准备金,何况尚有票据交换等准备金,再加上支付存款利息,商业银行在存款中可用于放款的数额不及30%。假定100亿元存款可用于放款的为30亿元,照目前利息1角5分计算,可得利息4.5亿元,根本不敷开支,如何再能抑制利息?中央银行也了解商业银行面临的困境,允许将准备金改为15%,但要求商业银行抑制利息至1角2分作为交换条件,商业银行认为此点实难办到。因为商业银行准备金并非一项,仅将应缴中央银行的存款准备金减少25%,但在所有准备金中只减少了8%,却希望商业银行抑低利息20%,因而"殊为困难"。②成都市银行界也认为,存款准备金率过高,增加了银行成本,"银行为求生存计,遂有黑帐,露天银行亦乘机而起",请求中央银行降低存款准备金。③

(二)《银行法》的颁布与存款准备金制度的调整

1946年上半年,财政部将拟订的《修正银行法草案》公布,征询各方意见。《草案》规定,银行经收普通存款,应按照活期存款的10%—20%,定期存款的7%—15%的比例,以现金向中央银行缴存准备金。准备金率由中央银行就金融市场情形,商承财政部核定。④

银行界在讨论该《草案》的过程中,对这一规定普遍表示不满。如上海金融界认为存款准备金率太高应予修正,而且按照现有的存款准备金提存办法,不能随时收回做应付提存之用,因此如果按照现有办法,此项资金呆存而不能活

---

① 寿进文:《国内经济动态》,《中央银行月报》新1卷第5期,1946年5月。
② 《商业银行表示减低利息殊为困难》,《征信所报》第214号,1946年11月16日。
③ 《蓉市商业银行拟请降低存款准备金》,《征信新闻(重庆)》第633期,1947年4月12日。
④ 《修正银行法草案》,《银行周报》第30卷第21、22期,1946年6月1日。

用,则《草案》规定的准备金率实属过高,应予酌减;如果要维持所定成数,那就应该改进现有办法,使其成为真正的存款准备金。[1]上海银行学会秘书长朱斯煌认为,问题的症结不仅是存款准备金率过高,更重要的法定准备实际上无异于固定性的保证金,而非真正流动性的营运准备。各银行向中央银行缴存准备金之后,还需要准备大量头寸以备提存,增加了银行营业困难。因此,如果法定准备的性质不加更正,则应降低准备率,并允许以公债或财产抵充部分准备金。[2]重庆金融界人士也认为《修正银行法草案》规定的存款准备金率太高,"如照此办法,设银行不做假帐,低报存款,将不能维持生存"[3]。

1947年9月正式颁布的《银行法》,将商业行庄缴存中央银行的存款准备金,改称为"存款保证准备金",规定中央主管官署对于银行应缴存的保证准备金,应在相关规定最低及最高限度内,按照当地当时金融市场情形,商同中央银行分别核定。《银行法》将银行分为不同类别,分别规定了缴存保证准备金的比率,如下表所示。《银行法》还规定,各银行存款保证准备金经中央主管官署审核,可以公债、库券或国家银行认可之公司债抵充。与《修正银行法草案》相比,《银行法》规定的存款准备金率有所降低,并可以债券等抵充,说明财政当局一定程度上接受了金融界的意见。

表 5-7 存款保证准备金缴存比率表

银行类别	存款类别	缴存比率(%)
商业银行、储蓄银行信托公司、钱庄	活期存款	10—15
	定期存款	5—10
实业银行	活期存款	8—12
	定期存款	5—8

资料来源:中国第二历史档案馆、中国人民银行江苏省分行、江苏省金融志编委会合编:《中华民国金融法规选编》上册,第747—754页。

---

[1] 《金融座谈会讨论修正银行法草案纪略》,《银行通讯》新7期,1946年6月。
[2] 朱斯煌:《关于中央银行法修正草案之意见》,《银行周报》第30卷30期,1946年8月5日。
[3] 《修正银行法草案渝金融界人士多表不满》,《经济通讯》第12期,1946年4月13日。

第五章 战后国民政府中央银行的职能强化与没落消亡

1947年12月,财政部依据《银行法》规定并参酌实际情形,规定了行庄缴存存款准备金的具体实施办法:(1)各地商业银行、储蓄银行存款保证准备金比率,暂定活期存款为15%,定期存款为10%。(2)实业银行暂照商业银行标准缴存。(3)省、县、市银行缴存比率,暂定为活期存款12%,定期存款为8%。(4)银钱行庄缴存准备金,可依照《银行法》之规定,以公债库券抵充,但此项抵充存款保证金之公债库券不得超过应缴总额50%,至债券作价,国币债券应照票面的70%计算,外币债券应照缴存或调整日公布外汇市价的50%计算。(5)保证准备金之调整每月一次。以上规定,均自1948年1月1日起实行。实施办法公布后,中央银行认为公债库券抵缴准备金的规定,恐"抵充准金之现金一旦流出,对于市场之影响必巨",转商财政部明令暂缓实施,得到财政部同意。[1]

按照这一具体办法的规定,首先,无论定存、活存,存款准备金率均执行《银行法》规定的最高限额,实际上又将存款准备金率固定化了。其次,《银行法》对于抵充准备金的债券的具体种类以及抵充比例并未做明确限定,办法则限定总额不得超过50%,而且又暂缓实行,这意味着商业行庄只能以现金缴纳存款准备金。对于这些规定,商业行庄很不满意,多次反复陈请,要求财政部降低存款准备金率,提高存款准备金利率,并准许以公债库券缴存准备金。

1. 降低存款准备金率

在银钱业界的不断呼吁下,存款准备金率逐渐有所下降。如中央银行经收上海市各行庄及信托公司存款准备金,自1946年1月开始办理,活定期存款总额按20%缴纳。自6月起,活期存款改按20%,定期存款改按15%缴纳。[2]10月,中央银行降低存款准备金率,活存减为15%,定存减为10%。[3]但上海仍适用最高额规定,上海市各商业银行多次向政府要求核减,但未获准。直到1946

---

[1] 中国第二历史档案馆、中国人民银行江苏省分行、江苏省金融志编委会合编:《中华民国金融法规选编》下册,第769—770页。
[2] 中国第二历史档案馆编:《中华民国史档案资料汇编》第五辑第三编"财政经济(二)",第587页。
[3] 郑孝齐:《存款准备金之改进意见》,《金融周刊》第7卷第46期,1946年11月15日。

年12月,中央银行稽核处"鉴于目前工商业萧条,金融事业蒙受影响,为调节计,拟将存款准备金率减低",改为活存15%,定存10%。据估计,减低存款准备金率5%,市场可多出100亿元的流动资金。①

1947年12月,全国钱商业公会联合会呈请财政部和中央银行,再次要求降低存款准备金率。②1947年之后,无论是上海商业行庄,还是全国省、市、县银行及商业行庄,存款准备金比率较1946年均有所下降。

2. 公债库券抵充存款准备金

《银行法》规定可以公债库券等抵充存款准备金,而财政部和中央银行却以通货膨胀为由予以禁止。对于财政部的这一决定,《银行周报》发表的社论批评其是以行政命令变更国家法律的"因噎废食之举"③。上海银行公会认为,"《银行法》甫经施行,遽以命令变更,殊有损《银行法》之推行"。1948年三四月间,上海银行、钱业、信托业公会联合呈文财政部,陈述理由,据理力争,请财政部收回成命,但被拒绝。④

1948年金圆券改革推行后,上海银、钱、信托三业公会代表于8月20日面谒中央银行当局,提议取消对债券抵充准备金的禁令。8月23日,上海市商会致电财政部,请求准许商业行庄存款准备金以债券抵充。商业行庄多次提请财政部收回成命,均未奉准。直到1948年12月,财政部为鼓励银行吸收存款并灵活运用起见,颁布了《行庄缴存保证准备金实施办法》,新办法规定银行、钱庄缴存保证准备金,可以公债库券抵缴,数额不予限制,债券作价标准等其余规定内容保持不变。⑤

这一时期,除了加强对商业行庄存款准备金的收缴之外,财政部和中央银行还加强了对其他国家行局头寸的控制。1948年5月,财政部规定国家行局应

---

① 《商业行庄存款保证金央行将减低》,《银行周报》第30卷第47期,1946年12月2日。
② 《钱联对存款准备金问题要求三点》,《银行周报》第31卷第49期,1947年12月8日。
③ 《关于存款保证准备金不准以债券抵充之命令》,《银行周报》第32卷第3期,1948年1月19日。
④ 徐企闻:《存款保证准备仍须缴付现金》,《兴业邮乘》第155期,1948年4月15日。
⑤ 《行庄缴存存款保证准备金实施办法》,《工商法规》第2年第2号,1949年1月。

缴储蓄存款保证准备金,比照省、县、市银行储蓄存款缴存比率计算,即活期存款为12%,定期存款为8%。①6月,三行两局提出将储蓄存款保证准备金予以免缴,被财政部拒绝,财政部要求"国家行局储蓄存款保证准备金应仍遵照规定按月调整一次,准由各总行局汇总缴付"②。

在中央银行的各种存款之中,收存银行存款准备金与金融市场关系最为密切,央行"无时不在努力推进中,总行对于分行此项业务督促尤严"③。由于商业行庄数量较多,中央银行为便利行庄缴存起见,委托国家行局各地分支机构及省、市银行代为承做收解。在财政部和中央银行的推动下,央行各月收存准备金数额不断增加。如下表所示:

表5-8 上海市商业行庄存款总额及其缴存中央银行之存款准备金数额表

单位:千元

时间		存款总额	准备金	比率(%)
1946年	1月	36,512,497.00	5,750,139.00	15.8
	7月	148,132,526.00	29,495,451.00	19.9
1947年	1月	298,491,266.00	44,128,523.00	14.8
	7月	1,031,456,854.00	153,081,579.00	14.8
1948年	1月	2,988,786,069.00	429,552,690.00	14.4
	7月	24,373,433,431.00	3,499,816,440.00	14.4
	12月	509,079,525.04	107,553,728.50	21.1

说明:1948年8月之后以金圆券计算。
资料来源:《上海市商业行庄存款总额及其缴存中央银行之存款准备金数额》,《中央银行月报》新4卷第2期,1949年2月。

---

① 《国家行局储蓄存款准备金准照省县市银行比率缴存》,《征信所报》第653号,1948年5月13日。
② 《业务局通函准财部电为国家行局储蓄存款保证准备金不得免缴》,《金融周报》第18卷第27期,1948年6月30日。
③ 洪葭管主编:《中央银行史料》上卷,第427页。

表 5-9　全国省、市、县及商业行庄存款总额及其缴存中央银行之存款准备金数额表

单位:千元

时　期		存款总额	准备金	比率(%)
1946 年	1 月	75,503,362.00	13,407,174.00	17.8
	7 月	306,495,488.00	59,797,580.00	19.5
1947 年	1 月	613,889,491.00	88,827,719.00	14.5
	7 月	1,957,015,236.00	286,426,568.00	14.6
1948 年	1 月	6,073,616,553.00	858,256,551.00	14.1
	7 月	50,078,757,885.00	7,023,409,692.00	14.0
	12 月	743,091,239.50	102,585,354.49	13.8

说明:1948 年 8 月之后以金圆券计算。

资料来源:《全国省市县及商业行庄存款总额及其缴存中央银行存款准备金数额》,《中央银行月报》新 4 卷第 2 期,1949 年 2 月;《全国省市县及商业行庄存款总额及其缴存中央银行存款准备金数额》,《中央银行月报》新 4 卷第 5 期,1949 年 5 月。

(三) 存款准备金制度的缺陷

从抗战时期开始收缴存款准备金,一直到战后,存款准备金制度逐步发展改进,中央银行收存的存款准备金数额也在不断增加。1947 年 6 月,行政院审议通过《修正中央银行法草案》,将"收存银行准备金"作为了国民政府授予中央银行的四项特权之一。①存款准备金制度实行之后,在限制一般银行放款数量,减少其创造信用之能力,以及保障储户权益、吸收游资等方面,取得了一定成效。但这一时期的存款准备金制度仍极不完善,存在很多问题。

第一,存款准备金率过高。战时和战后,财政部和中央银行一直制定与执行较高的存款准备金率,将此作为通货膨胀时期控制市场信用的一种措施。"自通货膨胀以来,各银行放款业务尽量扩大,幸收存存款准备金办法,对通货

---

① 中国第二历史档案馆、中国人民银行江苏省分行、江苏省金融志编委会合编:《中华民国金融法规选编》,第 799 页。

第五章　战后国民政府中央银行的职能强化与没落消亡

之加速膨胀,发生若干束缚作用,否则情形必将更劣。"①虽然,高准备率对于遏制通货膨胀不无裨益,但其带来的负面作用也非常大。在恶性通货膨胀时期,政府当局不停地滥发钞票,不从根本上解决通货膨胀的顽疾,仅试图通过征收高额的存款准备金,以冻结行庄资金,抽紧民间银根。这样的做法,严重制约了商业行庄运用资金的数量,无异于对银钱业的"过度摧残,促使银钱业土崩瓦解,牵连全体经济社会,同受金融恐慌之危难"②。实际上,通过高准备率遏制通货膨胀,无异于舍本求末。如1946年11月底,该项准备金达750亿元法币。但当时在通货膨胀下,对银行、钱庄的制约作用不大。因为看来虽然20%的资金搁置了,但不久通货又贬值,就不值钱了。③高存款准备金率对于遏制通货膨胀效果有限,但却直接增加了商业行庄的资金成本,这是商业行庄一直对存款准备金制度不满的直接原因。

第二,存款准备金制度缺乏伸缩性。从一开始,存款准备金制度就缺乏伸缩性。抗战时期,不分区域,不分定存、活存,一律缴存20%。抗战胜利后制定的法规中,规定了准备率的最高和最低限度,从制度设计上有了伸缩空间。但是,出于通货膨胀的压力,财政部往往要求中央银行按照最高限度执行,从而失去了伸缩性。四联总处曾指出,准备率太高及缺乏伸缩性,是存款准备金制度的"最大缺点"。④

第三,存款准备金变异成了保证金,失去了应有作用。存款准备金缴存后,不能随时收回以应银根紧缩时之急需,致使本应具有流动性的存款准备金变成了呆滞的保证金。"与其谓为存款准备金,不如谓为存款保证金。"⑤商业行庄向中央银行缴存存款准备金之后,难以在需要的时候得到中央银行的援助,各自

---

① 俞鸿钧:《二十年来中央银行与中国金融》,《中央银行月报》新3卷第10期,1948年10月。
② 《论存款准备金应否逐月调整》,《金融周讯》第3期,1945年1月30日。
③ 洪葭管主编:《中央银行史料》上卷"前言",第9页。
④ 《中央训练团送来某学员拟对中央银行业务意见报告书》,上海市档案馆藏,档案号:Q53-2-13。
⑤ 《金融座谈会讨论修正银行法草案纪略》,《银行通讯》新7期,1946年6月。

仍须准备大量的库存现金。"中央银行,只享受各银行缴存存款准备金之权利,未稍尽维持市面之些微义务,则集中存款准备金之原意尽失。"①这一点也是商业行庄对存款准备金制度深为不满的根本原因。

第四,中央银行缺乏独立运用政策的权力。存款准备金本应由中央银行掌握,根据市场需要随时对准备率进行调节,从而对货币供应产生影响,是中央银行的一个重要的货币政策工具。但实际上国民政府中央银行未能独立掌握和运用这一权力,信用膨胀时中央银行无权提高存款准备率,信用紧缩时也未能减低存款准备率。1946年10月召开的中央银行第三届行务会议,曾就存款准备金之准备率问题提出议案并作出决议,中央银行认为"我国幅员辽阔,各地经济情况不同,拟请财政部授权本行,就最高、最低范围内,自行斟酌决定,并由本行授权各分行分区办理"②。但实际上存款准备金率的决定权一直由财政部掌控,中央银行基本上只是执行财政部命令。

财政部和中央银行对于存款准备金制度在调剂金融中的重要作用,有着清醒认识,如俞鸿钧所言,"集中管理银行存款准备金,为中央银行管制金融市场之利器",准备率的提高或降低,可以控制市场利率,以及金融市场之松弛或紧张。③但是,事实上的处理技术把存款准备金率固定化了,使得这一制度失去了弹性和调剂功能,只有限制的作用,而未能发挥出存款准备金制度应有的伸缩银行信用,调节经济发展的积极作用。"中央银行对于收存准备金诚多致力,而对于市面银根之奇紧与市息之高涨,则熟视无睹。"④出现这些弊端的"最大原因,实由于目前我国中央银行,因各种关系,尚未能充分发挥其在银行界之领导地位,亦未能善尽其最后贷放者之责任,致存款准备金缴存后,在中央银行方面,并不能因之发宏(挥)其控制之力量,在一般银行方面,亦不能促进其现金准

---

① 《论存款准备金应否逐月调整》,《金融周讯》第3期,1945年1月30日。
② 《央行召开行务会议》,《中央银行月报》新1卷第11期,1946年11月。
③ 俞鸿钧:《二十年来中央银行与中国金融》,《中央银行月报》新3卷第10期,1948年10月。
④ 中国第二历史档案馆编:《中华民国史档案资料汇编》第五辑第三编"财政经济(二)",第58页。

第五章　战后国民政府中央银行的职能强化与没落消亡

备使用之经济,故目前我国之集中存款准备制,严格言之,已失去其固有之性能,仅在附带功效上,具有作用而已"①。

总之,近代中国由中央银行集中保管存款准备金的制度,长期处于缺失状态。南京国民政府中央银行成立后,一直以"集中准备"为追求目标。直到抗战时期,存款准备金制度才开始付诸实践,并经历了由四行共同保管到中央银行单独保管的过程。中央银行集中保管存款准备金制度建立之后,虽然中央银行收存的存款准备金数额在不断增加,但制度并不完善,存在很多问题。集中准备是中央银行发挥其"银行的银行"功能的基础,但是国民政府中央银行在集中保管普通银行存款准备金之后,却并未能充分发挥其"银行的银行"的职责。

二、中央银行重贴现制度的改进与失败

(一)战后初期中央银行的贴现业务

战后,四联总处和财政当局对中央银行的重贴现业务都非常重视,积极推动进行并扩大范围。财政部于1945年12月9日将《非常时期票据承兑贴现办法》废除,同时颁布《票据承兑贴现办法》,新办法与原办法内容没有太大差异,继续重申前议,规定各银行可以贴现票据向中央银行请求重贴现,请求重贴现行庄的重贴现最高限额由中央银行核定,重贴现率由中央银行公告。②1946年1月4日,中央银行首次在上海挂牌公布同业拆款日拆及重贴现利率。日拆为每千元每日5角(合月息1分5厘),重贴现利率则为每千元每日6角(合月息1分8厘)。③上海正式挂牌重贴现率,在中央银行的重贴现业务发展史上具有重要的象征性意义。

1946年3月,贝祖诒就任中央银行总裁后,对中央银行的贴放政策颇为重视,"深知中央银行贴放政策的重要,也充分了解中央银行与一般金融业间的联

---

① 袁宗葆:《论我国现行法定集中普通存款准备金制》,《新商业》第2卷第1期,1945年5月。
② 中国第二历史档案馆、中国人民银行江苏省分行、江苏省金融志编委会合编:《中华民国金融法规选编》下册,第930—931页。
③ 《上海中央银行公布同业拆款日拆及重贴现利率》,《金融周报》第14卷第3期,1946年1月16日。

系,非通过贴放政策,不能紧密地合作起来,曾就商业行庄征询意见,颇想好好的做一番"①。在3月9日的行务会议发言中,贝祖诒提出要"设重贴现委员会,提倡票据贴现政策,使全国经济融通、货畅其流,并视一般银行如本行之代理处,以重贴现方式收控制金融之效"②。

1946年5月,四联总处对四行两局业务范围重加订定,强调中央银行之工作重心,在执行"银行之银行"的任务,以重贴现、转质押、拆款等方式对三行两局融通资金。同年10月,中央银行第三届行务会议在南京召开。财政部长俞鸿钧在开幕致辞中提出:希望"中央银行今后对重贴现政策更能努力推行。因世界各国的中央银行,都以重贴现为其主要业务,都赖重贴现以控制市场的利率"。我国过去由于票据使用不甚发达,以致贴现业务难以进展。"此种业务不发达,金融政策便不易推行。现在各方对此问题均极重视。"③

抗战胜利后,工商、金融界对中央银行的重贴现业务充满期待,"工商界人士,均盼国家银行,举办再贴现,以资增加工商生产资金"④。1946年3月,重庆市银行公会理事长吴晋航等人给俞鸿钧的呈文中提出:"中央银行如欲名副其实,应即密切注意市场动态,不分畛域,尽量开放转抵押、重贴现业务。盖中央银行果能增加商业行庄之依存性,即所以控制商业行庄为其操纵整个金融市场之工具也。"⑤作为对工商界的回应,1946年6月,中央银行负责人表示,将扩大办理票据贴现范围,举办再贴现,以期灵活金融市场。⑥

战后,中央银行为了扶助工商事业,尤其是关于民生必需品的生产运销,采取了不少积极行动。1946年9月,中央银行为扶持生产事业及出口商起见,特举办中小工厂及出口商贷款,由钱庄组织银团承办。其具体办法的要

---

① 盛慕杰:《论中央银行的贴放政策》,《经济评论》第1卷第5期,1947年5月3日。
② 洪葭管主编:《中央银行史料》下卷,第960页。
③ 同上书,第965页。
④ 汤心仪:《经济汇志》,《银行周报》第30卷第27期,1946年7月15日。
⑤ 中国第二历史档案馆编:《中华民国史档案资料汇编》第五辑第三编"财政经济(二)",第58页。
⑥ 汤心仪:《经济汇志》,《银行周报》第30卷第25期,1946年7月1日。

第五章 战后国民政府中央银行的职能强化与没落消亡

点为:(1)由钱庄分组工商贷款银团,团员得以承做之质押放款或票据贴现方式贷放工商业,再向中央银行转抵押或重贴现。(2)每一团员以 1.5 亿元为限,期限不得超过 90 天,利率照团员原放款利率 1/2 计算,转抵押暨重贴现折扣以原放款的 75% 计算。(3)团员原放款对象必须以生产事业及出口商为限,并须银团负责保证该项贷款完全为原借款人正当需要,不得移作他用。①除钱业外,上海银行业也按照该办法组织银团。②到 10 月底止,上海市先后成立的各种贷款银团已有 8 个,核准贷放总额 336,600 万元,其中央银行实际贷放 216,075 万元。③中央银行的贷款,对中小工厂和出口商低息融资不无裨益。

1946 年 9 月,四联总处为增加盐业生产,解决盐业运输困难起见,组织盐贷银团办理盐业贷款事宜。上海区银团由国家行局及商业行庄 75 家组成,贷款总额 212 亿元,该项贷款由中央银行转抵押或重贴现。银团于 9 月 5 日与中央银行正式签订合约,盐商以办运及生产之盐斤作质,向银团承做押款或贴现,银团即以承做此项押汇押款或贴现之全部债权,向中央银行办理转质押或重贴现。④为了鼓励发展出口贸易,给出口贸易商充分供应所需资金起见,中央银行还制定了《办理出口物资贷款转质押暨转押汇办法》,于 1946 年 10 月 31 日经四联总处第 326 次理事会议通过。⑤这样,中央银行的资金融通范围扩大至外汇指定银行。

1946 年冬,受廉价洋货倾销和国内生产成本高昂影响,各地银根紧急,工商业形势危急。为扶助工商业发展,12 月 14 日,中央银行业务局颁布《中央银行办理商业行庄重贴现转质押转押汇暂行办法》,并通函各分支处统一办理,其中

---

① 《央行经由钱庄贷款生产事业》,《浙江经济月刊》第 1 卷第 3 期,1946 年 9 月。
② 寿进文:《国内经济动态》,《中央银行月报》新 1 卷第 10 期,1946 年 10 月。
③ 《国内经济动态》,《中央银行月报》新 1 卷第 11 期,1946 年 11 月。
④ 《钱业贷款银团第一组与央行签订转抵押契约》,《银行周报》第 30 卷第 37 期,1946 年 9 月 23 日。
⑤ 中国第二历史档案馆、中国人民银行江苏省分行、江苏省金融志编委会合编:《中华民国金融法规选编》下册,第 1141 页。

规定:(1)贷款由当地银行或钱庄组织银团办理,每一银团最少包括行庄7家,专办转押汇者最少包括行庄3家。(2)行庄组织银团时,应订立合约,并由银团推举代表行庄3家(转押汇两家)与中央银行订约。(3)每一行庄转质押或重贴现额最多1.5亿元,转押汇额最多3亿元。(4)重贴现、转质押或转押汇均由银团出面承借,其借款本息由全体团员连带负责。(5)银团申请重贴现、转质押或转押汇,应先将原贷款申请人所填贷款申请书、资产负债表及有关单据,逐笔送交中央银行审查合格再行承做。(6)原放款利率不得超过月息5分,重贴现、转质押或转押汇照原放款利率的1/2计算。(7)重贴现、转质押或转押汇折扣,以原放款额的75%计算。(8)重贴现原放款对象,暂以中小型生产事业及出口商为限,贴现票据以商业承兑汇票或银行承兑汇票为限;转质押原放款对象暂以中小型生产事业及出口商为限;转押汇之押汇货物以民生日用必需品、当地特产或出口物资为限。①

据此规定,中央银行资金融通对象范围进一步扩大至全体商业行庄,全国各地普遍推行,贷款性质也不限于出口贸易,而是扩大至其他生产事业。而且,重贴现、转抵押及转押汇利率只是原放款利率的一半,而原放款利率又规定不得超过月息5分,当时暗息极高,远在5分以上,因此这一规定实际上是鼓励商业行庄运用中央银行头寸发展中小型生产事业及出口事业,"鼓励商业行庄对贴放款项随做随转,故商业行庄已成为中央银行对市面融通资金之桥梁"②。《暂行办法》自1947年1月开始在上海、天津等地实施,截至1947年3月,共贷出99亿余元,中央银行均按照原放款额的75%办理转抵押、重贴现。③4月后,银团业务告一段落,截至6月7日,所贷出之款项全部收回,银团宣告结束。④

总之,战后初期中央银行的"最后贷款人"职能范围有所扩大,从国家行局

---

① 中国第二历史档案馆编:《中华民国史档案资料汇编》第五辑第三编"财政经济(二)",第547—549页。
② 叶义材:《中央银行贴放政策之检讨》,《中央银行月报》新2卷第9期,1947年9月。
③ 《国行决扩大重贴现转抵押范围》,《征信新闻(重庆)》第619期,1947年3月26日。
④ 《央行中小工业贷款银团结束》,《钱业月报》第18卷第2号,1947年8月。

第五章 战后国民政府中央银行的职能强化与没落消亡

扩大至商业行庄和省市银行。但是,按照《暂行办法》规定,中央银行对商业行庄的贴放仍须以银团为桥梁,并非与商业行庄直接往来。而且,提前规定了每一银团转质押、转押汇或重贴现的额度,并须经中央银行审核通过后,银团才能承做放款,这种做法本末倒置。如当时有学者指出:"那种先做了转抵押或重贴现再来办理放款的颠倒作风也实在无足称道。"①此外,实际上中央银行的主要放款手段仍是转抵押,而非重贴现。如据中央银行1946年度营业报告统计,当年业务局重贴现金额为40亿元,占放款总额不到0.06%,而总分行重贴现共计42亿余元,占总分行全体放款总额0.05%。②

(二)旧贴放委员会时期中央银行的贴放业务(1947年4月—1948年3月)

1947年3月,张嘉璈就任总裁后,为进一步加强中央银行与商业行庄的联系合作,并充分供给生产资金,以期配合经济紧急措施方案起见,决定扩大贴放业务,除仍透过四联总处对国家行局办理贴放外,在中央银行内设立贴放委员会,直接办理上海商业行庄申请重贴现、转质押、转押汇案件之审核事宜。设立贴放委员会的目的,"在希望放款一律公开,及放款用于正当之途。且借此鼓励银行、钱庄尽量利用本身资金,并使中央银行成为银行之银行"③。3月31日,中央银行贴放委员会(以下简称贴放会)正式成立,并举行第一次会议。④会上,张嘉璈报告了该会成立的原因及意义,并就会议通过的《中央银行贴放委员会办理上海商业行庄贴放通则》(以下简称《贴放通则》)进行了说明:

(1)新办法设立贴放会,以中、交及商业行庄代表,准备库、交换所代表参加。并设工业贷款审核委员会和出口物资贷款审核委员会,以工业界和出口业代表及对工贷与出口贷款有经验之银行人士参加,使中央银行与商业行庄以及金融界与工商界打成一片,成为一个有机体的金融商业组织。如身之使臂,臂

---

① 吴承禧:《中央银行与重贴现问题》,《经济周报》第4卷第13期,1947年3月27日。
② 中国第二历史档案馆编:《中华民国史档案资料汇编》第五辑第三编"财政经济(二)",第590页。
③ 姚崧龄编著:《张公权先生年谱初稿》下册,第803页。
④ 《中央银行贴放委会昨召开成立会议》,《申报》1947年4月1日,第6版。

之使指,彼此不特痛痒相关,而且互守纪律,共负经济复兴之使命。(2)商业行庄或银团提出之申请案件,先由委员会审核,提请中央银行总裁批准后,交由业务局办理重贴现、转质押或转押汇。(3)新办法以行庄单独向贴放会申请为原则,仅经贴放会认为有组成银团办理必要者,仍由银团申请,以期各行庄可各自发挥其效能,而免因组织团体,致有牵掣迁延之弊。(4)过去商业行庄,按组织银团办法,每家重贴现、转质押以 2 亿元为限,转押汇以 3 亿元为限。新办法规定每一行庄申请办理重贴现、转质押、转押汇,其原放款总额以不超过该行庄实收资本及上月底止存款总额(除去法定存款准备金总额)为度,自较过去为宽。尤其以行庄之存款总额为标准,益可促进行庄致力于吸收存款。(5)新办法规定,原放款每户总额,以不超过贴现 5,000 万元、质押 5 亿元、押汇 10 亿元为限。原贷款申请人在各银团或各行庄请贷款项最多总额,每户不超过该行庄存款 8%,即一面放宽放款之限度,另一面则视每一行庄实力之大小,酌加限制。(6)新办法规定原贷款利率不超过月息 3 分 6 厘,而中央银行只取 1 分 8 厘。意在使利率逐步降低,而使生产者及出口商摆脱高利贷桎梏。(7)新办法规定,凡厂商对于增加产量、改良质量、减轻成本确有成效者,可不受放款限额限制,换言之,即可多予放款,俾健全进步之厂商获得切实之鼓励。张嘉璈最后提出,"中央银行能否达成其银行之银行之使命,国家行局及商业行庄能否达成其辅助国家,促进生产之使命,全视贴放政策之是否完善。切盼共同努力,建立一新金融体制。又今后中央银行与商业行庄之关系,由过去之疏松状态,而改臻于密切,奠定今后公私金融机构合作之基石"。此项贴放办法,先在上海试行,再次第推广于全国各大都市,以期广收效果,而协助全国经济之复兴。[①]对于张嘉璈的报告,当时银行界颇为乐观,"观乎张总裁的报告全文,可知中央银行,由此可有新的发展,不复再仅为政府的银行,而将成银行的银行"[②]。

[①] 《中央银行贴放委会昨召开成立会议》,《申报》1947 年 4 月 1 日,第 6 版。
[②] 《评贴放新办法》,《银行周讯》新 17 期,1947 年 4 月。

第五章 战后国民政府中央银行的职能强化与没落消亡

除了《贴放通则》之外,中央银行还颁布了《商业行庄向中央银行申请办理重贴现转质押暨转押汇须知》《中央银行贴放稽核办法》等法规,并成立了由银、钱两业代表及有关机关代表共 11 人组成的贴放会,下设工矿贷款审查委员会和出口物资贷款审查委员会,由中央银行分别聘请工矿实业界及出口贸易界专家人士组成,负责审查贴放会交审案件。贴放会主任委员由上海钱庄界著名人物秦润卿出任。"据说:张氏受命央行总裁的第一天晚上,就派人请秦润卿老先生到私邸中求教"。希望通过秦润卿的关系,直接拉住上海的银钱业。①

《贴放通则》及相关规章制度的颁行,"旨在期于四联总处之外,另行建立一个以中央银行为主体的贴放机构,再配合以贴放办法的改善,来争取金融、工商界与央行的合作,以消弭过去国家银行与一般商业行庄及工商界间的隔阂对立"②。贴放会成立后,对于贴放工作之进行颇为积极。从档案记载中可以看到,贴放会每隔数日就开会审批各商业行庄以工矿企业原料、成品、银行承兑汇票等为抵押的贴放贷款。③贴放会对每笔贷款事前均严密审查,事后并委托稽核处负责稽核,力求使贷款用于指定用途。

贴放会自 1947 年 4 月成立,至 11 月底停止工作,总共收到申请案件 748 件,金额 2,852 亿余元,其中核准申请贷款案 638 件,金额 1,421 亿余元。就贷款方式而言,以转质押案件最多,计有 550 件,共 1,325 亿元,占核准贷款总额 93.2%。其次为重贴现,计有 77 件,共 37 亿元,占核准贷款总额 2.6%。出口转押汇共 31 亿元,占核准贷款总额 2.2%,最少者为进口转押汇,共 28 亿元,占核准贷款总额 2%。以贷款性质划分,则工业贷款最多,共 1,297 亿元,占核准贷款总额 91.3%;其次为出口物资贷款,共 64 亿元,占核准贷款额 4.5%;押汇物资贷款最少,共 59 亿元,占 4.2%。④就核准贷款之工厂而言,其中半数以上此前

---

① 玉草:《贴放委员会主席秦润卿出任经过》,《快活林》第 57 期,1947 年 4 月 12 日。
② 《央行扩大贴放》,《半月新闻(杭州)》第 6 期,1947 年 4 月 25 日。
③ 《中央银行贴放委员会 1947 年第 14 次会议记录》,上海市档案馆藏,档案号:Q269-1-384。
④ 《中央银行贴放委员会核准贷款统计》,《金融周报》第 17 卷第 24 期,1947 年 12 月 10 日。

从未在任何国家银行获得低息贷款,而在贴放会成立后才开始获得国家银行低息贷款资助,而且贷款工厂绝大多数为中小型工厂。因贴放会的放款额较能适应中小型工厂之需要,一旦获得贷款,有助于解除其资金周转困难。①

贴放会的成立,标志着中央银行正式开始对于商业行庄直接融通资金,而不再假手于银团。《贴放通则》规定新办法的"最重点在于避免央行对工商业直接的贴现或贷放;改将贴现贷放的责任,放在一般商业行庄的身上"②。中央银行的贴放业务完全以金融业为对象,停止了对工商业的直接放款。而且,进一步放宽了对商业行庄贴放的限制,提高了限额,降低了利率,简化了手续,贷款对象已扩大至生产、出口、运销三大部门。就此而言,中央银行的贴放制度不无进步。贴放会成立后,以低息资金供厂商增加生产,减轻成本,对于上海中小型工厂的扶助不无效果,但也存在很多不足之处。

首先,贴放会的活动只限于上海一地,其他各地贴放业务仍按中央银行原定工商贷款银团办法办理。就上海一地而言,相对于上海 7,000 多家工厂,获得贷款的厂家数量很少,不到 1/10。

其次,《贴放通则》规定的贴放办法存在一些流弊。一是贴现放款限期 30 天,押汇放款 60 天,质押放款 90 天,因此工商企业贪图以厂房机器作质押放款,中央银行的转质押放款就成为主流,而重贴现在整个贷款总额中所占比重仍然不大。"中央银行贴放政策变了纯粹的转质押放款,离开贴放的精义太远了。"③二是《贴放通则》与《暂行办法》一样,事先规定了中央银行可以给商业行庄通过重贴现等方式融通资金的额度,即先有重贴现而后有贴现,这实质上意味着重贴现不过是中央银行通过商业行庄间接办理工商贷款,而并非正常的重贴现制度。一般商业行庄办理贴现、贷款等也是以中央银行能给予的重贴现、转质押、转押汇额度多少为前提。"在这种情形之下,中央银行与一般金融业固

---

① 林崇墉:《二十年来中央银行贴放业务之演进》,《中央银行月报》新 3 卷第 10 期,1948 年 10 月。
② 王乃益:《茶商对于央行贴放新办法的意见》,《经济周报》第 4 卷第 21 期,1947 年 5 月 22 日。
③ 盛慕杰:《论中央银行的贴放政策》,《经济评论》第 1 卷第 5 期,1947 年 5 月 3 日。

然联系了,但是一般金融业变成中央银行放款的捐客了,中央银行贴现政策也难圆滑施行,何从谈到做像'银行的银行'。"①

第三,这一时期的贴放政策一直由四联总处决定,贴放会"仅为四联总处代理机构"②。中央银行的重贴现业务尚缺乏根据市场银根状况主动调剂金融的机能,中央银行也无法实现以贴放政策控制金融市场的目的。而且,这一时期中央银行所奉行的低息贴放政策,偏重于救济性质,而缺乏调剂功能。

实际上,无论是工商贷款银团时期,还是贴放会时期,中央银行的贴放业务表面看似并不直接对工商业贴放,但实际上由于那些符合规定的放款,并非由商业行庄以自有资金先行放出,再在需要时向中央银行重贴现。中央银行的贴放,本质上并不是对商业行庄的融资,而是对工商业的放款,只不过是通过商业行庄之手进行而已。因此,《贴放通则》公布后,各界评论多认为其没有顾及商业行庄本身头寸的调剂。"故央行贴放,虽已尽其救济工矿事业、出口事业之任务,而仍非对行庄融资者,若以建立银行之银行言,当为毫无成就。"③

1947年11月,上海物价开始出现新一轮的上涨态势。为遏制物价上涨,政府当局采取了一系列收缩信用、压制投机的措施。11月28日,四联总处奉蒋介石手令,国家行局一律停止放款。④银行停止贷款后,贴放会也停止了工作。

(三)新贴放委员会时期中央银行的贴放业务(1948年4月之后)

1.《三十七年度生产事业贷款方针》的制定

国家行局暂停生产贷款后,经济情形并未好转,反而日趋严重。1948年2月21日,四联总处理事会决定恢复国家行局贷放,并拟定了《三十七年度生产事业贷款方针》。3月11日,四联总处理事会又通过了《三十七年度生产事业贷款方针之补充办法》。4月8日,为明确规定贷款案件类别、审议核办程序、督导

---

① 盛慕杰:《论张嘉璈氏的路线》,《经济周报》第4卷第14期,1947年4月3日。
② 陈行:《我国中央银行之进展》,《中央银行月报》新3卷第10期,1948年10月。
③ 《金城银行总经理处关于中央银行发展情况的调查资料》,上海市档案馆藏,档案号:Q264-1-791-1。
④ 姚崧龄编著:《张公权先生年谱初稿》下册,第903页。

考核方式,以及加强四联总处与贴放会的密切联系,划分权责,以利配合策进起见,四联总处理事会通过了《四联总处贷款业务处理方案》。这些方针方案主要包括以下内容:

(1)国家行局贷款分为国策贷款和业务贷款两类。国策贷款范围包括:①为完成经建设施,以应领各费临时抵借之款项;②为配合动员"戡乱",情势紧急不及核定预算,临时商借之款项;③为推行物资管制政策,由政府机关委托或政府特案指定贷放之款项;④为农业及合作生产贷款;⑤其他经四联总处理事会特案核定之贷款。凡不属于国策贷款范围以内的,均为业务贷款。(2)各行局库办理贷款业务,应以其自有头寸调度挹注为原则;各种配合国策之贷款,凡经四联理事会核定者,得随时向中央银行办理转抵押、转押汇或重贴现,但转抵押及短期拆款之总限额等,应由中央银行提请理事会核定;中央银行对生产事业停止直接贷款。(3)中央银行设置贴放会,审核关于各行局之经办一般业务贷款之转抵押、转押汇、重贴现事宜,参酌市场情形核定额度及利息等项。贴放会并可接受商业行庄转抵押、转押汇、重贴现之申请案件。(4)四联总处收到申请贷款案件后,凡国策贷款案件,应由秘书处征询中央银行意见后,提请理事会核定或陈报主席、副主席核示办理。凡业务贷款案件,四联总处不再直接核办,应分别转行中央银行及各专业行局库核洽办理。四联总处对各行局库所提各项业务贷款计划,应先送由贴放会核拟意见,再行提请理事会核定。[①]

2. 新贴放委员会的成立与活动

1948年4月27日,新的中央银行贴放委员会(以下简称新贴放会)正式成立。成立会议上,张嘉璈在致辞中说:"政府为求正常生产资金之供给与金融资金之节用,双方兼顾起见,变更四联总处审议贷款办法,并决定由中央银行设立贴放委员会,审议各银行对贴放之申请。此后中央银行不直接放款,专事办理对各银行之重贴现、转抵押。国家银行与商业银行完全一视同仁。放款对象为

[①] 重庆市档案馆、重庆市人民银行金融研究所合编:《四联总处史料》中册,第428—434页。

健全而适合于国家当前需要之生产事业,从而达到各银行经营之健全。并培养良好之商业票据,以诱导社会资金入于生产之途。贴放委员会所聘委员为财政部及国家行局代表、上海银行公会及商会主席。皆社会公正人士与金融界之领袖。以后审核案件,务求公开。各申请案件须先经顾问委员会之审核,再提贴放委员会通过。至于因配合国策之贷款,仍依向例由四联总处核定。"①

1948年6月,中央银行常务理事通过《中央银行贴放委员会办理同业贴放规则》,并经7月8日四联总处理事会修正通过。②这个规则比旧贴放会时期的《贴放通则》条文内容更为完备,而且在贴放制度上有了不少显著变化:

首先,就中央银行贴放业务对象范围而言,明确扩大至《银行法》所规定的一切银行。而且,此后中央银行将不再直接放款,而是专办各行局及行庄的重贴现、转抵押和转押汇。中央银行贴放业务的直接对象,一为银行,一为四联总处。属于国策贷款者,可向四联总处申请。四联总处核定后,交国家行局办理,由中央银行重贴现、转抵押。一般厂商所需资金向银行贷款,放款银行缺乏资金周转时,可向贴放会申请贴放。贴放会核实后,就可办重贴现或转抵押。至此,中央银行从制度上真正开始专责办理重贴现业务,以发挥"最后贷款人"的功能。

其次,就贴放方式而言,发生了重大变化。新贴放会成立后,所有国家行局业务贷款及商业行庄放款,均以自有头寸供给为原则,在遇到资金短缺、周转困难时,方可将原贷款持向中央银行重贴现、转质押、转押汇,而且中央银行有了核准之权,不能再随意利用中央银行的头寸。"过去之由央行大规模拨付款项以供各行贷放之政策,至此已全部结束。"③中央银行的重贴现制度,至少在形式上改变了此前本末倒置的做法,重视对商业行庄自身头寸的调剂运用。

第三,重贴现率的确立原则发生变化。此前,在四联总处决策之下,四行联

---

① 姚崧龄编著:《张公权先生年谱初稿》下册,第974—975页。
② 《中央银行贴放委员会办理同业贴放规则》,上海市档案馆藏,档案号:Q55-2-1120。
③ 《贴放委员会扩大组织,今后贷款国营民营一视同仁》,《工商新闻(上海)》第283期,1948年3月26日。

合贴放一直实行低息政策，欲借此以鼓励生产，并补贴公用交通事业，但物价不免受其刺激。因此，四联总处决定《三十七年度生产事业贷款方针》改采谨慎严格态度。对于贷款利率，除国策贷款仍实行低息政策外，其他一般业务贷款的重贴现、转质押、转押汇利率，由中央银行分别贷款性质，以参照市场利率计算核定为原则，使利率有了更大的机动性。

第四，普通行庄开始与国家行局享受同等待遇。此前，中央银行对同业放款，国家行局比商业行庄能得到更为优越的待遇。此后，关于业务贷款之重贴现、转抵押、转押汇，中央银行对于商业行庄及国家行局均一律依照办理同业贴放规则办理，无所分歧。"对各行庄及受贷厂商，将不分国营民营，一视同仁，凡属与国策相配合者，均将设法予以扶植。"①

总体而言，新贴放会时期的重贴现制度较前有了显著进步，制度规定更为完备，中央银行的决策权也更大。重贴现方式及重贴现率制定原则上的改变，可视为中央银行重贴现手段与职能的趋于成熟。这些改变第一次使中央银行重贴现规范化的理论在具体实施规则中得到体现，反映了理论界的多年夙愿有了实践。在当时很多人看来，新办法实施后"中央银行即可达成'银行之银行'之任务"②，"为公私银行之最后贷放者"③。但在当时条件下，这种新办法的制定，更多的是迫于中央银行资金力量的不敷运用。④

新贴放会的重贴现、转抵押业务，于1948年5月31日开始，重贴现率和拆放率每日挂牌公告。1948年8月，金圆券改革实施后，为紧缩信用起见，国家行局所有国策贷款、业务贷款再次停办，中央银行奉令停止业务贷款。在此期间，贴放会共计核定贷款134件，共法币176,214亿余元。就贷款方式而言，以转质押占最多数，共101,873亿元，占总核定额57.8%；其次为转押汇，共法币

---

① 《贴放委员会扩大组织，今后贷款国营民营一视同仁》，《工商新闻（上海）》第283期，1948年3月26日。
② 《贴放会今日成立》，《申报》1948年4月27日，第5版。
③ 李荣廷：《一年来之上海金融市场》，《中央银行月报》新4卷第1期，1949年1月。
④ 洪葭管、张继风：《近代上海金融市场》，第100页。

46,222亿余元,占总核定额26.2%;重贴现最少,只有法币1,000亿元,占总核定额0.6%。①

3. 金圆券改革后的贴放活动

1948年金圆券改革实施后,贴放会拟定了《中央银行贴放委员会办理同业贴放暂行规则》,经8月28日四联总处理事会通过,内容与《贴放规则》基本相同。②1948年底,为救济生产事业,中央银行又放开了工业贷款。贴放会于1948年12月6日举行例会,讨论生产事业紧急贷款问题,由上海市工业界代表陈述厂商目前遭遇的困难与等待紧急贷款之迫切,经讨论后决定,为适应生产及出口事业之迫切需要,自即日起举办紧急贷款。贷款方式分为收购成品及质押放款两类,并以收购为主。收购成品办法,仍照过去所定收购办法,由中央银行委托国家行局办理,质押放款仍须透过国家行局或商业行庄向贴放会申请。贷款数额由审查会根据各厂商实况,从严核定。款项贷出后之用途,随时由央行稽核处严密查核。关于收购成品及贷款之审查,由贴放会所属工矿和贸易两个顾问委员会合组生产及出口事业紧急贷款审查委员会负责办理。③12月7日,贴放会颁布了《中央银行贴放委员会审查贷款案件处理办法》,对重贴现、转质押、转押汇等各项业务的具体办法和要求做了详细规定。④12月21日,贴放会还通过议案,为解除工业界困难,准予减低贴放利率,并放宽对机器业贷款尺度。⑤

1949年3月1日,贴放会通过了《中央银行贴放委员会办理定货贷款暂行办法》(以下简称《暂行办法》),规定定货贷款的对象包括工业产品和出口物资两大类,工业产品包含棉织品、食油、面粉、火柴、肥皂、纸张、水泥、电机及特案核准之产品,出口物资包含猪鬃、桐油、生丝、冰蛋、茶叶。定货贷款由厂商直接

---

① 林崇墉:《二十年来中央银行贴放业务之演进》,《中央银行月报》新3卷第10期,1948年10月。
② 《中央银行贴放委员会办理同业贴放暂行规则》,上海市档案馆藏,档案号:Q322-1-66。
③ 《国内经济动态》,《中央银行月报》新4卷第1期,1949年1月。
④ 中国第二历史档案馆、中国人民银行江苏省分行、江苏省金融志编委会合编:《中华民国金融法规选编》下册,第1251页。
⑤ 李荣廷:《一年来之上海金融市场》,《中央银行月报》新4卷第1期,1949年1月。

或经国家行局调查后,向贴放会申请。贷款经核定后,由央行业务局拨款,委托国家行局承办,定货贷款商品也由业务局处理或销售。《暂行办法》公布后,贴放会于3月30日开始接受申请。该会为便于审核贷款,另设定货贷款审查委员会,分民生日用品、基本工矿、出口物资等三小组,负责详细审核,核定后即以书面通知该申请厂商,向指定银行洽办贷款手续。①

国民党政府统治末期,中央银行虽然采取了很多措施支持生产,挽救经济,但随着国民党政权军事上的失败,金圆券通货膨胀的恶化,经济秩序和金融秩序已荡然无存。在这种状况下,销货者决不会再接受远期付款的商业票据。一些银行的资产负债表上这时虽还列有"贴现"或"转贴现"科目,但都不过是工商业或银行以借款方式套取资金而已,中央银行重贴现政策也已完全失去了运作的环境。随着国民党政权的覆灭,这个所谓趋于"完备"的重贴现办法,昙花一现,迅速成了近代中国贴现史上的陈迹。②

(四)中央银行重贴现制度失败的原因

国民政府中央银行的重贴现业务,经历了从无到有,从四行联合贴放到中央银行专责办理重贴现、独立履行"最后贷款人"职能的演变历程。中央银行的贴放政策虽然不断调整完善,重贴现制度也逐渐完备,但实施效果并不理想,并未达到重贴现制度的真正精义。造成这一结果的原因很多。首先,缺乏合格票据和成熟的贴现市场一直是制约中央银行重贴现业务的直接原因。中国传统的交易习惯不注重票据的使用,由于票据使用不普遍,市面缺乏大量流通之合格票据,普通银行也无法存有大量票据。工商界、金融界和财政当局曾多次致力于推动票据制度与贴现市场,但受长期战争等不利因素影响,未能取得显著进步。直到1948年,全国金融业最为发达的上海,"合格之贴现票据,尚待提倡,未能普及"③,其他各地更不用说。普通银行的贴现业务发展滞后,导致中央

---

① 寿进文:《国内经济动态》,《中央银行月报》新4卷第4期,1949年4月。
② 洪葭管、张继凤:《近代上海金融市场》,第99—101页。
③ 居逸鸿:《上海银钱业联合准备及票据交换之沿革》,朱斯煌主编:《民国经济史》,第28页。

第五章　战后国民政府中央银行的职能强化与没落消亡

银行的票据重贴现业务难以开展。

其次,推行重贴现制度,除了要有合格的票据,以及一般银行自下而上的努力推动,也需要中央银行自上而下的鼓励倡导。但国民政府中央银行的重贴现与商业行庄的贴现业务一直未能形成良性互动,不是互相促进,而是互相掣肘。普通银行贴现业务的落后,制约了中央银行重贴现业务的发展;而中央银行重贴现业务的缺失,反过来也限制着普通银行贴现业务的推行,以致贴现业务难以发达。

第三,将主要力量用于支持政府财政,是影响中央银行重贴现职能的根本原因。长期以来,国民政府中央银行将大量资金借给政府,用于支持财政。如前所述,中央银行每年的营业报告中,用于贴现和重贴现的资金微乎其微,而财政垫款动辄达90%以上。这种把绝大部分资金用于满足政府财政需要的做法,造成中央银行缺乏充足资金来担负起"最后贷款人"的责任。如杨格所说,"中央银行无力办理再贴现,因为它必须集中所有资源充作发行钞票的后盾,并且从财政上维持政府的日常用度"①。

此外,贴现利率政策要想运用有效,必须使中央银行的再贴现率与市场一般利率有密切之关系,然后中央银行方能升降再贴现率,以迅速伸缩市场信用。而且,国内经济机构必须具有充分之弹性,使物价、产业、贸易等可随一般市场利率与信用之变动而获得迅速调整,从而实现调剂经济之目的。但这两点当时均不具备。重贴现政策的有效运用,还需要与存款准备金政策、公开市场业务以及其他控制政策协同并用,而且这些办法能否有效实施,最终还须取决于整个经济状况。在国民党政府统治末期,当经济秩序混乱,通货膨胀严重恶化的时候,中央银行的重贴现已难以发挥作用。如《经济评论》的"社评"所言:"如以为单独运用贴放政策便能解除当前的经济危机,实在是一种危险的奢望。"②

---

① [美]阿瑟·恩·杨格:《一九二七至一九三七年中国财政经济情况》,陈泽宪、陈霞飞译,第245页。
② 桂蒋:《央行贴放委员会成立》,《经济评论》第1卷第2期,1947年4月12日。

总之,中央银行之所以成为"银行的银行",就在于平时能为普通银行办理重贴现,紧急时做普通银行的"最后贷款人"。国民政府中央银行自成立之后,对于重贴现业务始终未能负起应有责任。重贴现制度一直不够健全,贷放款项很少采取重贴现的方式,挂牌的重贴现率只是一个装点门面的摆设,未能发挥调节作用,所谓的"最后贷款人",主要是面向国家行局,与普通银行的关系不大,严重脱离重贴现制度的本意。

三、中央银行票据交换制度的发展与衰亡

(一)上海票据交换所的恢复与改制

抗战胜利后,上海再次成为全国金融中心和工商枢纽,票据使用非常普遍。战时的日伪票据交换机构随着日伪势力的灭亡而停止,但过去上海票据交换所的交换银行大都仍在继续营业之中,因此,复业后的上海金融业急需主持票据清算的机构。"票据交换所关系整个金融业的清算,决不能一日停止。"①于是,各交换银行在胜利初期,就利用原有票据交换所的机构办理票据交换,并在联准会开立法币账户,存入法币头寸,以供交换差额转账。至于钱庄业,情形相仿。②

战后,中央银行副总裁陈行兼任财政部驻京沪区财政金融特派员,掌管上海金融大权。鉴于上海票据交换所的重要地位,陈行最初打算接收上海票据交换所,另设新交换场,但遭到反对。不久,财政金融特派员办公处拟定出改组原银钱业票据交换机构的办法,力图将上海票据交换所纳入中央银行的清算体系。③陈行认为,此前上海票据交换的"分割局面,自不能任其长久存在,中央银行有控制金融之责,亟应加以管理"。但是,鉴于上海"银行钱庄过多,若由中央银行办理,根据过去经验,手续及时间均有所不及"。因此,为适应环境起见,决定将银行、钱庄两业原有票据交换所合并,成立上海票据交换

---

① 盛慕杰:《论上海票据交换所的交换方式》,《经济周报》第3卷第2期,1946年7月11日。
② 盛慕杰:《上海票据交换制度的统一和改进》,《工商月刊》创刊号,1946年8月15日。
③ 万立明:《上海票据交换所研究(1933—1951)》,第338页。

第五章 战后国民政府中央银行的职能强化与没落消亡

所,并另组委员会主持一切事务。以中央银行代表为主任委员,四行两局及外商银行一律参加交换。所有各行庄间交换余额之划拨结算,集中于中央银行办理。①

1945年10月,《中央银行暂行委托上海票据交换所办理票据交换规则》公布。该规则规定,中央银行为谋同业收解妥便,兼顾上海地方环境起见,依据财政部特派员规定原则,暂设上海票据交换所委员会,并委托上海银行业公会及钱业公会合组之上海票据交换所,办理全市金融业票据交换事宜。委员会设委员15人,以中央银行代表为当然主任委员。委员会职权包括:交换行庄入会之审查,票据交换业务之审核及指示,交换所开支预算、决算之核定。此外,对于交换行庄、票据种类、退票、交换行庄处分等都做了原则性规定。②

1945年11月1日,新的上海票据交换所正式成立,它在形式上是一个独立的机构,而实质上隶属于中央银行,受中央银行委托督导,办理全市金融业的票据交换,交换所委员会以中央银行代表李骏耀为主任委员。到1946年8月,银钱两业公会改选事宜已经完成,遂商承中央银行同意,订立《上海票据交换所章程》,并于8月12日召开票据交换所第一届执行委员会第一次会议,选举常务委员及主任委员。福源钱庄经理秦润卿担任主任委员。③第一届执行委员会成立后,中央银行就将上海票据交换所交由上海银钱两公会主办,但中央银行仍然是其主管机关,并负责监督和承担最后的交换差额转账。

在交换技术和程序上,上海票据交换所并无重大更改,交换方法仍分为直接与代理两种。直接交换行庄之票据,由各该行庄派员至交换所直接与其他行庄互相交换,并在中央银行开立存款户,其收付由中央银行处理。代理交换行庄之票据,则由交换所居间代为交换,在交换所开立存款户,收付由交换所处

---

① 陈行:《四月来处理京沪区财政金融纪实》,《中央银行月报》新1卷第1期,1946年1月。
② 中国第二历史档案馆、中国人民银行江苏省分行、江苏省金融志编委会合编:《中华民国金融法规选编》下册,第927—928页。
③ 盛慕杰:《上海票据交换所的成立及其改进》,《经济周报》第6卷第5期,1948年1月29日。

理，其余额则由交换所全部转存中央银行。交换余额的划拨结算集中于中央银行办理，这一点是战后上海票据交换制度最根本的变革。

上海票据交换所开办时参加行庄149家，其中直接交换行庄40家，代理交换行庄109家。至1946年底，直接交换行庄增至50家，代理交换行庄增至167家，共217家。①到上海解放前夕，参加票据交换的金融机构共有238家。②

新上海票据交换所的成立，标志着全国金融中心上海的票据交换制度和机构终于结束了各自为政的历史而归于统一，"从此数十年来金融界所希望之统一票据交换制度，至此乃见实现"③。尤其是长期以来自成体系的"外商银行全体参加交换，为票据交换史上开一新纪元"④。与过去各自为政的票据交换制度相比，统一之后的上海票据交换制度，不仅能够极大地节约票据清算的人力和时间成本，而且加强了中央银行在票据交换制度中的领导地位，使中央银行获得了集中同业存款的效果，有助于其发挥监督和救济功能。中央银行通过上海票据交换所，成为上海金融业的票据清算中心。

（二）票据交换制度的完善与普遍推行

因战后社会经济环境的变化，1942年制定的《中央银行办理票据交换办法》中很多条文规定已无法适用。因此，1947年2月中央银行理事会对该《办法》进行了修正。新办法规定，除中央银行及政府特准设立之行局为当然交换银行外，以当地经财政部核准注册给照之银行及钱庄为限，取消了交换行庄必须是同业公会会员行庄的限定，降低了准入门槛，实际上扩大了参加行庄的范围。将交换范围扩大到全国银行业、钱庄业，确立起中央银行全国票据交换与清算中心的定位。⑤

---

① 中国第二历史档案馆编：《中华民国史档案资料汇编》第五辑第三编"财政经济（二）"，第592页。
② 张淼声：《朱博泉与上海票据交换所》，中国人民政治协商会议上海市委员会文史资料工作委员会编：《上海文史资料选辑》第60辑，上海人民出版社，1988年，第313页。
③ 宋汉章：《五十年来中国金融之演进》，中国通商银行编：《五十年来之中国经济》，第28页。
④ 居逸鸿：《上海银钱业联合准备及票据交换之沿革》，朱斯煌主编：《民国经济史》，第27页。
⑤ 刘慧宇：《中国中央银行研究（1928—1949）》，第215页。

第五章 战后国民政府中央银行的职能强化与没落消亡

1947年3月1日,中央银行业务局还拟定了《中央银行办理票据交换采用直接交换地方办事细则》和《中央银行办理票据交换采用代理交换制度地方办事细则》,分别对直接、代理交换的各项手续做了具体规定。[①]3月,中央银行对1943年制定的《各行处办理四行两局间票据收解办法》进行了修正,规定除了中央银行已办理票据交换的地方外,各国家行局收到当地任何银行、钱庄之付款票据,均应送交中央银行进行转账。[②]这一办法是对中央银行办理票据交换办法的重要补充,加强了对国家行局票据收解的管理,有助于在全国范围内推行票据交换制度。

除了上海之外,中央银行积极在其他地方普遍推行票据交换制度。1945年,中央银行办理票据交换的地方有7处,1946年底增至15处,除上海之外,其余均由中央银行各地分行设立交换科主持办理。各地参加票据交换行庄的数量快速增加,交换业务颇见进展,票据张数、金额、差额均有增加。如下表所示:

表5-10　1946年各地票据交换数额统计表

城 市	票据数（张）	每日票据交换数（张）	交换金额（元）	交换差额（元）	交换差额与金额比（%）
上 海	18,834,615	62,573	45,732,536,713,184.08	5,443,103,925,975.25	11.90
天 津	3,803,409	12,763	4,759,726,436,458.57	753,309,834,124.04	15.83
北 平	325,015	1,091	573,192,856,815.66	227,999,040,516.18	39.78
重 庆	1,440,758	4,787	6,230,145,374,550.06	1,115,146,287,470.24	17.90
成 都	535,089	1,814	1,096,307,881,576.08	266,593,224,885.22	24.32
昆 明	576,419	1,921	1,523,950,230,984.66	440,654,714,978.29	28.92

---

① 中央银行经济研究处编:《金融法规大全》,商务印书馆,1947年,第34—38页。
② 重庆市档案馆、重庆市人民银行金融研究所合编:《四联总处史料》上册,第636页。

(续表)

城　市	票据数（张）	每日票据交换数（张）	交换金额（元）	交换差额（元）	交换差额与金额比（%）
西　安	312,185	1,044	1,479,000,222,878.04	423,370,272,175.34	28.63
贵　阳	144,894	484	328,327,471,537.27	123,018,647,736.91	37.47
兰　州	56,568	188	330,525,916,861.33	171,550,035,719.28	51.90
南　京	208,512	1,027	1,015,873,294,247.15	438,251,311,397.79	43.14
汉　口	58,472	332	566,367,115,390.29	210,766,301,906.73	37.21
广　州	55,084	441	324,371,148,685.11	126,209,536,378.25	38.91
杭　州	88,249	874	263,108,909,353.23	71,204,514,940.48	27.06
青　岛	61,563	609	351,263,911,135.61	128,060,589,850.53	36.46
沈　阳	55,485	1,110	17,773,992,479.49	10,049,836,869.05	56.54

说明：南京市交换数额为5—12月，共203天；汉口市为6—12月，共176天；广州为8—12月，共125天；杭州为9—12月，共101天；青岛为9—12月，共101天；沈阳为11—12月，共50天。

资料来源：中国第二历史档案馆编：《中华民国史档案资料汇编》第五辑第三编"财政经济（二）"，第597—607页。

对于中央银行未办理票据交换且有三行两局的地方，中央银行打算一律由各该地央行先行办理四行两局间票据收解，以利收交。一旦交通情形许可，就可举办埠际交换业务，以使各地金融脉络贯通。截至1946年底止，已开办者有宁夏、开封、宝鸡、南郑、泉州等19处。另有西宁、天水等13处已筹备就绪，定于1947年开办。①

抗战胜利后，中央银行在各大城市开始办理当地的票据交换业务，再加上抗战时期已经开办的城市，由央行主持票据交换业务的城市基本涵盖了当时的重要城市，没有央行分行的地方则由央行委托当地其他国家行局代办。可以说，战后中央银行的票据清算制度更加完备，票据交换的区域范围也更加广泛。

① 中国第二历史档案馆编：《中华民国史档案资料汇编》第五辑第三编"财政经济（二）"，第596页。

至1948年前后,全国范围内基本上建立了由中央银行主持的票据交换制度,中央银行成为全国金融机构的清算与转账中心。就制度本身发展而言,这无疑是取得了重大成就和进步。

(三)票据交换制度的衰亡

由于受内战影响,战后中国的经济、金融严重混乱,尤其是在恶性通货膨胀影响下,各地中央银行所主持的票据交换业务状况不断恶化。

首先,因信用膨胀及通货流通速度的增加,票据交换总额急剧增加,票据面额不断扩大。票据交换总额与交换张数的比例关系,是衡量市面票据情况是否正常的重要标志。若交换总额与交换张数维持相近之比率,且其增减升降也步趋一致,则票据情况正常。反之,若二者比率悬殊,而升降也互不相伴,则票据情况即非正常。上海票据交换所的交换票据总额增长速度与票据张数增长速度比例悬殊,造成交换张数不多而每张面额极大之畸形现象。交换张数与交换总额脱节现象非常严重。如1947年,上海票据交换金额增加15倍,交换张数增加2倍,每张票据之平均金额增加4.5倍,"充分显示在物价升涨幅度,愈益扩大,物价升涨速率,愈益增加,通货膨胀,愈益严重情况之下,大额票据,在票据交换中,乃居于主要地位"[1]。

其次,各地退票现象层出不穷。"在通货膨胀期间,经济危机降临之信号,便是信用周转过程中障碍之增加,此即表现为退票次数之频繁以及退票金额之庞大。"如1948年1月,在上海交换票据总额和退票额的比率中,每47张或70元的交换票据中,即有1张或1元为退票,"这充分表示信用膨胀中市场信用的低落"。[2]10月5日,金融管理局饬令上海票据交换所,"对国家行局交换差额,停止公布,俾免刺激人心"[3]。

到1949年,票据交换制度已陷入崩溃状态。1949年4月,上海市银行、钱

---

[1] 韩天勇:《上海金融之分析》,《中央银行月报》新3卷第1期,1948年1月。
[2] 寿进文:《国内经济动态》,《中央银行月报》新3卷第2期,1948年2月。
[3] 李荣廷:《一年来之上海金融市场》,《中央银行月报》新4卷第1期,1949年1月。

庄、信托三业同业公会在给财政部的呈文,以及致上海市商会中国工业协会的函中,反映了上海票据交换制度面临的困境:"自通货复见膨胀以来,各界使用支票,日见增多,近因钞荒严重,市上零星交易,甚至整容之微,亦多使用支票,属会同业因存入中央银行之隔夜头寸,每日领用,仅得极微之现钞,杯水车薪,实不足应付大众存户之需要。时势所迫,不得不开发本票,又不得不应客户之要求,以大额支票掉换若干小额本票,藉以应付,只以限于人力,开发本票手续已感繁重,而客户仍以不得现钞,引为不满,自早至暮,挤跑叫骂,不一而足,办事人员既穷于应付,外界又不明真相,而行庄遂丛为怨府,行庄又因钞荒之故,致所收受者尽属他行票据,因他行票据之多,对于交换上种种手续备加费时,虽自清晨以至子夜,未得休息,仍不克准时办竣。至于交换所方面,又因行庄对于交换上各项时间之稽延,日甚一日,复因宵禁关系,当日清算事务,不克在当晚宵禁以前办竣,非待至次晨办理不可,交换所办事人员身心之疲乏,可想而知,此种情形,行庄已感受办事之痛苦,票据交换所亦感应付之为难……据票据交换所之统计每日票据总数已达九十一万六千余张,以是同业自上午九时开始营业,工作至宵禁以前,尤未蒇事,日日如是,夜夜如是,人力物力,已至不堪维持之地步,因此票据交换由原定之下午二时延至七八时不等,退票当日无法办理。亦形成不克保持清算制度之完整,金融混乱之危险,即在目前。"①

《中央银行办理票据交换办法》规定,交换行庄在央行的存款户余额,除周日和例假外,每日在该行规定时间内可随时提用。然而,上海票据交换所交换行庄在中央银行的头寸却因"钞荒"而难以提取,这无疑宣告了中央银行的信用破产。而且,在恶性通胀下,钞票短缺,票据充斥,票据交换所已无力应付。可见,在整个经济、金融陷入崩溃的状况下,票据交换制度已难以正常运作,更无法发挥其制度功效。1949年5月上海解放后,票据交换所被军管会接管。

总之,随着战后经济环境、金融环境的迅速恶化,中央银行主持的票据清算

---

① 《暂改票据交换及银行营业时间问题》,《银行周报》第33卷第18期,1949年5月2日。

业务受到严重影响,票据交换制度的功能和作用难以正常发挥。最终,票据交换制度随着国民党政权及其经济、金融的崩溃而崩溃。

第五节 战后中央银行监管职能的加强

一、战后初期中央银行的监管业务

抗战胜利后,中央银行的金融监管职能得到进一步强化。1945年6月,中央银行根据财政部授权,设立金融机构业务检查处,办理全国商业行庄业务之检查。在复员以前,重庆市商业行庄由财政部直接检查;复员之后,改由中央银行重庆分行接办。南京、上海两市金融机构由财政部直接检查,除此之外,其他各地之商业行庄均由中央银行负责检查。

1945年9月,中央银行常务理事会议通过《中央银行金融机构业务检查处分区检查办法》,规定就各分行所在地与其附近之各金融机构分布情形,划定区域,指定检查负责行分任检查事宜;负责行于每届决算后一个月,必须开始定期检查,检查报告交财政部。①此后,中央银行开始实行分区检查制度,指定分行负责检查,对于经济稳定区域业务正常之行庄,每年至少普查一次,对于业务不健全者,随时派员抽查。

1945年下半年,中央银行已设有昆明区、兰州区、成都区、贵阳区、宜宾区等25个检查区。中央银行各地分行负责各该地的金融机构业务检查,检查报告中除了对当地经济概况、金融机构概况、行庄资金来源、资金运用情况、利率汇率、金融管制法令实施概况等进行介绍外,还针对当地经济、金融问题,提出改进意见。②1945年下半年,中央银行检查全国各行庄业务,共发现各种不合法令问题484件,编制检查报告送交财政部审核,所有不合规定各点由财政部指示各该总

---

① 中国第二历史档案馆、中国人民银行江苏省分行、江苏省金融志编委会合编:《中华民国金融法规选编》上册,第696页。
② 《三十四年下半年度各区金融机构业务检查总报告摘要》,《中央银行月报》新1卷第7期,1946年7月。

行庄予以纠正,情节严重者予以处罚。①

中央银行负责检查金融机构业务之初,为实施便捷起见,曾在各分行处普遍设置检查课系,当时负责检查行达70个之多。1946年1月,为实行集中管理起见,中央银行将原定之分区检查办法予以修正,负责检查行改为30处,以每省指定一处为原则。②如下表所示:

表5-11 中央银行分区检查负责行名及区域表

区 别	负责行	辖 区	区 别	负责行	辖 区
上海区	上海本行	上海市及其附近各县	南京区	南京本行	南京市及上海区以外江苏省各县
杭州区	杭州分行	浙江全省各县	芜湖区	芜湖分行	安徽全省各县
南昌区	南昌分行	江西全省	汉口区	汉口分行	汉口市及湖北全省
长沙区	长沙分行	湖南全省	福州区	福州分行	福建全省
广州区	广州分行	广东全省	台北区	台北分行	台湾全部
青岛区	青岛分行	青岛市及山东全省	开封区	开封分行	河南全省
天津区	天津分行	天津市及河北东部	北平区	北平分行	北平市及河北西部
承德区	承德分行	热河全省	张家口区	张家口分行	察哈尔全省
归绥区	归绥分行	绥远全省	沈阳区	沈阳分行	辽宁、辽北、安东三省
长春区	长春分行	吉林、嫩江、兴安三省	哈尔滨区	哈尔滨分行	松江、合江、黑龙江三省
太原区	太原分行	山西全省	重庆区	重庆分行	重庆市及川东各县
成都区	成都分行	川西各县	雅安区	雅安分行	西康全省
贵阳区	贵阳分行	贵州全省	昆明区	昆明分行	云南全省
桂林区	桂林分行	广西全省	西安区	西安分行	陕西全省
兰州区	兰州分行	甘、宁、青三省	迪化区	迪化分行	新疆全省

资料来源:《修正分区检查负责行名及区域表》,《金融周报》第14卷第1期,1946年1月2日。

① 《三十四年度下半年检查全国各行庄业务结果统计》,《金融周报》第14卷第21期,1946年5月22日。
② 中国第二历史档案馆编:《中华民国史档案资料汇编》第五辑第三编"财政经济(二)",第614页。

第五章 战后国民政府中央银行的职能强化与没落消亡

在中央银行的金融监管业务中,稽核处也发挥着重要作用。稽核处除了对本行内部的业务、财务、账务进行稽核之外,还负责对外稽核,包括商业行庄业务检查、利率之核定、督缴银行存款准备金等。1946年10月1日,中央银行将金融机构业务检查处与业务性质较近之稽核处合并,所有该处此前颁布的分区检查办法、负责行名区域表、检查工作纲要等法令,以及各分行现有之检查课,一律照旧。①此后,中央银行的金融监管职能主要通过稽核处来实施。

中央银行的金融机构检查案件分"普查"与"专案检查"两类。普查是各负责检查行,依照财政部授权办法,对每一单位每年检查不得少于一次。专案检查为临时指定之案件,常由财政部通知个别办理,大多涉及金融机构业务不合法或被人控诉事件。1945年8至12月,共办理普查383件、专案40件,合计423件。各地行庄实施检查后,检查人员就编制报告,并由负责检查行加具意见,分别缮送财政部及金融机构业务检查处备核。所有不合法令各点,由财政部指示各该总行庄予以纠正,其情形较严重者,并分别予以处分。②1946年度检查案件中,普查752件,专案350案。1947年度普查1,218件,专案377件。1948年截至10月,普查521件,专案236件。③此外,对于业务不健全的行庄,中央银行还随时派员抽查,并根据行庄平时交换票据退票情形,予以突击检查,各行庄资金运用、开发本票等情形,均随时注意。

这一时期,除了加强对金融机构业务的检查外,中央银行的监管与督导业务范围还有所扩大,这主要体现在以下方面:

(1) 利率之核定。1946年2月,国民政府颁布的《银行存放款利率管理条例》规定,由当地银钱业同业公会斟酌金融市场情形,逐日拟定同业日拆及放款日拆两种,报请当地中央银行核定,牌告施行;未设中央银行地方之银行放款利

---

① 《金融周报》第15卷第15期,1946年10月9日,第18页。
② 中国第二历史档案馆编:《中华民国史档案资料汇编》第五辑第二编"财政经济(三)",第466—467页。
③ 李立侠:《二十年来中央银行之稽核业务》,《中央银行月报》新3卷第10期,1948年10月。

率,以距离最近地方之中央银行牌告为标准。①稽核处通函各分行自5月起办理,并由稽核处随时考核督促。"此项利率之核定,不仅可以明瞭各地资本之荣枯,而各区金融动态亦得洞悉;其利率较高者,本处(稽核处)均饬核定行逐渐抑低。"②

(2) 督缴银行存款准备金。此项业务,最初由央行业务局办理。1946年1月以后,由稽核处负责计划审核及指导各区收缴,并指定各区负责检查行为集中承办行,负责督收该区内行庄应缴之存款准备金,每月由集中承办行依据各承办行报告,编制月报表,连同各行庄月计表寄送稽核处,经稽核处详加核对,并编制《全国各行庄存款及准备金月报表总表》,分送财政部及有关机关查阅。经办以来,因审核工作之加强,缴交之严格督促,各行庄之虚减存款及逃缴准备金等情事已大为减少,存款准备金额增加甚巨。③

(3) 代财政部查验行庄及保险公司资本。各行庄、信托公司及保险公司所有资本,或新增资本,经向财政部申请登记核准后,由财政部委托中央银行派员查验。1946年度共查验银行47家,钱庄40家,信托公司6家,保险公司33家,共计126家。④

(4) 配合政府执行金融政策。1947年2月,国民政府颁布经济紧急措施方案后,中央银行稽核处为执行国策,一面参加上海市政府之经济会报,办理金钞监察业务,一面协助财政部派驻上海检查人员检查上海银钱行庄,计1947年下半年办理私营金钞案85件,查获黄金2,171,322市两,美钞85,573.56元,港币20,295元等;上海市银钱行庄经派员检查者,计银行77家,钱庄30家,银号2家,银公司3家,信托公司6家,工厂1家,共计119家,所有检查报告均随时呈送财政部查核。⑤

---

① 中国第二历史档案馆、中国人民银行江苏省分行、江苏省金融志编委会合编:《中华民国金融法规选编》下册,第1119页。
② 李立侠:《二十年来中央银行之稽核业务》,《中央银行月报》新3卷第10期,1948年10月。
③ 同上。
④ 中国第二历史档案馆编:《中华民国史档案资料汇编》第五辑第三编"财政经济(二)",第588页。
⑤ 李立侠:《二十年来中央银行之稽核业务》,《中央银行月报》新3卷第10期,1948年10月。

第五章　战后国民政府中央银行的职能强化与没落消亡

为督导商业行庄资金运用,财政部要求商业行庄放款应以农工矿生产事业、日用重要物品之运销事业、对外贸易重要产品之运销事业为主要对象,对这些事业的贷款数额不得少于贷放总额的50%,并由中央银行各地负责检查行,在各都市成立金融检查网实施检查。[①]为了加强对贷款厂商及承贷行庄之稽核,中央银行于1947年7月公布了《中央银行贴放稽核办法》,规定对于贷款厂商之经常稽核,由承贷行庄负责办理,中央银行随时派员抽查;承贷行庄关于办理贷款事项,中央银行随时派员查核;查核贷款厂商及承贷行庄,由央行稽核处办理。《办法》对贷款厂商和承贷行庄的稽核方式、内容以及惩罚措施等做了具体规定。[②]

二、中央银行监管职能的强化

张嘉璈担任总裁期间,中央银行的金融监管职权进一步加强。由于张嘉璈任职期间,发行美金库券及公债失败,经济改革方案行不通,新外汇及贸易办法没有取得预期效果,于是决定利用行政手段,实施和加强金融管理。本来管理金融的权力,主要是在财政部,但张嘉璈硬是把金融管理的职权,由财政部转移到中央银行,俞鸿钧也没有反对。最初决定在全国四个大都市成立金融管理局,名义上由财政部及中央银行双重领导,但局长要由中央银行推荐,副局长由财政部指派。局长权力相当大,并不需要事事请示,这样就自然而然地把金融管理职权,由财政部转移到了中央银行手里。1947年12月1日,行政院会议通过《金融管理局组织规程》,决定由财政部在上海、天津、广州、汉口四大都市设立金融管理局。中央银行稽核处处长李立侠担任上海金管局局长,原河北省财政厅长及河北省银行总经理施奎龄任天津金管局局长,中央银行稽核处副处长高方任广州金管局局长,经济研究处副处长林崇墉为汉口金管局局长。当时行政院长张群及张嘉璈对于金融管理局寄予了很大期望,特别是对上海。因为上

---

① 中国第二历史档案馆编:《中华民国史档案资料汇编》第五辑第三编"财政经济(二)",第122页。
② 中国第二历史档案馆、中国人民银行江苏省分行、江苏省金融志编委会合编:《中华民国金融法规选编》下册,第1212—1214页。

海物价经历了10、11月两次大涨,经济崩溃如在眼前。12月,金融管理局成立,蒋介石还专门召见了四个局长,勉励一番。①

四大都市金管局成立后,是起了一些威慑作用的。但金管局所采取的手段远非正常的政策手段和经济手段,也不是一般的行政手段,而是与特务机关合作,利用便衣警察来进行的。这种高压措施并非稳定市场的良策,对制止通货膨胀问题没有什么补益,反而加重了市场混乱。1948年5月,张嘉璈下台,所谓的"金管"也就瓦解了。②金融管理局成立后,管理局辖区以外各地行庄仍由财政部授权中央银行负责检查。

1948年8月金圆券改革实施后,中央银行为配合整理财政及加强管制经济办法,加强金融检查工作,制定了《各分行检查行庄应行注意事项》三条,要求各分行应于即日起,加派干员,加强检查当地行庄及信托公司之业务、账册,对于信用较差,业务失常之行庄,必要时可连续检查。③但这一时期,中央银行无权检查其他国家行局及省县银行。1946年7月,《军政机关公款存汇办法》实施以后,中央银行为控制库款起见,商准财政部授权央行检查国家行局公款业务、账务,对于各行局所收军政机关公款,经发现未移存国库者,均由央行通知收存行移存国库办理。④除此之外,中央银行并无对其他国家行局的监管措施。

总之,抗战胜利后,中央银行的金融监管职能不断得到强化,对于维持国家金融秩序、配合国民政府经济与金融政策的实施不无实效。但中央银行在履行监管职能的过程中,始终受制于财政部,因而使此一职能呈现出发育不良的形态,无法发挥应有效能,由此亦限制了中央银行在宏观角度上对国家金融进行调控的能力。⑤再加上这一时期经济金融秩序陷入日益严重的混乱状态,中央银

---

① 寿充一、寿乐英编:《中央银行史话》,第50—52页。
② 中国人民银行总行金融研究所金融历史研究室编:《近代中国金融业管理》,第346—347页。
③ 中国第二历史档案馆、中国人民银行江苏省分行、江苏省金融志编委会合编:《中华民国金融法规选编》上册,第787页。
④ 中国第二历史档案馆编:《中华民国史档案资料汇编》第五辑第三编"财政经济(二)",第687页。
⑤ 刘慧宇:《中国中央银行研究(1928—1949)》,第258页。

第五章 战后国民政府中央银行的职能强化与没落消亡

行的监管职能更难正常发挥,金融监管严重失灵。

本 章 小 结

从1945年抗战胜利后到1949年国民党政权崩溃的这一时期,中央银行实力持续增强,各项职能进一步完善。这一时期是中国政治、经济非常动荡的时期,但是如仅就银行制度方面而论,则又为近代中国中央银行发展史上法规最完备、体系最分明、机构最普遍和中央银行制度及职能最健全的时期。如独占发行、代理国库、收存存款准备金、办理重贴现、统一清算、经理外汇、银行检查等职能和特权,国民政府中央银行均已具备,因而这一时期被认为是"该行在历史上最能发挥其职能的时期"①。

为了应对各种财政经济及货币金融问题,中央银行曾采取了许多政策措施,如开放外汇市场、抛售黄金、发行美金债券、加强金融管理等。但是,因国民党政府发动反共内战,中央银行为财政大肆垫款,导致恶性通货膨胀,经济秩序大乱。中央银行的政策措施频繁调整,但对挽救经济、金融却无济于事。在财政赤字居高不下,且战争继续、赤字闸门没有关闭的情况下,中央银行的货币政策工具、紧缩通货的各种措施,不过是扬汤止沸而已。金圆券改革失败后,国民党统治区经济、金融陷入崩溃,中央银行本身也陷于运转失灵、全面瘫痪的境地,相关金融制度纷纷失败。在整个统治濒临崩溃的情形下,蒋介石于1948年11月10日通过手令命令俞鸿钧:中央银行总行准备迁驻广州,其重要档案账册及金银现款,应即分运广东、福建与台湾各省,切实保存。从1948年12月到1949年5月,国民党政府将中央银行库存的金银外汇分批秘密转移至台湾。②1949年4月23日南京解放后,中央银行各局处派部分人员随国民党政府迁往

---

① 谭玉佐:《中国重要银行发展史》,第47、48页。
② 关于黄金运台,可参阅吴兴镛:《黄金秘档:1949年大陆黄金运台始末》,江苏人民出版社,2009年。

广州。4月30日,总裁刘攻芸也离开上海去了广州。①上海解放后,央行总行随国民党政府撤退重庆,再迁成都,最后撤往台湾。留在大陆的机构和人员,被人民政府接收清理。随着国民党政权的全面崩溃,国民政府中央银行结束了它短暂的21年历程。

---

① 《国行刘总裁昨飞穗向行政院报告并请示》,《申报》1949年5月1日,第3版。

结　　语

一、近代中国中央银行的发展特点

近代中国中央银行共有 45 年的发展史,大体上经历了三个时期四个机构,即晚清时期的户部—大清银行,北洋时期的中国银行、交通银行,国民政府时期的中央银行。

综观这些不同机构的发展历史,可以发现一些共同特点:(1)就中央银行的产生方式而言,无论户部银行、中国银行,还是国民政府中央银行,都不是由商业银行逐步演进而成的,而是由中央政府通过立法、行政等手段直接创建的,属于人工创设型的中央银行,这也是后发外生型现代化国家建立中央银行的常见方式。(2)就创建中央银行的动机而言,首要目的不是为了社会经济发展的需要,也不是为了服务和管理金融业的需要,而是为了解决政府财政困难,因而近代中国的中央银行从一开始就与财政结下了不解之缘。(3)就中央银行的制度建设路径而言,对先进国家的中央银行制度有所借鉴移植,尤其是对英国、日本两国的模仿最多。《大清银行则例》以《日本银行法》为蓝本,1913 年颁布的《中国银行则例》,除了个别条款外,"关于中国银行之营业科目,政府对于营业之监督,正副总裁、董事、监事等之任命之规定,尽翻译日本银行条例,殆无少异"[①]。国民政府中央银行的一些制度安排,则来源于英格兰银行。(4)就中央银行的业务职能而言,这几家银行都是既经营中央银行的特权业务,发挥中央银行的

[①] 璞怀:《堀江氏之中国经济观》,《时事旬刊》第 1 卷第 12 期,1919 年 5 月 21 日。

一些职能,同时又以盈利为目的兼营普通商业银行业务,具有多重角色和职能。

二、近代中国中央银行职能演进评析

近代中国中央银行建设虽然起步较晚,但并不算严重。1905年户部银行成立之前,欧洲有中央银行19家,美洲有3家,亚洲有2家(爪哇银行和日本银行),非洲有1家。[1]世界中央银行尚处于初创时期。成立于1882年的日本银行,经过17年的整顿,到1899年才独占发行权,全国的货币由日本银行发行的可兑换银行券统一起来。[2]户部银行比日本银行晚了约20年。近代中国的中央银行建设,无疑是比较早地顺应了世界中央银行发展潮流,但近代中国中央银行的发展一波三折,步履蹒跚,终究未能建成一个职能健全的中央银行。

作为"政府的银行",户部—大清银行和中、交两行都曾在代理国库、向政府融通资金等方面发挥过重要作用。国民政府中央银行经过20余年的发展,获得了单独代理国库、经理内外债、管理外汇等特权,很好地担当了政府财政、金融代理人的角色,成为国民政府最重要的财政、金融工具和"国家财政上之柱石"[3]。近代中国中央银行在发挥"政府的银行"的职能,为政府提供服务方面,可谓非常充分。

作为"发行的银行",自户部银行起,历届政府建立的中央银行都曾以统一货币发行权为目标,试图建立由中央银行主导的统一发行制度。但受各种条件制约,户部—大清银行和中国、交通两行都未能实现这一目标,货币发行一直处于分散状态。国民政府中央银行建立后,经过14年的努力,到1942年7月最终实现了货币发行权的统一,成为唯一的发行银行。这无论是对中央银行而言,还是对近代中国的货币发行制度而言,都可谓是巨大进步。然而,中央银行独占发行之后,未能慎重地行使这一职能,而是成为政府滥发钞票的工具。在

---

[1] 盛慕杰主编:《中央银行学》,第5—6页。
[2] 中国银行国际金融研究所、吉林大学日本研究所编:《日本的银行》,中国财政经济出版社,1981年,第56页。
[3] 《宋子文发表谈话》,《银行周报》第16卷第23号,1932年6月21日。

结 语

国家财政收支不平衡的情况下,为了弥补财政赤字,国民政府中央银行大肆实行财政性发行,财政赤字货币化带来了空前严重的超级通货膨胀。在管理货币、稳定币制、发展经济方面,中央银行的货币政策严重失效,一败涂地,最终陷入了难以自拔的通胀陷阱而走向覆灭。

作为"银行的银行",近代中国中央银行在为金融业服务方面的职能发展最为缓慢。大清银行和中、交两行由于客观环境制约以及自身条件的缺乏,在这一方面可谓毫无建树,无论是制度上,还是事实上都未曾发挥"银行的银行"的功能。国民政府中央银行直到抗战时期才逐步掌握了普通银行存款准备金的集中保管权,开始主持全国票据清算,推行重贴现政策。就职能和制度而言,无疑都取得了显著进步,中央银行基本上掌握了应有的货币金融工具。然而,制度实施和职能发挥的实际效果却并不良好。存款准备金制度、重贴现制度等金融制度虽然看似建立,中央银行也掌握了相应的特权,但在掌握权力之后中央银行未能承担应有义务,金融制度也未能真正有效地发挥作用,反而背离初衷,出现了严重的制度异化现象。

对于国民政府中央银行的职能缺陷,当时有不少学者和社会舆论进行了批评。如有人指出:国民政府中央银行"在保管全国的准备一点上,做了'银行的银行'而不能发挥'银行的银行'底伟力;在代理国库的收付一点上,做了'政府的银行'而超过了'政府的银行'底范围。这二个基本上的缺陷,使得中央银行成了跛行的状态,为'政府的银行'底成分多,为'银行的银行'底成分少。而在这两个职能的本身发展,也成了半身不遂的状态:尽管集中全国的准备,而不能实施贴现政策及公开市场政策的运用,尽管是代理国库,而变成了财政的外府"。中央银行"对于稳定金融,巩固币值,平抑物价,促进建设,已弃之若遗,它虽然有时候不失为三行二局的中央银行,但已不是一般金融业的中央银行。事实上它与一般金融业脱了节,间接与中国的工商企业也脱了节"。[①]《财政评论》

[①] 盛慕杰:《论张嘉璈氏的路线》,《经济周报》第4卷第14期,1947年4月3日。

所发表的时评指出:"论中央银行的特权,可谓已经完全具备,如独占发行,如代理国库,如集中保管各银行的存款准备金,如集中外汇的管理权等等,不一而足。可是具备特权以后应有步骤——重贴现,却未见推展。"①《经济评论》的社评也认为:"自从抗战以来,中央银行实际上只成了财政的外府,很少能做到一些'银行之银行'的工作。公开市场政策既从未采用,贴放政策在卅六年以前也仅限于国家行局,故整个金融市场显现得一片松弛和凌乱。"②

总体而言,近代中国中央银行的职能是在不断发展完善和进步,到抗战胜利之后,国民政府中央银行各项职能已基本完善,但职能发挥效果却并不理想,甚至呈现畸形状态。中央银行对经济金融的服务少,对政府财政的服务多,"以代理国库收支为主要职责,其他都不过是一些附带业务"③。特别是"银行的银行"职能严重缺失,未能发挥调剂金融和"最后贷款人"的作用。到了国民党政权的末期,尤其是金圆券改革后,金融、经济秩序大乱,中央银行又承担了很多本不应该承担的业务,如奉行国策举办生产贷款,生产后又由中央银行收购厂商成品等,中央银行此时已经被人称之为"杂货铺""批发商"了。④

三、影响中央银行职能正常发挥的原因分析

世界各国中央银行大都经历了一定时期的发展演变而逐渐成为功能完善的中央银行,很少有一蹴而就的。因此,对于近代中国中央银行职能的不健全、不完善,不必过于苛责,我们更需要思考和理解的是,为何经过了40多年的发展,未能建立一个职能健全的中央银行。

制约近代中国中央银行职能完善及正常发挥的原因很多。如国家主权不完整,在华外商银行长期越俎代庖,隐居于中央银行地位,对中国中央银行的职能发挥构成严重阻碍。近代中国经济与金融的落后,中央银行很多职能的发挥

---

① 《新贴放政策》,《财政评论》第18卷第4期,1948年4月。
② 《新贴放政策》,《经济评论》第3卷第8期,1948年5月29日。
③ 《信用膨胀的讯号:中央银行恢复同业贴放》,《现代经济通讯》第189期,1948年7月10日。
④ 谭玉佐:《中国重要银行发展史》,第89页。

缺乏必备的配套条件,也是制约中央银行职能发挥的不利因素。此外,还有两个严重影响中央银行职能发挥的原因。

首先,财政收支不平衡是影响近代中国中央银行职能发挥的直接原因。近代中国,自晚清时期起,中央政府财政日益困难,入不敷出,因此不得不寻求银行界的垫借款支持,中央银行自然成为政府借款的主要对象,中、交两行和国民政府中央银行莫不如此。尤其是抗战时期,国民政府的财政支出主要来自国家银行的大量垫借款。1942年四行专业化后,中央银行单独负起了向政府提供垫借款的重任。抗战胜利后,国民党又热衷于打内战,军政开支剧增,无底洞般的军费全靠中央银行提供。

中央银行将主要力量用于支持财政做"政府的银行","于是经济上的要求做'银行的银行'底力量,抵不过政治上的要求做'政府的银行'底压力"①。这必然会削弱中央银行调剂金融及向金融业提供服务的力量,导致中央银行无力担负"最后贷款人"的责任。而且,为了支持政府财政,中央银行不惜滥发货币,饮鸩止渴,终至酿成恶性通货膨胀,物价失控,整个币制金融和社会经济都不可避免地受其拖累。正如经济学家萨缪尔森所言,"当恶性通货膨胀像癌症一样袭来的时候",整个经济就会窒息,"在这种局势下,各种价格以每年百分之一百万甚至百分之万亿的惊人速率持续上涨,经济势必变得一无是处"。②中央银行全力以赴支持政府财政,不但未能挽救国民党政权的财政崩溃,而且严重影响了中央银行其他职能的正常发挥,以致中央银行最终被政府财政所拖垮。

其次,政权更迭和持续不断的大规模战争,是影响中央银行职能发挥的重要客观因素。近代中国多次发生政权更迭,受此影响,中央银行的发展多次中断。1912年清朝灭亡,存在了仅7年的大清银行被清理而结束,中国银行另起炉灶。1928年北洋政府灭亡后,中、交两行的中央银行地位被取消,国民政府重

---

① 盛慕杰:《论中央银行的贴放政策》,《经济评论》第1卷第5期,1947年5月3日。
② [美]保罗·萨缪尔森、威廉·诺德豪斯:《萨缪尔森谈失业与通货膨胀》,萧琛主译,商务印书馆,2012年,第126页。

建新的中央银行。每一时期的中央银行存续发展时间其实都不长。国民政府中央银行虽然存在了21年,但又遭遇了大规模战争的影响。

就各国中央银行发展史来看,在和平时期容易取得良好表现,而在战争时期难免迁就客观环境的需要,牺牲其所应遵守的原则,以致造成不良后果。国民政府中央银行存在的21年间,绝大多数时间国家处于内忧外患、战乱不断的状态。中央银行成立不到3年,就发生了"九一八"事变,国家进入半战争状态。6年之后,中日战争全面爆发。8年抗战胜利结束,外患甫平,内战又起,中央银行和平发展的时间很有限。战争对于国家经济和政府财政无不造成巨大破坏,中央银行的发展也不可避免受到严重影响。事实上,国民政府中央银行的发展,各项业务的进行和职能的发挥,无不直接或间接受到战争影响。战争使社会经济发展失去了稳定的环境,战争期间漫无止境的巨额军费是导致财政无法平衡的关键原因,也是导致通货膨胀的根源所在。在恶劣的战争环境下,即使有职能健全的中央银行,恐怕也会遭到严重扭曲。

对于战争的危害与和平的重要,很多人都有着清醒的认识。如中央银行经济研究处在抗战胜利之初,针对物价上涨而拟定的对策中提出:"平衡物价水准,安定生活费用之先决条件,在于和平统一,政治安定,财政收支平衡,经济金融等政策互相协调,若条件不备,则平抑稳定云云,实难期其实现。"[①]1946年6月19日,宋子文在行政院召开记者招待会,有记者问:"政府对财政经济危机有什么办法?"宋子文回答道:"老实说,不和平,什么办法都没有。"[②]虽然大家都知道和平的重要,但却无力阻止内战的发生。国共内战期间,中央银行漫无节制地发行钞票,为国民党进行内战提供军费。可以说,中央银行既是国民党政府发动内战的支持者,同时也是战争的受害者。如金城银行在关于中央银行发展情况的调查资料中所言:"战争实为罪恶,在军事第一之大前提下,一切均不能

---

① 《当前之物价问题及其对策》,上海市档案馆藏,中央银行上海分行档案,档号:Q53-2-11。
② 中国人民政治协商会议全国委员会文史资料研究委员会编:《法币、金圆券与黄金风潮》,第157页。

正常,则金融业又何能例外,是以吾人对央行业务之未能满意,亦不愿深责矣。"①对于近代中国中央银行的认识和评价,既要参考近代以来世界范围内所形成的中央银行理论和规范职能,更要结合近代中国的政治、经济和社会现实,不能脱离实际,忽视国情和时代的差异。

四、近代中国中央银行制度变迁分析

近代中国的中央银行制度,经历了颇为复杂的变迁过程,而且呈现出与一般中央银行制度不同的特殊性。

晚清时期的户部—大清银行,实行的是单一式中央银行制度。北洋时期的中、交两行,构成了事实上的二元制中央银行制度。南京国民政府时期的中央银行制度,在1942年之前,名义上和法律上是单一制,但事实上则是多元制,或谓"分立特许制",由中央、中国、交通、农民四行共同分享中央银行特权与职能。抗战时期,四联总处成立并成为战时最高金融机关后,又形成了更为特殊的中央银行体制,四联总处及国家行局协同行使全部中央银行职能,有学者称其为"代中央银行制"②。但是,四联总处是在战争的特殊时期成立的非常规机构,无论其制度设计,还是业务活动均具有过渡性特点,它虽然发挥了一些中央银行应有的金融决策和行政管理职能,但其自身并非中央银行。1942年四行专业化之后,国民政府中央银行的职能逐渐完善,最终形成了单一式的中央银行制度。

按资本结构划分,近代中国的中央银行先后经历了股份制和国有制两个阶段。户部—大清银行实行的是官商合资的股份有限公司制度,中、交两行实行的也是股份制。1912年,在建立中国银行的过程中,北洋政府内部和社会各界围绕中央银行的所有制形式进行讨论,并形成了国有制和私有制两种对立的观点。有人认为中央银行应由国家出资创设,实行国有制度。但是当时社会舆论更倾向于建立股份制中央银行,反对国家的过度干预。如时人所言:"中央银行

---

① 《金城银行总经理处关于中央银行发展情况的调查资料》,上海市档案馆藏,档案号:Q264-1-791-1。
② 刘慧宇:《论四联总处战时金融运作与代中央银行制形成》,《中国经济史研究》2020年第2期。

之不应招收官股,亦为各国银行学家所公认,故列强除俄罗斯及瑞典外,皆无以官股为资本者,盖欲求中央银行之营业发达,非离政府而为财产上之独立不可。欲离政府而为财产上之独立,非谢绝官股不可。否则关系过于密接,权限不能区分。在政府或挟其雷霆万钧之威权,迫银行以遂其私欲。在银行或亦恃政府之势力,而为不正当之营业,双方均受损害。"①负责中国银行筹办事宜的吴鼎昌也认为,"考各国之成例,按银行之学理,以为中央银行归为国有,流弊滋多,折衷至当,宜采用股份有限公司制度"②。再加上北洋政府也无力筹措国有制中央银行所需之巨额资本,因此中国银行最终采用了当时各国流行的股份制,由政府和私人共同出资。南京国民政府中央银行则一直实行的是国有制度,虽然在法律条文中有招收商股的规定,但从未执行。国有制度最初并不符合世界潮流,但随着二战之后世界中央银行国有化趋势的兴起,各国中央银行的私人股份先后转化为国有,如英格兰银行于1946年被本国政府将其全部股份收归国有,有些新建的中央银行一开始就由政府出资,国有制逐渐成为主流制度。

近代中国中央银行制度以及相关金融制度的变迁,大体上可以说,在1928年之前以诱致性变迁为主,1928年之后以强制性变迁为主。国民政府时期,无论是中央银行的创建,还是各项职能的完善和相关金融制度的发展,都离不开政府法律和行政手段的推动。在中央银行制度变迁过程中,国民政府发挥了关键作用。但是,在强制性制度变迁的条件下,如果只有某一类制度发生了改变,而相关制度不发生改变,那就必然会形成制度扭曲。中央银行制度需要与合理的财政制度、货币金融制度相配合,才有实质内涵。而国民政府并未能建立起合理的配套制度,缺乏有效的财政预算制度,缺乏中央银行独立实施货币政策的保障制度,以致中央银行制度及相关金融制度变得只有形式上的意义,而没有实质意义,剩下的不过是空洞的外壳而已。这在国民政府中央银行"发行的

---

① 林斗南:《中国银行添招新股之研究》,《银行周报》第3卷第20、21号,1919年6月17日。
② 《中国银行监督吴鼎昌呈大总统文》,《申报》1912年9月13日,第2版。

银行"和"银行的银行"两大职能发挥过程中表现最为明显。如前所述,中央银行的货币发行制度不可谓不完善,发行独立,准备公开,但这并未能阻止其滥发货币。本该控制通货供给的中央银行却成了扰乱通货的直接责任者,因而其所实施的货币政策仅具有形式上的意义。国民政府中央银行的货币政策目标和工具都是扭曲的,存款准备金制度、再贴现制度等,并未能真正成为中央银行的货币政策工具,而只是摆摆空架子而已。[①]

国民政府中央银行制度虽然存在很多不够完善的地方,但制度的失败和最终出现的恶果,不仅是制度本身的问题,也并非完全由中央银行自身所导致,而是制度运行的基础秩序出了问题。尤其是国民党政府为了财政目的对中央银行制度的破坏,使制度无法正常运作。政府权力缺乏监督和限制,则是国民党政府可以任意破坏制度,对中央银行予取予求的深层次原因。张嘉璈在分析总结通货膨胀的教训时就已指出,"在政治活动越来越闯进银行和商界的情况下,货币市场便遭到进一步的干扰。在一党统治制度下,党的势力扩展到每个经济部门,这是无可避免的。预料到在抗战之后,中国将制定新的宪法,由国家基金供应党的各项开支的做法势必要终止,于是国民党的领袖便鼓励其党徒劫据银行界的领导职位并从事工、商业的经营活动。国民党所经营的工、商企业自然要依靠国家银行来供应更低廉、更方便的贷款。其结果,也无可避免地在职业银行家与党员银行家之间造成看法和意见上的冲突。这严重地损害了中央银行对货币市场管理工作的顺利进行";"在中国,政治当权者操有对财政预算和中央银行独裁统治的大权,而这些人对其所控制的经济能量的性质却一无所知。通货膨胀如脱缰之马而任其所之,政府的最后命运,早已注定。经济上的不稳定终于导致了政治上和社会道德上的崩溃,在这种情况下,任何军事集团,都可不费吹灰之力而被清除"。[②]

[①] 杜恂诚:《金融制度变迁史的中外比较》,上海社会科学院出版社,2004年,第120—124页。
[②] 张公权:《中国通货膨胀史(1937—1949年)》,杨志信译,第124、240页。

在规定中央银行与政府关系方面,法律体系具有基础性作用,但除了法律之外,还离不开尊重法律制度的精神,以及对政府权力进行制约的体制。政府作为一个国家的最高权力掌握者,如果不以国民利益为前提,支出浮滥,收支不敷,则即使中央银行在法律上保持超然独立之地位,"政府亦不难假借其权力,压迫中央银行,使其听命政府之指挥,从事增发通货,以满足其财政上之需要"。正如陈行所言:"中央银行与政府间之关系,乃一实际之政治问题,决非空洞法律条文可能约束政府之行动。"①近代中国,政府的权力缺乏有效监督,尤其是南京国民政府以"强政府"的面貌出现,其权力缺乏有效的监督制约,因此无论是对中央银行的绝对控制,还是在金融领域中的很多活动,如对中、交两行的多次改组直至完全控制,政府几乎可以为所欲为,财政和货币政策缺乏约束机制。在权力不受制约的情况下,一切金融制度均形同虚设。

在当时,只有结束内战,实行"政治民主、经济民主",恢复正常的社会经济秩序,才是解决问题的根本办法。虽然,各界人士包括中央银行的决策者都能够认识到问题的症结所在,但却无力做出根本性的改变。在国民党一党独裁专制而且又发动反共内战的背景下,中央银行注定无法正常发挥各项职能,与中央银行关系密切的金融制度也被严重扭曲而失去效能。到最后,中央银行彻底沦为了国民党政权搜刮人民财富的工具,成了众矢之的,被讥讽为祸国殃民的"殃行"②,最终随着国民党政权一起覆灭。可以说,国民政府既是中央银行制度以及整个金融制度的建设者,同时也是破坏者。

五、关于中央银行独立性问题的思考

纵观世界中央银行发展史,中央银行的独立性问题,一直是中央银行理论和实践中的一个核心问题。所谓中央银行的独立性,就是中央银行与政府关系的具体形态,而这种关系自中央银行制度产生以后,实际上就已存在。而且,随

---

① 陈行:《中央银行概论》,第45、199页。
② 中国人民银行总行参事室编:《中华民国货币史资料》第二辑,第639页。

结 语

着政治、经济形势的演变,和人们对中央银行制度认识的逐步深化,中央银行与政府之间的关系,以及人们对这一关系的认识也在不断地变化。由于中央银行的业务活动关系到全国金融安定与经济兴衰,特别是作为货币发行与政策制定者,中央银行有着专业性与特殊性,政策制定也要有一定的连续性。因此,中央银行应对政府保持相对的独立性,能够独立自主地制定政策,业务方针不受政府直接干预,这是中央银行发挥职能的保障,也是近代各国公认的一项中央银行经营原则。尤其是在一战前后,中央银行不受政治控制,力求最高程度的自由,几乎成为一个重大原则。目前,世界上绝大多数国家的中央银行都与政府保持着某种程度的独立性,这是避免中央银行成为政府"提款机"的基本原则。

近代中国的中央银行从一开始就与政府有着极为密切的关系。户部—大清银行完全由清政府控制,由户部(度支部)监督领导,无异于其下属机构。中、交两行在北洋政府前期,也被政府完全操控,缺乏基本的独立地位,沦为政府的"提款机",最终酿成停兑风潮,国家、银行与民众深受其害。北洋后期,中、交两行逐渐摆脱政府控制,走上了独立的发展道路。

国民政府中央银行,就法律规定而言,直辖于国民政府,与财政部相互独立,二者是同级部门,并无行政隶属关系,也没有业务领导与被领导的关系,二者之间行文用公函,而不像中、交两行对财政部行文要用呈文,财政部对其下令则为训令。宋子文在中央银行开幕式上也声称:"中央银行握全国最高之金融权,其地位自然应超然立于政治之外,方为合理。故条例规定,本行直辖于国民政府,而非隶属于财政部,用意即在于此。……本行业务,完全处于独立之地位,任何机关,不能干涉。"[①]虽然从表面上看,国民政府中央银行似乎在组织上具有一定的独立地位,财政部没有直接控制中央银行的法理和制度依据。但实际上,由于中央银行是国民政府一手创办,既是国家机关,又是国有企业,从资本构成到人事安排无不受政府控制,对政府唯命是从,尤其是财政部长长期兼

---

① 《中央银行昨日开幕》,《申报》1928年11月2日,第14版。

任中央银行总裁的人事制度安排，使中央银行与财政部二位一体，业务活动与货币政策必须配合财政政策，实际上是财政部的工具和附庸，所谓超然地位只是表面现象，所谓平等地位也仅仅体现在往来公文上而已。到后来，这种表面上的独立也已难以维持。由财政部领导中央银行是蒋介石的一贯主张，他曾当面指示俞鸿钧："中央银行应受财政部指挥监督。"[1]1946年2月26日，国民政府明令"中央银行着受财政部监督指挥"[2]。1947年2月14日，立法院讨论修正中央银行法立法原则草案，中央银行提出的"中央银行不受财政部之监督"的主张未被采纳，通过的草案仍规定中央银行"受财政部之监督"[3]。1949年4月，财政部草拟的《中央银行法》第一条规定，中央银行隶属于行政院，受财政部之监督。[4]可见，财政部控制中央银行的意图非常强烈。

中央银行与国民政府的关系，以及中央银行的独立性问题，从一开始就受到银行界人士和学者的高度关注。例如，陈光甫在中央银行正式成立前就向宋子文提出，中央银行应维持超然地位，脱离政治关系。首先，条例中对于商股无须加以不得超过49%的限制。其次，总裁一职关系重要，以财政部长兼任尤为不妥，银行易受政府变动影响，且以财政部长兼任总裁，东西各国皆无此例。第三，应对政府借款严加限制。陈光甫强调，为了中央银行的长远发展，"中央银行与政治关系，必须划分清明，俾能实行其最重要之使命，即维持国内金融，以免时受政潮之影响"，这是"中央银行根本问题"。但是，陈光甫的建议没有被政府采纳，他对此深为不满，认为"中央办法与其意思不合"，"始终反对财部（财长）兼中央总裁"。[5]

马寅初对于中央银行受政府控制，缺乏独立性，也予以了严厉批评。他指

---

[1] 《中央银行第十次业务会报纪录(1946年2月27日)》，上海市档案馆藏，档案号：Q53-2-1。
[2] 《国民政府公报》，渝字第996号，1946年2月28日。
[3] 《立法院通过修正中央银行法及中交农三行条例原则》，《银行周报》第31卷第13期，1947年3月31日。
[4] 《财政部草拟中央银行法》，《银行周报》第33卷第19、20期，1949年5月16日。
[5] 上海市档案馆编：《陈光甫日记》，第62—67、153、157页。

结　语

出,根据1920年布鲁塞尔国际财政联盟会议和1922年国际联盟会议之议决案,均主张一国之中央银行,必须脱离政治关系;否则,财务行政与银行营业,既有混淆之危险,且有为政党机关所用之弊害。"而中国现今之中央银行,并无私人之股本,而行长又系财政部长兼任,其与中央银行之根本原则不合,彰彰明矣。"①对于财政部长兼任总裁的做法,马寅初一直持强烈批评态度。他说:"在各国政治已上轨道之政府,犹难免不藉财政权力以扰乱金融,况我国乎!又况以财长而兼为中央银行之总裁乎!"②马寅初认为,只有维持中央银行的独立地位,并招收商股,才能使中央银行避免卷入政治漩涡,并获得商业银行的了解与信任,从而才能完成其"银行的银行"之职能。

经济学家余捷琼在其《中国的新货币政策》一书中指出:历史上的货币悲剧,无不由于财政膨胀造成;财政影响下的通货膨胀,一经发动,就不能制止。"一国的中央银行,应以安定金融,推进经济发展为目的,保障中央银行的独立,具体言之,就是使全国的信用伸缩,不和政府财政发生关系。""吾国目前,要推进产业的发展,则不能不先健全中央银行的组织;要保障健全的通货政策,则不能不严密限制与中央银行的关系。中央银行的信用活动,应完全以发展正当的生产事业为目的。假如中央银行再和财政打成一片,通货数量随财政亏空的情形而伸缩,则吾人绝不能希望经济有安定的一日。"③金融界人士之所以批评国民政府中央银行缺乏独立地位,是因为他们担心中央银行受政府完全控制之后,既易受政潮影响而波及金融,更可能因支持财政而祸乱金融。

对于中央银行与政府的关系,国民政府中央银行的决策者们并非没有清醒认识。曾任中央银行常务理事、业务局长的唐寿民曾指出:"中央银行为全国金融之策源地,与政府有特殊关系。然政府对之,只有指导驱遣,使之尽力于调剂事业之天职,不应以政治关系,扰乱其金融,俾不能完成其使命。故中央银行实

---

① 马寅初:《马寅初全集》第六卷,第283页。
② 马寅初:《公库制问题》,《银行周报》第19卷第6期,1935年2月19日。
③ 余捷琼:《中国的新货币政策》,第165、169—170页。

处于独立之地位,此各国中央银行条例所同也。"①副总裁陈行在其《中央银行概论》一书中也提出,中央银行既要与政府保持密切关系,也要保持中央银行的独立地位。"吾人认为中央银行已负有管理通货,控制信用,稳定一国国民经济之重责,贤明之政府,其一般经费,应尽量由租税收入供应之,应尊重中央银行独立地位之重要,俾可免除其因政府财政上之压迫而致失却控制信用,管理通货之效能,即遇战时或需款紧急之际,亦应尽可能避免增重对中央银行之压迫。即有必需,须利用中央银行机构筹措经费时,亦应同时用种种方策,如增税、举债及推行强迫储蓄等,以协助中央银行减除信用过度膨胀之危险,一至战事或危急时期过后,政府即应迅速协助中央银行稳定币制,恢复中央银行独立之地位,使国民经济得早日康复。"②这些理论上的认识,在实践中却难以推行。

各界的批评和建议并未能改变国民政府中央银行受政府控制、为财政服务的现状。中央银行缺乏应有的独立地位,也就难以对财政产生超然的牵制作用。如张嘉璈担任总裁之初,为了平衡财政预算,遏制通货膨胀,曾多次向蒋介石和财政部长俞鸿钧提出央行每月对财政部垫款应有一定限额。张嘉璈认为限制财政支出"实为抑制通货膨胀之关键",也是他"担任央行职务之成败所系。实亦政府基础能否稳固之所系"。但蒋介石和俞鸿钧都不同意张嘉璈的要求,俞鸿钧提出,"军费支出,无法拒绝,何能规定中央银行垫款限度"。对此,张嘉璈也无可奈何,只能在日记中哀叹,所有计划"等于一场空梦。诚恐国家噩运,注在今日矣"。③

在政府的严格控制下,中央银行发行货币的数量不是自己所能够控制的,完全服务于财政需要。无限制地为财政垫款,滥发钞票,中央银行成为"赤字财政的唯一供应机关,军费政费的最大财源"④。最终出现了陈光甫、马寅初、张嘉璈等人所担心的政治扰乱金融、财政拖垮银行的结局,导致金融全面危机,给社

---

① 崔晓岑:《中央银行论》"序言",第15页。
② 陈行:《中央银行概论》,第45页。
③ 姚崧龄编著:《张公权先生年谱初稿》下册,第817页。
④ 《李宗仁禁止金银南运无效,刘攻芸何以胆大若此》,《珠江报》新99号,1949年3月6日。

会经济和广大人民造成了巨大危害,也加速了国民党政权的崩溃。1949年,上海工商界人士即曾当面向时任财政部长刘攻芸指出,经济混乱不堪,"中央银行要负大部分责任"①。

近代中国中央银行为何缺乏应有的独立地位?首先,历届政府均没有让中央银行保持独立的主观意愿,反而有着让财政部控制中央银行的强烈冲动。清政府自不必说,北洋政府时期中国银行的"部辖事件",国民政府时期财政部对中央银行的控制,无不反映了政府把中央银行视为必须牢牢掌握的"钱袋子"。其次,20世纪30年代世界经济危机之后,国家干预经济理论兴起,二战及二战后中央银行受到各国政府的监督和控制,成为政府干预经济的工具,英格兰银行等老牌中央银行纷纷听命于政府,中央银行独立于政府的浪潮有所平息,中国经济金融界要求中央银行独立的呼声也日渐沉寂。受此影响,且一直以计划经济为指导思想的国民政府就更不可能让中央银行脱离政府领导而独立行事。第三,近代中国中央银行与政府的关系,缺乏制度上的规范和保证。中央银行与财政部的关系,是中央银行与政府关系的核心,中央银行与政府的资金往来关系实质上反映的是中央银行与财政部的资金关系。历届政府的中央银行法律中,对于中央银行向财政提供借款透支的数额和期限都没有明确限制。中央银行对政府的财政行为缺乏约束机制,对政府的财政透支也没有法律底线。第四,客观环境不利于中央银行独立地位的获取与维持。世界各国中央银行发展史表明,中央银行的独立地位只能维持于经济平稳之时,而当战争爆发,或货币危机、经济危机降临之时,政府从国家安危出发,采取干预经济、控制金融的手段,往往与中央银行的独立性发生矛盾,而中央银行都无法抗拒此种压力,因此中央银行的独立性也就无法坚持了。英国金融学家霍曲莱在20世纪30年代曾指出:"在战争的生死关头,我们是不能指望超然的中央银行去抗拒政府的要求的。在这样的关头,舆论都认为政府是代表国家需要的唯一权威。中央银行

---

① 旁观客:《海上巨头围攻刘攻芸》,《新闻杂志》新3卷第2期,1949年4月24日。

的理事如对财政措施提出异议,说政府财政走上了通货膨胀之路,政府就要加以压制。"[1]近代中国连年的大规模战争使中央银行失去了获得独立地位的客观环境。抗战前国民政府曾打算将中央银行改组成为具有一定独立地位的中央储备银行,摆脱政府的完全控制,但这一改组计划被抗日战争所打断。战争期间,政府不但不能放松对中央银行的控制,反而在不断强化。

总之,一个国家能否建立健全的中央银行制度,这不是中央银行自身所能单独决定的,而是会受到很多因素制约。其中,最主要的有两个:一是商品经济发展水平和信用发达程度;二是国家政体。前者通常会影响中央银行制度健全完善的程度,后者则会影响中央银行制度独立性的强弱。[2]近代中国,商品经济发展水平总体较为落后,信用也不发达,更不具备能够使中央银行具有相对独立性的政治制度,因此要想建立健全的中央银行制度,并非易事。

近代中国中央银行的发展历程及其结局充分说明,完全消除中央银行独立性而使其成为纯粹的政府部门的制度是不成功的。将中央银行置于财政部控制之下的国家,政府往往可以随心所欲地支配中央银行,可以直接向中央银行伸手要钱,中央银行被迫通过"印钱"来为赤字融资,最终导致通货膨胀和经济崩溃。"中央银行被当做是政府的帐房,从而其创造货币的能力不但不是国民经济的福星,反而成为祸根。"[3]因此,割断政府财政与中央银行资金往来的直接通道,中央银行不能无限制地为政府财政负责,是一个值得吸取的深刻教训。而且,中央银行制度建设离不开合理的财政金融制度相配套,离不开健全的政治制度作保证,更离不开和平稳定的国内外环境。前事不忘,后事之师。近代中国中央银行发展过程中的经验教训,对于当代我国中央银行制度建设不无参考价值和鉴戒作用。

---

[1] [英]霍曲莱:《中央银行经营论》,谭寿清译,世界书局,1947年,第149页。
[2] 赵何敏编著:《中央银行学》,武汉大学出版社,1998年,第66页。
[3] 张公权:《中国通货膨胀史(1937—1949年)》,杨志信译,第240页。

参 考 文 献

一、未刊档案资料

1. 中国第二历史档案馆藏

（1）国民政府档案，全宗号：一。

（2）财政部档案，全宗号：三。

（3）中央银行档案，全宗号：三九六。

2. 上海市档案馆藏

（1）中央银行上海分行档案，全宗号：Q53。

（2）四联总处档案，全宗号：Q322。

（3）金城银行档案，档号：Q264。

（4）上海商业储蓄银行档案，档号：Q275。

（5）上海银行公会档案，档号：S173。

3. 美国斯坦福大学胡佛研究院藏

Arthur N. Young Papers, Hoover Institution Archives, Stanford University.

二、史料汇编、文史资料、年鉴等

1. 财政部钱币司编：《币制汇编》，1919年版。

2. 全国经济会议秘书处编：《全国经济会议专刊》，财政部驻沪办事处，1928年版。

3. 全国财政会议秘书处编：《全国财政会议汇编》，大东书局，1928年版。

4. 中国银行总管理处经济研究室编:《中国重要银行最近十年营业概况研究》,1933年版。

5. 中国银行总管理处经济研究室编:《全国银行年鉴(1934)》,汉文正楷印书局,1934年版。

6. 中国银行总管理处经济研究室编:《全国银行年鉴(1935)》,汉文正楷印书局,1935年版。

7. 中国银行总管理处经济研究室编:《民国二十三年度中国重要银行营业概况研究》,1935年版。

8. 财政部财政年鉴编纂处编:《财政年鉴》,商务印书馆,1935年版。

9. 中国银行总管理处经济研究室编:《全国银行年鉴(1936)》,汉文正楷印书局,1936年版。

10. 中国银行总管理处经济研究室编:《全国银行年鉴(1937)》,汉文正楷印书局,1937年版。

11. 第三次全国财政会议秘书处编:《第三次全国财政会议汇编》,财政部总务司,1941年版。

12. 赵㒞编:《金融法规续编》,中央银行经济研究处,1942年版。

13. 中央银行经济研究处编印:《卅一年下半期国内经济概况》,1942年版。

14. 财政部财政年鉴编纂处编:《财政年鉴续编》,1945年版。

15. 财政部统计处编:《中华民国战时财政金融统计》,1946年版。

16. 中央银行经济研究处编:《金融法规大全》,商务印书馆,1947年版。

17. 财政部财政年鉴编纂处编:《财政年鉴三编》,1948年版。

18. 四联总处秘书处编:《四联总处文献选辑》,1948年版。

19. 中国银行总管理处编:《外汇统计汇编》初集,1950年版。

20. 中国人民银行总行参事室金融史料组编:《中国近代货币史资料》第一辑下册,中华书局,1964年版。

21. 秦孝仪主编:《革命文献》第74辑。

22. 秦孝仪主编:《抗战前国家建设史料——货币金融》。

23. 中国人民银行金融研究所编:《中国农民银行》,中国财政经济出版社,1980年版。

24. 郭荣生编著:《民国孔庸之先生祥熙年谱》。

25.《武汉金融志》办公室、中国人民银行武汉市分行金融研究所编:《武汉近代货币史料》,1982年版。

26. 中国人民银行上海市分行金融研究室编:《金城银行史料》,上海人民出版社,1983年版。

27. 卓遵宏编著:《抗战前十年货币史资料》(共3册),(台北)"国史馆",1985、1987、1988年版。

28. 浙江省中共党史学会编印:《中国国民党历次会议宣言决议案汇编》,浙江省中共党史学会,1985年版。

29. 荣孟源主编:《中国国民党历次代表大会及中央全会资料》,光明日报出版社,1985年版。

30. 中国人民政治协商会议全国委员会文史资料研究委员会编:《法币、金圆券与黄金风潮》,文史资料出版社,1985年版。

31. 中国人民银行总行参事室编:《中华民国货币史资料》第一辑,上海人民出版社,1986年版。

32. 寿充一编:《孔祥熙其人其事》,中国文史出版社,1987年版。

33. 寿充一、寿乐英编:《中央银行史话》,中国文史出版社,1987年版。

34.《武汉金融志》办公室、中国人民银行武汉市分行金融研究所编:《武汉银行史料》,1987年版。

35. 中国第二历史档案馆、中国人民银行江苏省分行、江苏省金融志编委会合编:《中华民国金融法规选编》,档案出版社,1989年版。

36. 中国第二历史档案馆编:《中华民国史档案资料汇编》第三辑,江苏古籍出版社,1991年版。

37. 中国人民银行总行参事室编:《中华民国货币史资料》第二辑,上海人民出版社,1991年版。

38. 中国银行总行、中国第二历史档案馆合编:《中国银行行史资料汇编》上编,档案出版社,1991年版。

39. 财政科学研究所、中国第二历史档案馆编:《民国外债档案史料》,档案出版社,1992年版。

40. 重庆市档案馆编:《抗日战争时期国民政府经济法规》,档案出版社,1992年版。

41. 重庆市档案馆、重庆市人民银行金融研究所合编:《四联总处史料》,档案出版社,1993年版。

42. 中国人民银行北京市分行金融研究所、《北京金融志》编委会办公室、北京市档案馆合编:《北京金融史料》银行篇(八)《中央银行专辑》,1993年版。

43. 中国第二历史档案馆编:《中华民国史档案资料汇编》第五辑第一编,江苏古籍出版社,1994年版。

44. 交通银行总行、中国第二历史档案馆合编:《交通银行史料》第一卷,中国金融出版社,1995年版。

45. 崔国华主编:《抗日战争时期国民政府财政金融政策》,西南财经大学出版社,1995年版。

46. 财政部财政科学研究所、中国第二历史档案馆编:《国民政府财政金融税收档案史料(1927—1937年)》,中国财政经济出版社,1997年版。

47. 中国第二历史档案馆编:《中华民国史档案资料汇编》第五辑第二编,江苏古籍出版社,1997年版。

48. 中国第二历史档案馆编:《中华民国史档案资料汇编》第五辑第三编,江苏古籍出版社,2000年版。

49. 上海市档案馆编:《陈光甫日记》,上海书店出版社,2002年版。

50. 中国第二历史档案馆编:《四联总处会议录》,广西师范大学出版社,

2003 年版。

51. 洪葭管主编:《中央银行史料(1928.11—1949.5)》,中国金融出版社,2005 年版。

52. 姚崧龄编著:《张公权先生年谱初稿》,社会科学文献出版社,2014 年版。

53. 重庆市档案馆、重庆师范大学合编:《中国战时首都档案文献·战时金融》,重庆出版社,2014 年版。

54. 石涛、何品编注:《上海市档案馆藏近代中国金融变迁档案史料汇编·中央银行》,上海远东出版社,2014 年版。

55. 章义和、杨德钧编:《交通银行史料续编(1907—1949)》,复旦大学出版社,2018 年版。

三、学术著作

1. 谢霖、李澄编纂:《银行制度论》,中国图书公司,1911 年版。

2. 大清银行总清理处编:《大清银行始末记》,1915 年版。

3. 周葆銮:《中华银行史》,商务印书馆,1923 年版。

4. 徐沧水编:《民国钞券史》,银行周报社,1924 年版。

5. 张家骧:《中华币制史》,民国大学出版部,1925 年版。

6. 金国宝:《中国币制问题》,商务印书馆,1928 年版。

7. 谭平:《国库制度之研究》,民智书局,1929 年版。

8. 孙祖荫:《各国中央银行比较论》,商务印书馆,1929 年版。

9. 杨荫溥:《上海金融组织概要》,商务印书馆,1930 年版。

10. 徐钧溪编著:《最新银行论》,中华书局,1930 年版。

11. 张辑颜:《中国金融论》,商务印书馆,1930 年版。

12. 杨荫溥:《杨著中国金融论》,黎明书局,1931 年版。

13. 梁钜文:《中央银行制度概论》,大东书局,1931 年版。

14. 贾士毅:《民国续财政史》(共 7 卷),商务印书馆,1932—1934 年版。

15. 戴铭礼:《中国货币史》,商务印书馆,1934年版。

16. 吴承禧:《中国的银行》,商务印书馆,1934年版。

17. 陈天表:《中央银行之理论与实务》,中华书局,1934年版。

18. 崔晓岑:《中央银行论》,商务印书馆,1935年版。

19. 杨荫溥:《中国金融研究》,商务印书馆,1936年版。

20. 胡善恒:《公债论》,商务印书馆,1936年版。

21. 蒋廷黻:《纸币概论》,中华书局,1936年版。

22. 余捷琼:《中国的新货币政策》,商务印书馆,1937年版。

23. 朱斯煌:《银行经营论》,商务印书馆,1939年版。

24. 沈雷春主编:《中国金融年鉴》,中国金融年鉴社,1939年版。

25. 杨骥:《中国现行公库制度》,正中书局,1941年版。

26. 孔祥熙:《抗战以来的财政》,胜利出版社,1942年版。

27. 郭家麟等编:《十年来中国金融史略》,中央银行经济研究处,1943年版。

28. 财政部国库署编:《十年来之国库》,中央信托局印制处,1943年版。

29. 财政部秘书处编:《十年来之财务行政》,中央信托局印制处,1943年版。

30. 邹宗伊:《中国战时金融管制》,财政评论社,1943年版。

31. 李骏耀:《中国纸币发行史》,中央银行经济研究处,1944年版。

32. 杨承厚:《中国公库制度》,中央银行经济研究处,1944年版。

33. 童蒙正:《中国战时外汇管理》,财政评论社,1944年版。

34. 卫挺生、杨承厚:《中国现行主计制度》,国立编译馆,1946年版。

35. 刘泽霖:《银行国有论》,中国文化服务社,1947年版。

36. 中国通商银行编:《五十年来之中国经济》,六联印刷股份有限公司,1947年版。

37. 朱斯煌:《民国经济史》,银行学会,1948年版。

38. 陈行:《中央银行概论》,银行通讯出版社,1948年版。

39. 杨培新:《新货币学》,华东新华书店,1948年版。

40. 赵兰坪:《中国当前之通货外汇与物价》,正中书局,1948年版。

41. 张郁兰:《中国银行业发展史》,上海人民出版社,1957年版。

42. 彭信威:《中国货币史》,上海人民出版社,1958年版。

43. 献可编著:《近百年来帝国主义在华银行发行纸币概况》,上海人民出版社,1958年版。

44. 谭玉佐:《中国重要银行发展史》。

45. 杨培新编著:《旧中国的通货膨胀》,生活·读书·新知三联书店,1963年版。

46. 刘振东编:《孔庸之(祥熙)先生演讲集》。

47. 姚崧龄:《中国银行二十四年发展史》。

48. 王业键:《中国近代货币与银行的演进(1,644—1937)》,"中央研究院"经济研究所,1981年版。

49. 杨荫溥:《民国财政史》,中国财政经济出版社,1985年版。

50. 卓遵宏:《中国近代币制改革史(1887—1937)》,(台北)"国史馆",1986年版。

51. 盛慕杰主编:《中央银行学》,中国金融出版社,1989年版。

52. 洪葭管、张继凤:《近代上海金融市场》,上海人民出版社,1989年版。

53. 中国人民银行总行金融研究所金融历史研究室编:《近代中国的金融市场》,中国金融出版社,1989年版。

54. 洪葭管:《在金融史园地里漫步》,中国金融出版社,1990年版。

55. 中国银行上海国际金融研究所行史编写组编:《中国银行上海分行史(1912—1949年)》,经济科学出版社,1991年版。

56. 洪葭管:《金融话旧》,中国金融出版社,1991年版。

57. 孔祥贤:《大清银行行史》,南京大学出版社,1991年版。

58. 中国银行行史编辑委员会编著:《中国银行行史(1912—1949年)》,中国金融出版社,1995年版。

59. 梁启超:《梁启超全集》(第 11 卷),北京出版社,1997 年版。

60. 宋士云:《中国银行业——历史、现状与发展对策》,天津人民出版社,1997 年版。

61. 刘锡良等编:《中央银行学》,中国金融出版社,1997 年版。

62. 吴景平:《宋子文评传》,福建人民出版社,1998 年版。

63. 吴景平:《宋子文政治生涯编年》,福建人民出版社,1998 年版。

64. 吴景平:《宋子文思想研究》,福建人民出版社,1998 年版。

65. 程霖:《中国近代银行制度建设思想研究(1859—1949)》,上海财经大学出版社,1999 年版。

66. 马寅初:《马寅初全集》,浙江人民出版社,1999 年版。

67. 汪敬虞:《外国资本在近代中国的金融活动》,人民出版社,1999 年版。

68. 刘慧宇:《中国中央银行研究(1928—1949)》,中国经济出版社,1999 年版。

69. 黄泽民:《中央银行学》,立信会计出版社,2001 年版。

70. 吴景平主编:《上海金融业与国民政府关系研究(1927—1937)》,上海财经大学出版社,2002 年版。

71. 杜恂诚主编:《上海金融的制度、功能与变迁(1897—1997)》,上海人民出版社,2002 年版。

72. 杜恂诚:《中国金融通史》(第三卷),中国金融出版社,2002 年版。

73. 张国辉:《中国金融通史》(第二卷),中国金融出版社,2003 年版。

74. 卢现祥:《西方新制度经济学》,中国发展出版社,2003 年版。

75. 杜恂诚:《金融制度变迁史的中外比较》,上海社会科学院出版社,2004 年版。

76. 戴建兵:《白银与近代中国经济》,复旦大学出版社,2005 年版。

77. 蔡志新:《孔祥熙经济思想研究》,书海出版社,2007 年版。

78. 郭予庆：《近代日本银行在华金融活动——横滨正金银行（1894—1919）》，人民出版社，2007 年版。

79. 宋佩玉：《抗战前期上海外汇市场研究(1937-7—1941-12)》，上海人民出版社，2007 年版。

80. 刘平：《近代中国银行监管制度研究》，复旦大学出版社，2008 年版。

81. 洪葭管：《中国金融通史》（第四卷），中国金融出版社，2008 年版。

82. 贺水金：《1927—1952 年中国金融与财政问题研究》，上海社会科学院出版社，2009 年版。

83. 万解秋、贝政新、陈作章编著：《中央银行概论》，复旦大学出版社，2009 年版。

84. 万立明：《上海票据交换所研究(1933—1951)》，上海人民出版社，2009 年版。

85. 吴兴镛：《黄金秘档：1949 年大陆黄金运台始末》，江苏人民出版社，2009 年版。

86. 杨雨青：《美援为何无效——战时中国经济危机与中美应对之策》，人民出版社，2011 年版。

87. 石涛：《南京国民政府中央银行研究(1928—1937)》，上海远东出版社，2012 年版。

88. 张秀莉：《币信悖论：南京国民政府纸币发行准备政策研究》，上海远东出版社，2012 年版。

89. 李昌宝：《近代中央银行思想变迁研究》，中国商业出版社，2012 年版。

90. 陈昶安：《东北流通券：战后区域性的货币措施(1945—1948)》，(台北)"国史馆"，2014 年版。

91. 万立明：《近代中国票据市场的制度变迁研究》，上海远东出版社，2014 年版。

92. 宋佩玉：《近代上海外汇市场研究(1843—1949)》，上海人民出版社，

2014年版。

93.《交通银行史》编委会:《交通银行史》,商务印书馆,2015年版。

94.叶振鹏主编,焦建华著:《中国财政通史·中华民国财政史》,湖南人民出版社,2015年版。

95.张宪文主编:《中华民国专题史》第六卷,南京大学出版社,2015年版。

96.姜建清、蒋立场:《近代中国外商银行史》,中信出版社,2016年版。

97.徐翀:《国民经济恢复时期的中央银行研究》,中国金融出版社,2016年版。

98.吴景平:《政商博弈视野下的近代中国金融》,上海远东出版社,2016年版。

99.王丽:《杨格与国民政府战时财政》,东方出版社,2017年版。

100.吴景平:《中国近代金融史十讲》,复旦大学出版社,2019年版。

101.吴景平:《近代中国的金融风潮》,东方出版中心,2019年版。

102.尤云弟:《四联总处金融管理研究(1937—1948)》,浙江大学出版社,2020年版。

四、民国报刊资料

《财政评论》《财政部公报》《工商半月刊》《工商新闻》《国民政府公报》《交行月刊》《经济汇报》《金融周报》《金融周刊》《金融知识》《经济周报》《经济通讯》《经济学季刊》《东方杂志》《钱业月报》《商学研究(上海)》《申报》《银行周报》《银行月刊》《银行通讯》《新商业》《浙江经济月刊》《政府公报》《征信新闻(重庆)》《中央日报》《中行月刊》《中央银行月报》《中央银行旬报》《中央银行季报》《中央时事周报》《中央经济月刊》《中国经济》等。

五、外文及译著

1.[美]敦巴:《银行学原理》,王建祖、吴宗焘译,商务印书馆,1916年版。

2.[日]堀江归一:《银行论》,陈震异译,商务印书馆,1923年版。

3.[美]耿爱德:《中国货币论》,蔡受百译,商务印书馆,1929年版。

4. [英]克胥、爱尔金:《中央银行概论》,陈清华译,商务印书馆,1931年版。

5. [美]甘末尔:《甘末尔货币论》,李百强译,会文堂新记书局,1935年版。

6. [日]德永清行:《支那中央银行论》,有斐阁,昭和十七年(1942)版。

7. [英]霍曲莱:《中央银行经营论》,谭寿清译,世界书局,1947年版。

8. Arthur N. Young, *China and the Helping Hand, 1937-1945*, Harvard University Press, 1963.

9. Arthur N. Young, *China's Wartime Finance and Inflation, 1937-1945*, Harvard University Press, 1965.

10. [美]阿瑟·恩·杨格:《一九二七至一九三七年中国财政经济情况》,陈泽宪、陈霞飞译,中国社会科学出版社,1981年版。

11. [美]米尔顿·弗里德曼:《论通货膨胀》,中国社会科学出版社,1982年版。

12. 张公权:《中国通货膨胀史(1937—1949年)》,杨志信译,文史资料出版社,1986年版。

13. [美]小科布尔:《上海资本家与国民政府(1927—1937)》,杨希孟、武莲珍译,中国社会科学出版社,1988年版。

14. [日]久保亨:《走向自立之路:两次世界大战之间中国的关税通货政策和经济发展》,王小嘉译,中国社会科学出版社,2004年版。

15. [美]阿瑟·N.杨格:《抗战外援:1937—1945年的外国援助与中日货币战》,李雯雯、于杰译,四川人民出版社,2019年版。

六、相关论文

1. 李廷江:《孙中山委托日本人建立中央银行一事的考察》,《近代史研究》1985年第5期。

2. 邓先宏:《试论中国银行与北洋政府的矛盾》,《历史研究》1986年第4期。

3. 邓先宏:《中国银行与北洋政府的关系》,《中国社会科学院经济研究所集刊》第 11 辑,中国社会科学出版社,1988 年版。

4. 翁先定:《交通银行官场活动研究(1907—1927)》,《中国社会科学院经济研究所集刊》第 11 辑,中国社会科学出版社,1988 年版。

5. 董长芝:《论中央银行在抗日战争中的作用》,张宪文等编:《民国档案与民国史学术讨论会论文集》,档案出版社,1988 年版。

6. 黄立人:《四联总处的产生、发展和衰亡》,《中国经济史研究》1991 年第 2 期。

7. 席长庚:《旧中国的中央银行概况》,《金融科学》1992 年第 3 期。

8. 卓遵宏:《金融恐慌与中央银行的发展》,(台北)"国史馆",1992 年。

9. 吴景平:《宋子文与中央银行》,《上海金融》1993 年第 9 期。

10. 卓遵宏:《法币政策与中央银行的发展》,国父建党革命一百周年学术讨论会编:《国父建党革命一百周年学术讨论集》,1995 年。

11. 刘慧宇:《中国近代中央银行体制演变刍议》,《民国档案》1997 年第 1 期。

12. 席长庚:《中国历史上最早的中央银行——大清银行》,《经济师》1998 年第 2 期。

13. 刘慧宇:《论国民政府中央银行的组建及其角色定位》,《民国档案》1999 年第 3 期。

14. 刘慧宇:《宋子文与中央银行的筹设》,《党史研究与教学》1999 年第 4 期。

15. 刘慧宇:《孔祥熙与中央银行的发展》,《党史研究与教学》2000 年第 5 期。

16. 刘慧宇:《20 世纪初中国中央银行的筹设及其背景评析》,《江海学刊》2000 年第 5 期。

17. 李桂花:《论近代中国中央银行的形成时间、制度类型与功能演进》,《中国经济史研究》2001 年第 2 期。

18. 吴景平：《孙中山建立近代银行的思想主张与实践》，《民国档案》2001年第2期。

19. 刘慧宇：《中央银行与国民政府货币现代化改革》，《民国档案》2002年第2期。

20. 刘慧宇：《国民政府中央银行宏观调控论》，《江西社会科学》2002年第3期。

21. 易棉阳：《北洋时期中央银行的特点》，《许昌学院学报》2003年第1期。

22. 杜恂诚：《天生的畸形儿——记南京国民政府时期的中央银行》，《银行家》2003年第5期。

23. 程霖：《近代中国中央银行制度思想演进》，《财经研究》2005年第3期。

24. 卓遵宏：《中央银行与近代上海金融中心地位（1927—1937）》，复旦大学中国金融史研究中心编：《上海金融中心地位的变迁》，复旦大学出版社，2005年版。

25. 万立明：《南京国民政府时期国库制度的演进》，《江苏社会科学》2006年第3期。

26. 徐琳：《北洋政府时期"中央银行"的商业化经营》，《上海经济研究》2006年第3期。

27. 戴建兵：《隐性中央银行：甲午战争前后的外商银行》，《安徽师范大学学报》2007年第3期。

28. 吴景平、龚辉：《1930年代初中国海关金单位制度的建立述论》，《史学月刊》2007年第10期。

29. 潘健：《论立法变革对近代中国中央银行的影响》，《中国经济史研究》2008年第2期。

30. 贺水金：《南京政府中央银行反通货膨胀政策及其绩效评析》，《中国经济史研究》2008年第3期。

31. 李永伟：《南京国民政府中央银行之国库经理制度发展论——以政府主

导下的制度生成过程为视角》,《武汉科技大学学报》第 10 卷第 6 期。

32. 潘晓霞:《温和通胀的期待:1935 年法币政策的出台》,《近代史研究》2017 年第 6 期。

33. 万立明:《南京国民政府时期中央银行重贴现制度的演进》,《上海经济研究》2017 年第 6 期。

34. 刘杰:《抗战前中央银行与政府公债经营及其影响(1927—1937)》,《民国研究》2017 年春季号。

35. 王信、郭冬生:《20 世纪上半叶中国中央银行制度的起源和发展——基于货币发行的视角》,《新金融评论》2019 年第 2 期。

36. 刘慧宇:《论四联总处战时金融运作与代中央银行制形成》,《中国经济史研究》2020 年第 2 期。